如果你要长成一棵树，
　　我愿做你的一方土壤

如果你要飞翔，
　　我愿为你插上一双翅膀

如果你要一滴水，
　　我愿送你一片海洋

如果你要远行，
　　我愿为你整理好行囊

如果你在黑夜里迷失方向，
　　我愿为你擦亮星光

如果你要到达彼岸，
　　我愿为你架起一座桥梁

江洪春 著

江洪春 论小学语文教学

山东城市出版传媒集团·济南出版社

图书在版编目(CIP)数据

江洪春论小学语文教学 / 江洪春著. —济南：济南出版社，2020.9(2021.3 重印)

ISBN 978 – 7 – 5488 – 4241 – 5

Ⅰ. ①江…　Ⅱ. ①江…　Ⅲ. ①小学语文课—教学研究　Ⅳ. ①G623.202

中国版本图书馆 CIP 数据核字(2020)第 174301 号

出版发行	济南出版社
地　　址	济南市二环南路 1 号
邮　　编	250002
印　　刷	济南新科印务有限公司
版　　次	2020 年 9 月第 1 版
印　　次	2021 年 3 月第 2 次印刷
开　　本	170 mm × 240 mm　16 开
印　　张	33.5
字　　数	503 千
定　　价	98.00 元

济南版图书，如有印装质量问题，请与出版社出版部联系调换。
电话:0531 – 86131736

前　言

　　本人于1972年开始从事教育工作，在济南市周公祠小学任教。1975年由学校推荐进入山东省泰安师范专科学校中文系学习两年，我们当时被称为"工农兵大学生"（1992年通过山东省自学考试获得汉语言文学本科学历）。1977年回到济南市周公祠小学继续任教。1978年调入济南市天桥区教育局，先后从事小学教师培训、小学语文教研工作。1991年调入济南市教研室，继续从事小学语文教研工作。在40多年的工作生涯中，曾任天桥区教育局党总支副书记、小学教研室主任，济南市教研室小教科科长等职，兼任中国当代语文教学专业委员会常务理事、山东省小语会副理事长、山东省教育学会理事、济南市政府教育督导员、山师大兼职硕士生导师、中国宋庆龄基金会"西部园丁培训计划"主讲教师等。参与教育部统编义务教育小学语文教材的编写。先后被评为山东省特级教师、山东省优秀教研员、济南市教育系统优秀党员、全国小语会先进工作者等。

　　本人热爱教研工作，语文教研几乎成了本人生活的全部。工作中能始终坚持以认真的态度、满腔的热情和高度的责任感贯彻落实党和国家的教育方针，始终坚持以守正的思想、创新的精神积极探索小学语文教学的规律，为济南市广大小学语文教师的专业发展和教学改革提供服务和支持。经由本人总结、提炼的小学语文教学思想也得到了广大教师的充分认可和高度赞扬，对指导、引领济南市小学语文教学的不断发展起到了一定的作用。2011年第8期《小学语文教学·人物》杂志为本人出版了个人专刊，应该算是对本人多年来的辛勤工作及学术水平的肯定和褒奖。下面简要地总结一下本人30多年来在小学语文教研历程中取得的些许成绩：

一、积极探索提高课堂教学质量的方法策略，不断深化课堂教学改革

教研员工作的主阵地在课堂。脱离课堂，或者较少进入课堂，教研员的工作就没有了生命力。教研员的工作职责之一是积极贯彻国家的教育方针，落实国家《九年义务教育全日制小学语文教学大纲》（以下简称"大纲"）、《义务教育语文课程标准》（以下简称"课标"）提出的理念、要求，探索教学的方法、途径及教学策略，为广大教师的课堂教学搭建起从理论到实践、从理念到操作的桥梁。为此，本人在继承我国语文教育优良传统的前提下，倡导新的教学理念，努力探索行之有效的教学方法。尤其是在实施课程改革的过程中，积极探索体现课改新理念的课堂教学模式和操作方法，为构建扎实高效的课堂、提高课堂教学的质量和效率，为广大教师内化、实践新的教育理念，提升教学水平，起到了一定的指导、引领作用。

如，在广大教师对新的教学理念感到困惑、迷茫的时候，不失时机地提出：践行新的教学理念，好的、传统的教学经验不能丢；双基训练、目标落实不能弱；语文学科特色不能淡；教师的作用不能忘，力求"真、实、活、新"。针对课程改革中反映出来的问题，强调处理好六个关系：①新的教学理念与传统教学经验的关系；②工具性与人文性统一的关系；③自主学习、合作学习与接受性学习、教师指导作用的关系；④探究性、拓展性学习与打好基础、落实双基的关系；⑤创造性地用教材与吃透教材的关系；⑥教学手段、方式的多样化、现代化与语文学科特色、教学实效的关系。

面对有些教师忽视教材解读，钻研教材不到位，甚至理解有偏差的现状，提出了"以钻研吃透教材考量教师的责任和功底"的观点，即重视教材解读，加强教材解读的广度、深度和力度，提高教材解读的功底和能力；并为广大教师提供了诸多的方法和策略，提出了以整体观念、系统思想为指导，在解读文本、钻研吃透教材、把握编者意图上下功夫，力求做到"懂、透、化"的要求。尤其是在把握年段目标体系和单元教学重点上，使教师在"教什么、在什么起点上教、教到什么程度、怎样教、为什么这样教、教得怎样"这六个方面清清楚楚。

在落实课改理念过程中，教师们普遍感到缺乏具体的课堂教学方式策略。鉴于此，本人通过课题研究、观摩教学等方式，总结、推广了诸多课堂教学的操作方法和策略，为广大教师的课堂教学提供了大量的技术支持。

由于对课堂教学的高度关注和深入研究，济南市的小学语文课堂教学始终以学习和运用语言文字为宗旨，注重钻研吃透教材，把握编者意图，弄清目标体系，体现出了目标明确、注重训练、文意兼得和扎实高效的特点。以全国、省级优质课评比为例，在各区、县语文教研员的共同努力下，张馨、刘雁、王煦三位教师先后参加了中国教育学会小学语文教学专业委员会举办的第二届、第三届、第六届全国青年教师阅读教学观摩大赛，均获优质课一等奖；张华颖、王文辉、聂志婷、魏延斌、王军、张岩、张祺等教师先后参加了中国教育学会小学语文教学专业委员会汉语拼音学会、中国当代语文教学专业委员会举办的全国优质课评比活动，均获优质课一等奖，大大提升了济南市小学语文教学在全国的影响力。自 2000 年至 2014 年，在山东省教研室举办的 8 次省优质课评比中，济南市先后有 29 位青年教师参评，其中 24 位教师获优质课评比一等奖，5 位教师获二等奖，获一等奖的比例为 82.7%。特别是在 2014 年第八次省优质课评比中，济南市推选的 5 位参评教师全部获得一等奖，占全省一等奖的 1/4，充分反映出济南市小学语文的教研水平和骨干教师的实力。

二、大力开展课题研究和各类教研活动，不断促进教学的改革与发展

课题研究是深化教学改革的先导，通过课题研究，探索教学规律，总结新的教学模式、方法、策略，能为广大教师的教学提供理论与实践的支持。为此，本人主持开展了多项课题研究。1993年主持开展了"济南市小学阅读教学模式与操作方法"的研究。经过三年的探索，提出了从三个角度确立教学目标，即语文训练的角度、思想教育的角度、学习方法习惯的角度，总结了看图学文、讲读课文、阅读课文在各年段的教学基本模式和一系列阅读教学的操作方法等，并将研究成果结集成册，出版了《小学阅读教学基本模式与操作》一书。这项研究成果获得了济南市社科优秀成果评选二等奖。

课改工作开始之后，本人更加注重开展课题研究，先后主持开展了四项课题研究：一是省"十一五"规划课题——"济南市制锦市街小学的自主、合作、探究学习方式的教学策略研究"，其研究成果刊登在《山东教育》杂志上；二是教育部课程教材研究所重点课题——"济南市光明街小学语文综合性学习"，其研究成果刊登在《小学语文》杂志上；三是中国当代语文教学专业委员会"十一五"规划课题——"单元整合、比较阅读、拓展训练"的研究，有15所学校参与，先后在6所小学召开课题研究现场会；四是习作教学的课题研究，也取得了一定的成果。

特别是通过"单元整合、比较阅读、拓展训练"的研究，使广大教师树立了把握教材及教学设计的整体思想和系统观念，对语文教学基本规律的理解不断加深，对课标教材的编排特点、体系、编者意图有了更清晰的把握和理解，有效地提高了课堂教学的质量和效率，使课堂教学的面貌发生了实质性的变化。

为了让课题研究成果在广大教师的课堂上生根开花，不失时机地为广大教师解决教学中的困惑、疑难，为了给更多的语文教师提供发展的机会，搭建交流的平台，我们开展了一系列专题性教研活动，有"单元整合、比较阅读、拓展训练"研究成果的展示，有习作教学专题研究的现场交流，有综合性学习教学成果汇报等。还开展了促进课堂教学改革，发现新秀、培养骨干的优质课评比，说课评比活动等。

这些扎扎实实的课题研究和形式多样的教研活动，使新的教学理念和研究成果惠及广大教师，提升了广大教师的教学境界，丰富了广大教师的教学方法和策略，有力地促进了济南市小学语文教学的改革，确保了济南市小学语文教学能够始终沿着一条健康、扎实和不断创新的道路前行。

三、悉心培养骨干，竭力打造名师，不断壮大优秀教师队伍

济南市有近万名小学语文教师，这支队伍既人才济济、藏龙卧虎，也存在参差不齐的情况。为此，本人通过重点培养、跟踪指导和开展一系列的骨干教师培训、课题研究、公开课、评优课等活动，不断为广大教师提供锻炼、提高的机会和舞台，努力创造最适合教师发展的氛围、成长的沃土，为广大教师的专业发展提供丰厚的营养。在本人与各区、县语文教研员的共同努力下，一大批骨干教师、名师脱颖而出，崭露头角，在全国、全省小语界享有较高的知名度。以省教学能手、特级教师评选为例：在山东省第二批至第七批教学能手评选中，济南市推荐的刘秀云、张馨、郭道春、王艳凤、陈殿军、袁彬、于婷、梁丽、万清等16位小学语文骨干教师全部荣获省"教学能手"称号。在济南市小学语文骨干教师中，已有陈殿军、王在英、张馨、郑勇、刘爱华、梁丽、徐希红、王煦、于婷、韩慧等10多位优秀教师获得"特级教师"称号；已有陈殿军、张馨、王艳凤3位优秀教师获得"齐鲁名师"称号，其中张馨老师荣获"山东人民教师"称号。此外，张馨、刘雁、王煦、梁丽、于婷、郑勇等名师先后应山西、内蒙古和广州、北京、济宁、聊城、东营等10多个省市的邀请执教公开课，受到与会教师的广泛好评。

四、积极总结研究成果，笔耕不辍，不断发挥学术的导向、引领作用

本人始终坚持潜心研究，不断总结教学研究的成果、经验和教训，笔耕不辍，先后出版了《全国小学生获奖作文精巧构思50例》（1993年由明天出版社出版）、《中小学教育论文写作》（1994年由山东教育出版社出版）、《小学阅读教学设计方略》（2009年由山东教育出版社出版）3部专著；主编了《小学阅读教学基本模式与操作》（1996年由济南出版社出版）、《小学语文教学设计·想象作文》（2005年由青岛出版社出版）、《小学语文教学设计·阅读》（2006年由青岛出版社出版）3部著作。

本人自从事小学语文教研工作以来，先后在《小学语文教学》《小学语文教师》《小学语文》《山东教育》等杂志上发表了近百篇教学论文，其中《清清楚楚地教——回归语文教学的本位》《语文教学的那些"老理儿"》《质疑"诗意语文"》《这不应该是最精彩的地方》《课堂教学十六"烦"》《课堂教学十六"急"》《课堂教学十六"怪"》等文章在全国小语界产生了广泛影响。本书主要是从近百篇教学论文中选取自认为比较有价值的编辑成册，供广大小学语文教师在教学中参考，但愿能开卷有益。

另外，使本人还颇有成就感的是，在30多年的教学研究中，与各区、县语文教研员和一批骨干教师结下了真挚而深厚的情谊，建立了志同道合、甘于奉献的教研团队。在这样的氛围和团队中，本人得到的是一种支持与力量，一种收获与发展；感受到的是一种执着与投入，一种奉献与快乐，一种幸运与欣慰，一种留恋与不舍。

以上，是本人在退休之后对从事小学语文教学研究工作历程的简要回顾，聊以抒怀忆旧，而不胜欣慰安然。

作者

2018年8月27日

目　录

1　前言

第一章　教学理念

2　叮咛：走一条踏实且醇厚的语文教学之路

12　漫谈"文意兼得"

20　阅读教学追求的境界：自悟自得

29　力求"一举多得"

39　真功夫是靠笨办法练成的

46　语文教学的那些"老理儿"

53　回归常识

64　脑科学的研究成果对改革小学阅读教学的启示

71　小学生阅读心理的障碍及对策

77　转变习作教学的观念，提升习作教学的境界

85　观课，你准备好了吗

92　凝固的记忆

第二章　教材解读

100　认真钻研教材，夯实教学功底

111　系好第一个扣子

117　读者为何能"走进文本，与文本对话"

123　文本细读，成就精彩的语文人生

132　单元教学的"第一要务"

142　赢在终点

149　测测你解读课文的功力

157　关于《伯牙绝弦》一课的主题与教学定位

160　感受人鸥情怀　落实训练重点

169　《树的故事》主题之我见

172　习作教学的目标解读

第三章　教学策略

182　走出阅读教学的误区

188　抓点带面　扎实训练

194　明确目标　灵活操作

200　清清楚楚地教

207　切记：教在点子上

213　找到能让学生撬动"地球"的支点

219　语文教学的那些"小步骤"

226　课堂操作课例解析

230　当"预设"遇到了"生成"

236　教师范读——必须的

241　新单元　新设计　新教法

249　完善习作教学的过程

254　小学（4+4）体验式双课型习作课程规划

第四章　教学反思

262　课堂教学十六"烦"

265　课堂教学十六"急"

267　课堂教学十六"无"

277　课堂教学十六"问"

282　课堂教学十六"怪"

293　课堂教学十六"闹"

305　小学语文教学的十个"小误区"

310　低年级语文教学的错位

312　"课堂流行语"的剖析

317　敬告：这些习惯了的做法，改一改

323　正在"异化"的语文教学

331　语文教学的那些"歪理儿"

340　对当下语文教学的哲学考量

第五章　争鸣文汇

348　这不应该是最精彩的地方

352　质疑"诗意语文"

359　缺失与偏颇

373　敢问："惊世的美丽"在何处

382　别让"名师"的教学套牢自己

第六章　课例点评

388　《从现在开始》教学设计及点评

400　《笋芽儿》教学设计及点评

411 《画家和牧童》教学设计及点评

421 《猫》教学设计及点评

432 《鲸》教学设计及点评

444 《七律·长征》教学设计及点评

456 《威尼斯的小艇》教学设计及点评

467 《匆匆》教学设计及点评

483 《闻官军收河南河北》教学设计及点评

496 《蜣螂滚球》习作教学设计及点评

506 《我想变》习作教学设计及点评

519 **悟语存真**

第一章 教学理念

如果你要长成一棵树
　　我愿做你的一方土壤

叮咛：走一条踏实且醇厚的语文教学之路

——访特级教师江洪春

《小学语文教学》杂志社记者　李少萍

编者按：在大力倡导新的教学理念，倡导创新教学的大环境中，聆听江洪春老师的叮咛，使我们想到了问题的另一面：沉静与坚守，求真与务实，激情与责任。这如同一针"镇定剂"，触发我们对小学语文教学的深刻思考。

记　者：江老师，据我们所知，您从事小学语文教学研究已有30多年，在小学语文教学方面有着丰富的经验和深刻的思考。您对当前的小学语文教学现状是怎样看的？

江老师：我从事小学语文教学研究确实有些年头，有经验，有教训，也有思考，但还谈不上经验丰富、思考深刻。当前课改背景下的小学语文教学，总体上是乐观的，是发展的。但是，还有一些基本问题，应引起足够的重视。

记　者：在您看来，目前主要还存在哪些问题呢？

江老师：如果谈小学语文教学的现状，这实在是比较宽泛的问题，我的视界和能力还达不到。我想从自己目之所及和特别关注的两个层面表述一下：一是一般教师的日常教学，二是那些活跃在小语界的名师们示范、引领的教学。

记　　者：那就请您先谈一谈一般教师的日常教学。

江老师：据我了解，城区青年教师占了小学语文教师的绝大多数。他们有工作热情，也想把工作做好，但是从教学的质量、效率来看，还不够理想。我每年在全国各地能听两百多节语文课，大都是比较优秀的青年教师执教的课。我也经常到学校视导，参加一些学校的教研活动等，发现一些教学的基本工作做得不到位，甚至有偏差或缺失。

记　　者：您所说的不到位主要是指哪些方面？

江老师：实事求是地说，教学基本工作不到位的情况表现在语文教学的多方面。以识字、写字教学为例，在认读生字词的教学中，我看到很多老师没有借助汉语拼音教学生认读生字词。有些生字词即便是学生读得不正确、不到位，老师也不运用汉语拼音进行必要的正音，学生最终也不知道错在哪里。更令人不解的是，即使是在一年级的识字教学中，老师也把汉语拼音的认读、正音作用弃之一边，好像汉语拼音在执教老师的知识系统中不复存在。老师应该知道，有些字容易读错，需要运用汉语拼音进行必要的正音，让学生知道错在哪里；有些字乍一听似乎没有读错，但常常是读得不到位，把每一个字读到位是说好普通话和朗读的基础。再就是在写字教学中，不少老师在学生写字的起步阶段，不注重指导学生书写的笔顺、结构，不关注学生写得好差，不注意纠正学生的写字姿势等，对学生在写字方面存在的问题视而不见，见而不管，管而不严，严而不常。

记得前段时间，有一位综合素质较好、已有七八年教龄的年轻老师接受了一个在某创新教学研讨会上执教观摩课的任务。她的校长希望我能事前指导她一下，我便让这位老师带着试讲的视频来找我。我们一边观看视频，一边当面交流。当视频播放了十几秒钟，只观看了学生齐读课题的一个小环节，我就让这位老师停播。因为学生在齐读课题的时候，都是扯着嗓子或拖着长腔喊读、唱读，这不是正确的朗读方式。老师却不以为然，还表扬说："读得真响亮！"对此，我直言不讳地告诉这位老师，这样一个读课题的小环节存在三个问题：一是对如何读好课题没有一个正确的定位和标准；二是对学生在学习中出现的问题没有进行必要的纠正和指导，视而不见，充耳不闻，只是"教过"，而不是"教对""教会"，更谈不上"教好"；三是当学生读得不对时，又欠缺纠正、指导的意识、方法、策略。说得直白点，这不是在教学，是在"走过场"，是在"糊弄""欺骗"学生。说实在的，类似的情形我经常遇到，很着急又很无奈。

记　者：您是不是说某些年轻教师的责任心不够强？

江老师：有责任心不强的原因，但不全是。可能更多的是我们的年轻教师对语文教学的一些基本原则、要领和方法的认知、积累、传承不够。由于历史原因，有着丰富教学经验的老教师已经离岗退休，一些好的教学经验没有传承下来。如识字教学中有一条原则：音、形、义各有侧重地教。体现这一原则，就需要教师在备课的时候，先对所教的生字做逐个分析、解读：哪些在读音上要特别关注，哪些在字形上要特别强调，哪些在字义上要特别留意。有了这样的分析、解读，教师教学时就不必平均用力，教学的实效性就增强了。

记　者：谈到语文教学的基本原则、要领和方法，您认为作为一个年轻老师，最重要、最急需的是掌握哪些方面呢？年轻教师往往比较注重学习一些新的东西，追求创新，不少校长也倡导让教师创新教学。对此，您有什么思考？

江老师：根据教学的实际状况，我认为，对于绝大多数老师来说，比"创新"更急需、更重要的是掌握语文教学的一些基本理念、原则、要领和方法。比如，不少老师找我讨论备课内容，他们关心的是怎样教，主要是想让我替他们想一些好的教学方法。他们的教案只有两三张纸，上面没有对教材的解读，也没有教学目标，只有一个比较简单的教学过程，甚至这几张纸的教案也不是独立思考写成的，是从网络上找资料拼凑组合的。我很奇怪，不知道"教什么""怎样教"，那教学有什么意义呢？我只好先与他们一起做解读教材的基础工作，实际上也是最重要的工作。

记　者：是啊，江老师，我们也发现了这个问题。不少老师忽视对文本的解读，没有用足够的时间、精力去细读、解读、研读教材，而是把时间花在制作一些意义不大的课件上，没有对文本进行全面、深入解读就进行教学设计。有的老师走"捷径"，直接从网络上搜索现成教案，拼凑组合或机械复制"名师"的教学设计。

江老师：是的。不仅如此，不少老师的教学，还出现了无视教材的规定性、制约性的现象，把文本导语、提示语、思考练习等提示教学目标、重点的文本要件当成"聋子的耳朵"，不屑一顾。"没有航标乱行船"，想怎么教就怎么教。我认为，解读教材是一位老师的基本工作，钻研吃透教材是考量一位老师的功底和责任心的标准。这项基本工作不做，或做得不到位，教学效果就可想而知了。解读教材也是教学设计的基础工作，有了这一基础，还需要再考虑学生如何学，力求以学定教。这就更难一些了。

记　者：谈到解读教材，您认为应该注意什么问题？做好哪些工作？

江老师：就阅读教学来说，老师教一篇课文，在了解阅读教学目标体系的前提下，不仅要认真解读课文的思想内容、语言表达等，还要认真解读文本中的导语、提示语、思考练习等文本要件，了解课文的有关背景资料或相关语文、社会、自然方面的知识等，尤其是体现编者意图的文本要件，如教学目标、重点及学习方法提示。一定要搞明白自己要做什么，不然就会出现"编者让你往东，你偏往西"的状况，与编者意图背道而驰。

如，人教版语文教材五年级上册第七组的导语中要求"阅读本组课文，我们要用心感受字里行间饱含的民族精神和爱国热情"。可是几乎所有老师在教本组《圆明园的毁灭》一课时，根本不让学生静心阅读，体会字里行间的情感，而是用大量的图片、视频和老师的激情渲染取代训练学生体味语言文字内涵能力的时机。

记　者：课程改革倡导"用教材教，不是教教材"，如果按您的意见，是不是又回到"老路"上去了？

江老师：对于没有走过"老路"的人来说，"新路"也不容易走好。"新手上路"，无所谓"老路""新路"，只要踏踏实实地走在"路上"就好，我看到的情况是根本没有走在"路上"（开个玩笑）。我想说明的是，无论"教教材"，还是"用教材教"，其根本还是教材。是教材，它就有教学的规定性、制约性。老师不能无视教材的这一特性，随心所欲地教，如果是这样，教材就没有存在、使用的价值和意义。所以，遵循、把握教材，尊重、体现编者意图，对年轻教师来说尤为重要。

记　者：我同意您的说法。再说，想"超越文本"，也应在读懂教材的前提下去超越。

江老师：对。可是就目前的情况看，部分老师还缺乏解读教材的认真态度和必备的功力，"超越文本"离他们还比较遥远。在教学目标的确立方面，也存在不少问题。我看过不少教案，从教学目标的三个维度来衡量，很少有准确、全面的，要么笼统模糊，要么虚化摆设，要么逻辑混乱，要么与教学过程不搭界。体现"过程和方法"的目标维度，大都是缺项。有的老师弄不清教学过程与方法和学习过程与方法的区别，不清楚教这篇课文要让学生学习或运用什么学习方法，经历怎样的学习过程。老师连教学目标都弄不明白，何谈"超越文本"？

记　者：江老师，前面您提到掌握教学的基本理念、原则和要领，这是一个比较宽泛、复杂的问题……

江老师：不复杂，课标中写得清清楚楚。老师认真学习、理解、读懂课标，就基本上掌握了教学的基本理念、原则和要领的问题。但问题的关键是，老师没有用课标这一国家教育法规性和最高学术权威性文件来规范、指导自己的教学。有的老师手头根本没有课标，有了课标也不看，看了也不懂，懂了也不做。

如课标在词句教学中提出：第一学段"结合上下文和生活实际了解课文中词句的意思"；第二学段"能联系上下文，理解词句的意思，体会课文中关键词句在表达情意方面的作用"；第三学段"联系上下文和自己的积累，推想课文中有关词句的意思，体会其表达效果"。课标中关于词句教学的目标写得很明白，有学习方法的提示，有教学要求的规定。如到了高段，关于词句教学的要求是"推想词句的意思"，可是不少老师的教学目标还停留在中段"理解词句的意思"，没有对学生进行联系上下文和自己积累推想词句的意思的训练。尤其是到了中、高段，学生不仅要理解、推想词句的意思，还应体会其表达的"作用""效果"。也就是说，词句教学的着力点应转移到"体会课文中关键词句在表达情意方面的作用、效果"上来。可是，不少老师的词句教学还仅仅停留在理解词句的意思上，甚至连什么是"表达情意的作用""效果"及其区别都不知道。我们不能把教学建立在"什么也不知道，什么也不明白"的基础上啊！

记　者：您所说的这个问题，我有同感，似乎比较普遍。据我所知，不少老师教龄有五六年了，甚至更长，对教学的一些基本原则、要领的确不清楚、不明白。如人教版语文教材六年级上册中，明明提出了"学习本组课文，继续练习用较快的速度阅读课文"，可是在有些老师的教学中，根本没有进行这方面的训练，没有把"快速阅读"当成阅读能力来看待，对编者提出的这一教学要求、任务视而不见，不当回事。

江老师：是的。我在听课时经常遇到类似的情形，作为一名语文教研员，我既着急，又无奈。为了发出我的"呐喊"，我曾用调侃的方式写过《谁再这样教，俺就跟他急》的短文，刊登在《小学语文教师》2010年第6期上，对当下的语文教学提出了16个应特别注意的问题。当期"人物"刊也收录了此文，如果感兴趣，可以看一看。

记　者：好的，我们一定认真拜读。江老师，近年来，您在杂志上发表了部分对一些活跃在小学语文教坛上的名师教学表示质疑的文章，您不欣赏他们的教学吗？

江老师：有些名师我很欣赏，很认同，很崇敬。如老一辈的名师于永正、支玉恒、靳家彦、贾志敏等，年轻的名师像李卫东等。但是有些名师我难以认同。

记　者：在您质疑的名师中，有的在全国很有知名度和影响力呀！

江老师：正因为名师的示范性、知名度和影响力，所以本人虽已近耳顺之年，还是坚持不厌其烦地思考、撰文，与名师商榷，与大家研讨。我所在意的是，名师们的教学面对的大都是一些对语文教学还缺乏足够认知并且教学功底不足的青年教师。他们对一些新鲜的提法又特别感兴趣，有的还好追捧、追风。我的目的，用鲁迅先生的话说："我没有什么话要说，也没有什么文章要做，但有一种自害的脾气，是有时不免呐喊几声，想给人们去添点热闹。"也就是不希望我们那些充满热情的青年教师们盲目追捧、信奉那些"标新立异"的说法。不管对错，我希望他们不盲从，不追风，要"三思而后信，三思而后行"。

记　者：请您具体说说您的思考和对一些名师教学的看法。

江老师：近几年，我观摩了几位颇受一些青年教师追捧的名师的教学，认真拜读过他们发表在刊物上的文章和教学实录。看后，我感到有些教学的基本问题是需要讨论和商榷的。这些名师有不少共同点，归纳起来有这样几个方面。

第一个共同点是他们的教学特别在意彰显自己的教学"风格",为此,无视教材的规定性、制约性,不管学生学习的起点、年段性等,让教材为彰显、成就"我"的风格服务,让学生为演绎、证明"我"的一个个教学设计之巧妙、精彩服务。老师本人在课堂上表现得特别强势、抢眼,学生几乎成了陪衬,衬托得老师特别有才华,有智慧。

记　者:有风格、有特色的教学不是我们追求的理想境界吗?

江老师:这要看他的"风格"是否建立在基本的语文教学规律之上。有风格的教学,有个性的教学,是建立在共性基础之上的,而且是有传统底蕴的;如果是脱离了共性的个性,那就是个别。再说,无论什么样的风格,都应以促进学生语文素养的形成与发展为重。有的名师,特别注重在课堂上"煽情",喜欢用大段的"优美华丽"的语言进行激情渲染。这种"风格"对学生的语文能力训练、语文素养的形成和发展有多少实际意义呢?真正的风格,不是刻意追求的,更不是短期速成的。它是功到自然成,陈酒自然香。

记　者:您说的这种"风格"的确影响了不少年轻教师,我们在听课时常常看到这种情形。

江老师:这就是名师不恰当的示范、影响作用造成的。第二个共同点是不少名师执教观摩课,特别在意观摩课的舞台效果、轰动效应。有些名师,不惜用调侃、"忽悠"学生的方式来取悦台下听课的老师。不少刊物上刊登的某名师教学实录,撰文者还专门在教学实录中注明此处有"掌声""笑声",其用意不言而喻。有的名师自诩:"听我的课就像观看美国大片。"专家在评课的时候,也以欣赏的口吻赞誉道:"某某某老师的课具有舞台剧的效果……"我真担心这样的观摩课和专家的评课会把我们的年轻教师引向"歧途"。20世纪80年代,我听过斯霞、霍懋征、袁熔、李吉林、靳家彦、左友仁等名师的课,他们都是实实在在地上课,没有什么花架子。如今回想起来,他们上课的情景和音容笑貌仍历历在目。他们教学的示范、引领作用,可以说让我们受益终生。

记　者:江老师,您很幸运,能在当年听到这些老一辈名师的课。

江老师:是的。因为我曾多次听这些老前辈的课,所以才对当下名师的教学有一些感慨。当下名师的教学还有一个特点,即特别热衷于在"语文"

前面加上一个"××",以标新立异来证明自己教学的与众不同。对这种"创新",我认为也是不恰当的示范和引领。

记　者：是的。现在有不少这样的提法，像"本色语文""生态语文""诗意语文""情智语文""和美语文"等。对这样的提法，您认为有哪些不妥？

江老师：如果以课标为依据来审视这种提法，颇感不妥，值得商榷。理由主要有以下几点，仅供参考。

一是有些主观臆断。语文课程的性质、特点，课标中已经讲得很清楚了，"工具性与人文性的统一，是语文课程的基本特点"，这是对语文"是什么"的界定。它告诉我们，语文的工具性是第一位的，是基础的；工具性和人文性是统一的，过分强调哪一方都是不恰当的。诸多"××语文"的提法，好像大都强调"人文性"，不知这种对语文课程的定性来自何处，可能是"心造的幻影"。

二是似乎以偏概全。语文学科可以说是承载万物，包罗万象，里面几乎什么都有。我们不能因为它有情境，就冠以情境语文；有诗意，就冠以诗意语文；有画面，就冠以画面语文；有科学，就冠以科学语文。如果按照这种思想方法来给语文前面加上一个定语，我们能制造出几十个、上百个，乃至上千上万个。这都容易远离语文学科的特质，都不是真正意义上的语文了。所以，无论用什么词语来涵盖它，都是不全面的，都容易"只见树木，不见森林"。

三是容易顾此失彼。语文学科具有整体推进、综合发展的特质。如果过分强调了语文学科的某一方面，而忽视了其他方面，就容易形成"一条腿走路"的弊端。我们已经在 20 世纪 70 年代末、80 年代初尝到了这种弊端的苦头。

四是可能误导他人。由于这样对语文课程定性具有新颖独特的特点，让人耳目一新，就对那些对语文学科还缺乏足够认识的年轻教师颇具吸引力，使他们误认为这就是语文的全部，并信以为真。尤其是那些有影响力的教师的大肆渲染，导致一些年轻教师不能全面理解、把握语文课程的性质和特点。

记　者：江老师，在我们的记忆里有过"情境教学""思路教学"的提法，我们感到这些提法和教学的理念、经验有不少值得学习、借鉴的。两相比较，有什么区别吗？

江老师：有区别。你所说的这类提法是从教学思想、教学方法的角度提出的，应该说是比较合适、妥当的，不容易使人对语文课程本身产生误解。而"××语文"的提法就不同了，很容易使年轻教师对语文学科的性质、特点产生误解。

我们希望、赞赏广大教师将教学中的那些实践性、经验性的认知逐步提升为自己的教学理念，进而转化为自己的教学信念（教学经验→教学理念→教学信念）。只有达到教学信念的层次才能成为一个有思想、有风格的教师。但是，教师所总结、提升的教学理念必须是正确的、恰当的、科学的、符合教学规律的，不然将这种教学理念提升为信念时，容易误入歧途，再将这种教学理念或信念大肆渲染，则可能会误导他人。

我想再用鲁迅先生的话调侃一下，进一步表明我的观点："譬如一个人，脸上长了一个瘤，额上肿出一颗疮，的确是与众不同，显出他特别的样子，可以算他的'粹'。然而据我看来，还不如将这'粹'割去了，同别人一样的好。"

记　　者：江老师，与您对话，我有一个特别的感觉——很轻松。您所表述的观点、看法，很直率，而且很好理解，没有什么高深的理论，都是您在语文教研实践中的所见所想、所感所悟，对年轻教师、一线教师有直接的指导意义。

江老师：我很喜欢你对我的评价。我不是搞理论研究的，属于"草根派"，我的工作更多的是在教学实践层面上进行思考、研究和探索，我的职责就是尽可能地将一些先进、科学的教学理念转化为教学实践、操作方法，为广大一线教师提供教学的技术支持。再说，把"课标"中的教学思想、理念、要求弄明白再转化为教学实践和操作方法，就需要花一定的工夫。这一工作性质要求我必须说通俗易懂的话，把想表达的意思说明白、说清楚，不然说一些"深奥"的理论或玄虚的话，对一线教师几乎毫无意义。不过你提到我的表述特点，引发出我想表达的另一个意思。

记　　者：本想结束我们的采访交流，不想又引发出您新的思考，这与您强调的"踏实醇厚的语文教学"有关系吗？

江老师：有。近些年来，在一些教学杂志上，在一些名师的报告中，兴起一种"新话语风",他们大都喜欢用一些华丽的辞藻、玄虚的词语来装饰自己的言论,如把"解读教材"说成"徜徉在……之中""在……中散步",把语文教学的核心理念"语文素养",说成"语文教学的终极关怀"等。为什么非把大家比较熟悉的话语说得让人不可理解,把大家比较清楚的问题说得非常模糊呢?一般说来,凡是刻意用这样的词语装饰自己观点的,一定是观点本身没有什么新意,不然为什么偏要为它蒙上一层华丽、玄虚的面纱呢?真知灼见是无需修饰的。再者,教师如果把心思、智慧刻意用在编织那些华丽、玄妙的语言上,很可能会阻碍了其思想、思维向正确性和深刻性上迈进。

更让人忧虑、着急的是,不少年轻教师把这种"新话语风"引入到课堂教学中,其教学语言华而不实,一些"诗意"般的语言,说得学生云里雾里的。其教学语言像是背下来的台词,很不自然很不常态。我把这类课堂语言称为"优美的废话"。这大概是受一些"新潮名师"的影响。

记　者:看来,您真是一位地地道道的务实主义者。

江老师:是的。因为语文教学说到底是育人,必须求真务实,来不得半点儿虚的、玄的、假的,不然会误人子弟。

(此专访发表于《小学语文教学·人物》2011年第8期)

漫谈"文意兼得"

就目前的小学阅读教学来看，有两个难题还没有得到根本的解决，或者说还没有达到令人满意的程度。一是文意兼得，二是自悟自得，这是阅读教学的两个基本理念。前者体现阅读教学的基本规律、本质特点，从操作层面上讲，它与教师对教材的理解、钻研的程度有关。后者体现阅读教学的基本方法、策略，从操作层面上讲，它涉及到教师进行教学设计的问题。这两个难题不能得到很好的解决、突破，必然会制约小学阅读教学的发展。据此，本文先就阅读教学的文意兼得这一难题的破解，谈几点粗浅的认识。

一

所谓"文意兼得"，我们的认识是：在阅读教学过程中，教师既要引导学生理解课文的内容、内涵，体会其思想感情，又要（或者更要）引导学生去领悟语言表达的特点、作用、效果，让学生能够在课文的思想内容与语言表达的有机统一中，感受到语言的力量和魅力。

文意兼得是"工具性与人文性的统一"这一语文课程基本特点在阅读教学中的本质体现，它将理解课文的思想内容、体会思想情感与领会、学习语言表达有机统一成一个完美的整体。教师如果把教学的功夫都用在体会课文的含义、感情上，不理会语言表达的特点、作用、效果，那么语文教学就失去了一半的美、独特的美，对学生来讲，无疑是一种语文学习的终身遗憾、致命缺失。

文意兼得在阅读教学中是一个难题。一是难在教师要深入钻研教材上，在理解其内容、内涵，体会情感的同时，还要领会表达上的特点、作用、效果。也就是说，教师既要弄明白作者写的是什么、怎样写的，还要弄明白作者为什么这样写，其目的、意图是什么。从课文的内容到形式，教师都要认识得非常到位，并在此基础上去发现课文的深刻、独特之处。这需要教师花费足够的时间、精力，也考量教师的功底。二是难在文和意的有机统一上。教师在进行教学设计时，能将理解课文的内容、内涵，体会思想情感与领会语言表达的特点、作用、效果结合在一起，并非易事，需要教师的教学智慧、教学策略和经验。只有在教学中让学生感到某一部分或环节的教学，既是在理解课文的内容、内涵，体会其情感，又是在领会语言表达的特点、作用、效果，才称得上是"有机统一"，称得上是真正发挥出了教师的指导作用。三是难在如何引导学生去自读自悟、自悟自得上。教师是直接教给学生，还是引导学生自己去发现，这就需要一定的教学方法、手段、策略。我们主张教师应设计一定的方法、策略，或是暗示，或是搭桥，或是铺垫等，想方设法引导学生去发现、品读，让学生在品味到语文魅力的同时，也能体验到自主发现的快乐，产生一种豁然开朗、眼前一亮的愉悦思维。

从某种意义上讲，文意兼得并非难以破解，关键是你追求什么样的语文教学，你怎样理解阅读教学。如果你对文意兼得这一语文教学的理念认同了，那么你就会想方设法、绞尽脑汁地到教材中去寻找、发现那些文意兼得的地方。我们的经验是"大处着眼，小处入手"。

《白鹅》一课中写道："它伸长了头颈，左顾右盼，我一看这姿态，想道：'好一个高傲的动物！'"教师教这句话时，有两个方面需要认真研读。一是"想道"这个词，注意，这里用的是"想道"而不是"想到"。"想道"是说作者想到后脱口而出，凸显了作者的惊讶和喜爱之情。研读这一词语，不仅能让学生体会作者的情感，更能让学生领会到作者用词的精妙。二是研读"好一个高傲的动物"这句表达作者心情的话。首先是让学生从中体会作者的情感，其次是让学生认识这句话采用的是明贬实褒的表达方式，更重要的是让学生联系上下文领会这句话在全文中起到的统领、总起和概括文章中心等作用。这样教学，学生不仅是在学习语文，更重要的是能够实实在在地感受到语文的魅力。我们主张并力求这样的文意兼得之举，让学生在理解内容、体会情感的同时，去体味语言的作用、力量，去品尝"语文味"，感受语文的独特魅力。

这是一个"点"的教学，教师在对文意兼得还没有更深层次的理解、把握和更高水平的设计、操作的情况下，不妨通过这样的点去体现、去落实。即教师通过一个个的点，去引导、引领学生感悟真正意义上的语文。这样的点（关键的词、句、段、标点），每篇课文都有，关键是教师要善于发现、找到它，精心设计用好它。抓住这样的点，做足文章。

二

文意兼得，从何处入手？寻找什么？发现什么呢？根据我们的经验和体会，一般应注意以下几个方面：

1. 在把握内容、感悟内涵、体会情感的过程中，关注课文中遣词造句的特点、作用、效果，即"体会课文中关键词句在表达情意方面的作用"和"表达的效果"。

例如，《秋天的雨》一课描写秋天的雨给大自然带来的变化，每一段都运用了总分的结构方式。第一句是总起句，如第二自然段的"秋天的雨，有一盒五彩缤纷的颜料"，第三自然段的"秋天的雨，藏着非常好闻的气味"，第四自然段的"秋天的雨，吹起了金色的小喇叭"。我们在教学时，就可以运用课文的这一特点，让学生了解"总分结构"的特点，掌握"总起句"的作用。《可贵的沉默》一课中："先是一两声，继而就是七嘴八舌了：'问爸爸！''不，问外婆！''自己查爸爸妈妈的身份证！'"这几句话有一个特点，即作者在写孩子们的语言时，没有我们常见的"……地说"的陈述性成分。这是为什么？其表达的作用、效果是怎样的？只要深入分析一下就不难发现，这种构段方式，正是一种"七嘴八舌"的真实再现。因为"七嘴八舌"地说，就是你一句、我一句地抢着说、争着说，表现出孩子们明白老师的意图之后的激动心情。这就是这种构段方式的作用和效果。如果在这段话中加入"……地说",就不能很好地表现出这种争着说、抢着说的情景和孩子们激动、兴奋的心情。

再如,《唯一的听众》中写妹妹的惊叫:"'聋子?'妹妹惊叫起来,'聋子!多么荒唐!她是音乐学院最有声望的教授,曾是乐团的首席小提琴手!你竟说她是聋子!'"这几句话中有四个叹号、一个问号。这样的标点使用,在这里起到什么作用?产生怎样的表达效果?课文中的第十自然段仅仅是一个省略号,并独立成段。这种特殊的构段方式,省略的是什么?为什么省略了?如果补充出来应该是什么?而作者为什么省略不写呢?其表达的作用、效果又是怎样的?教学中,教师如果引导学生关注这些"点",那就不仅仅是学课文了,而是学语文。

2. 在把握内容、感悟内涵、体会情感的过程中,关注课文在布局谋篇上的特点、作用、效果,即"揣摩文章的表达顺序"。

大多数课文在篇章结构、布局谋篇上都有一定的特点,特别是学生第一次接触到的,教师更应该引导学生去认识领会其表达的作用、效果。

例如,《桥》一课中有两条叙述的线索,一条是洪水变化,一条是老汉指挥村民过桥。前者是环境描写,后者是情节的叙述。我们抓住这两条线索,就能把握课文在叙述和结构上的特点:环境描写推动情节的发展。

洪水突来	拥向木桥
洪水肆虐	指挥过桥
洪水退后	桥前祭奠
(环境)	(情节)

课文写老汉在指挥村民过桥时,把一个挤在前面的小伙子从队伍里揪了出来,让他排到后面去,结果小伙子被洪水冲走了。老汉与小伙子是什么关系在这里并没有交代,当读到最后两段"她来祭奠两个人。她丈夫和她儿子"时,我们心头一震,原来老汉与小伙子是父子关系。读到这里,读者无不为之动容、震撼。那么,作者明明知道老汉与小伙子是父子关系,为什么不在前面交代、讲明,而在后面才暗示出来呢?这就是作者在布局谋篇上的独具匠心之处。这样安排,能使故事更加感人,让读者有一种"意外"的震撼。这种意想不到的结尾,震撼人心,催人泪下。这就是语言的力量,这就是语文的魅力所在。

《北京的春节》一课，按照时间顺序写出春节的全过程：腊月初旬——小年——除夕——正月初一——正月初六店铺开张——正月十五元宵节——正月十六结束。这样的顺序和过程的描述能让我们体会到：过春节的时间长，内容丰富，形式多样；中国传统文化的内涵丰富、历史悠久；人们对春节的重视、喜爱，以及所寄托的美好愿望与期盼。这就是文章的表达顺序带给我们的感受。

3. 在把握内容、感悟内涵、体会情感的过程中，关注课文在表达方式上的特点、作用、效果，即"初步领悟文章的基本表达方法"。

文章的表达方法主要指叙述、描写、议论、抒情、说明，以及铺垫、衬托等。教师在教学中引导学生关注到这些表达方法的特点、作用、效果，不仅能让学生积累知识，还能促进学生对课文内容、内涵的理解感悟。

例如，在《一夜的工作》一课中，既有作者在记叙事件的过程中表达出对周总理的热爱、敬仰之情的间接抒情，又有作者按捺不住内心的激动，大声疾呼、直抒胸臆的直接抒情。这两种抒情的方式不同，各有特点，教师在教学中应该让学生有所认识。

《刷子李》一课的特别之处，不是作者直接且正面描写刷子李刷墙时的动作、心情、语言，而是通过描写曹小三的眼睛来侧面刻画刷子李这一人物形象。所以，曹小三的观察起到了烘托人物形象和叙事的作用。这样的写法体现着语言的力量和魅力。教师在教学中引导学生去发现并研读这种写法，无疑会提高学生的感悟能力。

总之，文意兼得体现的是阅读教学的本质特点、基本规律，体现的是阅读教学的意图。这种意图是双重性的，有时甚至是多重性的，与单纯侧重于理解课文内容、体会思想感情相比，文意兼得更具有"语文味"，更有利于培养学生的语文素养。学生只要能在阅读过程中一次次地"文意兼得"，就会从一篇篇课文的学习中积累语言表达方面的知识，形成一定的阅读能力，学会从知识到能力的自觉、主动的迁移，可谓一举多得。

三

在教学中，如果教师想让学生文意兼得，就需要一定的教学设计、教学策略。最理想的，就是想方设法让学生自读自悟，自悟自得。这需要教师在深入钻研教材的基础上，找准并确定教学的重点和关键，即弄清抓哪几个"点"，进而思考抓到什么程度。有了这样的钻研和思考，接下来就需要发挥教师的聪明才智，找到切入点、突破口，想出巧妙的办法，引导学生去自主探究。根据我们的实践经验，以下几种引导的方法和策略比较有效。

1. 换词法。教师将某一语句中的关键词进行改换，让学生在对比品读中理解词句的意思，体会语句所表达的情感、作用、效果。

例如，在《猫》一课中，将"或是在你写作的时候，跳上桌来，在稿纸上踩印几朵小梅花"中的"踩印几朵小梅花"，改换成"踩上几个小脚印"，将"小猫满月的时候更可爱……"中的"更可爱"改换成"也可爱"，让学生在比较中品读，这样学生既能理解词句表达的意思、体会句子所包含的情感，也能品味到这些关键词句在表情达意方面的作用。

2. 加减法。教师将某一段落中的关键词句去掉或加上，让学生在比较中理解异同。

例如，在《长城》一课中，描写长城的语句："远看长城，它像一条长龙，在崇山峻岭之间蜿蜒盘旋。从东头的山海关到西头的嘉峪关，有一万三千多里。"这两句话都写出了长城的"长"，这样写是否重复？如果去掉一处好不好？教师在教学中让学生带着这样的疑问去思考，会使学生在体会长城雄伟气势的同时，体味到打比方与列数字这两种说明方法的不同作用。

3. 情境法。教师根据某一段落的内容，创设一种情境，让学生与文中的人物进行对话，以此来理解内容，体会情境及语言表达的作用。

例如，在《穷人》一课中，作者写了桑娜将西蒙的两个孩子抱回家后的矛盾心理。教师在教学中将这一心理描写创设为情境——此时，在桑娜的内心似乎有两个态度不同的桑娜：一个同意把孩子抱回来，一个不同意把孩子抱回来。对此，可让学生扮演桑娜，师生合作进行这样的"对话"：

师（不同意抱回孩子的桑娜）：桑娜，你把孩子抱回来了，如果你的丈夫回来后不同意，打你一顿怎么办？

生（同意抱回孩子的桑娜）：……

师（不同意抱回孩子的桑娜）：桑娜，你把孩子抱回来了，可是你已经有五个孩子了。今后你的日子怎么过呀？

生（同意抱回孩子的桑娜）：……

如此让学生走进桑娜的内心，感受桑娜的矛盾心理，领会心理描写对表现桑娜善良品质的作用以及为渔夫出场起到的铺垫、衬托作用。

4. 假设法。教师针对课文在遣词造句、布局谋篇上的某一特点，对其作以一般性记叙或描写的假设，以比较课文在这一特点上的表达效果。

例如，假设《唯一的听众》一课在开头部分先交代老教授的身份，再叙述事情的来龙去脉，这样更利于学生领会在课文结尾处揭示老教授身份这一设置在表达上的作用、效果。

5. 提示法。教师根据课文的叙述特点，将文中起引领作用的语句提示出来，让学生通过这些语句厘清课文的脉络，确立思考问题的线索。

例如，在《可贵的沉默》一课中，教师先后提出几个问题："爸爸妈妈知道你的生日在哪一天吗？""生日那天，爸爸妈妈向你们祝贺吗？""你们中间有谁知道爸爸妈妈生日的，请举手！"这几个问题提示了课文的叙述顺序。在教学中，教师可以先让学生读读课文，找出这几个问题，然后将这几个问题进行初步解答，总结出文中孩子三种不同的表现，即"热闹—沉默—热闹"，进而再让学生提出问题：为什么孩子们开始表现得非常"热闹"，继而"沉默"，后来又"热闹"起来了呢？这两个"热闹"的意思一样吗？通过解答问题，导入对重点段落的研读、探究。这样的设计，提出的是与课文相关的几个问题，渗透的是课文的叙述脉络。教师通过引发学生设疑思考，引领学生按顺序研读、探究课文。

6. 提问法。教师让学生根据课文内容提出不懂的问题，然后再带着一个个问题联系上下文去寻找答案。答案找到了，问题解决了，也就理解了课文内容。

例如，《检阅》一课中写道："一切事情已经商定，可是从大家的表情可以看出来，还有重要的事情需要商量，但是谁都不愿意第一个开口。"教师教学这段话，有两个"点"值得关注：一是理解"商定"与"商量"的区别，二是根据这段课文提出问题。如，还有什么重要的事情需要商量？为什么谁都不愿意第一个开口？大家会怎样解决这一难题？当学生提出问题之后，就可以带着问题联系上下文去寻找答案了。这是一种很好的阅读思维以及阅读方法，能引发学生的阅读兴趣，促进其深层次的阅读训练。

总之，引导学生在学习中文意兼得的办法有很多，除上述介绍的以外，还有图示法、改写法、铺垫法、设疑法、示例法、照应法等。我们在设计教学方法时，力求做到六个字：适合、巧妙、有效。适合，即不论是老办法还是新办法，只要用在这个地方最合适，就是好办法；巧妙，即含而不露，教而无痕，多为学生铺路、搭桥，让学生在教师提供的某种条件、情境中能自主发现，自主探究，从而产生一种眼前一亮、豁然开朗的阅读感受；有效，即在教师设计、预设的手段、方法、目的、意图中，达到既能感悟内容，又能领悟表达的教学效果。

（此文写于 2007 年 1 月 6 日）

……后来，我和江老师又有几次接触。特别是 2009 年 7 月在青岛，我和江老师同时被聘为中国当代语文教学专业委员会所举办的全国性教学观摩竞赛活动的评委。在一起工作了数天，我看到江老师在钻研教材，他在选择确定教学内容与方法、课堂操作的科学性与艺

与全国著名语文教师支玉恒先生（右）在中国当代语文教学专业委员会举办的全国语文教学观摩竞赛活动中做评委

术性的统一等方面，都具有精到而高超的见解。也正是这一次，我开始读他的"十六烦"，顿觉清新、独特而又洞察时弊，于是赶忙抄录在本子上。而后一年多，又陆续看了他的"十六急"与"十六无"，我均如获至宝。看到江老师能用如此简洁、诙谐而又富有韵律的语言，讲出教学的大道理，我内心的敬佩之情油然而生。

——摘自支玉恒先生《言简意赅、理直气壮——读江洪春老师三个"十六"的感想》

阅读教学追求的境界：自悟自得

　　自悟自得是一种教学理念，也是阅读教学追求的一种境界。它旨在让学生经历一个自主发现、自主探究、自我建构、自我生成的过程，是"自主、合作、探究的学习方式"在阅读教学中的体现。在这个过程中，学生获得的不仅仅是感受、感悟的结果，还能经历一个学习的过程；在这个过程中，学生可能会苦思冥想，绞尽脑汁，可能会百思而不解，也可能会豁然开朗，获得思维的愉悦；在这个过程中，学生品尝到的是文章的滋味，获得的是语文的营养，得到的是探索的体验、发现的喜悦，提升的是阅读的能力、语文的素养。这不正是我们阅读教学所期望和追求的吗？

　　说到底，自悟自得是要培养学生的独立阅读能力、思维能力，养成学生的探究意识。然而，这种能力不是学生自然而然所能拥有的，需要教师有意识地训练、培养，使学生由不会自悟自得，到学习自悟自得（学会），再到能够自悟自得（会学）。其中，起主导作用、关键作用的还是教师的教学理念、教学水平、教学方法、教学策略。所以，聪明的、有思想的教师，不仅关注"学什么，学到什么程度"的问题，更关注"怎样学，怎样引导学生自己学"的问题，把自己在钻研教材时的所悟所得埋藏在心里，想出一个个巧妙的办法，引领或指导学生自己去发现、探索、建构、生成，以期能与自己在钻研教材时的所思所想、所悟所得达成共识，产生共鸣，或者超出自己的所思所想，启发自己的思考，丰富自己的理解、认识。

一

自悟自得，应让学生"悟"些什么？"得"些什么？就阅读教学而言，主要从以下四个方面入手：

1. 感悟内涵。

一篇课文一般需要从四个层面来把握，一是课文的内容，即课文写的是什么，可以通过概括、归纳来把握；二是情感，即课文表达了什么，可以通过体验、体会来感受；三是内涵，即作者为什么写这篇文章，其目的、意图是什么，需要深层次的理解、体味来感悟，是理解能力、思维能力的体现；四是语言表达，即作者是怎样写的，为什么这样写，这样表达的好处是怎样的，也需要深层次的理解品味来领悟。

感悟课文的内涵，是在了解、把握课文内容的基础上，透过语言文字的表面，去研读它背后的含义、作者的用意等。这是阅读教学的重点、关键，也是难点。以词句的内涵为例。

《唯一的听众》一课中写道："'……这些话使我感到十分沮丧，我不敢在家里练琴了。'""'……但我很快又沮丧起来，我觉得自己似乎又把锯子带到了树林里。'"这两个"沮丧"的内涵并不一样。前一个"沮丧"是写"我"遭受到家人打击时的沮丧，此时"我"还没有完全失去练琴的信心。而后一个"沮丧"则是来自自我的打击。此时，"我"已经完全丧失了练琴的信心。

对"沮丧"一词内涵进行这样的解读，就是读懂了词句背后的意义。教学中，教师就应引领学生走到词句背后，这才是真正意义上的阅读，真正意义上的阅读教学。

2. 体会情感。

课文中的情感表达一般有两种方式：一是渗透在语言文字之中的、内含着的，即间接抒情；二是直接抒发某种情感的、外显的，即直接抒情。这两种方式是感悟、体会的重点和难点。教师在教学中要引导学生透过那些叙事、写人、状物、描景的句段，去体会、揣摩"背后"的情感。

例如,《窗前的气球》一课中写道:"科利亚静静地躺在病床上,呆呆地望着窗户。"这是对科利亚躺在病床上的动作和神态描写,而且用"静静、呆呆"这样的叠词来表达。教师教学时,就可以引导学生通过标画这两个重点词语来体会科利亚苦闷、无助、期盼的心情,体会叠词在表达情感上的特别作用。

再如,《丰碑》一课中写道:"他深深吸了一口气,缓缓地举起右手,举到齐眉处,向那位跟云中山化为一体的军需处长敬了一个军礼。"这句话描写了将军敬礼的动作,从中可以体会将军复杂的心情:有自责,差点冤枉了军需处长;有崇敬,敬仰军需处长的崇高品质;有告慰、自豪等。

学生透过语言文字体会到这些,才可以看作是"悟"到深刻处,"得"到真收获。

3. 领会表达。

教师在阅读教学中只引导学生做到理解内容、体会思想感情是不够的,这只是完成了阅读教学的一半任务。如果不去领悟语言表达,不弄清作者怎样写以及为什么这样写,阅读教学就失去了一半的美。语文最具魅力之处,恰恰是它的语言表达。因此,教师在教学中应该既理解其内容、内涵,体会其情感,还要领会其语言表达的特点、作用、效果,让学生从这两个层面上感悟语文,感受语言的魅力,达到文意兼得。

从语言表达的角度来研读课文不难发现,几乎每篇课文都有一定的特点。我们要找到这些特点,领悟其表达的作用、效果。例如,《卖木雕的少年》一课在写法上有一个突出特点——写了一些出乎作者意料的事,如:没有想到黑人少年晚上专门到宾馆等作者,没有想到黑人少年专门送来一个拳头大小的小象墩,没有想到黑人少年不要钱,没有想到黑人少年会说中国话,等等。如果教师在教学时,让学生发现黑人少年这一个个"出乎意料"的做法并带着这些疑问联系时代背景去寻找答案,学生就不仅能对课文内容进行深层理解,还能领会文章在叙事上的巧妙之处。由此,我们还可以明白:帮助学生找到理解的突破口、思维的支点,是阅读教学的巧妙之法。

再如,《第一场雪》一课中描写雪后的景象:"落光了叶子的柳树上,挂满了毛茸茸、亮晶晶的银条儿,一阵风吹来,树枝轻轻地摇晃,银条儿和雪球儿簌簌地落下来……"这段话的特点是运用了"银条儿""雪球儿"等一些"儿化"的词语和"毛茸茸""亮晶晶"这样的叠词。作者为什么运用这样的词语来描写雪后景象呢？其目的、意图是什么？只要反复品读，就可以发现：作者运用这些词语是在表达对第一场雪的喜爱、赞叹之情。这种语言表达的特点是能够使人们更真切地感受到作者的这种情感和表达目的。

4. 掌握阅读方法。

课标为学生规定了一系列阅读的基本方法，教材中也各有侧重地陆续体现，如"联系上下文理解词语""读文章想画面""入情入境地读""比较阅读""提出不懂的问题"等。然而在实际的教学过程中，教师并没有将这些阅读基本方法落到实处。学生没有真正学习、掌握、运用到这些基本的阅读方法，难以达到自读自悟，自悟自得。

首先，教师要在教学过程中有意识地渗透阅读方法，使学生意识、学习到一定的阅读方法，在渗透中学习。

例如，《纸船和风筝》一课中写道："山顶再也看不到飘荡的风筝，小溪里再也看不到漂流的纸船了。"在这句话中有一个"飘荡"的"飘"，一个"漂流"的"漂"，教师在教学时可以让学生想一下：把这两个字互换一下行不行？为什么？经过这样的引导，学生不仅能准确地理解词义，正确区分、运用这两个同音字，还会领悟到句子中字词的关键。"联系上下文了解词语的意思"这一阅读方法训练就落到了实处。

其次，教师要在阅读教学过程中有意识地引导学生运用已经学过的阅读方法，让他们在运用中掌握。新学的阅读方法要让学生学到手，学到手的要时时用，让学生把一个个阅读方法转化成基本功，转变成自觉的阅读行为，进而养成一种学习的习惯。

例如，二年级学生已经可以联系上下文和实际生活了解词句的意思。进入三年级后，教师应引导学生运用这种阅读方法自主、自觉地读懂词句的意思。教师的教学着力点应该转移到引导学生体味词句在表达情意上的作用方面。这样才是一个循序渐进、螺旋上升、良性循环的教学过程。

自悟自得需要一定的阅读方法。不掌握一些基本的阅读方法，自悟自得则成为一句空话。花样游泳很美，但学之前都必须先会憋气这一基本功夫。正如我国书法家启功先生论书法所言："乃知按模脱坯，贤者不为，而登楼用梯，虽仙人不废焉。"

在阅读教学中让学生"悟"什么?"得"什么?我们的经验是:抓住关键的词、句、段,让学生从多个层面和角度去理解、体会、把握,力求一举多得。学习某一词、句、段,既是目的,又是手段。目的,就是能够理解和感悟这一词、句、段。手段,就是在这一阅读过程中学习、运用阅读的方法,练成基本功,为学习新的内容练本事、练能力。这一训练目的的双重性或多重性,是培养阅读能力和语文素养的关键所在。

二

自悟自得的最终目的是培养学生的独立阅读能力,包括感悟、领会、品评的理解力,归纳、概括、总结、提炼的思维力,联想、想象、体验的想象力等。学生的独立阅读能力需要教师有意识地训练、培养,这就涉及到怎样训练、怎样培养的教学设计和教学方法、策略问题。在训练独立阅读能力的教学设计和方法策略方面有两点发现:一是将教师钻研教材的所感所悟直接传递给学生,虽然"得"了,但是没有"悟"的过程;二是没有"悟"的过程,也就没有能力培养的过程。

用一个个琐碎、具体的问题牵引(即满堂问)不是好办法,因为自悟的成分太少。如,教师向学生提出"你读懂了什么""你知道了什么""你体会出了什么"等问题,虽然意在让学生自悟自得,且留有自读自悟的空间,但是学生在没有掌握一定阅读方法的情况下不知道从何处入手,结果只能是泛泛而谈,说一些无根无据的理解,或者把课文的有关内容机械地复述一下。

由此,我们认识到,"自悟"是一个理解、思考的过程,或者说是一个自主发现、自我探究、自我建构、自我生成的过程。由"自悟"到"自得"需要具备一定的条件:一是给学生留有足够的理解、思考的时间和空间,让学生从沉思默想、绞尽脑汁到豁然开朗、柳暗花明;二是需要学生掌握、运用一定的阅读方法,没有阅读方法的学生对于课文无从下手,悟不深,悟不到点子上;三是教师要开动脑筋,运用智慧,设计一定的教学方法,采用一定的教学策略。一般应采用铺路、搭桥的方式,即教师给予暗示、提示、点拨、引导,学生自己去经历自悟自得的过程。我们的经验如下。

1. 示例引路。

在指导学生自悟自得的最初阶段，我们一般采用示例的方式，渗透学习方法，提示学生去自悟自得，让学生学习到一定的阅读方法。

例如，《我要的是葫芦》一课中提到："他盯着小葫芦自言自语地说：'我的小葫芦，快长啊……'"教学中，教师将"盯"字有意识地换成"看"字，启发学生："在这句话中有一个字与课文不一样，你发现了吗?"（有意识地培养学生认真读书的习惯）学生发现后，再进一步启发："'盯'和'看'意思差不多，换成'看'不是一样吗?"（引导学生关注重点字词）学生经过比较，认识到："盯"说明种葫芦的人只关心小葫芦，不关心别的，还说明他种葫芦的心情急切。

对于"盯"字的教学，就是给学生的一个提示，即读课文、读句子，要关注哪些重点词语来理解句子的意思。这样"示例引路"的教学，可以运用在有一定难度的段落上，也可以运用在一些学生发现不了、意识不到的地方，比如那些看似平平常常，实际很有价值的词句等。

2. 提供条件。

类似科学课做一个小实验，教师只提供实验用的材料、物品、器械，到底怎样完成实验，教师不予指导，由学生自己试着去做。这种引导方式产生的结果可能是对的，也可能是错的。对错并不重要，关键是让学生在操作实践中经历一个探索的过程。

例如，《爬山虎的脚》一课中提到："爬山虎的脚长在茎上。茎上长叶柄的地方，反面伸出枝状的六七根细丝，每根细丝像蜗牛的触角……"学习"爬山虎脚的形状、颜色、长的位置"时，为了让学生真正读懂句子，教师提供了两个条件：一是在黑板上画出一枝爬山虎的茎和两片叶子；二是提供给学生粉红、绿色、黄色三支粉笔，要求学生根据这段话的描述，把爬山虎长在茎上的脚画出来。结果，学生全画错了：爬山虎的脚刚长出来时是嫩红的，学生画成绿色的；爬山虎脚的形状像"枝状"，学生画成像太阳的射线；爬山虎脚的位置"在茎上长叶柄地方的反面"，学生则画在了叶子的底下。这些问题，一是说明学生没有很认真地读句子，二是说明学生还没有真正读懂句子。针对这些情况，教师让学生再认真读一读这一段，然后师生合作，把爬山虎的脚一一画正确。教师让学生经历了一个由错误到正确的学习过程，还让学生意识到读书要认真、仔细，要特别关注那些关键性的词语。这种教法既帮助学生理解了课文的内容，又渗透了学习方法，有助于学生养成认真读书的好习惯。

3. 创设情境。

将课文中的某一段落、内容，用角色扮演、直接对话的方式再现出来。这种方式将语言文字还原于生活，直观可感，是一种情境化、形象性的自悟自得。

例如，在教学《一面五星红旗》一课中描写面包店老板让那位中国留学生用五星红旗换面包的段落时，教师先让学生认真读一读有关段落，并注意通过人物的神情、动作来想象其内心活动，然后创设了这样的情境：

师（扮演面包店老板）：你可以用这面旗子换面包。

生（扮演中国留学生）：不，这是我们的国旗，我不能用她换面包。

师（扮演面包店老板）：你看，你已经饿到什么程度了？难道这面红旗比你的生命还重要吗？

生（扮演中国留学生）：是的，这面五星红旗代表着我们国家的尊严。我就是饿死，也不会用她换面包。

……

这段人物的对话还原了课文情境，将语言文字形象化、立体化，使学生在对话情境中走进了人物的内心，体会到了人物的思想感情，感悟到了作者表达的目的。

4. 对比品读。

在对比中进行相关内容的品读，是学生进行自悟自得的有效方法，也是我们经常采用的教学方法。对比品读，可以是有意识将课文某一句段的关键词、句改换，用改换的句段与课文原文进行比较，品读异同；可以是先假想某种情境，再将假想的情境与原文进行对比品读，等等。

例如，《晏子使楚》一课的教学目标是让学生领悟晏子的语言特色和外交智慧。在学习"晏子钻狗洞"一段时，教师先让学生做了这样的假想：如果你是使者，千里迢迢来到楚国，受到这样的待遇，你会有什么想法，把它写下来。有的写："楚国这么强大，为了完成使命，哎，钻就钻吧。"（无可奈何）有的写："我是齐国的使者，你们这样对待我，太不像话了，回去问问你的楚王，楚国是狗国吗?"（态度强硬）教师将学生写的这两种说法与晏子的语言放在一起进行比较，问学生：哪种说法好？为什么？经过对比，学生就体会到第一种说法示弱，有失尊严，让楚王瞧不起；第二种说法顶撞楚王，会伤和气。相比之下，晏子的说法则是不卑不亢，既不伤和气，又不失尊严，让楚王别无选择，只能打开城门，由此让学生真真切切地感受到了晏子的语言艺术和外交智慧。

5. 填补空白。

好的文章总会给读者留有思考、想象的空间，或引发联想，或发人深省。这些空间正是教师引导学生自悟自得之处。学生借助于联想、想象，将这种空间填补起来，能悟到深处，收获感悟。

例如，《两只鸟蛋》一课的第一节写"我"取走了两只鸟蛋，而没有写鸟妈妈发现丢失了鸟蛋后"焦急不安"的情形。这就是一处"空白"。我们可以借助于想象"补白"，想象鸟妈妈看到鸟蛋没有了，心情是怎样的。它可能会怎样说？怎样做？以此来加深对课文内容、情感的理解。

6. 圈点标画。

当学生掌握了一些基本的阅读方法，有了一定阅读基本功之后，教师就可以让学生采用圈点标画的方法自读自悟、自悟自得。

例如，让学生阅读文章，把重点、关键的词、句标画出来，并写出自己的理解、感悟。让学生根据文字材料，写出自己阅读的体会、感言等，然后把自己的所感、所思、所悟、所得进行交流，以进一步提升阅读能力。

7. 提供范式。

教师为学生提供一个范式，让学生按照这个范式学习思考与表达。

例如，《小柳树和小枣树》一课中，小柳树说："喂，小枣树，你的树枝多难看哪！你看我，多漂亮！"教师用课件提供这样的范式：我从（　　）体会出小柳树的（　　　）。理由是（　　　）。用这样的"范式"让学生抓住"喂""难看""漂亮"等词语，体会出小柳树傲慢无礼、自我夸耀等特点。

8. 尝试自学。

教师为学生设计一个"自主学习单"，然后让学生先进行自主学习，然后填写自主学习单，再将自主学习的收获进行汇报。

例如，教学《找春天》一课，教师设计了重点段落的自主学习内容：

小草从地下探出头来，那是春天的眉毛吧？早开的野花一朵两朵，那是春天的眼睛吧？树木吐出点点嫩芽，那是春天的音符吧？解冻的小溪叮叮咚咚，那是春天的琴声吧？

①这四句话中有一些相同的地方，你发现了吗？

②在这四句话中有些词语用得非常好，你能找出来并说说体会吗？

我发现（　　　　）这个词语用得非常好。从这个词语中，我能体会出……

③仿照句子说说你找到的春天。

小鸭子（　　　　），那是春天的（　　　　）吧？

（　　　　），那是春天的（　　　　）吧？

这样的教学体现了"以学为主"、自读自悟的理念，同时也凸显了"学习语言文字的运用"这样一个语文教学的核心目标。

教师引导学生自读自悟、自悟自得还有几种方式：质疑问难，即先让学生发现、提出问题，再讨论解决问题；换位思考，即在这件事、这个问题上，如果是"我"，"我"会怎样想，怎样说，怎样做；转换方式，即借助于想象，将动作描写转换成语言描写，或将语言描写转换成动作描写，再来思考、揣摩；审视判读，即从质疑、批评的角度去审视课文，评判文章等。

另外，让学生自读自悟、自悟自得需要有一个实践、训练、培养的过程，需要给学生留有足够的时间和空间。这个过程的开始阶段会花费较多的时间（有时一节课就理解一两段话），这没有关系。俗话说"磨刀不误砍柴工"，让学生自读自悟、自悟自得是在"磨刀""练功"，学生一旦掌握了一定的阅读方法，形成了一定的阅读能力，学会了自读自悟、自悟自得，就能不导自悟、不教自得，达到"不待教师教"的理想境界。这样自然会加快学习的节奏，加大学习的容量，先慢后快，事半功倍，从而提高教师教学的效率。

（此文发表于《山东教育》2009年第6期）

力求"一举多得"

我们先用以小见大、见微知著的方式，以《富饶的西沙群岛》这一课的教学片断为例，明确"一举多得"的教学理念。

师：（板书课题：富饶的西沙群岛）今天，我们一起学习一篇新课文，先看题目。在这个题目中有一个中心词，是什么？

生：富饶。

师：（在"富饶"下面画横线）从这个中心词中，你能知道什么？

生：我知道了西沙群岛的特点，它是非常富饶的。

生：课文是围绕着"富饶"来写西沙群岛的。

师：再思考，从"富饶"这个中心词中还可以体会到作者怎样的感情？

生：喜爱，赞美。

师：题目是文章的眼睛。谁能带着喜爱、赞美的语气读读这个题目，注意下面画横线的词语。

生：富饶的西沙群岛。（突出了"富饶"，读出了喜爱、赞美的情感）

师：就像这位同学一样，我们一起读——富饶的西沙群岛。（学生齐读）下面就让我们跟随着作者去欣赏这个美丽、富饶的地方吧！

在这一环节的教学中，学生的收获是多方面的：一是明确了中心词在题目中的作用，全文是围绕中心词写的；二是体会到作者所表达的情感；三是进行了有效的朗读训练；四是进一步领悟到"题目是文章的眼睛"这一理念。

"一举多得"就是抓住教材中那些内涵丰富、"含金量"足、训练价值大的字、词、句、段等，进行有效的点拨与训练，使学生能够从多方面、多角度、多层面有所感，有所悟，有所得，有所获。这就如同将那些重点的字、词、句、段等放进榨汁机里，用力去榨，力求让学生品尝到它所有的滋味。

我们主张：教师要依据教材和教学目标有意识地发现、设计一个个训练点，通过这些训练点进行阅读基本功的训练，以期达到一举多得的效果。如何使语文教学做到"一举多得"呢？根据目前我们研究总结的经验，主要有以下几个方面。

一、慧眼发现，寻找到那些能一举多得的"点"

我在听课中，常常看到教师教学一篇课文，教不到点子上：要么蜻蜓点水，浮在表面；要么水过地皮湿，漫无边际；要么处处刨坑，打不到"泉眼"。出现这种情况的原因是多方面的，首要的有两个：一是从备课之始，教师就没有认真、细致、深入地解读教材，没有下到一定的功夫，用心不够，这是责任、态度问题；二是教师虽然用心了，但不知道如何认真、细致、深入地解读教材，找不到教材中的那些"点"，这是能力、技术问题。下面以解读课文为例分析上述第二个原因。

1. 钻研思想内容、情感的深刻处。

解读教材的关键是透过语言文字的表面，体悟到思想内容的深刻之处。以《月光曲》一课中描写想象的一段为例。

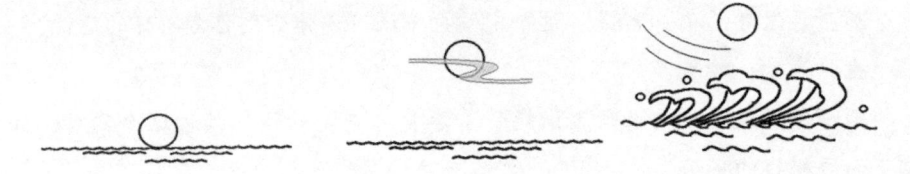

从内容上看：这是两兄妹伴随着贝多芬即兴弹奏的《月光曲》展开的想象。音乐旋律：轻柔舒缓——急促强烈——激昂高亢。月亮变化：月亮升起——月亮升高——月光照耀。海面景象：微波粼粼——卷起巨浪——波涛汹涌。

从情感上看：无论是贝多芬，还是兄妹俩，他们的情感也伴随着音乐的旋律和节奏在变化。贝多芬是在借助乐曲表达自己的一种情感,他被兄妹俩对音乐的热爱和对自己的崇拜之情深深地打动了,产生一种他乡遇故知的感觉,从而产生了创作的冲动和激情。乐曲的旋律似乎在表达着这样的一种感受:小路散步(轻柔舒缓)——巧遇知音(急促强烈)——倾诉衷肠(激昂高亢)。兄妹俩的情感也在欣赏乐曲的过程中发生着变化。

从思想上看:贝多芬为什么会为兄妹俩即兴弹奏这首《月光曲》?此时此刻的贝多芬为什么会产生创作乐曲的欲望和激情?可以从两个方面思考:一是贝多芬被兄妹俩那种对音乐的热爱和对自己音乐的理解深深地打动、感染;二是贝多芬本人说过,他的音乐只应当为穷苦人造福,这首《月光曲》的创作就充分阐释、践行了这种思想理念。

这是一个从基本内容到思想感情层层深入的解读过程。这样解读,能够深入地把握作者的思想脉搏和写作意图。

2. 抓住表达方法的特别处。

仍以《月光曲》为例。由兄妹俩伴随着贝多芬即兴弹奏的《月光曲》展开的想象在写法上属于想象描写,这样表达有三个作用:一是将听觉的感受变成了视觉的画面,使读者看得见;二是将人物(贝多芬、兄妹俩)内隐的情感思想变化变成了外显的,读者仿佛触手可及;三是将音乐的旋律、画面意境和人物的思想情感融为一体。这样表达的效果如下:一是读者可以借助于这段直观形象的"画面",产生一种如临其境、如闻其声的感觉;二是读者借助于这段直观形象的"画面",仿佛能感受到人物情感的起伏变化,仿佛能触摸到贝多芬那种为穷苦人而创作的激烈跳动的思想脉搏,感受到一位世界著名音乐家的人格魅力和博大胸怀。

再如,《科利亚的木匣》一课以"埋木匣——找木匣——挖木匣"为故事的叙述线索。学习这一课的目的,是让学生明白什么是文章的叙述线索。《临死前的严监生》一课中写到:"……一声不倒一声的,总不得断气,还把手从被单里拿出来,伸着两个指头……"这是一处经典的细节描写。作者通过写严监生临死前"伸着两个指头"这一细小的动作,极具讽刺地刻画出一个守财奴的人物形象。教师在教学时,应通过这一课,让学生懂得什么是细节描写以及它的作用。(注意,"细节描写"与通常所说的"具体描写"不是一个概念。细节描写是文学创作的概念,具体描写是写作学的概念。写得再

具体也不一定是文学创作意义上的细节描写)

不少课文都有其表达上的特别之处,我们需要先找到其表达的特点,然后细细品味、领会它的特别之处。中年级一般要根据表达的特点进一步理解这样表达的好处(作用),高年级还要在此基础上进一步学习这一特点所表达的效果。

3. 发现"貌不惊人"的平常处。

有些字、词、句、段在文章中"貌不惊人",不仔细品读很难发现它的巧妙与精彩。一旦发现,细细品读,常常能使我们的思想情感、思维活动进入课文的深刻之处,体会到它的无穷魅力。

例如,《小柳树和小枣树》一课中,小枣树温和地说:"你虽然不会结枣子,可是一到春天,你就发芽长叶,比我绿得早;到了秋天,你比我落叶晚。再说,你长得也比我快……"在这段话中有三个"比"字,可谓"貌不惊人"。细细品读后,我们却可以从平常的字中体会到小枣树的品质。枣树很谦虚,他用自己的缺点与小柳树的优点相比,看到的是别人的优点;枣树的态度很诚恳,语气也很温和。通过对这个"比"字的品读,既可以达到对课文内容的深入理解,真切地体会到作者的思想感情,还能揣摩到作者的表达意图。

4. 品味遣词造句的细微处。

细细品味课文中的重点语句,即"含英咀华",在品读、品味中感受语言文字的无限魅力。请看课例:

翠鸟蹬开苇秆,像箭一样飞过去,叼起小鱼,贴着水面往远处飞走了。——《翠鸟》

它像箭一样笔直,但只在一个地方弯曲成马蹄形。——《路旁的橡树》

在这两个句子中都有"像箭一样",但是意思却有不同。第一个是以"箭"的速度之快来比喻翠鸟的行动之快,第二个是以"箭"射出的路径之直来比喻马路之直。通过细读,我们既可以理解句意,又能感受到比喻之妙。

《狼牙山五壮士》一课在前面的一段写"五位战士胜利地完成了掩护任务,准备转移",这里的称谓是"五位战士"。后面的一段写"五位壮士一面向顶峰攀登,一面依托大树和岩石向敌人射击",这里的称谓是"五位壮士"。从"五位战士"到"五位壮士"的称谓变化值得教师引导学生去思考、深究。学生学习时可以从两个方面入手：一是"五位战士"与"五位壮士"的区别。联系上下文，我们可以知道，"五位壮士"就是在告诉我们：他们为了人民群众的安危，选择了一条走向死亡的路，已经没有生还的可能了。二是从"五位战士"改称"五位壮士"，充分表达了作者对他们无限的崇敬之情。

总之，细读文本、寻找发现课文中能够"一举多得"的训练点，是品尝语言文字的多种滋味和感受语文无穷魅力的根本。

二、分析学情，了解学生的已知、未知和难知之处，以学定教

在听课过程中，我们发现一些教师的引领、指导工作不到位：专讲学生自己能发现的、能意识到的、能明白理解的地方，就是不讲学生自己发现不了、意识不到、理解不深的地方。哪里痒痒不挠，专挠不痒痒的地方，这样的教学很难使学生一举多得，甚至会"一无所获"，白白浪费学生和教师的时间和精力。要想改变这种状况，一是在解读文本上下功夫，二是在分析学情、揣摩学生如何"学"上做文章。教师在找到课文中一举多得的"点"之后应再进一步思考：哪些是学生自己就能知道、理解的？哪些是学生发现不了、意识不到的？哪些是学生能发现、意识到，但理解不深的地方？哪些是学生不感兴趣却很重要的地方？从而以学定教。我们以《翠鸟》一课为例：

小鱼悄悄地把头露出水面，吹了个小泡泡。尽管它这样机灵，还是难以逃脱翠鸟锐利的眼睛。翠鸟蹬开苇秆，像箭一样飞过去，叼起小鱼，贴着水面往远处飞走了。只有苇秆还在摇晃，水波还在荡漾。

这段话共有四句。第一句描写了小鱼机灵的活动，第二、三句描写了翠鸟捉鱼的动作，第四句是景物描写。三年级学生可以从第二、三句话中，自主发现、理解体会到翠鸟捉鱼的动作之快，但是认识不到第一句话对表现翠鸟捉鱼动作之快的对比作用，认识不到作者为什么要描写小鱼的机灵，它与翠鸟捉鱼动作之快是什么关系。对于第四句景物描写，学生更意识不到、体会不到作者的赞叹、惊讶之情。

因此，教师在教学中应重点让学生体会第一句对表现翠鸟行动之快的对比作用，体会第四句对翠鸟行动之快的烘托作用，让学生借助这段话从意思、情感、表达等多个方面受益。然而，在听课中，我发现不少教师对学生这些"盲区"不理不睬，只关注第三句的指导，抓住"蹬开""像箭一样"等语句

做文章，没有去体味、领悟第一句、第二句、第四句在表达情意上的特点、作用及效果。

再如，《颐和园》一课中的"正前面，昆明湖静得像一面镜子，绿得像一块碧玉。游船、画舫在湖面上慢慢滑过，几乎不留一点痕迹"。

学生一般懂得这两个比喻句的不同点：一个侧重于形状，一个侧重于颜色。但学生不懂得这两个比喻句的相同点——光滑、光亮，更不懂得"滑过"与两个比喻的关系，为什么用"滑"而不用"划"。

教师教学时，如果进行这样的学情分析，就可以明确哪些可让学生自己解决，哪些需要教师的引导点拨。一举多得有效教学的诀窍，就是解决那些学生自己发现不了，意识不到或理解不深的地方。

三、大胆取舍，宁少勿多，放大"金点"，力求点上突破

教学的智慧，更多的时候是表现在对教学内容的取与舍上。究竟是面面俱到还是忍痛割爱？这个问题常常考验着教师的智慧，同时也决定着教学的质量、效率。有些效率不高的教学，不是教师解读教材的功力不够，不是教学设计得不好，常常是教师没有站在学生学的角度，想什么都抓，什么都不舍得放弃。学生会的，抓；不会的，也抓。"点"的密度太大，结果是哪个"点"也没有深入进去，可谓"处处刨坑处处坑"。我们主张"伤其十指，不如断其一指"。在一篇课文中选择几个"点"着力，在教学中放大，力求以点带面，点上突破，点上求效，点上开花，即"打井出水"。

为此，要分清这些"点"：哪些是学生自己就可以读懂的（一篇课文中，学生凭借已有的知识、方法、能力都可以自主发现、读懂大部分"点"）；哪些是需要教师引导点拨的；哪些是需要抓住不放，重点深究的；哪些是可以忽略不计，一笔带过的；哪些是目的单一，不必费时，一攻即破的；哪些是目的多重，需强化训练的。教师要根据教材的特点、学习的需要、学生的需求、教学的实际、追求的实效，将一个个"金点"分成大、中、小不同的等级，把它们像几颗珍珠一样"装饰"在教学设计之中。以《猫》一课教学内容的取舍与设计为例。

全篇课文值得学习、研读的地方很多，几乎每句都有些关键词语值得我们去理解品评。但最有价值之处可以确定为两个中心句，即"猫的性格实在

有些古怪"和"小猫满月的时候更可爱……"。通过这两个中心句，划分段落，把握主要内容；通过三个语气词"吧""呀""呢"体会作者的喜爱之情，明贬实褒的表达作用和平实的语言风格；通过一个"小梅花"，体会"人爱猫、猫亲人"的和谐画面。

在理解内容方面，教师可重点让学生理解猫的矛盾性格，理解其"古怪"性格，略处理小猫的淘气和可爱，以读代讲。

在语言表达方面，可通过重点词句，体会其表达的作用；通过比较阅读，领悟老舍写猫与其他作家写猫的异同。学习比较阅读，进一步领会表达方法。

课文中还有许多值得研读的字、词、句、段，如"蹭""踩印""丰富多腔""任凭……也……"等，均可略处理或放弃。

只有筛选取舍，突出重点，突破难点，把握关键，才有可能在有限的时间里放大"金点"，让学生在几个"点"上获得最有价值、最有意义的东西，达到一举多得。

四、注重训练，让学生经历一个发现、感悟、提升的过程

一举多得的教学理念，注重语文基本功的训练，必须依靠教材进行扎扎实实的语文基本功训练。无论教学一篇课文、一段话，还是一句话、一个词，都应有双重目的。直接目的是理解、体会、感悟、品评、品味、领会课文，间接目的是有意识地凭借某篇课文、某段话、某句话、某个词进行语文能力、阅读基本功的训练，促进学生语文素养的形成与发展。简单地说，就是通过教课文来学语文。如图示：

阅读能力训练示意图

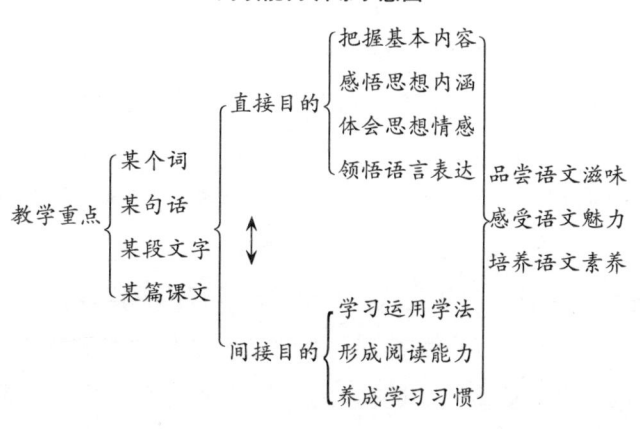

教学重点 { 某个词 / 某句话 / 某段文字 / 某篇课文 }
↕
直接目的 { 把握基本内容 / 感悟思想内涵 / 体会思想情感 / 领悟语言表达 } → 品尝语文滋味 / 感受语文魅力 / 培养语文素养

间接目的 { 学习运用学法 / 形成阅读能力 / 养成学习习惯 }

教师在教学中，应为学生的学习搭桥铺路、提示方法、创设情境，尤其是要有意识地让学生运用一定的知识、方法去经历一个发现、感悟、提升的训练过程。下面从三个方面具体说明。

1. 在品读品味中训练。

学生通过细细品评品味课文中的重点词、句、段，可以得到多方面的收获和训练。

例如，《掌声》一课写英子上台讲故事和走下讲台的两句话。

英子犹豫了一会儿，慢吞吞地站了起来，眼圈红红的。在全班同学的注视下，她终于一摇一晃地走上讲台。

英子向大家深深地鞠了一躬，然后，在掌声里一摇一晃地走下讲台。

教学中可以分以下几步。

第一步，思考，两个"一摇一晃"内涵一样吗？不一样。一是心情不一样：走上讲台时很紧张，怕同学们嘲笑；走下讲台时很高兴。二是表情不一样：走上讲台时满脸的不高兴，走下讲台时挂着微笑。三是心理活动不一样：走上讲台时埋怨老师，走下讲台时感谢同学和老师。四是"一摇一晃"的动作实际也不一样，走上讲台时脚步是沉重的，走下讲台时脚步是轻松的。

第二步，引导学生进一步领会重点词句在表情达意上的作用。教师引导："既然第二个'一摇一晃'表达了作者轻松、快乐的心情，我们把这个'一摇一晃'换成'高高兴兴地走下讲台'，不更明白清楚吗？"

①行，但不好！高高兴兴地走下讲台，不符合英子的人物形象，走下来的好像不是英子了。

②"高高兴兴"只能表达英子的表情、心情，不能表现出英子的动作。

通过这样一步一步的教学，学生进行了扎扎实实的训练。一是理解了两个句子是一层比一层深的，是多角度的；二是从理解意思、体悟内涵、体会情感发展到领会语言表达的作用、妙处，这是语文学习的关键；三是渗透了联系上下文理解词句的学习方法。如果学生再遇到类似的词语，就会自觉地去关注、品读、深究，提高理解、想象、思维能力。

《真理诞生于一百个问号之后》一课的题目很值得推敲。有的教师让学生先朗读这个题目，然后找出关键词。有的学生说是"真理"，有的学生说是"问号"，有的说是"诞生"，其实"之后"才是最关键的词。这位教师没有当即做出判断，而是让学生带着疑问认真读课文，让学生特别关注科学家们在发现了问题之后所做的工作。这样的引导直指问题的要害，使学生最终明白：发现问题只是研究的开始，"之后"锲而不舍地一步步地追问和研究才是"真理诞生"的关键。这样的教学使学生明白了题意，把握了文章的关键，提升了认识。

2. 在入境入情中训练。

阅读理解、体会、感悟的第二条途径是在教学中引导学生设身处地地想象、体验。

例如，教学《葡萄沟》中描写葡萄干制作过程的部分时，教师对葡萄干的制作过程不必作具体分析，可以让学生以口语交际的方式把制作葡萄干的过程描述出来。首先让学生认真读一读这一段文字，然后创设口语交际的情境。教师戴上一个围裙说："现在老师就是你们的妈妈啦，谁能向妈妈介绍一下葡萄干的制作过程？"

师：孩子，听说你今天学习了《葡萄沟》一课，你能告诉妈妈葡萄沟的葡萄干是怎样制作的吗？

生：人们将收下来的葡萄运到山坡上的阴房里……

这样的教学可以使学生得到多方面的训练：一是要想说好就必须读好，并且记住它；二是训练学生的口语表达能力。

再以《卖火柴的小女孩》一课的教学为例。为了体会社会的无情与冷漠以及小女孩悲惨的命运，可以进行这样的想象训练：

小女孩来到一个贵妇人面前，会怎么说？结果怎样？

小女孩来到车夫面前，会怎么说？结果怎样？

小女孩来到商店门前哀求老板买她的火柴，会怎么说？结果怎样？

让学生选择一种情境写下来，说给大家听。有的学生写道：小女孩走到一位贵夫人面前，哀求道："太太，求求您，买我一些火柴吧。我都一整天没有吃东西了，请买我一些火柴吧。"贵夫人眼一瞪，说："走开，我不买！你看你这脏兮兮的样子！快走开！"

这样的教学方式，借助课文提供的想象空间，让学生想象小女孩的遭遇，使学生深刻体会到小女孩悲惨的命运，同时也发展了学生的想象力、表达能力等。

3. 在边学边用中训练。

学语文、用语文是语文教学的有效方式。在运用中能够很好地巩固所学，提高学生的语文能力和语文素养，获得一举多得的教学效果。

例如，教学《荷花》一课写"我"想象的一段：

蜻蜓飞过来，告诉我清早飞行的快乐。小鱼在脚下游过，告诉我昨夜做的好梦……

教师在教学中可以先让学生发现省略号在这句话中的作用，然后利用省略号启发想象，练习说话：还有哪些小动物来讲述它的梦呢？如，小蜜蜂飞来……；小青蛙跳到荷叶上……；一只小虾游过来……。这样学生既可以更好地理解课文内容，体会其思想感情，又能够得到想象和说话的训练。

《我是什么》一课写"有时候我很温和，有时候我很暴躁"，在这句话中有一对反义词，这是比较少见的句式。有的教师发现了这一句式的特点，让学生进行仿写练习，说一句话用上一对反义词。学生心领神会，有的说："小花猫有时候很听话，有时候很顽皮。"有的说："中午天气很炎热，晚上很凉快。"有的说："虚心使人进步，骄傲使人落后。"这种教学真正落实了语文课程的核心理念——"学习语言文字的运用"。在不少课文中，有许许多多这种有特点的词语、句式、段落、篇章，我们需要独具慧眼，发现它们并运用到教学之中。

如，根据《火烧云》一课中写火烧云变化的句段，做仿写练习：

忽然又来了一条大狗。那条狗十分凶猛，在向前跑，后边似乎还跟着几条小狗。跑着跑着，小狗不知哪里去了，大狗也不见了。

教师在教学时，先让学生厘清这段话的结构关系：先出现大狗的样子——逐渐消失——不见了，模糊了。然后让学生展开想象，做仿写练习。

总之，一举多得的教学根植于课文，善于从课文中发现、寻找到训练的"点"；起步于学情，力求以学定教；成功于取舍和精心的设计，彰显教师的教学智慧。

（此文写于 2005 年 12 月 16 日）

真功夫是靠笨办法练成的

——话说"训练"

……必须意识到,语文课要解决读写能力,实践性很强,必须有反复的训练和积累。训练的过程不可能都是快乐的,甚至也不可能都是个性化的。

——温儒敏

一、对"训练"的误解

课改以来,在小学语文教学中基本不再提"训练"这一教学理念了。训练在人们的记忆中成了"大量做题、机械练习""死教、教死"的代名词,而且无端地被加上加重学生课业负担、扼杀学生创造性的"罪名"。训练似乎成了一个应被摈弃的传统教学理念。这实在是对训练的误解。

就语文教学而言,听、说、读、写的基本技能是需要训练的,学习方法、思维能力、良好的学习习惯等是需要训练的。在小学阶段,语文是一门打基础的课程,主要目的是练好语文学习的基本功。语文学习的基本功实在不是自然形成的,需要教师有意识地帮助学生训练而成。但是,不少教师由于对训练缺乏应有的认知,在教学中又没有有效的方法,只能采用大量做题、抄抄写写、罚抄作业、罚背课文等不当之法。这些让训练蒙羞的做法从根本上说算不上什么训练,而是教师在教学时不懂、不会训练的表现,与训练的教学理念完全背离。

还有一些情况也不是训练，就是一般性的读读课文、写写作业、回答几个问题等。这些可以看作是一般性的练习，还不能说是有意识的训练。从某种意义上讲，训练是为了培养学生的某种技能、能力，教师有计划、有步骤、有标准地进行的练习，具有一定的反复性、强化性、目的性和实效性。如，学生学习了推想词语意思的方法，教师就可以让学生借助课文练习推想词语意思；学生学习了过渡段，教师就可以让学生借助过渡段划分文章的层次、概括段意、归纳主要内容等；学生知道了什么是细节描写，教师就借助学习的课文让学生自己去发现细节描写，体会细节描写的好处，进而尝试着在习作中运用；学生学习了发现、提出问题的方法，进而可以发现、提出更有深度、价值的问题……这些对知识、方法、能力的学习、迁移和运用才是我们提倡的真正意义上的训练。

更让人郁闷的是，训练这一教学理念至今还蒙受着扼杀学生创造性的罪名。这"不白之冤"应追溯到21世纪初课改大潮到来之时，一本在中国教育界产生重大影响的书——《素质教育在美国》。作者在书中"创造性能不能教"这章的论述中，着实把中国传统教学的训练理念批判、嘲弄了一番。作者的本意大概是说美国教育比较重视创造性培养，中国教育偏重于技能训练。两种不同的教育追求，各有千秋，也各有利弊。不能说美国教育不注重技能训练就是好的，更不能由此推断中国教育强调技能训练就会扼杀学生的创造性。书中讲到美国孩子学绘画，教师往往不设样板、不立模式，让孩子在想象的过程中自由地"构图"，因此才有迈阿密大学绘画班那群美国孩子五花八门的不成比例、不讲布局、不管结构、无方圆没规矩，甚至连基本笔法都没有的"一塌糊涂"的画。我们质疑的是，这种教绘画的方式是否是美国教师绘画教学的全部，还是其中的一种教学方式、情境。如果是全部，那么来学校学绘画就没有多少意义了。据作者看来，这种教学绘画的目的不在于绘画，更多的只是通过绘画培养孩子的想象能力而已。这种连绘画的基本要求、技能都不要求掌握的学习肯定不是在学习绘画。

作者认为，"在许多中国教育工作者的认识中，创造性是可以'教'出来的"；"把创造性看作是一种技能，这是许多中国教师认为创造性可以教的根本原因"。作者以美国人训练狗为例，对中国教育中的"训练"带来的"弊端"进行了分析和评判。书中写道:"许多良好的行为是要送到狗校训练才能形成的,但大多数都因训练有素而显得很有教养。它们可以静静地或趴或坐在主人身边近两个小时,只有在中场休息时,得到主人的允许才窜到场里去撒欢一阵。"而作者养的狗由于没有经过专门训练则在观看球赛时乱叫乱窜。

作者为了论证自己的观点,说许多中国教师把创造性看作是一种技能,认为创造性可以教,这实在是对中国教师的污蔑。我们相信大多数中国教师还是能够把"创造性"和"基本技能"区分开的,创造性不是训练出来的,这是大多数教师都能够明白的道理。我们需要强调的是,创造性的培养、形成不会是凭空而来的,需要基本知识和基本技能来打基础、做支撑。再者,作者以美国人训练狗为例,说明创造性不是教出来的,实在是风马牛不相及,且有偷换概念之嫌。因为美国人训练的不是狗的创造性,而是狗的行为习惯。笔者认为,想要形成一定的技能、行为、习惯,无论是人还是狗,美国学生还是中国学生,都是需要训练的。《素质教育在美国》一书的作者主观臆断地污蔑中国教师的无知和偷换概念的论述,使中国优良的传统教育理念——训练蒙受了不白之冤,以致一些中国教育工作者到现在还在有意识地回避"训练"一词,害怕把中国学生的训练问题与美国人训练狗的情景联系在一起。

二、没有"训练"的课堂

在课改以来的课堂教学中,训练意识被丢弃、遗忘或淡化了,以至于不少教师不知道什么是训练,在教学中不会进行训练。课堂教学中没有了训练,就会出现以下令人遗憾、忧虑的教学状况。

教学只是走过场,演绎教案。只管教过、教完,不管是否教对、教会、教好。例如:学生朗读拿腔拿调,要么唱读,要么喊读,教师充耳不闻;学生写字姿势、执笔方法不对,教师视而不见等。

教师提出了成千上万个问题,学生不会思考、不会表述,要么回答很肤浅,说不到点子上,要么只言片语、三言两语、磕磕巴巴、吭吭哧哧。学生到了高年级仍然如此,不能有条有理、有根有据、层次清楚地表述问题,更谈不上侃侃而谈了。

基本技能无从谈起。学生基本不会联系上下文理解或推想词语的意思,把握文章主要内容、了解文章表达顺序、厘清文章脉络不得其法,概括段意、复述课文落不到实处，等等。

课堂上基本看不到学生如何从不会到会，由错误到正确，由朦胧到清晰，由百思不解到豁然开朗的发展变化过程；沉思默想、苦思冥想、绞尽脑汁等思维活动也很少看到。

教学中教师追求形式、花样，滥用课件。公开课追求舞台效果，把语文课上成图片展示课、视频观赏课的有之，上成闹剧表演课、音乐欣赏课的有之，上成煽情催泪课、教师表演课的有之。

从此，没有训练的课堂，无知识的传授，无学习方法的指导，无能力的培养，无知识、技能迁移，无良好的学习习惯的强化性练习，只剩下走过场、搞花样了。大家普遍认为，现在的小学生存在的汉字书写不好，写字姿势、执笔方法错误，朗读拿腔拿调、矫揉造作等现象，不能不说与当下丢弃、淡化训练的问题直接相关。

凡此种种，不能不引发我们对当下语文教学的忧虑，对训练这一实践充分证明且行之有效的教学理念、方法的眷恋与追寻。训练是教学的基本规律，是练就语文学习能力的基本功。没有训练，学习会失去根基，教学也失去意义。培养学生的创造性，必须建立在一定的知识储备、能力培养基础之上，而获取知识、形成能力、掌握方法等是需要训练的。正如尼采所言："谁要学习飞翔，必须先学习站立、奔跑、跳跃和舞蹈：人无法从飞翔中学会飞翔。"

三、"训练"的还原与召唤

究竟什么是训练？训练什么？怎样训练？让我们从《达·芬奇学画》中的内容谈起：

四百多年前，有个意大利人叫达·芬奇。他是个著名的画家。

达·芬奇开始学画的时候，老师先让他画鸡蛋，画了一个又一个，一画就是好几天。他画得不耐烦了，就问老师："老师，您天天要我画鸡蛋，这不是太简单了吗？"老师严肃地说："你以为画鸡蛋很容易，这就错了。在一千个鸡蛋当中，没有形状完全相同的。每个鸡蛋从不同的角度去看，形状也不一样，我让你画鸡蛋，就是要训练你的眼力和绘画技巧，使你能看得准确，画得熟练。"达·芬奇听从老师的教导，用心画鸡蛋，画了一张又一张，每一张都画了许多形状不同的鸡蛋。后来，达·芬奇无论画什么，都能画得又快又像。

从这个故事中,我们可以得到以下启示。

一是绘画要达到一定的水平,必须掌握绘画的基本方法、技能,练就扎实的基本功。达·芬奇的老师让他反复画鸡蛋,就是训练他的眼力和绘画技能。二是绘画的基本方法、技能不是一蹴而就的,必须反复练习,经历一个逐步提高的过程。这个过程需要反复练习,甚至需要强制性练习。

训练是通过有计划、有步骤的练习逐步掌握一种方法,形成一种技能。它是进入更高层次学习的基础。形成某种技能几乎没有捷径可走,只有反复练习,真功夫是靠笨办法练成的。语文教学也应如此。掌握语文学习的基本方法,养成良好的学习习惯,形成识字写字能力、阅读能力、写作能力、口语交际能力等,不是自然而然形成的,是需要教师在教学中有意识地培养、训练的。写字要达到一定的水准需要训练,朗读达到一定的水平需要训练,理解、感悟能力需要训练,表达能力需要训练,等等。

在语文教学中怎样进行训练呢?以学生的思考、表述问题为例。把一个问题分成几个要点表述出来的学习方法和能力是需要借助所学习的课文进行训练的,甚至需要专门的强化训练。其训练过程可以是:(思考问题)提示思路→习得方法→掌握规律→形成能力,(表述问题)提供范例→习得方法→掌握规律→形成能力。教师可以借助某句段,提示思考问题的思路、方向,提供表述的范例,专门训练怎样思考问题,怎样回答问题,一直到大多数学生学会思考、学会表述为止。学生不会什么教师就专门练什么,要不惜花费较长的时间让学生来练习,因为磨刀不误砍柴工。

在词句理解与运用方面,以《葡萄沟》一课的教学为例。"到了秋天,葡萄一大串一大串地挂在绿叶底下,有红的、白的、紫的、暗红的、淡绿的,五光十色(五颜六色),美丽极了。"通过比较,让学生体会"五光十色"既写出了葡萄色彩多,又写出了它的光泽,而"五颜六色"只是写了葡萄色彩丰富,所以用"五光十色"更能突出葡萄的色彩美、光泽度和勃勃生机。教学《浅水洼里的小鱼》一课时,课文中有"被困的小鱼,也许有几百条,甚至有几千条"一句,"甚至"是课文中出现的生词,也是学生第一次遇到这种"表示突出、强调和进一层"意思的词语。教师在教学时就可以这样设计:

通过查字典,我知道了"甚至"的意思是(   )。我还会运用

"甚至"说句子呢！沙滩上的浅水洼，也许有几百个，甚至（　　　　）。田野里的小花，也许有（　　　），甚至（　　　　）。

在这样的教学方式中，理解词语和运用词语双管齐下，学语文与用语文双轨运行。《我是什么》一课中写道："有时候，我变成小硬球打下来，人们就管我叫'雹子'。"有的教师让学生观察露珠、雾的图片并进行仿写练习。学生写道："有时候，我变成细小的水珠站在树叶上，人们就管我叫'露珠'。""有时候，我变成烟弥漫在空中，人们就管我叫'雾'。"这样教学就做了很好的学语文、用语文的训练。

在词句的拓展与积累方面，以《一分钟》一课中元元因迟到感到很后悔的段落为例。教师让学生写出几个与"后悔"意思相近的词语。学生写了"难过""惋惜""沮丧"……再比如《老人与海鸥》一课，其中写老人"抑扬顿挫地唱着"，对此教师先让学生了解"抑扬顿挫"这个词语的特点，然后让学生进行拓展练习，积累这种由四个字且四个意思组成的词语。学生说出了"春夏秋冬""笔墨纸砚""阴晴圆缺""魑魅魍魉"等。《新型玻璃》一课出现了"来无影去无踪"这种由六个字组成的成语（俗语），教师便让学生拓展积累这样的词语，如"说时迟那时快""前怕狼后怕虎""高不成低不就"等。在这样的教学中，教师借助一个词语，让学生类推出一系列相关词语，是一种"类"的拓展练习。教师如果在教学中经常进行这样的"类"的拓展练习，还用担心学生的语文知识不丰富吗？

进入中、高年级（一般可从三年级下学期或四年级开始），教师就应重视引导学生关注文章的叙述顺序（脉络、线索、结构）了。我的教学经验如下：一是大部分课文都应设计"梳理课文叙述顺序"的教学环节，并能进一步借助这样的顺序、脉络、线索、结构，把握课文的主要内容；二是在起步阶段，教师可以给学生设计一个课文脉络、结构图（如下图示），让学生填写，当学生有了一定的基础后，就可以让学生自己绘制课文脉络、结构图了。

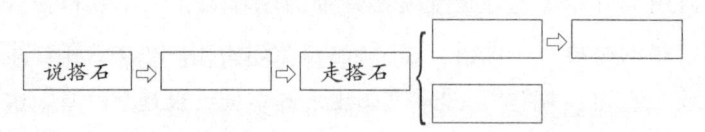

《搭石》课文脉络、结构图

说搭石 ⇒ □ ⇒ 走搭石 { □ ⇒ □
　　　　　　　　　　　　 □ ⇒ □ }

根据课文内容填写自然段

故事的顺序	相对应的自然段	主要意思
故事的发生		
故事的发展		
故事的高潮		
故事的结尾		

按照记叙文六要素总结《钓鱼的故事》

时间		
地点		
人物		
事件的	起因	
	经过	
	结果	

学完一篇课文时,教师还应引导学生做一个总结全文的"全息归纳"训练。如提出范例:《×××××》一课,按照……顺序或结构,先写了……,然后写了……,最后写了……,从中明白了……道理,体会到……情感。通过的这样"范例"训练,让学生学会如何总结概括课文。

总之,"语言这东西,不是随便可以学好的,非下一番苦功不可。"(毛泽东)训练是我国优秀的传统教学理念和经验,也是一个教学的常识。《论语》开篇第一句话就是"学而时习之,不亦说乎"。如果学而不习,"学"就不扎实,甚至稍纵即逝。我们应该对优良的传统教学理念和经验充满自信。在学习先进的教学理念、更新教育观念的时候要保持清醒的头脑,不要在"洗脑"的时候,把"孩子和洗澡水一起倒掉"。面对当下那些不尽如人意的教学现状,让我们还原训练,召唤训练,回归常识,在语文教学继承与创新的结合中提高教学的实效。

(此文发表于《小学语文教学·会刊》2013年第3期)

江洪春
论小学语文教学

语文教学的那些"老理儿"

不能因为偏爱花朵就毁了所有的叶子。

——题记

当今,每当我走进课改背景下的小学语文教学课堂,尤其是那些"新潮名师"的教学课堂,我总感觉缺少了些什么。一进入这样的课堂,语文教学的那些"老理儿"总萦绕在我的心头,挥之不去。我一次次地问自己:难道语文教学的那些"老理儿"真的过时,需要废弃了吗?难道新理念与"老理儿"是水火不相容的吗?难道"老理儿"不是几十年甚至更长的时间语文教学规律、经验和研究成果的总结吗?对此,从事小学语文教学研究 30 多年的我,真的有些迷茫、糊涂了。

为了解除疑惑,我曾多次询问那些满口新理念、新名词的教师,什么是"构建精神家园""关注生命""追求幸福感"?什么是"生命教育""生态课堂""诗意语文"?什么是"超越文本""创造性地用教材"?什么是教学的"诗意美感、灵动、课感、气场"?询问过那些善于在教学中重意煽情、得"意"忘"形"、随心所欲、追求花样、注重表演、滥用课件、妙语连珠、自我陶醉,且盲目追风的年轻教师,那些"没有航标乱行船",只会提问、别无它法,教学如同水过地皮湿,处处刨坑处处坑,走教案,走过场,只管"教过"不管"教会"的教师：你对传统意义上的语文教学观念知道多少？结果是知之甚少，甚至几乎为零。顿时，我明白了：课堂上缺少的恰恰是语文教学中那些传统的、最为宝贵的东西。如果年轻教师们不知道传统、历史的观念（哪怕是"落后"），就会隔断了传承，使创新没有了根基。反之，在我所观摩的课中，凡是教学目标明确、重点突出、思路清晰、点拨到位、注重训练、效果明显的课堂，总让人感到非常亲切，能看到语文教学的那些"老理儿"影子。这又引发了我对语文教学那些"老理儿"的回想、眷恋与守望。在当前大力倡导新理念、追求创新改革的热潮中，我们不妨静下心来到语文教学的那些"老理儿"中寻找更为本位、本质、本真、本色的东西，使新理念与"老理儿"互补，进一步提高语文教学的效率、质量，提升语文教学的境界。

不知道语文教学的那些"老理儿"，阐述观点时会很离谱；不了解语文教学的那些"老理儿"，对新理念的理解会很肤浅；不明白语文教学的那些"老理儿"，对语文教学的认识会很偏激；不研究语文教学的那些"老理儿"，教学改革创新会很盲目，甚至走弯路；不遵循语文教学的那些"老理儿"，教学质量会降低，有可能会误人子弟；不懂得语文教学的那些"老理儿"，对一些违背语文教学基本特点和规律、标新立异、吸引眼球、刺激感官的提法会轻易相信，且盲目追捧效仿……

那么，在语文教学中有哪些"老理儿"需要我们追寻、守望与传承呢？结合当前语文教学中普遍存在的问题，阐述、回味以下几个"老理儿"，以飨读者，引发深思。

一、文道统一

我们知道，语文学习不仅要理解、学习和运用语言文字，还要从中受到思想、情感等的熏陶和教育，这就形成了语文学习的多重性和多面性。文与道不是两张皮，是一个问题的两个方面，二者是一个统一体。也就是说"道"是渗透在"文"中，"文以载道"。这就要求我们教学时应通过理解、体味语言文字去感悟"道"，体会其思想内涵，而不是游离于语言文字之外去空洞说教，这就是语文教学的特殊性和复杂性。依据这样的认识，我们就不难发现，那些在教学中重意煽情，得"意"忘"形"，过分强调语文教学追求什么

"幸福感",建构什么"精神家园",讲"语文,说到底是一种感觉"等的教师,就无视文道统一的客观存在,违背了语文教学的基本规律。

二、教材是凭借

用叶圣陶先生的话说,"教材无非是个例子"。我们在教学中要凭借这个"例子"练就语文学习的基本功。以阅读教学为例。通过教学一篇篇课文,既要让学生理解它、感悟它、读懂它,还要有意识地让学生掌握一定的阅读方法,形成阅读能力,养成良好的阅读习惯,达到既教学课文又教学语文的双重目的。那些在教学中只注重理解课文内容、体会思想感情,不注重凭借课文渗透、指导,诸如,联系上下文理解课文内容、抓住关键词句品味语言文字、借助段意归纳课文主要内容等的教学;不凭借课文训练、培养,诸如,划分段落、归纳段意、揣摩文章思路等逻辑思维能力的教学,都违背了语文教学的基本规律和基本目的。

三、教是为了不教

"教是为了不教"是叶圣陶先生对什么是教学、教学根本目的的高度概括,是教学的至理名言,也是我们教学所努力追求的一种境界。语文教学要达到这样的境界,需要弄清两个基本问题,即教什么和为什么教。教什么,概括地讲,主要是教学生不懂得、发现不了、意识不到的;教学生认识容易混淆、出错的地方;教学习的方法、规律性的东西,从而使学生打好基础,形成能力,学会学习。为什么教,这是教师需要特别在意的问题。教学的根本目的不仅是使学生"学会"什么,更重要的是使学生在学会的过程中达到"会学",即掌握学习方法,把握学习规律,形成学习能力,养成良好的学习习惯等。教学一个词、一句话、一段文字、一篇课文,不仅是理解它、读懂它,更重要的是在理解、读懂的过程中,掌握一定的学习方法、规律,并逐步形成语文能力,从而达到"会学"、不待教师教的境界。由此来看,专教学生一读就懂的、自己就能发现的,不教学生发现不了的、意识不到的,或发现了、意识到了但理解不深的教学,从根本上就对"教什么"的问题没有弄明白。那些把上课当成教师表演,追求舞台效果,让学生当配角,教师特别强势,把学生压成弱势群体的教学,从根本上就没有弄明白"为什么教",甚至没有弄明白教学的根本目的，与"教是为了不教"的教学箴言背道而驰。

四、精讲多练（精讲精练）

20世纪80年代初，针对以教师的讲解为主的教学，有人提出了精讲多练的教学观点，在当时得到教师们的普遍认同和接受。"精讲"即教师的讲要讲在点子上，讲在关键处；"多练"即多让学生动脑动口动手（这里的多练，不是让学生进行机械、重复性的练习）。针对不少教师对"多练"的误解，有人进一步提出了"精练"的观点，即练在点子上，练在关键处，减少练习的机械性、重复性。这种教学观点对提高教学效率、提升学生在课堂上的主体地位等，起到了积极的促进作用。如今20多年过去了，看看那些在课堂上大段大段地煽情、显摆口才、文采，并以此为荣的教学；看看那些只会让学生抄抄写写，做一些机械重复的作业，无视学生课业负担过重的教学，相比之下，精讲多练或精讲精练的教学观念仍具有重要的现实意义和指导意义。

五、加强双基，培养能力

在20世纪80年代初，针对语文教学中"教师讲得多学生练得少"和机械、重复性，死记硬背（如背解词、背段意、背中心思想、背写作特点等）的练习偏重等状况，人们提出了"加强双基、培养能力"的观点。加强双基，即加强基础知识（字词句篇）和基本技能（听说读写）训练；培养能力，即通过训练培养学生诸如独立识字的能力、阅读理解与思维的能力、口头与书面表达的能力等。针对当前语文教学中教学目标虚化、双基训练弱化、能力培养明显不够、课堂教学华而不实的现状，例如在识字教学中过分追求趣味性，让学生戏说汉字、乱编故事、字谜等，违背汉字的构字特点、规律（字理）的教学，在阅读教学中过分强调感受、感悟，忽视或丢弃划分段落、归纳段意、把握文章思路的逻辑思维能力的训练，在作文教学中过分强调不拘形式、自由表达，忽视或丢弃了写作基础知识的传授、积累和运用等，重提加强双基，培养能力就显得尤为重要。看到这些，笔者愈发感到加强双基、培养能力这一"老理儿"对确保语文教学质量的重要作用。

六、读写结合

所谓读写结合，就是讲阅读教学与作文教学的相互关系。先说阅读教学中的读写结合。在阅读教学中，我们不仅要引导学生理解、感悟课文内容，体会思想感情，还要引导学生在语言表达、写作方法方面有所领悟，即读中悟写、学写，通过阅读不断积累、储备写作知识、技术，甚至可以仿照课文或课文句段的写法进行仿写练习。再说作文教学中的读写结合：一是把在阅读教学中学习、领悟到的写作方法、技术灵活地运用到自己的作文之中；二是学什么课文写什么作文，即仿写练习，既可以仿写其内容，也可以仿写其形式。对于初学写作的学生而言，仿写不失为一种有效的作文练习（请注意：有不少大作家最初走的也是仿写的路子）。仿写是作文练习的有效途径，甚至是作文练习的必由之路，可以看作是写作或创作的"垫脚石"，不可小觑。这如同书法、绘画练习一样，临摹是初学者的必由之路。再者，仿写不等于说假话套话，有真情实感的仿写不乏佳作。如果认识到读写结合是语文教学的一条基本经验、规律，那么当前的语文教学忽视了它的客观存在和有效作用，就如同在更新教学观念、学习新理念，进行所谓"洗脑"的过程中，"把孩子与洗澡水一起倒掉了"。

七、书声朗朗，议论纷纷

所谓书声朗朗，强调让学生多读课文，读好课文，给学生足够的时间读课文，通过朗读、理解、体会、感悟课文的思想内涵和情感，以此提高学生的朗读水平和理解能力。朗读训练既是阅读教学的重要任务，也是理解、体会、感悟课文的主要途径。所谓议论纷纷，强调的是教师少讲少问，多让学生动脑动口，多让学生发现问题、提出问题、解答问题，多让学生发表不同的意见，谈谈对课文的理解、问题的见解等，多让学生对某一问题争先恐后侃侃而谈。这一"老理儿"，强调的是阅读教学的基本特性和规律，强调的是学生在课堂上如何学习、表现，强调的是学生在课堂上应处的地位和课堂教学应呈现的状态。如果以此考量那些"新潮名师"和盲目追捧效仿"新潮名师"的课堂教学，那么教师从根本上就没有弄明白学生应处的课堂地位，没有弄明白教师应该干什么，没有弄明白学生应在课堂上如何学习、如何表现，甚至没有弄明白阅读教学是怎么一回事。

八、整体——部分——整体

这是 20 世纪 90 年代初《语文教学大纲》中提出的有关阅读教学的一种

基本程序，即"一般地说，可以按照从整体到部分再到整体的顺序进行教学"。这一程序告诉我们，在阅读教学中，可以先对课文进行整体感知，了解课文的叙述脉络、结构、主要内容、意思，再进行部分探究，即重点句段的深究、研读，最后再回归课文的整体，从课文的思想内涵、情感，以及语言表达、写作方法的多个方面进行梳理、总结、提升。应该说，这一教学基本程序比较符合认识事物和阅读教学的基本规律，但是现在不提了，基本上不用了。过去，问题出在哪里？我想，问题不是出在这一基本程序本身，而是出在教师操作运用的层面。课课如此，不管什么课文都按照这样的程序来教，把这一程序运用成固定不变的"死模式"。试想：再好的东西，天天用，能不让人厌烦吗？针对当前阅读教学缺少模式、缺少章法的现状，面对那些对语文教学还缺乏足够认识和缺少一定的教学操作方法的年轻教师，这一"老理儿""老法儿"还是有使用的价值的。虽然说"教无定法"，但它一定是在"教有定法"的基础上发展而来的，从必然王国到自由王国是需要一个过程的，在没有三五年甚至更长时间对语文教学经验的总结、教训的认真反思，以及不断提高教学能力的情形下，就别提"教无定法"，那还只是一个传说。因此对大多数没有程序章法、缺少操作方法的教师而言，遵循这一"老理儿"，运用这一"老法儿"，是利不是弊，至少比没有程序、没有章法的"胡教乱教"来得实在、实际。

九、扎实、朴实、真实

这一"老理儿"是朱作仁先生在 20 世纪 90 年代初针对教学效率低、训练不到位，且出现华而不实的倾向等教学实际提出的，名曰"小三实"（大三实：从实际出发、实事求是、讲求实效）。他强调的是教学要扎扎实实，训练到位，进行有效教学，防止教学走过场、走教案；教风要朴朴实实，杜绝搞花架子、形式主义；教学是师生真情实感的流露和再现，批评那些为"追求"公开课的效果，让学生提前做一些"准备"，以便使学生对答如流的做法等。20 多年过去了，朱作仁先生大声疾呼的这一观点，仍然有着现实意义。听听那些"新潮名师"和追捧效仿者像背台词一样的诗意、虚化、煽情的课堂语言，看看那些滥用课件，把语文教学变成"图片展示课""闹剧表演课""音乐欣赏课""资料堆积课"的不当做法，以及"水过地皮湿""处处刨坑处处坑"的浮浅教学等，不能不说"扎实、朴实、真实"这一"老理儿"仍然是需要我们花大气力追求的教学境界。

十、钻研、吃透教材

这一"老理儿"是教学之根本，讲的是教师要花足够的时间、精力和动一番脑筋去细读研读教材，经历懂、透、化的三重境界（如同王国维读书的三境界）。虽然现在讲"教材是素材，要创造性地用教材"，虽然说变"教教材"为"用教材教"，但是它总归是"教材"，是教材就有它的规定性和制约性，我们应该尊重教材的这种规定性和制约性。对一些忽视教材解读和解读教材功底不足，宁可把时间精力用在制作可有可无的课件上的教师来说，努力解读教材，把握好编者的意图，比所谓"用教材教""创造性地用教材"来得更实际一些。因为"干正确的事"比"正确地干事"更重要。按照教材的规定性、制约性，弄明白编者意图的教比"随心所欲地教"，让教材和学生为体现"我的教学风格"服务更难。

以上仅列举了十个方面，其实语文教学的"老理儿"涉及到语文教学的方方面面，由于篇幅所限，不能一一赘述。识字教学的归类集中识字，遵循字理，强调音、形、义各有侧重地教；阅读教学的推敲品评词句，边学边练、边学边用地教学，注重把握文章思路，循着作者思路教学；作文教学意在打好作文基本功的仿写、续写、改写、扩写等练习，都值得继承与发扬。

总之，语文作为一门独立的学科已有百年历史，经过一代代语文教育家和一线教师的探索，积累了丰富的教学经验，特别是那些经过长期实践证明的行之有效的"老理儿""老法儿"是不可被洗掉的。常识即真理，看到当今的教学现状，我们真的需要"补课"，补上被遗忘、淡化或缺失的语文教学传统理念这一课，不要使语文教学的那些"老理儿、老法儿"放在"被遗忘的角落"。当下，"坚守"比"绽放"更重要、更美丽。

最后用西方哲学家维特根斯坦说过的一句话作为结束语："我贴在地面步行，不在云端跳舞。"

（此文发表于《小学语文教师》2011年第9期）

回归常识

——有效教学七题

有不少青年教师常常问我：怎样才能提高课堂教学的实效？为了便于理解、掌握，让我们从讲故事开始，从基本的教学常识、规律、要领讲起。许多时候，有些问题不理解，不是因为它太高深、难度大，而是因为对解决问题、处理事情的基本常识、规律、要领掌握不够。在课改背景下，让我们一起回归常识，探寻教学的真谛。

一、莫做无根的"花"——有根基的教学才是有效的教学

有一年春节前夕，我买了一盆蝴蝶兰。花很漂亮，花盆与之也很相配。你看，片片绿叶衬托着朵朵粉红的花瓣，真像一只只停落在绿叶上待飞的蝴蝶。据说，这还是一种比较名贵的品种。为此，我特别精心地照顾它，适时地浇水、通风，还经常把它搬到阳台上晒一晒，可谓关心备至。

然而，好景不长，春节过后，花瓣渐渐落了，叶子也黄了，不久就枯萎了。我很纳闷：我这么用心照顾它，它怎么就死了呢？我把它从花盆里拔出来一看，原来这花没有根。后来，我专门询问了卖花的人。他告诉我，这种花通常用一种专用药水泡着。时间一长，药效一过，它就不再生长了。花没了，花盆也被弃置一边了。

没有根，再名贵的花，生命力也不长久。根是生命之源，根是立身之本。根深则叶茂，根深则树高。没有根的花，不但自己不能长久绽放，连好看的花盆也跟着倒霉。由此，联想到语文教学的"根"：

"文道统一""本立而道生""教是为了不教""教材是凭借"等教学箴言和"工具性与人文性的统一""注重语文基本功训练""加强双基，培养能力""以学定教"等教学理念，是确保小学语文教学本质、本位、本真、本色的"根"。因为，这都是语文教学历史发展的经验和教训的筛选与积淀，是语文教学基本规律和方法的归纳与提升。

尊重教材，把握编者意图，在钻研吃透教材上下功夫，练就钻研吃透教材的功底、功力，明明白白地教是成就课堂精彩的"根"。因为，无论是"教教材"还是"用教材教"，其根本还是"教材"。而教材本身有自己的规定性、制约性。当下，"超越教材"的前提是"吃透教材"，我们还缺乏"吃透教材"的态度和功力。

继承与发扬传统的语文教学的经验，吸取传统的语文教学的教训，是语文教学改革与创新、提升教学境界的"根"。因为，对于大多数一线教师而言，创新还很遥远，创新是继承与发展的合奏曲、交响乐。当前，我们还缺乏足够的对基本理论的思考、深悟和对基本经验的积累、支持。

所以，我们强调有根基的教学才是有效的教学。为此，我们呼唤"根"的力量，渴望"根"的回归。我们不希望走得更远，只期待走得更实。扎根、固根是当下语文教师的第一需要。

二、走出"大沙漠"——有目标的教学才是有效的教学

比塞尔是非洲沙漠中的一颗明珠，每年有数以万计的旅游者来到这里。可是在欧洲青年肯·莱文到来之前，这里是一个封闭而落后的地方，这个村落里没有一个人走出过大漠。据说，不是他们不愿意离开这个贫瘠的地方，而是尝试过许多次都没能走出去。

肯·莱文不相信这种说法。他与当地人交流，问其原因，结果每个人的回答都一样：无论向哪个方向走，最后都还是转回出发的地方。为了证实这种说法，肯·莱文做了一个实验，从比塞尔村向北走，结果三天半就走出了沙漠。

比塞尔人为什么走不出沙漠呢？肯·莱文非常纳闷，最后他雇了一个比塞尔人，让他带路，看看到底是什么原因。他们带了半个月的水，牵了两头骆驼，肯·莱文收起指南针等现代设备，只拄一根木棍跟在比塞尔人的后面。十天过去了，他们走了大约1000公里的路程，第十一天的早晨，他们果然又回到了比塞尔。这一次，肯·莱文终于明白了，比塞尔人之所以走不出大漠，是因为他们根本就不认识北斗星。

在一望无际的沙漠里，一个人如果仅凭自己的感觉往前走，他只会走出许多大小不一的圆圈，最后的足迹十有八九是一把卷尺的形状。比塞尔村处在浩瀚的沙漠中间，方圆上千里没有一点参照物，若不认识北斗星，又没有指南针，想走出沙漠确实是不可能的。

肯·莱文在离开比塞尔时，带了一位叫阿古特尔的青年，就是上次和他合作的人。他告诉这位青年，只要你白天休息，夜晚朝着北面那颗星走，就能走出沙漠。阿古特尔照着去做，三天之后果然来到了大漠的边缘。阿古特尔因此成为比塞尔的开拓者，他的铜像被竖在小城的中央。铜像的底座上刻着一行字：新生活是从选定方向开始的。

这个故事引发出我听课时的一些感受。有些课堂教学，听起来如同比塞尔人走不出大沙漠一般，在那里绕来绕去，听了半天，不知道教师要引领学生干什么，不知道要解决什么问题，可谓"没有航标乱行船"。

例如，学习生字时，教师让学生读大屏幕上的生字。学生大声读一遍，小声读一遍，男生读一遍，女生读一遍，一连读了好几遍。采用这种方式，教师的教学目的是什么？学生能读出什么结果来？如果是为了强化记忆，有不少生字学生并不陌生，并不难记呀，而且大多数的生字学生早就认识了。

再如，理解课文时，教学一篇课文、一段话，教师能提出十几个问题，甚至几十个问题。这些问题大都还是理解内容方面的，不少还是浅层次的、学生一读就懂的。你看吧，学生不理解的问，理解的也问，重要的问，不重要的也问，把学生问得云里雾里，连听课的教师也"丈二和尚，摸不着头脑"：他到底想干什么？

这样的教学，不正像比塞尔人因为不识北斗星，没有方向、目标，绕来绕去，走不出大沙漠一样吗？我们的教学要走出"大沙漠"，就必须像肯·莱文认识北斗星那样，确立目标，明确方向。无论是主要教学环节，还是次要教学环节，无论是整篇课文的教学，还是一段话、一句话、一个词的教学，都必须有明确的教学目标、教学设计、教学方法和教学策略，要向着确立的目标着力、发展，不可漫无边际，凭着感觉走。

另外，需要注意的是"北斗星"只有一个，教学的目标不宜太多，理解一篇课文有一个主要目标，学习一句话或一段话也应只有一个主要目标。即便是学习一个生字，也不会音、形、义都是教学的重点。重点一般或表现在字音上，或反映在字形上，或体现在字义上，教师在教学时就需要向着一个目标努力，即音、形、义有所侧重地教。

"新生活是从选定方向开始的。"这是比塞尔人在认识了北斗星，走出大沙漠之后的深刻感悟。我们强调：让有效的教学从选定方向、明确目标开始，真正走出教学的"大沙漠"。

三、小和尚"撞钟"也是有标准的——有标准的教学才是有效的教学

有一个小和尚担任撞钟一职。半年下来，他觉得无聊至极，认为这项工作无非是"做一天和尚撞一天钟"而已。有一天，主持宣布调他到后院劈柴挑水，原因是他不能胜任撞钟一职。小和尚很不服气地问："我撞的钟难道不准时、不响亮？"老主持耐心地告诉他："你撞的钟虽然很准时，也很响亮，但是钟声空泛、疲软，没有感召力。钟声是要唤醒沉迷的众生，因此，撞出的钟声不仅要准时、洪亮，还要圆润、浑厚、深沉、悠远。"

撞钟不是一项复杂、难操作的工作，但是小和尚却因不能胜任而被调离。究其原因，是他对撞钟这一工作的标准了解不够，或虽然了解但操作不到位，只管"撞过"，不管"撞好"。这就使我们联想到语文教学，因不少教师也像这位小和尚一样，没有完全了解标准，或有标准落实不到位，所以出现了只管"教过"，不管"教会""教好"的现象，而且这种现象屡见不鲜。

例如，在朗读课文这样的一个小环节中，有的班级的学生是扯着嗓子喊读，有的班级的学生是拖着长腔唱读，这种朗读甚至都没有达到"正确、流利"的基本朗读标准。教师却不以为意，充耳不闻。如，朗读"狼牙山五壮士"这一课题，有停顿、重音问题，有语气、情感问题，要读得语气凝重，要读出崇敬之情。

又如，学生站起来发言时，站姿歪歪斜斜，语调小声小气，吭吭哧哧，

没有底气，缺乏自信，甚至话语啰啰唆唆，没有条理，教师却对这些情况视而不见，习以为常。

再如，写一段话，学生不明确要求、标准，出现了开头不空两字格、标点符号不占格或使用不当、语句不通、没有层次、内容空泛等问题。对此，有些教师有错不纠或纠而不严，学生最终也不明确写好一段话的标准。

凡此种种，都是只管"教过"，不管"教对、教会、教好"，这与小和尚不按标准撞钟，只管"撞过"，不管"撞好"有什么区别？撞钟的标准有两个层面：一是准时、响亮，这只是"撞过"的标准；二是圆润、浑厚、深沉、悠远，这才是"撞好"的标准。语文教学也是如此，我们不仅要"教过"，更重要的是"教会、教好"。为此，我们在教学中，首先要真正明确一个个标准。朗读课文或某一句段时，在朗读正确、流利的基础上，应该读出怎样的语气、感情？只有明确这一标准，才能思考运用什么方法手段使学生达到这一标准，以及当学生达不到这样的标准时，教师应采取怎样的策略。

小和尚撞钟"空泛、疲软，没有感召力"，因为不了解标准，自然就达不到"钟声是要唤醒沉迷的众生"这一目的。我们的教学要引以为戒。所以我们强调：有标准的教学才是有效的教学，达到标准才是我们的目的。

四、谨防"螃蟹"跑掉——有重点的教学才是有效的教学

有一农夫傍晚在河边捉到一只大螃蟹。带回家后，他对家人们说："我捉到一只螃蟹。我们煮了它一起吃。"农夫的妻子看了看那只螃蟹，说："就这么一只螃蟹，全家七八口人，实在是吃不着呀！"农夫一想，也是呀，说："那怎么办呢？"站在一旁的孩子想出了一个主意，说："我们把螃蟹煮成汤吧！这样，一人一碗，都能尝到螃蟹的味道。"家人一致同意孩子的这一提议。

于是，农夫的妻子便走到灰暗的厨房，点上煤油灯，做煮螃蟹汤的准备。她先往锅里舀上两瓢水，再放上一点盐和几片青菜叶，然后把螃蟹放进锅里，盖上用高粱秆编制的锅盖。一切准备停当，她便点起柴禾，煮起螃蟹汤来。妻子在炉灶前忙活着，一把把的柴火往炉膛里续，嘴里还嘟囔着："一会儿就能煮好，等着喝鲜螃蟹汤吧！"

螃蟹汤不一会儿就煮好了。妻子一碗一碗地盛好，端给家人们喝，还不

停地问："怎么样？好喝吗？"家人们一边喝着、品着，一边赞不绝口。这个说："这螃蟹汤就是格外一个味，太鲜了。"那个说："螃蟹汤就是这个味，不鲜就不是螃蟹汤了。"农夫喝着螃蟹汤，也搭话说："大家能喝上这么好喝的螃蟹汤，多亏我吧。"妻子在一旁不服气地说："螃蟹汤是我一把火一把火煮的，如果我煮得不好，能这么好喝吗？"家人们连连称是。

全家人喝完这"鲜美"的螃蟹汤，妻子收拾碗勺到厨房里洗刷。当她走到锅台前，意想不到的事情发生了：她看到那只大螃蟹，还在锅台上慢慢地爬动着呢。原来，当农夫的妻子点起火煮螃蟹的时候，螃蟹一受热，便顶开那高粱秆编制的锅盖，趁着厨房灰暗的光线从锅里爬了出来，跑了。

你看，这家人多可爱！煮螃蟹汤的人瞎忙，白白浪费了油盐、青菜、柴火和时间、精力，认真地煮了一锅根本没有螃蟹的汤；喝螃蟹汤的人瞎喝，大概是从来没有喝过螃蟹汤的缘故，喝了一碗根本没有螃蟹的汤，还连连称"好""鲜"。

听了这个有趣的故事，我联想到在各地听课的一些感受。有的教学，胡子眉毛一把抓，看似面面俱到，其实是水过地皮湿，蜻蜓点水，处处刨坑处处坑，浅尝辄止，都是浅层次地梳理课文的内容。一节课讲下来，无非是领着学生熟悉了课文内容而已。有的甚至误读课文，如把《一面五星红旗》一课的"体会国际间的情谊"这一主题，讲成青年人的"爱国情结"，把《老人与海鸥》一课的"体会人与海鸥之情，感受动物的情怀"的主题，讲成"爱护动物，保护环境"等。凡此种种，不正是给学生们煮了一锅"根本没有螃蟹的汤"吗？

通过这个故事，我们强调的是：首先，要深入地解读、把握教材，发现、抓住那只"大螃蟹"，即明确教学的重点，这是教学的前提。一篇课文有一篇课文的重点，一段文字有一段文字的重点，一句话有一句话的重点，即便是一个生字，也有一个或音或形或义的点。教学关键就是讲在点子上，力求点上着力，点上突破，点上开花。教学不是"刨坑"，是"打井"，而且力求"出水"。其次，是在"煮螃蟹"的时候"别让它跑了"。也许，在解读、把握教材的时候，已经找到了"螃蟹"，明确了重点，但是在教学设计或操作过程中，却没有针对重点设计好教学策略。对此，需要教师不断反思，在教学实践中自觉积累教学的经验，丰富教学的方法策略，提高教学中掌控、应变、指导的能力，不然就是教师瞎忙，学生瞎听，白白浪费自己和学生的时间、精力。我们希望学生天天能喝上真有"螃蟹"的汤，真有营养的汤。

五、像孔子"学琴"那样教学——有训练的教学才是有效的教学

孔子学鼓琴师襄子，十日不进。师襄子曰："可以益矣。"孔子曰："丘已习其曲矣，未得其数也。"有间，曰："已习其数，可以益矣。"孔子曰："丘未得其志也。"有间，曰："已习其志，可以益矣。"孔子曰："丘未得其为人也。"有间，有所穆然深思焉，有所怡然高望而远志焉。曰："丘得其为人，黯然而黑，几然而长，眼如望羊，如王四国，非文王其谁能为此也！"师襄子辟席再拜，曰："师盖云《文王操》也。"

孔子拜师学琴的故事，给我们的启示主要有以下几点：

1. 将一首曲子演奏到一定的水平，达到一定的境界，必须掌握鼓琴的基本方法、技能，练就基本功，这样才能够体会出曲子中的思想情感，想象到曲子中的人物形象。反之，没有基本技能做基础，即使再好的曲子，演奏者也难以体会到其内涵。即"形而上者为之道，形而下者为之器"。

2. 鼓琴的基本方法、技能不是一蹴而就的，必须反复练习，必须经历一个逐步提升的过程。孔子学琴可分四步：第一步，把曲子弹拨熟练；第二步，掌握弹拨的技巧；第三步，体会曲子的思想内涵；第四步，想象曲子所塑造的人物形象。这四步层层递进，每一步都是反复练习。

3. 训练还要有一定的章法。所谓章法有两层意思：一是要有一定的程序，二是要讲究规则。孔子学琴既有程序，也有规则：打好基础，掌握技巧；按部就班，循序渐进；潜心体会，入情入境。

由此可知，体会一支曲子的思想情感、感受人物形象，必须建立在掌握了操琴基本要领、方法和技巧的基础上，并配合恰当的方法，否则难以体会曲子内在的思想情感，人物形象也难以矗立在心中。

语文教学也应如此，学习方法、能力、习惯不是自然而然地形成的，需要教师在教学中有意识地培养、训练，如写字要达到一定的水准需要训练，朗读达到一定的水平需要训练，理解感悟能力需要训练，表达能力需要训练。令人遗憾的是，如今的课堂上训练的意识被严重淡化，以致教师不会指导训练，课堂上没有训练，教学只是走教案，走过场，只管教过，不管教会、

教好。

例如，在听课中，常常看到不少学生不会思考问题，答题很肤浅，说不到点子上，答非所问；在回答问题时，要么只言片语、三言两语，要么磕磕巴巴、吭吭哧哧。到了高年级仍然如此，很少看到学生能有条有理、有根有据、层次清楚地侃侃而谈。为什么在小学阶段的五六年的学习中，教师提出了数以万计的问题，学生仍然不会思考，不会表达？静心反思，其中一个很重要的原因是没有"训练"，更缺少有意识、强化性的训练。如联系上下文理解词句的意思、推想词语的意思，借助中心句、过渡句把握主要内容，把一个问题分成几个要点表述出来等学习方法、理解能力、表述能力是需要借助所学习的课文进行训练的，甚至是需要专门、强化训练的。其训练过程可以是：（思考问题）提示思路→习得方法→掌握规律→形成能力→养成习惯；（表述问题）提供范式→习得方法→掌握规律→形成能力→养成习惯。教师一定要借助某句段，提示思考问题的思路、方向，提供表述的范式，专门练习怎样思考问题、怎样回答问题，一直到大多数学生学会思考、学会表述为止，学生不会什么就专门练什么，哪怕练习整节课。

总之，训练是教学的基本规律、要领。没有训练，学习会失去根基，教学就失去意义。

六、教学别学"杰米扬"——有制约的教学才是有效的教学

杰米扬准备了一大锅汤，请朋友福卡前来品尝。杰米扬热情地说："请啊，老朋友，感谢你的光临！这个菜是特别为你准备的。"

福卡回答："不，亲爱的朋友，我吃不下了！我吃的东西已经塞到喉咙眼儿了。"

"没关系，才一小盆，总会吃得下去的。这汤味道多鲜啊！"

"可我已经吃过三盆哩！"

"嗨，何必计数呢？尽量喝吧，只要你喜欢。凭良心说，这汤真香、真稠，看那层浮油在盆子里凝结起来，简直跟琥珀一样。请啊，老朋友，替我吃完它！吃了有好处的！这是鲈鱼，这是肚片，这是鲟鱼。只吃半盆，吃吧！"杰米扬喊自己的妻子。"亲爱的，你来敬客人，客人会领你的情的。"

杰米扬就这样热情地款待福卡，一个劲儿劝他吃，不让他休息，不让喘气。福卡的脸上汗如雨下，勉强又吃了一盆，并装着吃得津津有味，把盆子里的汤吃了个精光。

杰米扬嚷道："这样的朋友我才喜欢，我最讨厌那些吃东西挑三拣四的人了。看你吃得这么香，我真高兴！好，再来一盆吧！"

可怜的福卡虽然喜欢喝汤，但这样喝却跟受罪一样。他马上站起身来，抓起帽子、腰带和手杖，用足全力跑回家去了，从此再也不来杰米扬的家了。

之所以造成这样的结局，一是福卡虽然喜欢喝汤，汤也的确好喝，但是过量了，福卡已经撑得实在受不了；二是杰米扬是"既诚恳又热情"地强迫他人，而不管别人是不是还想喝，并且还让他妻子来"逼迫"福卡，可谓强加于人。

这则寓言，实际上讲了一个做事如何把握"度"的问题。再好的东西，如果不加节制地强加于人，也会和杰米扬的汤一样令人厌恶。令人感到既可笑又可怕的是，杰米扬到最后也没意识到这种脱离实际、违背规律、强加于人、一厢情愿、丝毫不顾及他人意愿的做法有什么不对和不好的地方。由此联想到当前在语文教学中存在的类似"杰米扬"强迫学生"喝汤"的现象：语文学科的基本特点是"工具性与人文性的统一"，然而，有的偏要过分强调"人文性"，过分强调建构什么"精神家园"、追求什么"幸福感"；教学的前提是解读、钻研教材，把握编者意图，然而有的教学无视教材的规定性、制约性，不管教学的年段性等，随心所欲，想怎么教就怎么教；虽然情感是语文教学的重要成分，然而有的教师自我陶醉于"煽情"，在课堂上像背台词一样大段大段地、连续不断地"煽情"，自认为这是一种教学"风格"；课件是教学的辅助手段，然而不少教师滥用视频、音乐、图片，把语文课上成"图片展示课""音乐欣赏课""闹剧表演课""资料堆积课"等，喧宾夺主，本末倒置；划分文章的段落是一种有效的逻辑思维训练，过去课课分段，并成为一种固定的教学模式是不对的，然而现在不给文章分段的做法也值得商榷；教学提倡精心设计，有个人风格，然而有的"名师"违背编者意图、年段特点，刻意追求设计的巧妙，过分追求个人的教学风格、语言的诗意等；课堂原本是学生学习的阵地，教学原本是看学生的发展，然而有些教师让学生当配角，把课堂当成显摆自己口才文采、调侃学生的场所，追求所谓的"舞台效果"……

凡此种种现象，都是在演绎杰米扬逼迫福卡"喝汤"的故事。我们知道，任何事物都有一个"度"，它是保持事物质稳定性的界限。在该界限内，事物的量变不会决定质变；一旦超出该界限，突破"关节点"或"临界线"，事物就会发生质的改变，即量变导致质变。热情好客本来是件好事，但即便是这样的好事，仍要有个"度"，过度的热情好客会使好事变坏事，失度导致失误。

国人处事的智慧，讲究中庸之道，不偏不倚，过犹不及，恰到好处，适可而止。"增之一分则太长，减之一分则太短，著粉则太白，施朱则太赤"，讲的是恰到好处的审美之道；"只要再多走一小步，仿佛是向同一方向迈的一小步，真理便会变成谬误"，是讲处事适度、适当、适量、适时的制约之道。语文教学在很大程度上也要有对"度"的掌控。这个"度"，受制于课程标准的法规性、教材的规定性和学情。从某种意义上讲，语文教学似乎是"戴着脚镣跳舞"。如果教学不受制约，违背课程标准的法规，无视教材的规定，不顾及学情，突破了"度"的"关节点""临界线"，将会改变语文学科的本位、本质、本色。若如此，不是提高语文教学质量，而是在降低语文教学质量。

七、要把"蘑菇"采回家——有收获的教学才是有效的教学

一天，年轻的兔妈妈要带领孩子们去森林里采蘑菇。她认真地对孩子们说："我们要到森林里去采蘑菇了，你们愿意去吗？"

一个个天真可爱的小白兔，高兴地齐声回答："愿意！"

然后，兔妈妈让每个孩子挎上小篮子，排起整齐的队伍。兔妈妈走在队伍的前面，向森林出发了。

可能是森林里的蘑菇隐藏得太深了，也可能是兔妈妈太年轻了，没有采蘑菇的经验，她带领着那些小白兔，在森林里转呀转，几乎快把孩子们转晕了，也没有找到一个蘑菇，更没有引发小白兔们采蘑菇的兴趣。小白兔们也没有学到采蘑菇的方法。兔妈妈却不以为意，带着孩子们挎着空空的篮子回家了。

这是本人在听课时经常产生的感觉。原本教学的目的是让学生有所收获，经历一个由不懂到懂、不会到会、不好到好，由错误到正确、由百思不解到

豁然开朗的学习发展过程，然而有些教学却没有让学生得到这样的收获，经历这样的过程，教学结果几乎是一无所得。如在阅读教学环节，教师只是提几个问题，且大都是浅层次的问题，教学的结果无非是领着学生梳理一下课文内容，这样的教学如同兔妈妈领着小白兔在森林里白白转了好几圈，空手而归。试想：如果兔妈妈带着小白兔去采蘑菇，总是空手而归，小白兔们就会误认为"原来采蘑菇就是到森林里转来转去，直到转晕为止。采蘑菇没有什么意思"。

要把"蘑菇"采回家，首先要解读文本，吃透教材，确立教学目标，明确教学重点，了解学生学习的起点。教师自身要明确"蘑菇"在哪里，有哪些是重点"采"的，哪些是可以忽略不计的，然后考虑怎样引导学生"找到、采到蘑菇"。尽量让学生自己去"找到""采到"，不求满载而归，但求有所收获。更重要的是，在"采蘑菇"的过程中让学生掌握"采蘑菇"的方法，增强对"采蘑菇"的兴趣。

（此文写于 2012 年 2 月 8 日）

脑科学的研究成果对改革小学阅读教学的启示

> 所有的变革都存在过分强调的倾向；我们希望右脑革命能更多地通过对右脑的过分强调，改变目前对左脑的过分强调。①
>
> ——［美国］托马斯·R·布莱克斯利

现代脑科学的研究为揭开关于人类大脑的这个"红箱之谜"迈出了可喜的一步。它不仅加深了人类对自身大脑纷繁复杂的内部世界的了解，还为我们开发大脑潜能以及拓展、研究有关的学科领域，提供了可靠的理论依据。如果用现代脑科学的研究成果作为理论指导，思考当前的小学阅读教学，我们会从中得到许多有益的启示，会为改革小学阅读教学、进一步开发学生智能、促进学生素质全面发展寻找到一条有效的途径。

一

大量的现代脑科学的研究表明：人脑的两半球在结构上是对称的，在功能上有明显差异。如下图：

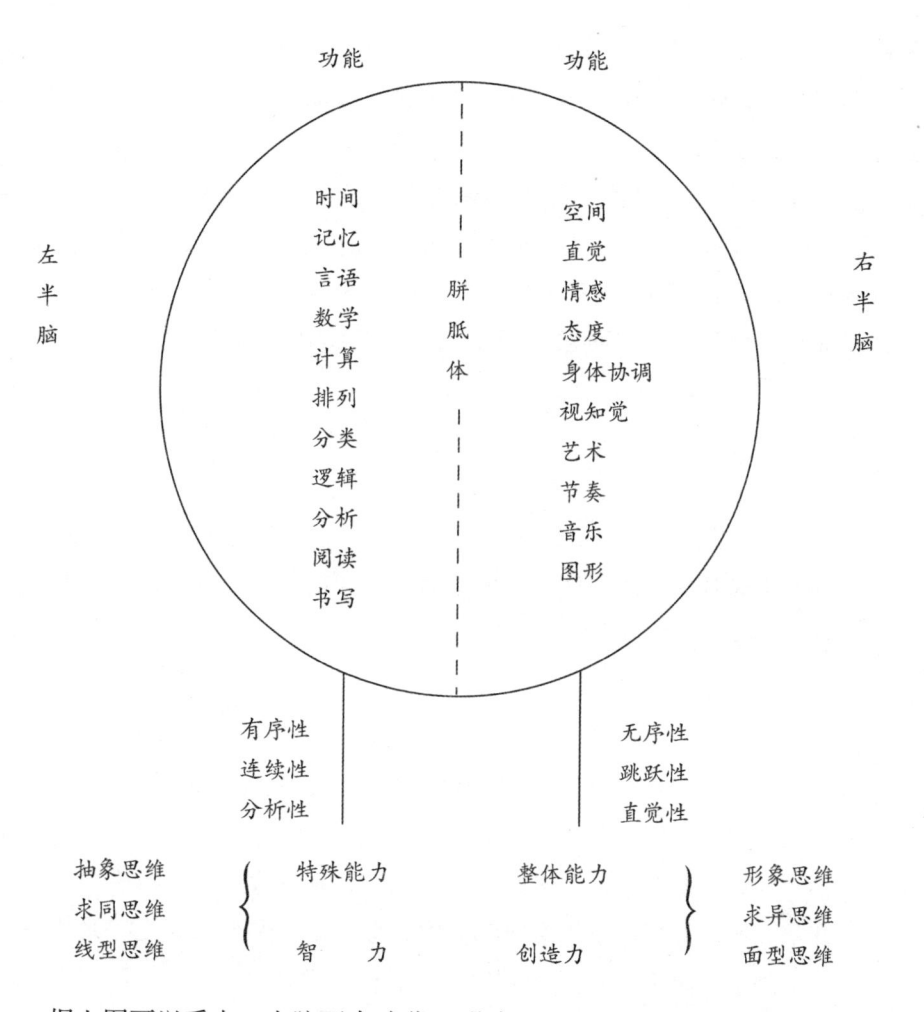

```
            功能            功能
         ┌─────────┬─────────┐
         │  时间    │  空间    │
  左     │  记忆    │  直觉    │   右
  半     │  言语    │  情感    │   半
  脑     │  数学  胼  态度    │   脑
         │  计算  胝  身体协调 │
         │  排列  体  视知觉   │
         │  分类    │  艺术    │
         │  逻辑    │  节奏    │
         │  分析    │  音乐    │
         │  阅读    │  图形    │
         │  书写    │         │
         └────┬────┴────┬────┘
              │         │
           有序性     无序性
           连续性     跳跃性
           分析性     直觉性

  抽象思维   ⎫特殊能力   整体能力⎧  形象思维
  求同思维   ⎬           　      ⎨  求异思维
  线型思维   ⎭  智 力     创造力 ⎩  面型思维
```

据上图可以看出，人脑两半球分工明确，左脑的主要功能是言语、计算、逻辑、分析等，右脑的主要功能则是直觉、情感、想象等。二者相互补充，密切合作，具有"交互专门化"功能。具体表现是"当一个正常大脑中的竞争机制在使得一侧半球居于意识控制地位时，不会排斥另一侧半球在自发水平上的协助"[②]。这种两半脑功能的优势互补，使思维呈现最佳效果。但是既然存在竞争关系，就必然产生优势或劣势的现象，即一个人使用一个半脑，或多或少地能使另一个半脑表现出无能。由于右脑非言语化思维难以转换成语言，长期以来，右脑的功能被人们忽视了，在运用和训练上表现为重左脑、轻右脑。左脑的功能如分析、逻辑等不断得到强化，而右脑的许多功能则因很少得到开发、利用而受到抑制，处于"竞争劣势"，其发展受到一定程度的限制。

其实，人类许多比较高级的智力功能都聚集在右脑。右脑在直觉判断、整体性思维、形象思维、体验情感以及视觉表象记忆等方面都占有优势。有人曾这样比喻：左脑就是按部就班、缺乏情趣的人，而右脑则是洋溢着创造欲望、充满活力的人。这样比喻虽不太精确，但有一定道理。因此，现在许多学者都强调开发右脑，其目的是使左右脑和谐均衡地发展，获得更为理想的思维成果，因为"人类的最高成就都是由于运用了两半球共同工作的成果"[3]。

二

依据有关脑科学的理论来考察当前的小学阅读教学，不难发现其中有许多问题须重新认识或加以改进。

最突出的问题是，阅读教学过程中所进行的各种训练、所采取的有关手段大多适宜左脑功能的开发，而不利于右脑功能优势的发挥。主要表现为：认识能力的培养重理性、抽象，轻感性、形象；思维能力的训练强调逻辑、分析、求同，忽视形象、直觉、求异等。

例如，在讲读课文时，过多的是分析词句、划分段落、归纳段意、总结中心思想等，比较忽视让学生对所学的内容形成表象和形象感受。尤其是对重点词句的理解，缺乏让学生设身处地、入境入情的体会设计。

又如，教师所设计的教学方法和运用的教学手段，基本上是一支粉笔做板书，一本教材做讲解，即便是挂出一幅教学挂图，也常常是一带而过，较少有启发学生想象、引导学生读书入境的一些直观性、形象性的教学辅助措施。好像只有提问、分析词句等才是阅读教学的正宗，那些直观性、形象性的辅助手段算不上真正的阅读教学。有的教师甚至认为借助这些手段来帮助理解词句、体会思想感情，会降低语言文字训练的要求。诸如此类的认识和做法使阅读教学呈现出这样一种局面：有板有眼、扎扎实实的训练尚可，生动活泼、有滋有味的学习不够。

溯本求源，导致这种局面的原因之一就是对人类左、右半脑各自的功能、特点缺乏基本的了解，没有认识到开发右脑、使左右脑协调发展的重要意义，没有认识到这种局面会导致的结果是"不可避免地使孩子的感受能力日趋衰退,'造就'出一个落后于时代要求的孩子"[4]。

三

国内外一些有影响的教学改革实验,如国内的"情境教学""愉快教育""成功教育",国外的"暗示教学法"等,我们应该看到,它们之所以成功,在很大程度上是重视学生右脑的开发,以促进左右脑协调发展的结果。下面结合有关的教学实验,以脑科学的理论为指导,谈谈本人对改革阅读教学的一些想法和体会。

1. 发挥右脑功能的某些优势,引导学生阅读还原,读书入境。

所谓"阅读还原、读书入境",是指在阅读时能凭借表象、想象、联想等形象思维,将书面的语言文字在大脑中还原成作者所描绘或记述的那一客观事物或尽量接近那一客观事物,使阅读者产生一种如见其人、如视其物、如临其境的阅读心理状态,构成一种"心理图像",以达到通其心、感其情、入其境、明其理。学生的阅读只有达到这样一种境界,才能真正把握文章的内涵,感受到作者情感脉搏的跳动,品味到语言文字的精妙。而要达此境界,必须重视右脑功能的开发,因为"选择恰当词句,属左脑功能,而它的基础——'设身处地',却属于右脑功能。只有具备这双重要素,方能完成思维沟通"[5]。

引导学生在阅读中还原入境,可从两方面入手。

(1) 让学生"设身处地"地理解语言文字,达到"形象地懂了"[6]。脑科学研究者认为,"在一个教室里学习时,如果言语材料被表象强化,则学习的效果能大大地提高。当我们阅读或写散文时,需要头脑中有相应的表象系统"[7]。阅读时"设身处地"就是建立"表象系统"的重要途径。

例如,贵州省陈晓燕教师在教学《瀑布》一诗中的"好像叠叠的浪涌上岸滩"一句时,为了让学生真实地感受瀑布的声音,她先让学生想象一下"叠叠的浪涌上岸滩"的情景,理解"叠叠"的意思,然后让学生分成三组依次模仿"叠叠的浪涌上岸滩"的声响。学生一组接一组,犹如一浪接一浪,置身"浪"中,他们理解了瀑布所发出的富有节奏、气势恢宏的声音。实践证明，这种"形象地懂了"，不仅感受准确，理解深刻，而且记忆牢固。

（2）借助于辅助手段"还原入境"。学生由于年龄、生活经验的局限，对一些课文中表现的情境常常很难"设身处地"，这就特别需要教师把直观手段与语言文字巧妙结合起来，以帮助学生入情入境。正如教育心理学家珍·候斯敦所说："一个人需要根据形象和文字两者进行全面思考，才能发挥整个身心系统。"

借助于辅助手段来帮助学生理解语言文字的方式多种多样。例如，借助于图画来帮助学生理解语言文字。杭州市特级教师朱雪丹教学《一粒种子》的最后一句"好一个明亮的世界呀"时，为了让低年级学生理解好这句话，她向学生提出："这时候，种子出土后会看到一个怎样的世界？如果把种子看到的情景画出来，怎样画？画些什么？"然后她根据学生的想象、描述，当场画出了一幅色彩鲜艳、景色优美的春景图。学生目睹此图，真正感受到了种子所看到的那一"明亮的世界"，体会到种子的惊喜之情。

借助于动作的演示来理解语言文字。《一次科技活动》中有这样一段话："飞机在空中灵活地做着各种动作：时而盘旋上升，时而……"为了让学生弄懂"盘旋上升""俯冲下降"等词和"时而……时而……"的句式，教师在教学中先让学生上台手拿飞机模型，分别做出"盘旋上升""俯冲下降"等动作，接着又让演示的同学将上述不同动作连贯起来，在很短很快的时间内完成动作，从中理解"时而"的意思，体会小飞机表演的灵活、精彩。经过具体的动作演示，学生很容易地理解了词句。

借助于音乐来烘托、渲染气氛，帮助学生理解语言文字，让学生伴随着同课文思想内容相适应的乐曲体会、想象文中描绘的情境。教学《十里长街送总理》一课，在讲读课文之始，伴着哀乐，教师描述当年周总理逝世，全国人民无比悲痛的情景，把学生带入那举国上下沉痛哀悼的情境之中。在分析课文、指导朗读时，教师又播放怀念周总理的小提琴协奏曲，让学生在撕心裂肺、催人泪下的乐曲中去体会、去朗读，收到了很好的教学效果。

另外，借助于声情并茂的语言描述，借助于角色表演，以及小实验、小制作等手段，都是引导学生入情入境的有效方法。总之，"在好的工具中，良好的视觉辅助工具成为对纯言语呈现的补充。书本中充满了图片和图解，可以同时对两个半球交流。电影、电视中的动画片在很大程度上帮助学生从视觉意义上去掌握困难的概念"[⑧]。

2. 充分运用左右脑功能优势的互补性，使阅读教学中的思维训练收到最佳效果。

小学语文教学大纲中提出，讲读课文一般应按"整体——部分——整体"的顺序进行。应该说这个顺序是合乎脑科学规律的，体现了大脑的"交互专门化"功能。但在教学实践中，许多教师在理解、运用这个顺序上存在问题，如在第一个"整体"上只偏重于解决字词、消除阅读障碍，在"部分"中只偏重于抽象分析；第二个"整体"只着重于结论。根据脑科学关于左右脑优势互补思维效果最佳的理论，在教学中，我们应当让这三个阶段既相互独立，又相互联系，同时相互作用，在左右脑共同参与下，使学生的思维活动经历直觉与分析、求异与求同、形象与抽象这样一个交互作用、逐渐深化的完整过程。就是说，讲读课文的第一阶段是整体感知，主要侧重于整体感受、形象把握，同时应要求学生尝试分析、归纳，初步厘清脉络；第二阶段是具体分析，但不能忽略右脑的作用，在理性分析中应注意以形象感受为基础，以某些直观、形象的教学手段做辅助；第三阶段是对全文的总结归纳，侧重抽象概括，但亦应注意由形象到抽象的过渡和转化。在这样一个过程中，虽然在每一个阶段两半脑功能的发挥各有侧重，但始终都处于活动状态，二者相辅相成，互为补充，把学生的思维逐步引向深入。

以上是针对整个阅读教学过程而言，就具体的思维训练来说，也应充分注意两半脑相互作用的发挥。例如，有位教师在教学《董存瑞舍身炸暗堡》一课中"他跑到连长身边，坚决地说：'连长，我去炸掉它！'"一句时，先让学生联系课文第一段内容，弄懂董存瑞是在什么情况下请求任务的，他面对这种危急情况是怎么想的。然后又以生动的范读和指导学生朗读，加深学生的感受。最后，他让学生思考：面对这样一种随时可能牺牲的危险，董存瑞请求炸堡说明了什么？在这里，教师引导学生在形象思维的基础上分析理解词句的深刻内涵，既降低了理解的难度，又使学生的分析准确、深刻。如果教师不做这种铺垫，直接提问说明了什么，那么这个看上去很简单的问题，小学生需绕几个圈子才能答出来，而且理解未必深刻。

学校教育的最高目标是使学生的素质得到全面的发展。"学生素质全面发展"的内涵，应包含使左右两脑智力潜能都得到合理的开发、训练和使用，因为"最理想的人，是那种恰到好处地把握了左右脑平衡使用的平衡型人"[9]。因此我们希望小学语文教师能把重视右脑开发、维持左右脑协调发展提高到素质教育的高度来认识。果如是，则我们的小学语文教学改革会呈现非同一般的、奇异的新面貌！

（此文发表于《山东教育》1992年第1、2期合刊）

参考书目：

[1][2][3][7][8]分别引自［美国］托马斯·R·布莱克斯利著《右脑的奥秘与人的创造力》，国际文化出版公司1988年12月版，第61页、第41页、第148页、第58页、第55页。

[4][5]分别引自［日本］品川嘉也：《儿童右脑智力开发》，北京日报出版社1987年7月版，第16页、第187页。

[6]原语为：提高思考能力的方法之一，就是锻炼形象思维能力。所谓"理解了"，就是形象地懂了。

[9]陆愈实：《需重视学生运用右脑训练》，《教育研究》，1991年第7期。

与儿童文学作家、诗人金波先生（右）合影

小学生阅读心理的障碍及对策

——L·罗恩·哈伯德关于学习中三大障碍理论在阅读教学中的应用

一

在小学阅读教学中，经常看到这样的情形：教师提出某一问题，能够积极动脑思考、主动发言的，只有几个学生，多数学生表现出困惑、不解，或者无动于衷、无精打采。面对这种情况，教师或是束手无策，听之任之；或是千方百计引导，可是学生仍启而不发，于是教师不得不将现成答案和盘托出。出现类似现象的症结在哪里？最近，我读了美国学者L·罗恩·哈伯德的《有效理解的窍门》一书，从中受到不少启发。

哈伯德认为，学生在学习一门新学科、新知识时，有三种学习上的障碍：一是缺乏实物，学生在学习中没有形象直观的感知；二是学习坡度过陡，"走"得过快；三是忽略了不懂的词，尤其是对词产生误解。根据这一理论来考察我们的阅读教学，不难发现，哈伯德所提出的三种影响学生学习的心理障碍同样也存在于学生的阅读过程中。它们是造成学生读不懂课文，回答不出问题的症结所在。如果搞清楚这些问题，并采取相应的对策，定会有效地提高阅读教学质量，促进学生的发展。

二

下面参照哈伯德的观点，联系我们的教学实际，就学生阅读过程中产生的心理障碍试作分析，并提出相应的对策。

障碍之一：学生在阅读过程中缺乏形象直观的感知

学生阅读一篇课文时，有些地方读不进去或读不懂，其重要原因，是对课文中所描述的某些客观事物不熟悉或从未见过，课文中又缺少必要的直观画面，学生单纯凭借语言文字难以在头脑中形成表象。

如古诗《游园不值》中"小扣柴扉久不开"一句中的"柴扉"，对城市的学生来讲是陌生的。如果只是在字面上知道"柴扉"是"柴门，简陋的门"，还不能算是真正的理解，因为这仍然是一种概括、模糊的认识。再如有些课文的内容，其中的某些语句、段落，单从字面上看，意思不难懂，文字上也没有什么障碍，但真正读懂，理解其内在的意思，却并不容易。例如《翠鸟》一课中有一句话："一条小鱼刚刚露出水面，翠鸟就蹬开苇秆，像箭一样飞过去，叼起那条小鱼，贴着水面往远处飞走了。"这是写翠鸟捉鱼的动作。学生能够从字面上理解翠鸟捉鱼的动作之迅速，但是大都没有见到过这种情景，难以在头脑中建立起一种形象的动态的画面。若处理不当，这些问题就会成为学生深入理解课文的障碍。

对策： 将语言文字"还原"于客观事物。即借助一定的直观教学手段，或通过引导学生联想、想象，将语言文字所描绘的事物呈现于学生头脑中。具体做法有以下几种。

1. 直接提供实物。如果一个孩子在学习时感到不适，而这种不适又起因于无实物的学习，那么最有效的解决方法就是提供实物——一个东西或一个适当的替代物。这样就可以消除不适的感觉。

2. 间接提供实物。如借助于图画、照片、录像、标本、模型等，以此再现课文描述的事物。

3. 如果课文描述的是一个动态过程，可以借助于动作演示、小表演等。例如，课文《翠鸟》中描述翠鸟捉鱼动作的那段话，有的教师在教学中给学生演示了这样一种动作：用一支粉笔做苇秆竖在桌面上，把桌面当作水面，用一只手掌当翠鸟，先后演示两个动作。先是将手掌轻轻落在"苇秆"上，稍不留神，"苇秆"即倒。然后又将手掌轻轻地落在"苇秆"上，接着再"疾飞"，这样，"苇秆"一碰即倒很难做成功。教师借助这个动作演示，让学生很容易体会到翠鸟的轻巧、灵活、机敏。

4. 根据课文描述的情景引导学生展开联想、想象，形成一种心理图像。如教学《飞夺泸定桥》一课中写红军攀着铁链过桥一节，有的教师让学生闭上眼睛想象当时红军过桥的艰难的情景。学生想象到：一位红军战士中弹倒下了，掉入滔滔江水之中，被江水淹没，而后面的红军战士又继续向前一步一步前进；有的战士中弹，眼看就要掉入江水中，他双手紧紧抓住铁链又爬了上来……学生将这些"心理图像"用自己的语言描述出来，不仅真正体会到红军战士英勇顽强、不怕牺牲的大无畏革命精神，而且发展了他们的想象力和语言表达力。

障碍之二：学习的坡度过陡，跨度过大，"走"得过快

哈伯德提出：在学习过程中，"一次太大的跳跃，使他还没有弄清自己在做些什么，就跳到下一件事情上了，坡度太陡，他走得太快，便把全部困难转移到这件新事情上了"。这种情形在阅读教学中也同样存在。

如，学生还没有充分感知课文内容，头脑中还没有形成完整的表象，甚至对课文的内容还不太熟悉，教师就提出一些抽象、概括性的问题："这篇课文主要写了一件什么事？是按什么顺序写的？"结果，学生难以完满回答。教师并不了解学生的思维状况，不知道学生在想些什么，只是将主要精力用于怎样完成教学步骤、板书等，教学时只是将事先设计好的问题一个个提出来问学生，全然不顾及学生的思维发展、思想活动，这必然造成学生学习上的一个个陡坡。

对策：消除坡度。

1. 力求避免造成陡坡。这就要求教师自身要真正理解教材，在了解课文主要意思的基础上，把着力点放在具体深入地理解课文的词、句、段上，逐步做到对课文理解得懂、透、化，并充分考虑学生的实际情况，思考如果学生学到这个地方会怎样想、怎样说，会有几种想法、说法。这样，教师根据自己对课文的理解，对学生学习的揣摩，设计出难易适度的问题，教学坡度太"陡"的问题也就迎刃而解了。

2. 及时铲除陡坡。在发现学生遇到困难时，教师首先要冷静地思考一下，学生为什么回答不出来，多揣摩学生的心理，也就是要善于明察学生学习上形成陡坡的症结。按照哈伯德的说法，学习的坡度不是产生于坡度本身，而是产生在形成坡度之前的地方，即"学生的麻烦发生在他不懂的地方之前"。如果学生对后一个问题感到困难，其原因是前一个或前几个相关的问题没有真正解决好。因而，应"回到感觉困惑或无能为力的那部分之前"，先找到困难之前的那个理解、认识上的空白点、疑难处，并解决好，再来解决困难本身。事实上，真正解决了困难之前的相关的空白点、疑难处，困难本身会不攻自破。

障碍之三：被误解的词

哈伯德在他的研究中发现，学生学习上最大的障碍是因为有了被误解的词。学生不懂某些词的意思，问题不在于他"不解"，而是"以更多的方式误解一个词"，"每当一个人概念混乱或自相矛盾时，在这混乱下面总是存在着一个被误解的词"。我们知道，就一篇课文的教学而言，学生有时之所以读不懂某些内容，或理解上出现错误，其关键所在是他们对某一或某些词语还没有真正明白。因为从全篇来讲，学生不会是段段不懂；就一段内容来讲，不会是句句不懂；就一句话来讲，也不会是每个词都不懂，只是句中的某一关键词没有弄明白，而这个词又是以被误解的方式反映出来的。

例如，教师教学《飞夺泸定桥》一课，文中有一句"英雄们听到党的号召，更加奋不顾身，穿过熊熊大火，冲进城去"。有个学生提出这样的问题："英雄"不是英勇牺牲的战士吗？怎么还说"英雄们听到党的号召，穿过熊熊大火，冲进城去"呢？这里，这个学生把"英雄"误解成"烈士"，形成了不正确的认识，如果不及时纠正，会影响对相关的语句的理解。

参照哈伯德的观点，根据我们的调查，学生对词的误解主要有以下几种情况：①完全错误的，即所理解的词与这个词的实际意义毫无关联；②生造的，即由于不知道某词的实际意思，凭着自己的主观臆断或接受别人的生造定义而形成错误理解；③不确切的，即指形成一种不确切的，但又与一个特定的词有某种联系或属于相似类别的理解；④不完整的，即只知道某词的部分意思，而没有充分理解它的完整意思；⑤不恰当的，即只知道某词的一般意思，而不理解其在特定语言环境中的含义。

对策：正确全面地理解词语，澄清歧义。

哈伯德认为："在学习中切记不要忽略你未完全理解的词。如果一份材料使你感到困惑或难以理解，那是因为在你困惑之前某处有一个不懂的词。这个时候切记不要继续读下去。你应该回到以前感到困惑的部分，找到尚未理解的词，领会它的意思。"具体地讲应注意以下几点。

1. 教育学生重视正确全面地理解词语，不轻易放过不理解的词。对此，哈伯德向学生提出这样的要求："学生必须约束自己不要忽略那些被误解的词。他应该从对他所读的东西的反映中，特别是从一次又一次的一无所获的感觉中，意识到他忽略了一个被误解的词。他应当查明这些词，充分弄清它们的意思，然后再继续读下去。我们必须劝说学生这样做，这是一个应当学会的自我约束的方法。"

2. 教给学生正确全面理解词语的方法。其基本方法：一是让学生养成查字典的习惯，遇到不懂的词要主动地查字典。使学生明白，"善于运用学习技巧的学生，碰到不懂的词总要查字典，从不放过一个他所不懂的词"。二是在查字典时，力求了解词的全部意思，如哈伯德所说："当一个词有几种不同的定义时，一个人就不能局限于一种定义而说我懂了。一个人必须弄懂一个词的各种用法。"然后再返回课文里，联系上下文看哪种解释适合于文中词语的意思，这样才能从根本上弄清词义。

3. 帮助学生找到被误解的地方，以澄清词义。当发现学生有了不懂的问题，说明他一定有了误解的词，这就需要教师帮助学生找到误解的地方。这里，首先要把握时机。这个时机，如哈伯德所说，不能等到学生对学习"昏昏欲睡"的时候，因为在学生"昏昏欲睡"的现象出现之前，学生的学习效率早已降低。如果等到"昏昏欲睡的现象出现之后再处理被误解的词已为时过晚"，在学生的反应不那么敏捷的时候，就到了寻找被误解的词的时候了。其次，寻找到被误解的地方。这个"地方"，哈伯德也有说明，他认为被误解的词很可能出现在问题的前面，而不会出现在学生眼下读到的地方。也就是说被误解的词一般出现在与问题相关的前一个地方，已学过但未学懂的相关地方。再次，要采取有效的方法，澄清词义。哈伯德提出"追溯法"，此法可以运用到阅读教学之中。它是让学生返回课文中被误解词的前面的地方，而不是返回到他因不懂的词而发生困难的地方，即通常所说的，追根求源，找到问题产生的根源。一旦澄清根源，问题就会迎刃而解。

　　总之，哈伯德关于学习中三大障碍的理论，对于我们弄清阅读教学中出现的学生为什么读不懂课文、为什么回答不出问题，以及学习差的原因等，对于我们解决如何及时引导、点拨，抓住关键，有效地发挥教师的主导作用，对于提高阅读教学的质量等，有着重要的指导意义。我们不妨在教学实践中加以运用。

（此文发表于《山东教育》1992年第9期）

与全国小语会理事长陈先云先生（中）合影

转变习作教学的观念，提升习作教学的境界

上面是小学生的绘画作品，我们从中不仅能够看到童真童趣，还能体会到小学生的想象力、创造力。然而，令人遗憾的是，为什么这种童真童趣和想象力、创造力在小学生的习作中不见踪影？真的需要深刻反思我们的习作教学。

一、习作的材料、内容不一定是"有意义"的

由写"有意义"的单一内容、要求转变为"有意义、有意思、有趣味"。多年来,我们已形成了一个定式,一说写作文,就是写好人好事——有意义的、健康向上的。这种定位其直接原因是受以前的大纲"思想性"这一教学理念的限制,从而导致出现这种对小学生习作的过高的、极端的要求。1992年之后的大纲,特别是课标中已经没有这种要求了,没有"有意义、健康向上"的字眼了。但是,我们的惯性思维仍然在制约、束缚我们。

在这种情形下,作文出现了三个问题。

1. 选材的范围一下子缩小了。生活本是七彩虹,只让学生选取一种色彩,无形中增加了作文的难度,使作文材料无处不在、无处不有的情形变成"无米之炊"的奇怪现象。

2. 选材的范围窄了,找不到或很难找到"有意义"的材料,怎么办?胡编乱造或者从作文选里找材料,改编仿写,使"言为心声"的作文成了专门说"假话、套话、空话、大话"的温床,产生一种"人格分裂"。

3. 作文的材料难找,必然造成学生厌烦作文的心理。"记一件有意义的事""难忘的事""记一位我敬佩的人",教师要求写的,生活中却找不到材料。学生心里厌烦,久而久之,养成了一种封闭的而不是开放的观察、思维方式。

这种现象的形成,首先是历史的局限、思想的禁锢、社会大环境的制约,其次是受传统的作文教学思想的影响。古人云"诗言志",反映在作文教学中就提倡写有意义的人和事。尤其是到了考试的时候,只要写好人好事、有意义的事,就容易得高分,所以学生写作时胡编乱造就成了一种必然和习惯。另外,作文评价、考试评判仍然是以"有意义""思想性"作为好作文的标准,因而又强化了作文的难度,误导、限制了作文的主题。

据调查,在今天小学生的习作中仍有 40%～50% 的内容属于瞎编。这是为什么呢?时代风貌发生变化,思想观念不断更新,语文课程标准中的习作要求也已经没有了那些极端的要求,可是为什么在我们的习作教学中还会存在这种奇怪的现象呢?原来,我们都是在那个时代走过来的,我们老师的老师是从那个时代走过来的,可谓"代代相传"。正如马克思说过的一句话:"一切已故的先辈们的传统,像梦魇一样纠缠着活人的头脑。"

这种现象，用精神分析学家卡尔·荣格的说法叫"集体无意识"，即传统的东西以无意识的方式通过遗传积淀在每一个体的心理上，潜在地支配着人们的思想活动方式。所以，我们会自觉不自觉地用那个时代的极端的要求来继续要求今天的学生，指导今天的习作教学。

二、习作的材料、内容无处不在，可信手拈来

作文的材料无处不在，生活中任何一个小东西都可以写进作文，可是我们都视而不见，神经麻木，感觉似乎不值得一写，没有意义。生活即作文，习作的材料就在我们身边，就在我们的眼前，几乎用不着刻意地去发现、捕捉，它们信手拈来，无处不在。"一草一木为我生，一枝一叶总关情。"

有一次，一位教师问我："江老师，学生作文没有材料，不知道让学生写什么好。"我打趣地说："怎么会没有作文材料呢？放个屁就是一篇作文，而且学生一定感兴趣，愿意写。"我的本意是说，作文材料无处不在。没有想到这位可爱的教师回到班里，真的让学生写"屁"了。据说，在让学生写之前，这位教师并没有进行什么写法上的指导，而是让学生想怎么写就怎么写。之后，这位教师给我选出几篇有关"屁"的习作；我一看，写得太好了。现在选出两篇来，请读一读、品味一下，看你能品出什么"味"。

一个"屁"引发的思考

五年级五班　王冠伦

"屁"，学名"胃胀气"。在所有的气体中，它属于比较臭的一种。其实，放屁也有学问。（点评：科学表述，开门见山，统领全文）

先说说普通的屁吧。人放的屁主要分四种：第一种，无声无味，放这种屁比较安全，不易被别人察觉。第二种，有声无味，放这种屁的人经常蒙冤，明明没有造成什么影响，却招来了别人的仇视，搞不好下课还会被"暴打一顿"。第三种，无声有味，也就是人们常说的"闷屁"。这种人比较狡猾，明明放了屁，可是往往会"逍遥法外"。有的还捂住鼻子指着附近某位同学说："你放屁了！"嫁祸于人，不过有时也会被揭穿。当然了，这种情况比较少。

第四种，有声有味，大多数人都是这样，这种人放得比较值，挨了打也不冤枉。（点评：从屁的声与味入手，描述了四种屁的情形和不同人的表现。表现出作者的观察力、概括力、逻辑能力等）

在床上放屁同样有一套学问。有的人在床上放完屁喜欢把头伸进被子里，这种人可能很自私，连自己的屁都不让别人闻，别的能让给别人吗？有的放完屁抖被子，这种人往往很聪明，事后旁若无人地处理掉，能是等闲之辈？还有一种人把屁股挪到被子外面放，这种人都"乐于助人"。你想，连屁都让给别人，别的还不一样？最"令人敬佩"的是这样一种人：放完屁，不闻，不抖被子，面不改色心不跳。这种人大概遇事沉稳，对待事情很冷静，有"领袖"气质。（点评：写了在一个特定的环境下几种放屁的情形，并以调侃的语言由放屁的情形到猜测、描述人的性格，入木三分。上一段主要写放屁的情形，这一段着力借放屁写人）

其实，屁的奥秘还有很多，等待着我们去发现，去探索……

难堪的经历

五年级五班　江山

一次，我和妈妈到妈妈的同事王阿姨家做客，大概是刚吃过饭吃得太饱的原因，或者是走得太急的原因，我刚坐到王阿姨家沙发的那一刻，就想放屁。怎么办？放，还是憋着不放？放了，不雅；不放，难受，我努力地憋着。结果，终于憋不住了，屁股下发出了那种让我无地自容、无比难堪的声音——扑噜。顿时，一股难闻的气味弥漫在客厅里。在场的人，开始很惊讶，不知道这难听的声音发自何处，你看我，我看你。我也装作若无其事的样子，左顾右盼。

王阿姨可能知道是我放了个屁，大概是为了不让我难堪，就硬说是她的儿子放了个屁，还批评他的儿子说："注意场合，有客人在。"王阿姨的儿子很委屈，说："不是我放的。"我本想当面向大家承认是我放的，但是，怕丢面子，又是第一次到这位阿姨家，始终没有勇敢地承认。

回家的路上，妈妈提起这件事，问是不是我放的屁，我支支吾吾地承认了。妈妈很严肃地说："你怕丢面子，结果你丢了比放屁更丢面子的东西，那就是诚实和敢于担当的品质。"听了妈妈的话,我感到更无地自容了。

这样的习作取材似乎不雅,却是一个真实的经历和感受。文中,作者还对自己的行为进行了反思,是在认识自我、完善自我,符合课标提出的作文理念。这种充满童真童趣的"不雅"习作要比在公交车上没有让座却写自己让座的假行为、假话不知好多少倍。

三、激发习作兴趣和有亲身经历、有切身体验是习作教学的首要问题

我们不提倡让学生仅凭一个作文题目写作。习作教学首先要有一个好的创意,千方百计地激发学生习作的兴趣。如何让学生对习作的内容感兴趣,有写的愿望、欲望,这应该是我们首先要思考的问题。随便出个题目就让学生写作的做法,除了能激起学生对作文的厌烦情绪,没有任何积极作用。如果你的学生一上作文课就烦,那就说明你的作文教学的方式是时候改变了。我们要想办法,激发起学生习作的兴趣。能让学生一听到上作文课就兴奋,需要教师的教学智慧,需要动点脑筋。下面举一个例子。

2005年3月7日,《生活日报》报道了重庆市珊瑚实验小学张艳老师指导本班四年级学生创作《张宋演义》这部113回、近20万字的章回小说的过程。起因:张文杰和宋佳熹是同桌,两人经常为了谁过了"三八线"等小事发生摩擦。张文杰性格内向,而宋佳熹虽然是女生,却人高马大。每次只要张文杰一不小心过了"三八线",宋佳熹就会一个飞肘过去,将张文杰捅得疼上好半天。对此,张文杰一直耿耿于怀。一次作文课上,张艳老师根据学生之间经常发生一些小摩擦的情况,出了一个作文题目——《两败俱伤》,让大家写篇作文,意在让同学们认识到,大家应该互相谦让,不然结果就是两败俱伤。久闷于心的张文杰就把这件事用武侠小说的形式写了出来。张艳老师把张文杰的作文在班上一读,宋佳熹不服气,在下次的作文中也写了一篇作文《来吧,张文杰决战》来回应,而且是接着张文杰的结尾写的。接着张文杰又继续在下次的作文中回应。后来全班同学都参与进来,把自己的想法、困惑写进了这部小说中……重庆出版社将此书出版发行,第一版印刷了5000册,在一个月内就售完了,并加印了8000册。

这样的作文教学是一种创新。它的意义主要有六点:一是作文教学方式上的创新,接龙式作文练习,将同学们厌烦的作文练习游戏化、趣味化;二

是创编故事，使学生之间增进了友谊，使学生的生活因习作而充盈、精彩；三是消除了学生对写作文的厌烦、恐惧心理，极大地调动了学生写作文的积极性；四是最大限度地开发了学生的创造力和想象力；五是在"胡编乱造"的过程中发展了语言，提高了作文水平；六是引导学生去关注社会、关注生活，提高了学生认识世界、认识自我的能力。

其次，亲身经历、切身体验是习作的前提。没有亲身经历，感觉是肤浅的、麻木的。写好作文、提高写作能力的前提是让学生亲身经历。

有一个年轻人，没有固定的工作，没有住的地方，穷困潦倒，晚上住在人家的仓库里，仓库里老鼠成群，到处乱窜。这个青年人，每晚就和这些老鼠生活在一起。开始很不习惯，后来他习惯了老鼠，老鼠也习惯了他。他就天天、夜夜观察老鼠们的活动、神情。他看着老鼠，老鼠也看着他，似乎成了朋友。他干脆用笔天天画这些大大小小的老鼠，这样的生活过了好多年。这个青年人创作了后来全世界的大人小孩都喜欢看的《米老鼠和唐老鸭》。作者如果没有这样穷困潦倒的生活经历，能创作出这么著名的作品吗？

经历过了，就是一笔精神财富。我们的学生写不好作文的根本原因就是缺失应有的经历。总之，激发习作的兴趣、欲望和有亲身经历、切身体验是习作教学的关键一步，这一步走得好，习作就基本成功了。为此，我们在教学中，首先要为学生设计一个或新颖或有趣的习作话题或情境，这样既激发了学生习作的兴趣，又提供了习作的内容，解决了写什么的问题。

四、习作教学的起点在阅读教学

习作教学的起点在哪里？一般来说，一是生活经历，二是阅读积累。但是就习作而言，比生活经历还要早的是阅读积累，在一篇篇的课文学习中不断地积累习作的相关知识、写作方法。因此，习作教学、习作练习不是从动笔那一刻开始的，而是从阅读教学、学习课文就已经开始了，阅读教学才是习作教学的最初起步阶段。

这里所说的阅读，不是简简单单的、不求甚解的阅读，而是让阅读思考经历四个层次：一是知道这篇文章写了什么；二是懂得这篇文章说明了什么，表达了什么思想；三是思考这篇文章是怎样写的，运用了哪些写作方法、技巧；四是领会作者为什么这样写，这样写好在哪里。如果在阅读的时候，让学生的阅读思考依次经历这四个层次，特别是能够进入第四个层次，我相信，当学生提笔作文的时候，那些巧妙的写作方法，那些神来之笔，就会自然地流淌到学生的笔端。

为此，我们要重视"读中学写"，在阅读教学中渗透、学习表达方法，力求让学生文意兼得。当前的阅读教学是不完整的阅读教学：只强调理解内容、体会思想感情，而忽视了领会语言表达的问题，感受不到语言的魅力、文字的力量。

例如，《富饶的西沙群岛》一课有五种构段方式：写海水颜色时用因果关系，写海底生物时用并列关系，写鱼的活动时用总分总的关系，写海滩上的贝壳和海龟时用递进关系，写海鸟时用总分关系。全文采用的是总分总的关系，几乎涵盖了所有的基本构段方式，是学生学习构段方式，弄清句与句之间关系的难得的范式，教师应在教学中给予关注。

再如《跨越海峡的生命桥》一课中，写"1999年9月24日，早晨7时30分，阳光洒满了美丽的杭州市，桂树还没有开花，晨风中已经飘来甜丝丝的香气"。这段景物描写看似与下文无关，然而作者是有意为之。联系下文，一个快要死了的花季少年，如果得不到及时的救助，得不到相匹配的骨髓，洒满阳光的美丽城市将与他告别，他将再也看不到桂花，闻不到香气。这多少表达了作者的遗憾。"桂树还没有开花，晨风中已经飘来甜丝丝的香气"，花未开，已经飘来了香气，似乎在暗示读者这位青年也许还有生的希望，而且已经看到了这种希望。用心的读者应该能感受到这一点。作者在暗示，在含蓄地表达一种美好的祝愿和期盼，而且已经暗含了这种祝愿和期盼即将变为现实。

由此，我们可以明白：一是作者怎样写，写作意图是什么，我们在教学中，要引导学生弄清楚作者这样写的目的、意图、用意，感受语言的魅力，即作用、效果、特点；二是通过一篇篇课文的学习，积累语言表达的知识、方法、技巧，然后在教师的引导下，自觉地运用到习作中。读中悟写，写中用读，读写结合，日积月累，提高习作水平。在习作教学时，根据学生的需要，教师有意识地引导复习并提示相关的知识、方法，学生在之后的写作中就会运用上。可是，令人遗憾的是，我们还缺乏这种意识，阅读教学只重视理解课文的思想内容，体会课文的思想感情，忽视对写作方法的了解、领悟、积累。所以，当学生动笔的时候，怎样写？头脑里知之甚少，真可谓"书到用时方恨少"。为此，我们主张：读写结合，读中学写。让阅读中的所思、所想、所感、所悟、所得，真正流淌到习作之中，把作者对生活的观察力、感悟力以及表达方法，特别是那些"神来之笔"，真正转化为学生的认知。

五、进一步明确习作教学的根本目的

由于考试的制约和考试方式没有得到根本改革的局限，所以我们至今还没有解决好"为什么作文"的问题。从教师到学生大都是为了"考试"，作文的功利性取代了学作文的本质意义。为什么作文，有三种目的：一是为应对考试而写；二是为表达自己的思想感情而写；三是为与他人交流而写，即生活交流的方式。在当前的情况下，三种目的可以并存。实际上，真正的作文目的，如巴金先生所言："我写作不是我有才华，而是我有感情……我用作品表达我的感情。"

写作是生活的一种必备的技能、人际交往的需要，是一种重要的交流方式。课标明确提出："写作是运用语言文字进行表达和交流的重要方式，是认识世界、认识自我、进行创造性表达的过程。写作能力是语文素养的综合体现。"

由此可以明确：一是写作的目的，即运用语言文字表达自己的思想感情，与他人进行交流。学习写作的根本目的是生活的需要，是生活的一部分。它的直接目的不是为了考试。如果我们的习作教学能站在这种根本目的上来教学，那将是学生一生的幸福。二是写作的过程，它是一个从观察生活到表达生活的过程，是一个循序渐进、逐步提高的过程，也是一个自我发展、自我完善、自我提高的过程。在这个过程中，首先需要观察生活，认识世界，在动笔之时，需要有一定的思考力、创造性。那种让学生抄范文、背范文的做法，对考试而言，可能有一时之效，但不是习作教学之正道。就小学生的习作而言，在倡导有创意的表达时，可以进行一些仿写、改写、续写、扩写等练习，但需要认识到这是一条练习的途径或捷径，而不是主要途径。我们要提高习作教学的认识，视野、境界需高远一些，让习作教学从过于严肃、乏味、呆板、沉重的话题中解脱出来，不再用成人的思想、视野、角度来规定、引领小学生的习作教学，让学生的习作像儿童漫画那样，充满童真童趣。

(此文写于 2009 年 8 月 20 日)

观课，你准备好了吗

有些年轻教师在外地听课回来说："某某老师课上得真好，我都被感动得流泪了。"听了这样的评价，本人非常诧异，这是什么评价标准？"被感动得流泪了"是一堂好课的标准吗？当然，一堂课能让听课的人流泪，说明这堂课在"情感"目标的达成上，可能有过人之处。但是语文学习能否让人"流泪"，并不是评价一堂好课的主要或唯一标准。本人不知道除了"流泪"，学生还收获了什么，不知道这泪是怎样"被流下来"的，是被教师的"煽情、渲染"等外力催化的，还是被课文的语言文字感染的？如果是前者，这种泪是廉价的，因为教师那诗意的语言渲染、音乐烘托等手段，不符合语文学习或阅读教学的一般规律和特点（如果为了"流泪"，我们可以去听先进人物的事迹报告，去看催人泪下、震撼人心的电影等，但这不是学科意义上的语文学习）。如果是后者，即便是被语言文字感染的，也还应擦干眼泪，静下心来想想：我为什么流泪了？还需要从语言表达的方面做深层思考。阅读教学不是一般意义的阅读，仅仅达到"流泪"是不够的，它承担着比"流泪"还重要的任务，如知识的获取、能力的培养、学习方法的掌握等。语文教学说到底是打基础的。

从上述介绍和分析中可以看出，观课教师并没有做好观课的准备，没有掌握观课的标准，或者被泪水迷惑了眼睛，阻碍了判断，迷失了方向，这样的观课，只能导致误判，可能学不到"真经"。那么，作为观课教师尤其是年轻教师应该如何观课，并做出正确的判断，学到"真经"呢？根据本人观课的经验，应该做到以下几个方面。

一、带上"课标"去观课

这里所说的带上"课标"，意思是说在比较熟悉课标的情况下去听课。从观课评课的角度讲，课标是衡量一堂课的尺子。可是，不少观课的教师根本不熟悉课标，有的甚至连最基本的三维教学目标是什么都不清楚。据了解，不少教师手头、案头根本没有课标，即使有也不看，看了也没有认真、深入地研读。如果是在没有课标的情况下去观课，就很难对一堂课的真伪、优劣、高下做出正确的判断，甚至会被时下一些重意煽情、得"意"忘"形"、追求花样、妙语连珠、显摆口才、忽悠学生、追求舞台效果、取悦于观课教师等情形的教学迷惑、误导。

如果说掌握课标理念还是一个比较抽象、有一定难度的问题，那么有一个比较好把握的尺度，就是用"年段目标"去观课评课，用"年段目标"去审视判断。以课标中词句教学目标为例：

第一学段：结合上下文和生活实际了解课文中词句的意思。

第二学段：能联系上下文理解词句的意思，体会课文中关键词句在表达情意方面的作用。

第三学段：联系上下文和自己的积累，推想课文中有关词句的意思，体会其表达效果。

从这一目标中，我们可明确四个问题：一是理解词句的方法，二是理解词句的要求，三是教学的年段性，四是教学目标的系统性。

有些教学到了三、四年级仍然把重点词句教学停留在"理解词句意思"上，没有在此基础上引导学生去"体会课文中关键词句在表达情意方面的作用"；有些教学到了五、六年级还是停留在"理解词句意思"上，没有引导学生去"推想"词句意思，更没有让学生"体会其表达效果"。如果用前面讲到的教学目标作为观课评课的标准，那么这样的教学，无论多么煽情，多么巧妙，多么艺术，都是不符合年段要求的，都没有教在"点子"上，都缺乏对目标体系的把握和实施。

课标同国家制定的其他行业的标准一样，有最高权威性的指导、制约等作用，学会用它并自觉用它作为观课评课的尺度，我们就会变得心明眼亮，不会被那些"花里胡哨"的教学迷惑。

二、拿着教材去观课

如果说带上课标去观课是审视、评判一堂课"教得怎样"，那么拿着教材去观课则是弄清一堂课"教的是什么"，以教材为依据对照、审视教学的对错、偏正、深浅等。

如教学《圆明园的毁灭》一课，不少教师都运用了大量的图片、视频、音乐配合实施教学，用大段大段的像背台词一样的诗意语言进行煽情。乍一看，这样的教学，手段多样且先进，很"好看"，很时尚。可是看一看教材导语部分，其要求是"阅读本组课文，我们要用心感受字里行间饱含的民族精神和爱国情感……"这是一个"读出语言文字背后意思、语言内涵"的阅读方法、能力的专项训练。根据这一单元的教学要求和学习方法，学习《圆明园的毁灭》一课，恰恰不适合运用大量的图片、视频、音乐等，而是应着力引导学生静心、潜心阅读课文的语言文字，从它的字里行间体会内含的精神或情感，以此培养学生感受语言内涵、品评语言魅力的能力。

例如，课文的最后一段，作者运用了"闯入""掠走""搬运""破坏""毁掉""放火"，以及"凡是""统统""任意"等词语写出了英法联军闯入圆明园的野蛮行径，字里行间流露出作者对英法联军强烈的愤怒、谴责之情，表达出对圆明园遭到毁灭的无比惋惜之情。教学中，我们要让学生仔细地标画出这些重点词语，静心体会字里行间所表达出的情感。

如果不是这样，而是运用了大量的图片、视频、音乐等配合实施教学，那么"读出语言文字背后意思、语言内涵"的阅读方法、能力的这一专项训练什么时候才能得以落实？

也许有人会说，新课改不是倡导"用教材教，而不是教教材"吗？请注意，无论是"教教材"还是"用教材教"，其根本是"教材"，而不是随便哪一篇文章。既然着力点还是教材，就应遵循教材的规定性、制约性。我们用教材作为"镜子"去对照、审视一堂课，就可以比较务实、清楚地判断这堂课：教师是否准确把握了教材，体现了编者意图，教在了点子上，完成了教学任务。

三、调好"角度"去观课

这里所说的角度，是指观课的出发点、聚焦点。据了解，不少年轻教师去观课，其角度不够恰当，常常被一些表面的、吸引眼球的、刺激感官的做法吸引。当有些教师在课堂上妙语连珠、大显口才时，观课教师便对此赞叹不已，还报以掌声。有的教师在课堂上以学生的无知、愚钝换取观课者的"笑声"。有些刊登的课堂实录还特别注明：此处有"掌声""笑声"，这都充分说明观课者的观课角度有问题。为此，本人主张：以平静的心态、审视的眼睛、充实的头脑和调好的"角度"去观课，力求不看热闹，看门道。针对当前观课、评课中普遍存在的问题，要特别注意以下几点。

1. 聚焦语文因素。所谓语文因素，简单地说，就是我们挂在嘴边的"字词句段篇、听说读写书（书写）"。看一堂语文课，关键是看这堂课有没有这样的语文因素，有多少这样的语文因素，进而思考教师是如何让学生获得这些"语文因素"的。以《笋芽儿》这一课的教学为例。

课例一

师：（板书课题：笋芽儿）今天，我们一起学习一篇新的课文，题目是（一起读）

生：（齐读。声音太高，几乎是喊读）笋芽儿。

师：注意，读的声音再小一点儿、轻一点儿。读——

生：（声音变轻变小）笋芽儿。

师：课文围绕着"笋芽儿"讲了一个什么故事呢？让我们一起走进这个故事吧！

课例二

师：（板书课题：笋芽儿）今天，我们一起学习一篇新的课文，题目是（一起读）

生：（齐读）笋芽儿。

师：（出示"笋芽儿"图片，贴在黑板上）这就是"笋芽儿"。（满怀激情地）笋芽儿，就像刚刚出生的婴儿，是那么可爱。多么可爱的笋芽儿，多么娇嫩的笋芽儿！我们带上"可爱"的感情一起读！

生：（带着"可爱"的语气齐读）笋芽儿！

师：笋芽儿，多么可爱的样子，多么亲切的名字。让我们带上"亲切"的感情再读！

生：（带着"亲切"的语气齐读）笋芽儿！

师：课文围绕着这个可爱、娇小的"笋芽儿"讲了一个什么故事呢？让我们一起走进这个充满童趣的故事吧！

课例三

师：（先在黑板上板书："笋"和"芽"）"笋"是个生字，伸出小手和老师一起写这个字。

生：（一边说着笔画，一边用小手书写）撇……

师：谁来读一读这个题目？

生：（按照标注的拼音读）笋——芽。

师：（在黑板上加"儿"，成"笋芽儿"）现在加上了"儿"字，谁再读一读？

生：（将"笋芽儿"儿化）笋芽儿。

师：你看，有这个"儿"字与没有这个"儿"字，读起来一样吗？

生：不一样。没有"儿"字，读起来很难听，很生硬。有了"儿"字，读起来就像妈妈呼喊自己的孩子一样，很亲切。

师：还有不同说法吗？

生：有"儿"字，就觉得"笋芽儿"很娇娇。

师：你看，这个"儿"字多重要呀！我们就一起亲切地读读这个题目吧！

师：（出示"笋芽儿"图片，贴在黑板上）这就是"笋芽儿"。课文围绕着"笋芽儿"讲了一个什么故事呢？我们一起来学习课文。

如果从寻找"语文因素"的角度来看，课例一没有什么语文因素，只是简单地读了读课题，学生几乎一无所获。课例二也没有多少语文因素，不客气地说：它是披着语文教学的外衣，没干语文教学的事。教师只是将自己的体会通过一次次外力煽情，强加于学生，使其读出了"笋芽儿"的语气，而学生并没有内化理解，没有多少感觉，也没有收获。课例三中语文因素显而易见：一是指导"笋"字的书写；二是让学生读注音的"笋""芽"，让学生读准字音，也为读好儿化音做铺垫；三是在比较朗读中，初步感知到儿化音在表达上的作用；四是在朗读中理解了"笋芽儿"的意思和体会到所表达的感情；五是渗透了学习语文的方法，为以后相关的语文学习做了很好的铺垫，可谓一举多得。学生的所获所得不是教师灌输的、强加的，是让学生在巧妙的比较中自悟自得的。这就使我们看到了三个课例在教学理念，教学方法，教师的教学经验、水平等方面的明显差距。

2. 聚焦学生表现。特级教师贾志敏讲过一个观课"看学生，不看教师"的事例：20世纪80年代，美国的一个教育代表团到上海一所学校听课。校长请贵宾们在学生后面入座，他们却表示："我们为什么去注意教师呢？我们要观看的是学生是怎样学习的。"说着，他们纷纷把椅子挪到了黑板下面，面对着学生，静静地观看学生上课。这个事例很值得我们反思，因为不少年轻教师观课与其相反，其角度常常错位，不是看学生在课堂上的表现，而是看教师课堂上的"表演"。

与全国著名特级教师贾志敏先生（左）合影

加之当下有些"新潮名师"的公开课，其教学不是让学生潜心读书，沉思默想，而是把课堂搞得很"热闹"，让学生当配角，或为了展现教师的才华，或为了体现教师的风格，或为了证明设计的巧妙等，这样的课堂，由于教师过于强势、抢眼，转移了观课者的视线。本来的关注点应该是学生，结果却变成了教师。这就使得观课者只关注教师如何教，忽视了观察学生如何学。这样观课就难以全面、正确地做出评判。

课堂是学生学习发展、施展才能的天地，学生是红花，教师是绿叶，不可本末倒置。所以，我们在观课的时候，要把角度对准学生，还要保持清醒的头脑，不被那些过于强势、抢眼的"教师风采""教学艺术"迷惑，把目光更多地聚焦在学生那里，看学生学什么，怎样学，学得怎样，然后通过学生的表现思考"为什么"，即教师是用了怎样的教法使其这样的。这种"看学生，不看教师"的观课角度实际是在"看门道，不看热闹"，能使我们学到"真经"。不然，有可能会被那种把课堂当纸，以学生为笔，用教材做墨，尽情挥洒教师风采、"教学艺术"的教学迷惑，甚至还会误认为这是一种教学风格。

3. 聚焦目标达成。语文是一门课程，它有明确的学习任务和要求，教学的根本目的是要达标。所以，看教学目标是如何体现、落实的，也是评价一堂课优劣、成败的重要标准。由于教学目标的达成是一个很"吃功夫"的问题，所以表现出来的情形就大相径庭了。目标不明确，没有航标乱行船、处处刨坑处处坑的有之；目标不准确，南辕北辙的有之；目标不落实，只管"教过"不管"教会"，教学走教案、走过场的有之。当然也有目标明确，真正达标，教学效果好的教学。凡此种种，这就要求观课者在自身比较明确教学目标的前提下去评判。

以识字教学为例，我们要看是平均用力、泛泛而教，还是音、形、义有所侧重地教。有的字难点出在字音上，看教师是否有意识强调；有的字难点出在字形上，或笔画、部件，或结构、笔顺，看教师是否给予点拨；有的字难点出在字义上，看教师是否着力引导等。还要看这些重点、难点问题是否真正得到解决。观课不仅要看其是否"教过"，更要看其是否"教对、教会、教好"。

总之，观课角度是当下观课者需要特别注意的问题，角度不当，会迷失思考的方向，做出误判，导致误学。

（此文发表于《小学语文教学·会刊》2011年第10期）

凝固的记忆

有些记忆,像浮云,风一吹就散了;有些记忆像花朵,当时很绚丽,季节一过就枯萎了;而有些记忆却像磐石,成为永恒。这永恒的记忆,是一个人的追求和价值取向的筛选与守望,并能引导、滋润人生。在我的生活和工作中,有许多事和人给我留下凝固、永久的记忆,它们时时在我脑海里激荡、翻腾,每每想起,总感到一种温馨、一种力量、一种鞭策……

下面就是几个与语文教学相关的记忆,记录下来,与大家分享。

学会观察学生的眼睛

北京著名特级教师霍懋征来济南讲学时,提到这样一件事:一次,她到外地给学生讲课,课前该班老师担心霍老师不熟悉学生,讲课效果会受到影响,就给她画了一个学生座次表,并标明哪些是好学生,便于提问。霍老师婉言谢绝了。结果,霍老师在不熟悉学生的情况下,课上得很成功。课后,那位老师怀着敬佩之情问霍老师:"您是怎样掌控学生的?怎么知道谁听懂了,回答得好?"霍老师笑着答道:"我非常注意观察学生的眼睛,是他们的眼睛告诉我的。"

眼睛是心灵的窗口,透过这个窗口可以窥视到学生的内心世界,不少有经验的教师确有这种体会。例如，当学生对教师所讲的内容颇感兴趣时，就会全神贯注，眼睛睁得大大的，眨也不眨；当对教师提出的问题一时疑惑不解时，就凝神思索，眼睛盯在一处，动也不动；当对问题心领神会，豁然开朗时，眼睛会突然睁大，发出一种奇异的光；当对所讲的内容厌倦时，或低垂眼帘，无精打采，或东张西望，心不在焉。为什么有的教师上课时，师生交流不畅通，教学效果不理想？其中有一个原因就是教师不善于观察学生的眼睛，不能透过学生眼神的变化了解学生掌握授课内容的情况。

小小的眼睛怎么能将人们内心瞬息万变的心理变化尽收其中呢？科学家们为我们解开了这个谜。据研究：人眼是前脑泡两侧的延伸发展。人眼有上百万根神经连接大脑，它们是大脑从外部获得信息的渠道，同时又受着大脑的反馈控制，反映着大脑的工作情况。一个人对他所见所闻感兴趣时，瞳孔面积自然而然地扩大；当他毫无欲望时，瞳孔则无动于衷；当他对事物厌恶时，瞳孔会骤然缩小；当他撒谎时，尽管可以控制住呼吸和心跳，做到所谓"面不改色，心不跳"，但心虚的神色会在瞳孔的变化中露出蛛丝马迹。这充分证明，瞳孔的细微变化和心理变化、思维活动有着极密切的关系。

眼睛是心灵的窗口，这本是文学家的语言。今天，科学家已为这富有浪漫色彩的比喻找到了客观的依据。联系我们的教学，不是正好可以从中受到一些启发吗？眼睛可以反映出学生的思维活动、思想变化，能检验到授课内容、教学方法是否合乎学生的实际情况及认识规律。为了准确地把握学生的思想脉搏、思维活动，按学生的认识规律进行教学，使教师的教与学生的学真正和谐地统一起来，请您仔细观察学生的眼睛。

(此文发表于《人民教育》1984年第3期)

心智的呵护

——从"阿姨是女的"说起

南京著名特级教师斯霞讲过这样一件事：一次，外宾到她的班里听课，大多数是一些蓝眼睛、黄头发的女外宾。一年级的小朋友都是第一次亲眼见到外宾。课后，斯老师觉得这对一年级的小朋友来说是一件比较新鲜的事，就让学生课下依据这件事写一两句话,也算是一次有感而发的写话练习。斯霞老师看到一名学生写了这样一句话:"昨天,学校来了一批法国客人,我发现法国阿姨也是女的。"她忍不住大声笑了起来。笑声引来邻座一位年轻教师的关注。年轻老师看到后有点不解:明明是病句,应该毫不留情地画个红叉,有什么好笑的?斯霞老师语重心长地告诉年轻教师:"孩子了不起呀,会观察了。也许孩子很快就会发现全世界阿姨都是女的啊!"

斯霞老师长期从事低年级教学,对学生非常了解。她仔细揣摩这个学生的心理后,认为这个学生可能是刚刚认识到,原来阿姨都是女的,没有男的。她是很高兴地把自己的新发现告诉老师的。这是学生认识上的一个发展。于是,斯霞老师立即在班上表扬了这个学生,称赞这个学生有一双会发现的眼睛,而且能够把自己的新发现写出来。

这才是真正的教育家的所为,这才是教育的力量、教学的魅力所在。她的做法,走进的是学生的内心,鼓励的是学生的心智,影响的是学生的一生啊!

斯霞老师这胜人一筹的做法,给了我们一个重要启示:成功的教学,师生之间应达到心灵相通。教师要了解学生,注意研究儿童的心理发展和变化,要摸到学生思想活动的脉搏,因势利导,不然会事与愿违。

例如,有位教师教《狼和小羊》一课,讲到最后"狼龇着牙,向小羊扑去"时,问学生:"结果,小羊怎样了?"照教师的设想,学生一定会说:"小羊被狼吃掉了。"这样就能引导学生理解这个故事的寓意了。但是,学生没按教师的思路去想。有的说:"正在这个时候,来了一个猎人,把狼打死了。"有的说:"狼向小羊扑去时,小羊赶忙一闪,狼一下子扑到河里淹死了。"学生们总是想方设法让小羊"死里逃生",有一个好的结局。学生们为什么会有这样的想法呢?因为孩子们富有同情心、正义感,正像课文中的小羊那样天真、善良。可是这位教师不懂孩子的心理,不了解孩子的思想状况,只想引导学生理解故事的寓意,而对孩子们的各种想法给予武断的否定:"这可能吗?会有这么巧的事吗?"生硬地让学生接受"小羊被吃掉"的结局。结果学生再次起来反驳教师:"不,小羊没有死,书上没有写小羊死。"最后,这位教师还是坚持自己的意见,而对学生的想法不加分析,伤了孩子们的心。不少学生低下头默默不语,学习情绪低落下来。教师再讲什么寓意,举手发言的寥寥无几了。

我们强调教学要了解学生,就是讲,不应因不了解学生而挫伤学生的学习积极性,压抑学生某种思想的萌芽,掩盖学生在认识上的新发现。我们须知,一次无端的打击,哪怕是小小的打击,对孩子来说,会影响他一节课或更长时间的学习情绪,甚至会影响到他们认识上的创见性。这就要求教师不但要考虑自己怎样教,而且要考虑学生如何学。教师在备课的时候先要考虑学生在学习过程中会有什么想法,会在什么地方产生问题,应该怎样引导学生解决问题。在课堂上,教师要注意学生的反应,揣摩他们心理的发展、变化,并不失时机地根据学生的反馈来调整自己的教学,做到想学生之所想,悟学生之所悟。

(此文发表于《人民教育》1986 年第 3 期)

教"i"的感动

原济南市铁四小(现民生大街小学)有一位老教师叫庄明璐,她长期从事低年级语文教学。一次,她在教一年级的学生学汉语拼音"i"的时候,看到大多数学生总是写不好这个看似简单的"i"。学生们老是点不圆那个小圆点,点不圆,就用橡皮擦,擦了再点,还是不圆,就再擦,结果把本子擦出一个小窟窿。学生们没有办法,常常急得哭鼻子,家长也无可奈何。

庄老师不愧是一位有责任、有爱心、有智慧、有功底的老教师,她是这样解决这个对小学生而言的"大难题"的:

师:请同学们像老师这样在纸上画一个大鸭梨。

生:(在事先准备的纸上照老师的画法各自画大鸭梨)

师:哎?你发现这个鸭梨上还缺少什么?

生:鸭梨身上应该有一些小黑点。

师:现在,请同学们拿起笔,我们一起来给大鸭梨画小黑点。做好准备,我们开始了:先把笔轻轻地按下,再轻轻地转三下,然后轻轻地提起笔。

生:(按照"轻轻按笔→轻轻转三下→轻轻提笔"的步骤画好一个圆圆的小黑点)

师:会画了吗?再多画几个,让大鸭梨身上长满小黑点。

师：现在，我们来学习拼音"i"。这个小黑点应该怎样写呢？

生：和鸭梨身上的黑点点一样。

你看，这是一个多么复杂但有效、麻烦但尽责、啰唆但感人的教学情境啊！我被庄老师的教学感动了。庄老师为什么能解决学生的难题？我想：有许多原因，其中最基本的是，她能够发现学生的问题出在哪里，然后用教师的责任和智慧想出解决问题的巧妙办法。

每当我看到有些教师对待自己的工作不用心的时候，就总想到这个故事。我多么想忘掉这个故事，但它却时常萦绕在我的心头。

(此文写于2009年11月16日)

与北京师范大学教授、中国当代语文教学研究专业委员会秘书长毛继东先生（中）合影

因为丑陋

一条浑身绿色的毛毛虫在树枝上慢慢地爬动。你看它，扭动着胖乎乎、毛茸茸的身子向树枝的高处爬去，似乎很高傲，很自信。大概自以为是虫类中的佼佼者，所以表现出如此的姿态和神情。

一个小姑娘来到树林里游玩，无意中看到了这条爬动的毛毛虫，吓得惊叫起来，说："这条毛毛虫太丑陋了，太吓人了。"便转身离去。

毛毛虫听到了小姑娘说的话，高傲、自信的心一下子凉了半截，心想：我难道真得很丑陋，很吓人吗？它从树的高处爬回树脚下，叨念着："我的样子真得很丑陋，很吓人吗？"

一条蚯蚓听到了毛毛虫的叨念声，从土里探出头来，问："毛毛虫，怎么了？"毛毛虫伤心地告诉蚯蚓，说："刚才，我把一个小姑娘吓着了。你说，我的样子真的很丑陋，很吓人吗？"

蚯蚓说："你看你，浑身长满了毛，能不吓人吗？"毛毛虫说："既然这样，那我要改变一下自己的模样，不能丑陋一生，爬行一生。"蚯蚓说："何必呢，你看我们蚯蚓，祖祖辈辈都是这个样子，在土里钻来钻去，不是生活得也很轻松快乐吗？"

"不，我一定要改变自己。听说美丽的蝴蝶就是毛毛虫变的，我要变成美丽的蝴蝶，我要飞。"

老树听到了毛毛虫对蚯蚓说的话，对毛毛虫说："孩子，你真的想变成美丽的蝴蝶吗？你知道毛毛虫变成蝴蝶要吃多少苦吗？你能甘愿忍受寂寞、痛苦和磨难吗？美丽是需要付出代价的，需要做出许多牺牲，你能做到吗？

"我能，我愿意！"毛毛虫坚定地说。

老树说："那好吧，我来帮助你。你爬到我的身上，找一个僻静的角落，趴在那里别动，慢慢地修炼吧。"

毛毛虫按照老树的指点，爬到远离尘嚣的一根树枝上，趴在那里一动不动，慢慢地积蓄着力量，等待着自身的变化。

过了好长一段时间，毛毛虫真的发生了变化，它的身子外皮渐渐变硬了，成了一个褐色的硬壳。毛毛虫在壳里，几乎与世隔绝，没有了往日的欢乐，默默地忍受着无尽的寂寞。有许多次它想放弃这种寂寞的生活，从硬壳里钻出来，可是一想到"我很丑陋，我很吓人；我要变，我要飞"，就在寂寞中顽强地坚持着，积蓄着。

又过了一段难熬的时间，毛毛虫在硬壳里感到自己浑身充满了力量，便要钻出硬壳，它挣扎着将尾巴和肚皮伸出硬壳，然后用力拔出它的翅膀。这是一个多么痛苦的破茧羽化的过程！其中的滋味只有它自己知道。

在寂寞的积蓄中，在信念的坚守中，在痛苦的挣扎中，在美丽的转身中，毛毛虫终于破茧化蝶，变成了一只美丽的蝴蝶。

那是晴朗的一天，树林旁的花园里开满了五颜六色的花，一只美丽的蝴蝶在花丛中翩翩起舞，给大自然增添了无限的乐趣和生机。那个曾经被毛毛虫吓跑的小姑娘来到花园里玩耍，看见了那只美丽多姿的蝴蝶，拍着小手，高兴地说："蝴蝶的舞姿太美了，我还是第一次见到这么漂亮的蝴蝶呢！"

那只美丽的蝴蝶，在小姑娘的面前舞动着它那多彩的翅膀，好像在说："小姑娘，你知道吗，我曾经就是那只丑陋的、把你吓跑的毛毛虫呀！是你看到了我的丑陋，让我感到了丑陋。因为丑陋，我改变了自己。"

是啊，因为丑陋，不甘丑陋，坚定了毛毛虫要彻底改变自己的信念。它抱定这个美丽的信念，怀揣一个美好的梦想，在一次次寂寞、痛苦、艰难的挣扎、蜕变中，不断升华，美丽转身，改变了自己的一生。

那条蚯蚓从泥土里探了探头，也看到了这只美丽多姿，在花间舞蹈的蝴蝶。但是它无论如何也想不到，这就是那只曾经丑陋的毛毛虫。因为它理解不了毛毛虫的追求和情怀。

老树目睹了毛毛虫艰难痛苦的蜕变，它在微风中摇摆着枝叶，真诚地为毛毛虫那美丽的蝶变喝彩。因为它懂得：丑陋与美丽之间没有不可逾越的界线，关键是你有没有想变的信念、美丽的梦想和不懈的追求。

（此文写于 2010 年 2 月 20 日）

第二章 教材解读

如果你要飞翔
　　我愿为你插上一双翅膀

认真钻研教材，夯实教学功底

上好一堂语文课（主要指阅读教学），大致需要吃透教材、精心设计、灵活操作、突出重点、追求实效等工作。其中，吃透教材是前提，是根基。根深则叶茂，不然，后面的精心设计、灵活操作等，均等于零。或者说，不吃透教材却一味追求精心设计，只能劳而无功。这对学生而言，既无效又无益，白白浪费学生的时间和精力。

钻研、吃透教材，是教师们的共识，又是一个老话题，似乎不值得一提。但是，当你走进课堂观课的时候，当你去旁听一节节公开课、优质课的时候，就会感到钻研、吃透教材是多么重要和必要。因为，课堂上反映出来的，教师对教材的理解把握不清楚、不明白、不深入的现象还是比较严重、普遍的。其情形可以概括为：肤浅不到位，甚至有偏差；到位不深刻，缺乏独到之处；深刻不全面，三维目标有缺失。

不少年轻教师在备课或者准备上公开课的时候，不是静下心来钻研、解读教材，而是忙着上网下载资料或他人的现成教案（有的教师走"捷径"，将他人的教案进行拼凑组合），忙着制作课件，没有把主要时间和精力用在深入研读教材上，这样的状况令人担忧。

据此，我们要旧话重提，甚至要大声疾呼：把时间和精力更多地用在钻研、吃透教材上。这是一名教师的功底和责任的体现，教师必须承担这种责任，练就这番硬功夫。下面，就如何钻研、吃透教材，谈一下自己的经验和体会。

一、把握目标系统，了解发展脉络，力求居高临下

钻研教材，要把一篇篇课文放置在一个大的目标系统中来思考。我们知道，一篇篇课文是整个教学链条中的一个个环节，研读、解析某一篇课文，应弄清楚它是整个链条中的第几个环节，这样才能弄清起点、准确定位。

首先，应了解各个学段的教学要求及发展脉络。以课标中理解词句为例，第一学段提出："结合上下文和生活实际了解课文中词句的意思。"这一学段的阅读基本方法：结合上下文和生活实际。基本要求：了解词句的意思。这就要求教师要着力引导学生在了解词句的过程中学习这一了解词句的基本方法，进而掌握这一方法。第二学段提出："能联系上下文，理解词句的意思，体会课文中关键词句在表达情意方面的作用。"在这一学段，教师应有意识地引导学生自觉地运用联系上下文和生活实际的方法来理解词句的意思。也就是说，理解词句的方法，已成为学生的自觉行为。理解课文的某一内容，应抓住重点词句，联系上下文或生活实际，较为独立地理解它的意思。而教师的着力点应转到引导学生"体会课文中关键词句在表达情意方面的作用"上来。第三学段提出："能联系上下文和自己的积累，推想课文中有关词句的意思，体会其表达效果。"在这一学段，教学要求由理解词句的意思到推想词句的意思。其理解词句的方法变了，后者强调知识迁移，注重学生能借助于旧知去探究获取新知；要求高了，后者更强调理解词句的自主性、理解力。更重要的是，无论是理解词句意思，还是体会其表达效果，都应成为学生独立而自觉的行动。也就是说，在这一学段，学生应该自觉运用理解词句的多种方法，独立地理解句段的内涵与表达效果，而教师引导的着力点应放置于整篇课文的内容、内涵、情感和表达上来。

由此，我们可以看出，理解词句是一个系统，即学习运用两种方法，由了解词句意思到理解词句意思，再到推想词句意思；由理解词句意思到体会其表达作用、表达效果。一篇课文的教学，就是这一系统中的一个环节。了解这一系统，有助于我们在钻研、分析教材的时候，突出年段特点，明确教学的起点，定好位，明确抓住什么，放弃什么，什么时候引导，什么时候放手。

其次，应明确各年级全册书的具体要求与发展脉络，为一课和整组的教学定好位，找准点。以人教版语文教材四年级上册所设置的有关读的重点训练项目为例，本册的重点训练项目主要有：读文章、想画面，体会童话的特点，比较阅读，领会表达方法，由课文内容想开去，边读边想，提出问题等。教师在教学中应凭借一组组、一篇篇的课文去落实这些训练项目，让学生在理解课文的同时，真正把这些阅读基本功学到手，并学会运用。为此，教师需要对这些训练项目进行解析，弄明白各个训练项目是怎么一回事。我们一般习惯于从三个层面去解析：一是解读训练项目的意思，分析学习训练项目的目的；二是弄清各个训练项目的意义，探寻源头，预设发展，研究着力点；三是横向比较各个训练项目，看其是否与其他训练项目有联系。

以"读文章、想画面"这一训练项目为例。首先，要解读这一训练项目，即什么是"读文章、想画面"，"画面"指的是什么，为什么要进行这种训练。经过分析，我们得知"想画面"是一种阅读方法，是引导学生在阅读的过程中借助于想象设身处地、入情入境地读，产生一种如临其境、如闻其声、如见其人的阅读心理"影像"。有了这种心理影像，就容易与文中人物深入对话，产生共鸣，深切体会。如果学生在一篇篇课文的学习中运用这种阅读方式，并逐步形成阅读习惯，就能达到"不待教师教"的理想境界。其次，要分析这一训练项目的源头，实际上相类似的训练在三年级的教材中已多次被提及，如"我好像看到了这样的情景"（《我们的民族小学》）、"我能想象出'赶集似的聚拢来'的景象"（《燕子》），这就是为学习"读文章、想画面"所进行的初步训练与铺垫。这种训练在四年级上册教材中再次被明确提出来，目的就是有意识地强化这一训练，促使学生掌握方法，形成能力。未来的发展呢？"读文章、想画面"与五年级下册教材中第二组提出的"读这样的课文，就要入情入境，体会作者的思想感情……"密切相关，它可以看作是"读文章、想画面"的一个发展，一个提升，是"体会文章的思想感情"的一条途径，一种方法。这就是这一训练项目的前后联系。如果再进行横向分析，"读文章、想画面"与"边读边想，提出问题"既有联系又有区别。前者侧重于形象思维，后者侧重于抽象思维，它们是两种不同的思维方式和阅读方法，但两者密切相关，在阅读的时候缺一不可。

经过这样的解析，就有可能将教学的着力点确定得更准确一些，提高教学的实效性。

另外，需要明确的是：理解课文内容与落实训练项目（基本功）是相互关联、相互促进的。也就是说，理解课文内容（即便是一个词、一句话、一段话），既是目的，又是手段，既要达到对语言文字的理解，又要在理解过程中凭借所学内容（那个词、那句话、那段话）学习或运用相关的阅读方法。一旦学生掌握了一定的阅读方法，就可以自主地阅读、理解、感悟课文内容。这一训练目的的双重性甚至多重性，是培养语文能力的关键所在。

二、全面解读文本，弄清方方面面，力求心明眼亮

一篇好的课文，如同一片海洋，深藏着许多"物产""珍宝"。我们应撒大网去捕捞，甚至需要多次撒网捕捞。网的大小和撒网的次数、力度不同，收获也有所不同。我们主张撒大网，多撒网，网到一切。也就是说，解读文本，要研读一篇课文的方方面面，甚至角角落落，包括课文的基本内容、丰富内涵、思想情感、语言表达（字、词、句、段、篇）、训练项目、思考练习题、阅读基本功、相关知识资料等，力求心明眼亮（懂、透、化）。

1. 理解把握课文的内容、内涵、情感，包括课文的局部和整体。理解课文的内容、内涵、情感，教师有教参辅助，似乎不成问题。然而教师对教材理解肤浅甚至出现偏差的情况却屡见不鲜。例如《一面五星红旗》一课，主旨是赞扬国际间的情谊，而不少教师把它理解为赞扬中国留学生的爱国情感，把"因"当成"果"来教学。再如《为中华之崛起而读书》一课，讲的是周恩来小时候立志的故事，目的是教育学生能像周恩来那样从小立志，立大志。而不少教师则大讲特讲周恩来为革命事业的贡献、为人民服务的崇高品质等，将学习"从小立志"这一主要任务则弱化了，将教育学生从小立志的人文主题，讲成了周总理革命的一生、光辉的一生。这都说明教师对课文的基本内容没有读明白，更没有把握准。

理解把握课文的内容、内涵、情感的关键是：既到位又深刻，还要有独到之处。例如《猫》一课中，老舍先生讲猫的性格古怪，古怪在哪里？仅仅是说猫的性格变化无常吗？并不是，更为关键的是老舍先生写出了猫既老实又贪玩、既贪玩又尽职、既胆小又勇猛等相对、相反、矛盾的性格。从内涵情感的线索来看，课文表达了作者对猫的喜爱，到人与动物的和谐相处，进而到作者对生活的热爱。老舍先生与本组其他课文的作家不同的是：其他作家大都以写动物的生活习性来突出动物的特点，而老舍先生则是通过写动物的性格来突出动物的特点。这是老舍先生的高明之处。

2. 领会课文的表达方法。从所看到的公开课、优质课中，我们发现"兴奋过度"和"得意忘形"的现象普遍存在，而较少能看到学生静心思考，绞尽脑汁。教师讲读中重意轻文，即关注人文性，忽视工具性。我们认为，即便是学生在上课过程中感动得流泪了，那也未必是一节好的语文课。因为语文学习的性质是工具性与人文性的完美统一，阅读教学的任务是文意兼得；因为落泪容易，学真本事难。我们知道，文章的表达方式是最具语文味的地方，学语文不可忽视领会课文的表达方式。而且随着年级的升高，教师应该由以引导学生理解课文的思想内容为主逐步转移到以引导学生领会课文的表达方式为主上来。例如，《乡下人家》一课最后一段写道："乡下人家，不论什么时候，不论什么季节，都有一道独特、迷人的风景。"这是对全文的总结，抓住这一段可以做四个方面的研读：一是体会这段话所表达的情感（赞美），二是有感情地朗读，三是领会这段话在全文中的作用（总结全文），四是借助这段话弄清这篇文章的结构（分总结构）。这样的教学，是抓住一个"点"放大，让学生一举多得。

领会课文的表达方法，应领会其遣词造句、布局谋篇、写作手法及其表达的作用、效果。尤其是那些与众不同的神来之笔，要特别关注。例如，《穷人》一课中的心理描写为渔夫出场起的铺垫作用，《别饿坏了那匹马》一课中出乎意料的结尾，《卖火柴的小女孩》一课中用幻觉衬托悲惨等，这些都应让学生领会到。总之，大到全篇布局、写法手法，小到一字一词一标点，都应认真地研读、领会，为学生提供最有价值、最有营养的"语文因素"。

3. 解析重点训练项目、导语、思考练习题及相互关系。我们知道，每课、每组都有一个有关读或写的重点训练项目，教师在教学中要将这一个个训练项目真正落到实处。为此，教师在钻研教材的时候，要对其进行解析。正如前文讲到的，可从三个层面进行解读、分析，弄清它的意思、训练意图、意义、前后联系、相互关系。

思考练习题、单元导语以及课文中的"泡泡语"，是编者依据训练目标体系和课文特点设计的，提示教学的重点、关键。它是重点训练项目的分解、细化，承担着理解课文、落实重点训练项目的"重任"，钻研教材，还应解析这些思考练习题。一般地讲，要从三个方面来思考：一是它们指的是什么，让我们干什么；二是为什么要进行这一思考与练习，即弄清其训练的目的意图；三是思考练习与目标体系的关系。

例如，《记金华的双龙洞》一课，课后提出这样的思考练习：

我们来读读下面的句子，说说从带点的部分体会到了什么，再抄下来。

随着山势，溪流时而宽，时而窄，时而缓，时而急，溪声也时时变换调子。

这一思考练习题，要求"说说从带点的部分体会到了什么"。首先，教师应明白，"体会"什么？可以体会这一景色的奇妙、优美，也可以体会作者对这一景色的赞美之情，但更重要的是体会作者是怎样用这一优美词句表情达意的。（前两个方面，学生通过自读便可以自悟，而后一个是从表达的角度提出来的，应给予点拨）其次，教师应明白为什么要进行这一思考练习。可以这样思考：它是引导学生由想象景色、体会情感向领会表达作用、效果的迁移，或者说，通过品评词语来想象优美的景色，体会作者的情感，达到文意的有机统一。这样一解析，我们便知，这一思考练习题，与整个学段、年段的目标体系是密切关联的，是学段、年段训练重点的体现，即体会课文中关键词句在表达情意方面的作用。

经过这样的解读解析，各个训练项目和思考练习题都弄清楚、弄明白了，教师再进行下一步教学设计的时候，就会心明眼亮，抓到关键。

4. 关注学生已掌握的阅读基本功。教师在钻研教材时，除了研读课文本身外，还要弄清学生已掌握了哪些相关的阅读基本功，如何让学生在学习新课文时运用这些基本功。我们强调，新学的训练项目要真正落到实处，已掌握的要引导学生自觉运用，运用已掌握的知识和方法去自觉、自主地获取知识，这是由学习方法向语文能力转化的过程，是语文素养形成的过程。教师钻研教材、设计教学时，要体现这个过程。教学没有零起点，哪怕是新入学的学生。例如，二年级学生已经懂得了结合上下文和生活实际理解词句的意思，进而懂得抓住重点词句理解课文内容，那么，进入三年级学习新课文时，教师就应该有意识地引导学生运用这种阅读方法自觉自主地理解句段的内容。再如，学生已知道了什么是中心句、过渡句，那么在学习相关内容时，教师就应该引导学生运用这一知识，即借助于中心句的特点概括段落大意，了解其主要意思，进而将一个个中心句连接起来把握课文的主要内容。借助于过渡句承上启下的作用，去划分课文段落，厘清文章脉络，归纳主要内容等。这样的思考和设计，运用的是方法，体现的是过程，有利于学生语文能力的培养和提高，而教师又可以将主要精力和教学的着力点集中在新知、难点上来，提高教学的实效。

5. 进行相关链接，拓宽学习空间。进入新课改，广大教师特别关注运用相关的知识、资料和实践活动来拓宽学习的空间，即学习眼前的，联想到相关的。这无疑会加深对课文的理解，丰富相关的知识，培养语文能力，是语文教学的新发展。但教师要特别防止偏离课文主旨，误解编者意图的"堆积资料乱拓展"的做法。

三、深度"开采"，走到文字背后，努力探秘寻宝

一篇篇课文如同一座座金矿。在钻研教材、设计教学的时候，我们需要经历一个勘探——开采——筛选——打磨——装饰的过程。我们在了解、熟知了年段、年级、全册、整组目标体系和要求之后，在对一篇课文的内容、内涵、情感、表达、训练项目等进行了全面解读之后，是否到此为止，就可以设计教学方案了呢？不可以。因为我们的钻研还只是一个"勘探"过程，是着力于"面"的思考。如果在此基础阶段就急于设计教学方案，虽然可以实施，但仅仅是一般性的教学。我们追求的是高效、完善的教学，因而还要经历"深度开采"的过程，努力挖掘那些含在课文中的一个个语文学习和训练的因素，进行"点"的深度探究，给学生最有价值、最有营养的东西。为此，我们主张多角度地分析教材，深层次地解读教材，尤其是弄明白语言文

字背后的秘密和故事，也就是学生不易发现，或发现了却不易理解，理解了却不够深刻的地方。还有那些看似平常，学生不以为然，而实际价值意义很大的地方。例如，《酸的和甜的》一课中，小松鼠和小兔子见小猴子吃得那么开心，也尝了一颗葡萄，说："啊！真甜。""啊！真甜"只有三个字，但是其内涵相当丰富：一是小松鼠和小兔子吃到葡萄后的惊喜，它们没有想到葡萄不但不酸，反而还很甜；二是小松鼠和小兔子很纳闷，狐狸为什么说葡萄是酸的，它们有些想不通；三是后悔与反思，它们后悔光听狐狸说，自己没有尝一尝，所以有些事不能光听别人说，要亲自试一试、做一做。你看，仅仅是三个字，经过深度思考，我们可以解读出多层意思。重点词句就需要这样深层次的思考与解读，这就是教师的责任与功底。

需要提及的是：同一篇课文，不同水平的人或下不同的功夫（即使是同一个人，在不同的年龄段），所开采的层次、深度会有不同，所挖掘出来的东西，其内涵、价值也会有所不同。钻研教材需要教师的理解力、想象力和生活阅历（但是肯下功夫会弥补水平、能力和阅历的不足）。进行深度开采，探秘寻宝，可以采用以下几种方式。

1. 品评词句。课文中的重点词句，包括不易发现、难以理解、不被重视的词句，其含金量比较大，要反复推敲、琢磨，力求理解得全、深、透。例如，《少年闰土》一课中写道："我那时并不知道这所谓的猹是怎么一件东西——便是现在也没有知道——只是无端地觉得状如小狗而很凶猛。"这个句子的特别之处是在一句话里用了两个破折号。作者为什么要用两个破折号呢？他要表达什么意思和情感呢？有的教师发现了这个句子的特别之处，让学生联系上下文寻找答案。学生经过思考、讨论，认识到：第一个破折号是说作者当时，即孩童时，不知道猹是什么动物，几十年之后，即成年时，作者还是不知道猹是什么动物；第二个破折号是说无论孩童时，还是成年后，作者一直不知道猹是什么动物，可是闰土在当时不仅知道猹是什么动物，还有一番刺猹的惊险经历。两个破折号起到了反复强调的作用，即突出强调闰土生活经历、经验的丰富，见多识广，更加充分地表达了作者对闰土的佩服。这样的教学，是在理解课文内容，体会思想感情，更是在领会语言文字的精妙。这就如同"榨果汁"，用力榨压出所有的"汁"，让学生品尝到它全部的滋味。

2. 还原想象。即教师在钻研教材的时候，要借助于想象，将语言文字所描述的情境进行还原，想象到它所描写的那人、那景、那物、那情、那境，使其仿佛浮现在眼前。这样设身处地理解教材，深入到语言文字内里、背后，走进课文所描绘的情境之中，能够与课文中的人、物、景及作者直接对话，心灵碰撞，其所感、所悟会更加真切、深刻。

3. 换位思考。即教师在钻研教材的时候，将自己假设为作者或课文中的某一人物，站在"他"的角度去想：如果我是某某人，我在这种情况下，会怎样说、做、想；如果我是作者，我对此可能怎样说、想、写等。教师进行这样的假设、想象、思考，可以进一步拉近自己与人物、作者的距离，加深情感的体验，产生共鸣。

4. 填补空白。好的文章会给读者留有想象、思考的空间，或引发联想，或令人深思，或余味无穷。这种空间、空白之处，正是我们钻研教材时需要"扩充""补白"之处。例如，《窗前的气球》一课给读者留下许多"空白"，可以启发学生的想象，去填补这些空白。同学们是怎样知道科利亚在哪个医院的？同学们是怎样想出用气球这个巧妙的方法的？他们是怎样商量的？这样，学生通过想象填补出来的就是一个个生动的课文背后的故事。这样既可以进一步体会课文表达的情感，又训练了学生的想象力和表述能力。《丰碑》一课描写了军需处长牺牲时的状态、情境，而没有描写军需处长牺牲前的那一段时间在做些什么，想些什么，这些都为我们提供了想象、补白的空间。

5. 转换表达方式。即将课文中有关动作的描写转换成语言描写，或将语言描写转换成动作描写，将心理描写转换成动作描写、语言描写等，通过这种转换来深度理解文本。《丰碑》一课中写："将军向那位与云中山化为一体的军需处长敬了一个军礼。"这是一句动作描写，将其转换成心理描写：将军想通过这个军礼告诉军需处长什么？他会说些什么？进行这样的转换，能深入到将军的内心，体会其悲痛、敬佩、告慰、自责等复杂的心情，从而深层次地理解课文的思想内涵。

6. 对比赏析。我们研读某一篇课文的时候，很有必要把它与同类题材的文章、课文，相同表达方式的文章、课文放在一起，进行对比赏析，在对比中发现不同，找出规律。以古诗为例，《赠汪伦》与《送孟浩然之广陵》，同是李白写的送别诗，放在一起进行对比赏析，它们既有相同之处，又有很多不同之处。进行这样的对比赏析，能更加深刻、准确地把握诗的各自特点及作者的情怀。

另外，钻研教材，不仅可以从欣赏的角度去思考教材，还可以从质疑、批评的角度去审视、判读教材。《猫》一课中，仅500多字，却写了猫的十余个方面的活动，相对而言，每个事例都不是太具体。老舍先生为什么这样写？我们一般的认识，写文章不是应有详有略吗？《老人与海鸥》一课，描写海鸥瞻仰老人遗像的情景，读来令人称奇，甚至怀疑这是否是真实的描写，是不是作者的虚构，或有虚构的成分。这样去探究，可能还挖掘出更深层次、更有价值的东西。总之，每篇课文的字里行间，都埋藏着一盏盏装满油而未点亮的灯，需要我们发现它、找到它，师生共同点亮它。一旦点亮，回头一看，闪闪烁烁的"灯光"展现在我们面前，心里就会很亮堂。

四、沙里淘金，大胆取舍，放大"金点"

有了上述对教材"面"上的研读（量的积累）和"点"上的深究（质的解析），接下来，还有一项工作，对开采出的"金矿石"进行"筛选"与"打磨"，为下一步的教学设计（"装饰"阶段），提供一个个凝聚着教师汗水与智慧的"金点"，为教学设计和教学操作时"放大金点"做好准备。为此，要分清这些"金矿石"的含金量和使用价值：哪些是学生自己就可以发现、读懂的，哪些是需要教师引导点拨的，哪些是必须抓住不放、重点深究的；哪些是忽略不计、一笔带过的，哪些是目的单一、不必费时、一攻即破的，哪些是目的多重、需强化训练的。也就是说，教师要根据教材的特点、学习的需要、学生的需求、教学的实际、追求的实效，将一个个"金点"（重点、难点、关键）分成大、中、小不同的等级，"装饰"在教学设计程序之中。

进行这样的筛选，突出重点，突破难点，把握关键，也就有可能在有限的时间里放大"金点"，让学生获得最有价值、最有意义的东西。

最后，还需要提及的是，不少学校、教师采用电脑备课，有的甚至"走捷径"，干脆从网上下载现成的教案。还有的学校将一组组教材分配到教师手里，每位教师负责一组或几组的备课，共同使用，美其名曰"资源共享"。更有"超前者",采用"无纸化备课",结果出现了跨过教师自己"钻研教材"这一关键性阶段的现象,可谓是"自己的脖子上长着别人的脑袋"。用电脑写教案,固然省时间、效率高,但难以真正"打"进自己的心里,印在脑子里;"资源共享"固然很时尚,但不容易"享"到自己心里,扎根在头脑里;"无纸化"备课,有可能导致"无知化",这几乎相当于不备课就上课,这种情况后果很可怕。

备课可以是多种方式,但是钻研教材不可跨越,独立思考不应忽视。因此,我们说:"教师钻研教材是一种职责,练就的是一项硬功夫。"这种职责,领导难以考量,只有靠职业道德、良知来鞭策。练就这种硬功夫,没有捷径可走。

(此文发表于《山东教育》2008 年第 6 期)

江老师研究了一辈子小学语文教学,对它的认识深刻而清晰,如果在此基础上提出个某某法、某某流派来,为自己确立个什么地位,应当不算是什么难事,可他却偏偏将所有的精力都投入到为教师们传道授业解

与全国著名特级教师李卫东(左)合影

惑、为教师们做嫁衣的工作中,多少年来培养出一批又一批在全国能够崭露头角的年轻教师,自己在他们的背后默默工作。在当今社会风气之下,这就颇有几分特立独行的味道,值得我们好好学习和品味。这也是我最敬佩江老师的地方。

——摘自李卫东老师《我敬佩的江洪春老师》

系好第一个扣子

——钻研吃透教材：考量教师的责任和功底

解读文本、吃透教材是教学设计、课堂操作、教学效果的根基。如果解读教材不到位，甚至出现偏差、误读，那么，教学设计、课堂操作、教学效果就几乎等于零，甚至会产生负效应。这就如同一个人穿衣服、系扣子，第一个扣子系歪了，后面的扣子即便是系得再好，也是不好看、不协调的。

然而，我们在听课中，在阅读有关教育杂志刊登的教材解读、课例介绍等文章中，教师对课文思想内容理解的偏差、误读，将"第一个扣子系歪"的情况，虽然不能说俯拾皆是，却屡见不鲜。请看课例。

先说听课中所看到的。

1. 教学《掌声》一课，教师在教学的结尾，为学生展示了张海迪坐在轮椅上的图片，提供了有关海伦·凯勒的文字资料，把"人间真爱、奉献爱心"的单元专题和课文主题落脚在"身残志坚"上。

2. 教学《为中华之崛起而读书》一课，教师用了半节课的时间，给学生提供了大量周恩来总理在战争年代、在中华人民共和国成立之后的图片，让学生了解周恩来总理革命的一生、光辉的一生、简朴的一生，而把教育学生"从小立志"这一文本主题放置一边了。

3. 教学《观潮》《鸟的天堂》这样的课文，不少教师讲成"热爱祖国的大好河山",或讲成一般的"自然景观",全然不顾本单元的"感受大自然的神奇"(自然奇观)这一人文专题。

……

再看《小学语文教学》杂志上刊登的有关文章。

1. 在2008年第1期上刊登的《以读为主,读中想象》一文中,作者对唐代吕岩《牧童》一诗的解读与教学设计:

广阔的草地令人神往……牧童的生活都是如此惬意。此时,你有什么问题要问小牧童吗?你此时最想说什么?(与其去追名逐利、巧用心机,倒不如像他这样,在劳动中享受快乐,在快乐中享受悠闲与自在)

2. 在2008年第4期上刊登的《在文字品读中感悟形象》一文中,作者对《尊严》一课中其他逃难人的解读与教学设计:

①请同学们再次默读课文,从文中找一找,哈默在哪些地方表现得与其他人不同。你从中能够明白什么……

②你们觉得他们在得到食物的同时,又失去了什么呢?

③是啊,对于长久被饥饿、疲惫折磨着的人来说,食物的诱惑是巨大的。但是为了得到食物,连自己的尊严都不顾,这样的人怎么能得到别人的尊重呢?

3. 在2008年第9期上刊登的《细节描写表现"老人"与"海鸥"之深情》一文,作者在文章的最后是这样对《老人与海鸥》一课总结的:

总之,课文紧紧围绕着人与鸟和谐相处这条主线,从人对鸟和鸟对人两个方面进行了生动的描写,说明了人类保护动物、保护生态环境的重要性。

4. 在2008年第9期上刊登的《例谈阅读教学的主线设计》一文中,作者对《我的伯父鲁迅先生》一课的主线和表达的情感是这样理解、设计的:

在《我的伯父鲁迅先生》一课的教学中,笔者在借鉴名师名家教学方法的基础上,以文章第一自然段中表达作者悲痛感情的一句话为红线,将全文串联起来引导学生理解。这样,以达到丰富鲁迅先生的形象,感受鲁迅先生的人格魅力的教学效果。

在学习"谈《水浒传》"这件事后……可是,伯父逝世了,从此以后,周晔再也得不到伯父的爱抚了,望着伯父的遗体,她怎么能不难过呢?(学生读第一段话,谈体会)……学习"救助车夫"这件事后……从此以后,周晔再也见不到伯父的面了。想到这里，她的心情怎么能不万分悲痛呢？（学生读第一段话，谈体会）读了这个故事，我们回过头来再一次读这段话，用你们的心去体会。（学生再读第一段话，再谈体会）

……

下面，我们从上述种种对课文的误读和理解的偏差的课例中，选取几个做简要分析：

教师把《观潮》解读为热爱祖国的大好河山或一般的自然景观，既没有顾及本单元的人文专题，也没有把握课文的主旨，即"钱塘江大潮，自古以来被称为天下奇观"。如果按照单元专题和课文特点，教师教学这一课应把着力点放在引导学生发现、寻找那些体现"奇观"的语句上，如"大潮还未到，人们还没有看见江面有什么变化，隆隆的雷声先传来了""潮水到来时，犹如千万匹白色的战马齐头并进"等。让学生通过这些奇特的自然现象、想象神奇的画面，感受大自然的神奇，这样的教学才符合编者的意图和课文的特点。

把《老人与海鸥》误读成"说明了人类保护动物、保护生态环境的重要性"，其问题出在哪里？首先，从这篇课文所处的单元来看，这是一组侧重描写动物的，分别有《老人与海鸥》《最后一头战象》《金色的脚印》等四篇课文，其单元导语写的是"和人一样，动物也是有自己的爱憎，自己的智慧，自己的情怀。本组课文向我们讲述了发生在人与动物、动物与动物之间的感人故事，展示了动物丰富的情感世界，读来令人忘怀"。这就告诉我们，本单元的学习重点是感受"动物丰富的情感世界"，即了解动物的爱憎、智慧，体会动物的情怀。

这样的学习重点与以往学习描写动物的课文有一定的联系，更有区别。人教版语文教材四年级上册第四组"作家笔下的动物"，是侧重于让学生了解动物的外形特点、生活习性、性格特点等，体会作者对动物的喜爱之情，并没有"爱护动物、保护环境"的意思。而到了人教版语文教材六年级上册，要继续学习一组描写动物的课文，这是四年级学习描写动物的发展。它侧重的是感受动物的灵性、情怀，走进动物那丰富的情感世界，也就是说，是从对动物的一般性了解、外在形象的认识到对动物深层次认识、内在情怀的感悟。再从人与动物的关系来看，它是从体会人们对动物的喜爱到体味人与动物的密切关系，如老人与海鸥和谐相处的生动画面与相互依恋的深厚情感。

这是一条对动物的完整的、清晰的、递进的认知脉络，也是一条感悟人与动物的关系深层的、逐步发展的情感脉络，没有直接传达"爱护动物、保护环境"的意思。如果把《老人与海鸥》定位在"爱护动物、保护环境"，其解读显然是有些偏颇。（在这位教师的前理解和定向期待中，"保护动物、保护环境"的意识特别强烈，一看到写动物的文章就想到保护动物、保护环境，这就如同感冒时觉出现了问题，吃什么水果都一个味）

所以，我们从《老人与海鸥》一课中看到的最感人的是老人与海鸥和谐相处的温馨画面，和老人去世后海鸥见到老人画像为他守灵的悲壮情境；体会到的最强烈的是老人对海鸥就像对待自己的儿女般的真情，以及海鸥对老人去世后那富有灵性的、震撼人心的悲壮举动。

如果上述解读是合适的，那么，让我们进一步思考。把《老人与海鸥》解读成"说明了人类保护动物、保护生态环境的重要性"，这样的误读是怎样造成的呢？当然，原因是多方面的，有思维方法的问题，有解读教材的理解力、穿透力的问题，有对教学理念认识上出现偏颇的问题等。这里不一一赘述，主要讲两点。

一是有的教师没有从整体上解读、把握教材。首先是没有从单元这一整体上解读、研读、把握教材。如：人教版语文教材三年级上册第八组，单元专题明明是让学生感受"人间真爱、奉献爱心"，有的教师却将《掌声》解读成"身残志坚"；人教版语文教材五年级下册第二组，单元专题明明是"感受童年生活的情趣"，有的教师却将《牧童》解读成"与其去追名逐利、巧用心机，倒不如像他这样，在劳动中享受快乐"。这实在令人费解。教学的目的、意图、要求就摆在眼前，却不看、不想、不管。

再者，有的教师没有从课文的整体意义上细读、深思、把握教材，存在只见树木不见森林的片面、孤立的解读课文的做法。如《掌声》一课中写英子，因"得过小儿麻痹症，腿脚落下残疾"，走起路来"一摇一晃"。这样的描述在课文中仅仅是个交代，是事情发生、发展的一个因素，这不是课文内容的主要方面。如果以此就引申为英子"身残志坚"，从而取代同学们那热烈的掌声中所体现的爱心、鼓励和友情，实在是一种以偏概全、断章取义、抓了芝麻丢了西瓜的思想方法和做法。

二是上述课例是不是独特的理解，个性化、有创意的阅读呢？不是。我们积极倡导阅读能有"独特的感受",对课文能够个性化、多角度、有创意地阅读,但是,这首先是建立在对课文整体意义把握的基础上,建立在不改变课文基本意义、主导倾向的基础上。一千个读者就会有一千个哈姆雷特,但是他读出来的应该也必须是"哈姆雷特",不应读成"贾宝玉""猪八戒"。这正如苏联学者梅拉赫所说(接受美学的观点):作品在不同读者接受过程中,自然会发生这样或那样的变形,但作品所提供的基本形象仍然是一种客观存在,任何阅读中产生的变形仍然是作品形象的变形,一切的变形都不会超过作品形象所提供的可能性的范围。虽然读者的个性、世界观等不是千篇一律的,但也不可能导致面目全非的"再创造"。这就是文本意义的客观性和稳定性,这也是个性化、多角度、有创意的阅读的前提和必然。

再者,课文被选入教材之中,就包含了编者的目的和意图,有一定的教学目的和要求。所以,它既要受到课文主导思想倾向的制约,又要受到编写目的意图的制约,应尽量尊重教材的编写目的,把握主导倾向。这种情况,如同带着脚镣跳舞,既不要过于拘谨,也不能过于自由。这正如建构主义教学论所强调的那样:"在万不得已的情况下,一门课程的核心内容允许被固定,否则一个相应的具有知识内容的教学将不可能。但应留有较大的允许改变和补充的空间。"因此,解读课文,把握教材,要分清主导倾向与次要意义的关系,这也是其基本要求。

也许你会说,不是提倡创造性地用教材教学吗?不错。但是,创造性地用教材教学的前提是读懂教材,即想超越对方,首先要读懂对方,不然就是游离课文,就是盲目的、浮浅的"超越"。更为重要的是,想超越教材,必须有把握教材的功底,练就了钻研教材的真功夫。花样游泳很美,都是对一般游泳的超越与创新。但是,它要求运动员必须练就一项基本功——在水里能长时间憋气。你练就这样的基本功了吗?

另外,据了解,不少教师一旦要上公开课,一听说领导要听课,他首先想到的不是解读钻研教材,而是忙着上网搜索,下载相关资料和现成教案,然后进行拼凑组合(网络上的现成教案有些非常肤浅甚至有许多偏差。即便是典型的好教案,也只能参考借鉴,复制的永远不是自己的。尤其是在自己还没有认真钻研教材基础上的复制,更是肤浅的),对课文根本就没有做过认真、深入的细读与思考,更没有做过集体的研讨,跨过解读钻研教材这一最为关键的一步，走了"捷径"。如《我的伯父鲁迅先生》一课的教学设计，生搬硬套"名师名家"的设计，把比"悲痛"更深沉、更重要的"对伯父的怀念、敬仰"之情弃之不顾，几乎把课文的全部情感、主旨集中在"悲痛"上，那么学生还能"感受鲁迅先生的人格魅力"吗？这是作者写这篇文章最主要的目的吗？对此，我们想起了这样两句话：

自己的脖子上长着别人的脑袋。

——［德国］叔本华

为了能够分析和考察各个不同的情况，应该在肩膀上长着自己的脑袋。

——［苏联］列宁

总之，系好第一个扣子，就是在解读教材的时候，一要了解单元编排体系，把握编者的意图，二要细读、研读课文，弄懂课文的整体意义、主导倾向，这是最基本的要求。如果连这最基本的要求都做不到，系歪扣子就不足为怪了。其实，系歪了扣子并不可怕，我们基本都有过这样的经历（谁都是从"用连自己也没有读懂的教材"开始教学的），可怕的是系歪了扣子自己还不知道，知道了还不觉得难看，天天、月月、年年系歪扣子。

请问：干正确的事与正确地干事，哪一个是首要的、最重要的？干正确的事是目标、方向问题；正确地干事是方法、手段问题。如果目标、方向错了，正确的方法、手段不但无益，甚至有害，其方法、手段越先进就会离真理越远。《南辕北辙》的故事，不正说明了这个道理吗？

与原中央教科所研究员、语文教育家张田若先生（右一）参加"先学拼音，后学汉字，诵读识字，自主读写"高端研讨会

（此文发表于《小学语文教学》2009年第11期）

读者为何能"走进文本，与文本对话"

——简述《接受美学》对文本解读的启示

在阅读教学中，不少教师对课标提出的"阅读教学是学生、教师、教科书编者、文本之间对话的过程""阅读是学生的个性化行为……要珍视学生的独特感受""在理解课文的基础上，提倡多角度、有创意的阅读"等教学基本理念、原则、要求不甚理解，因而，在教学实践中也难以很好地体现、落实。其实，这是一个关于文本解读的基础理论问题，把"基本原理"弄明白了，则一通百通。不仅如此，不少年轻教师解读文本的能力也有待于提高。

为此，我的建议是读一读《接受美学》。接受美学理论诞生于20世纪60年代的德国，它一改过去对文学作品的审美、研究停留在作者、文本上的现状，历史性地提出了"走向读者"，即从作者、文本和读者三者来研究文学作品。这一理论，从某种意义上说，阐释了"文本解读"的问题。从阅读教学的角度来讲，我们有必要学习这一理论，运用这一理论指导教学，并借以提高教师自身解读文本的能力。

那么，接受美学中的哪些基本原理会解答文本解读中的上述疑惑，并对提高我们解读文本的能力有所启发和帮助呢？下面，从接受美学理论中提取能够帮助我们理解"文本解读"的问题，做以简要阐述，以引发广大教师阅读、学习"接受美学"的兴趣。

一、文本描绘的只是一个图式性框架，里面有很多空白与不确定的地方

接受美学理论认为，作品所描绘的客观世界只是一个图式性框架，里面有很多空白模糊与不确定的地方，这都有待于读者去补充和发挥。就是说，作品对读者来说，都是未完成的或未充分实现的，在特定意义上都是半成品，需要读者去具体化，去重建。我们以教材中具有文学色彩的课文为例。

例一：《她是我的朋友》

一阵沉默之后，一只小手颤抖地举起来。忽然又放下去，然后又举起来。

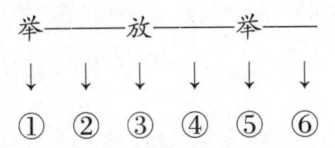

举————放————举——
↓　↓　↓　↓　↓　↓
①　②　③　④　⑤　⑥

在这句话中有实写出来的，即①③⑤；有未写出来的，即②④⑥，空白之处。读懂已写出来的内容，则需要读者借助经验和想象对未写出来的空白点去填充、去具体化，这样才能形成对这句话的意义建构。就这段话而言，需要读者通过人物的三个不同动作去揣摩人物的内心活动，体会人物的精神世界，从而感受人物的高尚品质。

这正如著名的德国接受美学理论的代表人物沃尔夫冈·伊瑟尔所提出的：文本只提供给读者一个"图示化方面"的框架，这个框架无论在哪一个方向和层次上都有许多"空白"，有待于读者在阅读过程中填补与充实。这种空白是一种寻求缺失和连接的"无言的邀请"，诱发和引导着读者的建构活动。这就是文本的吸引力和召唤性。

例二：《跨越海峡的生命桥》

1999年9月24日，早上7时30分，阳光洒满了美丽的杭州市，桂树还没有开花，晨风中已经飘来甜丝丝的香气。

这是一段景物描写，里面有一些令人模糊不解的地方：一是那位青年人生命垂危，作者还在这里用充满喜悦的心情描写杭州的景色之美，似乎有点不尽人情，不合乎常理；二是桂树还没有开花，晨风中已经飘来甜丝丝的香气，这"已经飘来"想说明什么？这都是作者没有明确告诉我们的，需要读

者联系上下文和想象去发挥、填充的。这一模糊与不确定,恰恰能引发细心读者的疑问与好奇。所以,空白和不确定,不仅不是文学文本的缺点,反而正是它的特点与优点。由此,我们可以明确以下几点。

1. 文本的空白与不确定,也就是我们平常所说的文章的"字里行间",它是文本所具有的对读者而言的一种内在吸引力和召唤性。它为读者提供了走进文本,与文本对话的空间与机会。阅读就其实质而言,是读者借助经验和想象对文本的空白点和模糊点的填充和具体化,这种对文本的填充与具体化就是文本与读者之间进行对话的桥梁和纽带。所以,走进文本,与文本进行对话的前提是善于发现文本的空白与不确定的地方。

2. 与文本的对话是读者对文本的一种意义的重建和再创造的理解认识活动。既然文本的空白和不确定需要读者去填充和具体化,那么,这种借助经验和想象的填充与具体化,就要求读者有一种积极投射和参与的创造态度,也就是要透过文本的字面意思,深入到文本思想内涵之中。如果只停留在语言层面上或字面意思上,缺乏一定的创造性、穿透力,具体化就不可能实现、完成。没有阅读的具体化,只是阅读的简单化、程式化,那么,就不可能走进文本,更不可能形成与文本的对话。

3. 读者对文本的重建和具体化都不是随心所欲的,而应当也必然受到文本固有的图式结构的制约。一千个读者就有一千个哈姆雷特,但必须是解读成哈姆雷特,不能解读成贾宝玉、猪八戒。这正如英伽登所说:尽管具体化以读者"相应的经验为条件",但它还要由文学作品共同来决定。而且具体化还有恰当与不恰当之分。不恰当的具体化只会形成曲解或误读。

二、文本与读者之间是发问和回答的关系

德国接受美学的另一位代表人物伽达默尔从另外一个角度提出了读者与文本对话的可能。他认为:理解活动好比读者与文本之间的一次对话,理解的任务就是发现文本提出的有待解答的问题,文本正是通过向读者发问才成为其对象,而读者也按照自己的视界向文本发问。两者相互开放,相互提问,而问题的提出本身就已经隐藏着答案。

例三:《检阅》

一些事情已经商定,可是从大家的表情可以看出来,还有重要的事情要商量，但是谁都不愿意第一个开口。

在这段话中作者向读者提出（隐含）了至少五个问题：一是"重要的事情"指的是什么事情？二是为什么"谁都不愿意第一个开口"？三是"重要的事情"讲出来了吗？四是"重要的事情"是用什么办法解决的？五是结果怎样？读者带着这一个个问题去继续阅读，联系下文就可做出回答。这就是一个读者与作者心灵、思想对话的过程，也是阅读理解过程。由此，我们可以明确以下几点。

1. 阅读过程是文本与读者之间提问与回答的过程。也就是说，阅读的理解要发现文本中隐含的提问，而文本就是对这些提问的答案。发现问题也就找到了答案，完成了理解。当然，这种问答与对话是在瞬间发生的，读者也许并没有意识到，但其在心理过程中的存在是不可否认的。

2. 对文本的理解就是沟通读者与文本之间的关系。因为问题是读者从作品中发现的，答案也是读者从反复阅读中体会到的，所以无论问还是答，都是读者与文本交互作用的产物，都是读者与文本在一个较高的自觉层面的沟通与交融。这些问题是读者与文本相互接触、碰撞时产生出来的，而且是一层深一层相继递进的发问，是由表象到内涵的动态发展的发问，这种发问与回答，就可以引领着读者逐步探究，走进作者的内心，揣摩到作者或人物的内心世界。

3. 发现问题、提出问题是走进文本的前提和关键，也是与文本对话的中介和桥梁。读者在阅读中发现并提出问题，然后再从文本中寻找答案，这就形成了与文本的对话和对文本的深层次的理解。

三、文本的内在结构是多层面的

按照接受美学的观点，文学文本的内在结构可分为五个层面：
①语音语调层面，这是文学文本最外层面的结构；
②语义建构层面，这是文学文本的次外层结构；
③修辞方式层面，这是文学文本所特有的、与众不同的结构层面；
④意象意境层面，这是文学文本结构中最关键的层面；
⑤思想感情层面，这是文学文本的最深层结构。
解读文本是层层深入的理解过程，从字面意义到思想内涵，即"层层剥

笋"。文本的空白与不确定也是体现在这五个层面上。

例四：《我的伯父鲁迅先生》

"你想，四周黑洞洞的，还不容易碰壁吗？""哦！"我恍然大悟，"墙壁当然比鼻子硬得多了，怪不得您把鼻子碰扁了。"

这里的"碰壁"是指鲁迅说自己经常遭到迫害、打击，是"碰壁"的非常态用法，即人们常说的"意在言外，言在此而意在彼"。语义建构层面中就经常有这种语言使用的非常态，所以语义的不确定性以及由此形成的意义空白就成为一种必然。我们在理解词句意思时，是带着常态的语义去阅读的，结果在作者非常态用法中，常态语义被打破，读者从而获得了阅读的审美情趣。由此，我们可以明确以下几点。

1. 文学文本的各个结构层面是互为依存，层层递进的。所谓"走进文本"，就需要我们一层一层地深入。即走过语音语调层面，穿过语义建构层面，一步一步地走到思想感情的深处；然后再回过头来，看看作者是用什么表达方式承载的，领会作者在表达上的特点、作用和效果。这就是一种阅读的理解力和穿透力。

2. 文学文本的各个结构层面都存在着空白与不确定性，留下了无限多而且能够与文本对话的空间，这就需要我们借助于想象、联想、体验等去填充和具体化，形成对话。这样，我们就"有话可说"，将文本解读得丰厚、鲜活。

3. 从教学的角度而言，对文本的各个结构层次还需要有所侧重，进行必要的取舍。因为文本的层次比较多，空白、不确定和隐含的问题也有无限多的可能，教学中不可能面面俱到，因而就需要教师根据教学目标、重点和学生实际进行一定的选择和取舍。

以上，我们从文本解读的角度，从接受美学理论中提取了三个基本原理加以阐述。本人认为，掌握这些基本原理，不仅可以指导我们更好地理解义务教育语文课程标准提出的有关阅读教学的理念，而且也能帮助我们找到解读文本的方法、途径。本人 20 多年前读到这一方面的理论书籍，当时不甚理解，20 多年后因工作的需要重读时（此时本人已 50 多岁），热血沸腾，手不释卷，彻夜不眠，它让我从根本上明白了：为什么能走进文本，与文本对话；什么是多角度、创意性、个性化的阅读；什么是独特的感受，为什么"一千个读者就会有一千个哈姆雷特",等等。不仅如此,它还让我学会了如何深入地解读教材,找到了解读教材的方法、途径和方向,以及在教学过程中如何引导学生理解、钻研文本等。总之,接受美学的理论使我在解读文本方面茅塞顿开,受益匪浅。我认为,它应该成为我们的必读书。

在课堂上给学生讲解问题

文本细读，成就精彩的语文人生

文本细读，是《小学语文教师》杂志社 2008 年 6 月在山东济阳召开的"首届全国'文本细读'暨名师课堂教学观摩研讨会"的会议主题。大力倡导与深入研讨文本细读这一主题，不仅会对当前小学语文教学的深入发展有重要的现实意义和引领、指导作用，还必将在全国产生广泛的影响。下面，结合本届研讨会上几位小学语文名师的课堂教学，就文本细读谈一谈本人的初步思考。

一、文本细读，切中小学语文教学的时弊

近几年，据本人看到的小学语文教学现状（主要是在听课过程中），发现当前小学语文教学存在着以下四大缺憾：

1. 钻研、吃透教材这一工作被严重地轻视了。

据了解，不少教师备课时没有潜心细读、研读文本，有的则是从网络上搜集现成的教案，进行拼凑组合。因而在教学中出现了这样几种情况：肤浅不到位，甚至有偏差；到位不深刻，没有独到之处；深刻不全面，三维目标缺失。

例如，有的教师讲读一篇课文仅仅是引领学生梳理一下课文的内容，没有对语言文字内涵的品味；或者仅有对课文思想内容的感悟，对思想情感的体会，没有引领学生细细体味语言表达上的特点及表达的作用、效果等。究其原因，是教师在研读文本之始就没有进行文本细读。

2. 过分强调语文的人文性，语文味被冲淡了。

就阅读教学而言，它的语文味应该体现在课文的思想内容、情感与语言表达的特点、作用和效果的统一上，即文意兼得，这是语文"工具性与人文性的统一"这一课程基本特点在阅读教学中的体现。然而，我们常常看到的是"得意忘言""得意忘形"，甚至有些"兴奋过度"，浓浓的思品味、自然常识味等掩盖、冲淡或取代了"语文味"。

我们常听到这样的说法：这节课上得真好，我都流泪了。催人泪下或兴奋不已，这样的课是否是一节成功的语文课呢？首先，能上出这样的效果，可以看作是一节比较好的语文课。但是静心思考：这"泪水"和"情绪"是靠什么形成的？是借助外部条件还是靠课文语言的力量和魅力？学生体味、领悟到哪些语言表达上的特点、作用？学生在学习过程中运用和学到了怎样的阅读方法……如果不是这样，语文课仅仅"催人泪下""令人兴奋"是不够的。

我们认为：在阅读教学中，只感悟课文的思想内容，体会思想感情，没有对语言表达的体味，没有扎实的阅读基本功训练，还不是完美的语文教学，或者说这样的语文教学至少是失去了一半的美。究其原因，如果不是对语文课程特点认识上的肤浅、缺失或者偏激，那就是在研读文本之始，在教学过程之中，没有进行文本细读。

3. 教师的引领和指导作用被弱化了。

在听课过程中，我们发现教师的引领、指导作用不到位，似乎是专讲那些学生自己就能知道、明白和理解的地方，就是不讲学生自己发现不了、意识不到，或者发现了、意识到了，理解不深的地方。

例如，教学人教版语文教材三年级下册《翠鸟》一课中描写翠鸟捉鱼动作的一段：

小鱼悄悄地把头露出水面……翠鸟蹬开苇秆，像箭一样飞过去，叼起小鱼，贴着水面往远处飞走了。只有苇秆还在摇晃，水波还荡漾。

这段共有三句话。第一句描写了小鱼机灵的活动，第二句描写了翠鸟捉鱼的动作，第三句是景物描写。从第二句话中，学生能够自主发现、理解并体味到翠鸟的动作之快，但是学生一般意识不到第一句话对表现翠鸟捉鱼动作之快的衬托作用，认识不到作者为什么要描写小鱼的机灵，它与翠鸟捉鱼动作之快是什么关系。尤其是第三句景物描写对翠鸟捉鱼动作之快的侧面烘托作用，学生更是意识不到，体会不到这句话中所表达出的作者的那种赞叹和惊讶之情。面对学生意识不到、理解不了的这些"盲区"，令人遗憾的是，有些教师只是关注第二句的指导，抓住"蹬开""像箭一样"等语句做文章，体会其动作之快，很少去体味和领悟第一句、第三句在表达情意上的特点、作用及效果。学生的学习没有一种由茫然不知到眼前一亮，由百思不解到豁然开朗的体悟和收获。其中的原因似乎还是没有进行文本细读。

4. 课件的滥用，使教学手段的辅助作用走样了。

据了解，不少教师一旦要上公开课，首先想到的不是潜心细读、研读文本，而是忙着搜集资料，制作课件，而且为制作"精美"的课件不惜花大量的时间和精力。所以，我们在课堂上常常看到的是接连不断的图片、视频，听到的是充斥课堂的音乐、音效，却没有看到让学生用足够的时间去静心读书和沉思默想，较少听到琅琅的读书声，更少看到教师如何指导学生从不会读到会读，从读得不好到读得精彩的训练与发展的过程，反倒是课件这一教学的辅助手段变成了"主角"，可谓"正事没干好，闲事忙不完"。

再究其原因，似乎还是教师没有进行文本细读，没有被文本中的"滋味""魅力"吸引，从而导致着力点偏了。

上述这种种教学的缺憾不改变，会长期影响语文教学的纯正性和有效性，会削弱语文教师自身应有的内涵和内功，而大力倡导"文本细读"，则有利于从根本上改变这种现状。

二、文本细读，彰显语文的魅力

在首届全国"文本细读"观摩研讨会上，应邀的几位名师为我们展示了精彩的观摩课，使与会代表大开眼界，获益匪浅，回味无穷。他们的课有的朴实无华、扎扎实实，有的激情洋溢、深度提升。名师们的课堂教学虽然各领风骚、各具特色，但是名师们有一个共同的特点，那就是大都注重文本细读，也让学生在文本细读中感受到语文的魅力，体味到语言文字的滋味。文本细读是课堂教学的前提，是课堂教学的精彩之源。

1. 走到语言文字的背后，感悟思想内涵。

课文中的一字、一词、一句、一段，都有着一定的思想内涵。尤其是作者着力、用心的重点字、词、句、段，更是有着深刻而丰富的思想内涵。教师的作用就是引领学生透过字面去探寻文字后的"秘密"和"故事"，揣摩作者的用意。

以于永正老师教学的人教版语文教材五年级下册《杨氏之子》一课为例：

在学习"为设果，果有杨梅"一句时，于老师向学生提出：只有一种水果吗？让学生从"果有"这一词体悟到不是只有一种水果，还有其他水果，这些水果里面有杨梅，使学生从这细微之处体悟到了这一句话的内在含义。在教学"未闻孔雀是夫子家禽"一句时，于老师先让学生弄懂"未闻"一词的字面意思，即"我可没听说"，进而让学生体会到这句话所表达出的内在含义和杨氏之子说这句话时所表现出来的机敏、风趣和优秀的教养。

可见，文本细读，首先是要"细"，即静心细读，细细品读，尤其是那些精妙的细微之处；其次是"品"，即在联系、想象、体验之中品味语言文字的味道；最终达到"悟"，即在细读、品味的过程中悟到语言文字的内在含义和作者的用意。

感悟文本的思想内涵，有时是多元的。例如，人教版语文教材二年级上册《酸的和甜的》一课中，小松鼠、小兔子也尝了一颗葡萄后，课文是这样写的："啊！真甜。"如果将这三个字与全文联系起来，我们会发现，这句话含有多层意思：一是小松鼠、小兔子为吃到这么甜的葡萄而高兴；二是感到很纳闷和奇怪，葡萄明明是甜的，狐狸为什么说是酸的呢；三是有点后悔、反思，不该光听信狐狸的话，应该亲口尝一尝，等等。这样的细读，从不同的角度思考，获得的是丰富而深刻的思想内涵。文本细读，应该注重多元解读，对同一内容，能够借助于自己对生活的体验、阅历等，从不同角度去思考、解读，为课堂教学的预设，为学生的建构、生成提供一个宽厚的基础和广阔的空间。

2. 入情入境，体会其思想情感。

教育家叶圣陶先生曾说，阅读要"潜心会本文，入境始与亲"，入情入境的阅读也就是凭借语言文字描写的内容，再借助于读者的想象、联想等，使语言文字所描绘的画面、情境仿佛浮现在"眼前"，产生一种如临其境、如见其人、如闻其声的阅读"心理图像"，即阅读还原。它是有别于一边读一边思考的这一抽象思维的又一思维方式（形象思维），它又是读者与作者心灵对话的桥梁、通道，其前提仍然是文本细读。

例如，窦桂梅老师在为六年级学生教学《丑小鸭》（译文片断）时，为了让学生体会鸭妈妈对丑小鸭的那份爱怜的情感，抓住"于是鸭妈妈在丑小鸭的颈上啄了一下，把他的羽毛理了一理"一句，让学生想象鸭妈妈是怎样"啄"的，并借助于"狠狠地啄"与"轻轻地啄"的不同动作来形象直观地感受"啄"的滋味。这样的引导就使学生深刻地感受到了鸭妈妈对丑小鸭的那份爱怜、关切，即一个"啄"所表达出来的思想感情。

可见，文本细读，能"细"到一字、一词、一句，并借助于想象、联想等还原文本，其感受愈深，体会愈真。

3. 走进第四个层面，感受语言的魅力。

我们认为，阅读一篇课文要经过四个层面：一是基本内容，即写的是什么；二是思想情感，即表达了什么；三是深刻而丰富的内涵，即语言文字背后的东西；四是语言表达，即怎样写的，为什么这样写，其目的、意图是怎样的。如果从这四个层面来考察我们的阅读教学，那就是：大部分的教学基本上只能达到第一、二个层面，少部分的教学能进入第三个层面，很少有能真正走进第四个层面的。如果走不进第四个层面，我们认为这是不完美的语文教学，而且是语文教学的致命缺失。

而当今所倡导的文本细读，为走进阅读的第四个层面，弥补语文教学的残缺、缺失，提供了可行的条件，它不仅能引领学生感悟到课文的思想内涵，也能引领我们体悟语言表达的力量与魅力。

（1）文本细读，关注课文中遣词造句的特点、作用、效果。例如，窦桂梅老师执教《丑小鸭》（译文）一文时，引导学生研读了写丑小鸭出壳后的样子这一部分，译文中只写了"他是又大又丑"六个字，没有像人教版语文教材二年级的课文《丑小鸭》那样对"又大又丑"进行具体描写。窦老师让学生将这六个字与二年级学过的课文中描写丑小鸭样子的一段话（过了几天，这个蛋才慢慢裂开，钻出一只又大又丑的鸭子。他的毛灰灰的，嘴巴大大的，身子瘦瘦的，大家都叫他"丑小鸭"）进行对比阅读，揣摩作者为什么不像课文中那样具体描写丑小鸭又大又丑的样子，而是惜字如金，仅用了六个字来写。窦老师让学生在对比之中，在联系作者的经历之中，理解了作者之所以如此描写，是在表达自己对丑小鸭的爱怜之情。你看，通过"他是又大又丑"这一语句的教学，学生体会到的不仅仅是作者表达了怎样的情感，而且还领悟到了作者"惜字如金"的用意。

（2）文本细读，关注课文中表达方式的特点、作用、效果。文章的表达方式主要指叙述、描写、议论、抒情、说明、铺垫和衬托等。文本细读，就需要在感悟课文思想内容，体会其思想感情的时候，进一步领悟作者是怎样写的，为什么这样写。这样做不仅能够更深层次地感悟内容，体会情感，还能使学生获得和积累一些表达上的知识、技巧，为习作提供储备。

例如，薛法根老师在执教《我和祖父的园子》一课时，抓住"花开了，就像睡醒似的。鸟飞了，就像在天上逛似的。虫子叫了，就像虫子在说话似的"，让学生明白，这几句话都采用了拟人的描写方法（表达的特点），进而让学生体会其表达的思想情感，及园子那多姿多彩、生机勃勃的景象（表达的作用）。这样的教学，学生获得的是一种感悟，也是一种积累。

（3）文本细读，关注课文在布局谋篇上的特点、作用及效果。每篇课文，在其布局谋篇上都有一定的特点，它传达了作者在表达上的目的和意图。特别是学生第一次接触到的，教师更应该引导学生去认识并领悟其表达的作用和效果。

例如，人教版语文教材五年级下册《桥》一课，写老汉在指挥村民过桥时，把一个挤在前面的"小伙子"从队伍里揪出来，让他排到后面去，结果"小伙子"被洪水冲走了。老汉与小伙子是什么关系？这里并没有交代，当读到最后两段"她来祭奠两个人。她丈夫和她儿子"时，我们才心头一震，原来老汉与小伙子是父子关系。读到这里，读者无不为之动容、震撼。那么，作者明明知道老汉与小伙子是父子关系，为什么不在前面交代、讲明，而在后面才点出来呢？这就是作者在布局谋篇上的独具匠心。这样安排，能使故事产生一种更加感人的效果，让读者有一种"意外"的震撼。这种意想不到的结尾，震撼人心，催人泪下。这就是语言的力量，这就是语文学习的魅力所在。

总之，文本细读，能使我们读到课文的深刻之处、独到之处，能使我们接近或走进作者的内心，能使我们品味到语言的滋味，感受到语文的魅力。

需要补充说明的是，解读文本还要注意三个问题和两个角度。课文要研读三个问题：一是写的什么，二是怎样写的，三是为什么这样写。在这三个问题中，"写的什么"人人看得见，"怎样写"和"为什么这样写"对于大多数人来说却是个秘密。教学的着力点，应该引导学生去努力探究它的种种"秘密"。尤其是"某种特别的句式，不仅是作者在技巧方面的表现，也是作者别有用心的地方"（朱自清语）。从某种意义上讲，阅读就是一个"探秘寻宝"的过程，就是揣摩作者"别有用心"的地方。

两个角度：一是读者的主观投入、情感体验，它侧重于想象、联想等形象思维，更多的是体会和感受，读出来的是文本的情境、形象、情感、思想等；二是读者的客观赏析、品味，它侧重于分析、归纳、联系等抽象思维，更多的是体味、领会、感悟，读出来的是文本的思想及表达的特点、作用、效果等。（解读教材与分析教材的区别就在于，解读教材既要主观投入、切身体验，又要客观解析、品评，而分析教材主要是进行客观的解析）

三、文本细读，与编者的思想"对话"

文本细读，原是一个文学批评的概念，今天把它的一些基本原理和方法借鉴到语文教学中来，目的是强调教师在备课的时候要"细读"，通过对文本的细读来彰显语文的魅力，提高语文教学效率。如果我们这样来理解、界定文本细读，那么，这里的"文本"作为教材，就不应单单只是课文本身，还应包括单元训练重点、课后思考练习等。也就是说，文本细读不仅要细读课文本身，还应细读单元训练重点、课后思考练习等，即"细读"编者安排相关训练的目的和意图，不然只细读作者，而不细读编者，会出现教学中"只见树木，不见森林"和"没有航标乱行船"的现象。因此，在文本细读的过程中，还要做好以下两项工作。

1. 解读单元训练重点。

我们知道，课标教材，大都是以某一人文主题组织单元的，而且每一个单元都安排了语文训练的重点。例如，人教版语文教材四年级上册中就提出了以下训练重点："读文章，想画面""体会童话的特点""比较阅读""边读边想，提出问题""领会表达方法"等。我们在文本细读时，应对每一训练重点进行具体、细致的解读。一般可从四个层面解读：一是弄清各个训练重点的意思，解读它指的是什么（意思）；二是弄清为什么要进行这项训练（学习的目的、编排的意图）；三是弄清各个训练重点的来龙去脉，分析它来自何处（源头），走向何方（发展），本组本课干什么（着力点）；四是弄清各个训练重点的相互关系，即横向比较，看其是否与其他训练重点有联系。

以"读文章，想画面"这一训练重点为例说明。首先要解读这一训练重点，即什么是"读文章，想画面"，"画面"指的是什么，为什么要进行这种训练。经过分析，我们得知"读文章，想画面"是一种阅读方法，是引导学生在阅读的过程中借助于想象，设身处地、入情入境地读，产生一种如临其境、如闻其声、如见其人的阅读心理"影像"，有了这种心理影像，就容易与文中人物共鸣、对话，体会深切。如果学生在一篇篇课文的学习中运用这种阅读方式，并逐步形成阅读习惯，就能达到"不待教师教"的理想境界。其次，要分析这一训练重点"来自何方"，实际上相类似的训练、起步训练在人教版语文教材三年级中已多处涉及，如"我好像看到了这样的情景"（《我们的民族小学》），"我能想象出'赶集似的聚拢来'的景象"（《燕子》），这就是为学习"读文章，想画面"所进行的一次次初步训练与铺垫。人教版语文教材四年级上册明确提出来，目的就是有意识地强化这一训练，促其掌握方法，形成能力。"走向何处"呢？"读文章，想画面"，与人教版语文教材五年级下册第四组提出的"学习本组课文，要入境入情……"密切相关，它可以看作是"读文章，想画面"的一个发展、提升，是"体会文章的思想感情"的一条途径，一种方法。这就是这一训练重点的前后联系。如果再进行横向分析，"读文章，想画面"与"边读边想，提出问题"既有联系又有区别。前者侧重于形象思维，后者侧重于抽象思维，它们是两种不同的思维方式、阅读方法，但两者密切相关，在阅读的时候缺一不可。

经过这样的解析，就有可能将教学的着力点确定得更准确一些，提高教学的实效性。

2. 解读课后思考练习。

思考练习题，包括课文中的"泡泡语"、语文园地中的"我的发现""交流平台"，是编者依据训练目标体系和课文特点设计的，提示教学的重点、关键和学习的方法。它是训练重点的分解、细化，承担着理解课文、落实训练重点的"重任"。文本细读，还应解析这些思考练习题。一般地讲，要从三个方面来思考：一是它们指的是什么，让我们干什么；二是为什么要进行这一思考与练习，即弄清其训练的目的意图；三是思考练习与目标体系的关系。例如，人教版语文教材五年级下册《威尼斯的小艇》课后提出这样的思考练习：

读下面这段话，说说威尼斯的小艇有哪些特点，并体会加点词句的好处。

威尼斯的小艇有二三十英尺长，又窄又深，有点儿像独木舟。船头和船艄向上翘起，像挂在天边的新月，行动轻快灵活，仿佛田沟里的水蛇。

这一思考练习，主要有两个任务，一是知道威尼斯小艇的特点，二是体会比喻句的表达作用、效果。这是弄清了"干什么"。那么，编者为什么要安排这样的思考练习呢？只要联系课程标准的相关要求，就不难明白，这是在落实"体会课文中关键词句在表达情意方面的作用（效果）"。怎样做呢？首先应让学生概括出小艇的几个特点（窄、深、长、翘、灵活），进而体会比喻句在表达上的作用、效果，至少有三点：一是可以设想，作者为什么连用三个比喻句来形容、描写小艇呢？（突出了小艇的三个主要特点）如果去掉一个行不行？为什么？（去掉一个就表现不出小艇的样子、特点，或者说就不是威尼斯的小艇了）二是运用比喻句来描写小艇，突出了小艇的特点，让人感到很直观、生动、形象。三是表达出了作者对小艇的喜爱、赞叹之情。

如果我们在文本细读时，能对课后思考练习做这样的细读、解读、研读，教学中就会心明眼亮，有的放矢，防止"没有航标乱行船"的现象出现。

总之，文本细读会给传统意义上的备课带来一种崭新的思想，是一种备课理念上的更新。它将指导、引领广大小学语文教师走入一个备课的新境界；会在提高语文教学质量的同时，在成就学生语文人生的同时，成就教师自己精彩的语文人生。

文本细读，绽放语言文字的芬芳；

文本细读，成就课堂教学的精彩；

文本细读，闪烁教师智慧的光芒；

文本细读，提升思想内涵，历练教学内功。

（此文发表于《小学语文教师》2008年第7、8期合刊）

在课堂上与学生互动交流

单元教学的"第一要务"

——解读单元导语，把握编者意图

"单元导语"是人教版课标教材的重要组成部分，也是人教版课标教材编写的一个亮点，它集中体现了编者对一组课文的整体设计意图，对一组课文而言，有着统领全组、目标定位、学习导航等重要功能。因此，解读单元导语，把握编者意图，对于一组课文的教学有着举足轻重的作用。遗憾的是，课标教材的这一编写特点和导语的功能、作用，在不少教师那里还没有引起足够的重视，甚至被当成"聋子的耳朵——摆设"。仍然习惯于一篇一篇孤立地解读课文，没有把一篇篇课文放置在一起，没有在单元导语的统领、"烛照"下进行解读，因而教学中就经常出现解读不到位、误读跑偏和"没有航标乱行船"的状况。

例如，教学人教版语文教材四年级下册《蝙蝠和雷达》一课时，不少教师把这一课的主题定位在学习科学家坚持不懈、严谨认真的态度上，根本不顾及单元导语中提出的"阅读本组课文……了解大自然给人类的启示"的专题定位（这一专题与人教版语文教材五年级上册第四组"从生活中得到启示"有一定的联系）。

这种解读不到位、误读跑偏和"没有航标乱行船"的状况，不仅表现在对单元主题的把握上，还表现在对单元训练重点的认知上。

教学人教版语文教材五年级上册《圆明园的毁灭》一课时，几乎所有教学这一课的教师都运用了大量的图片、视频、音乐实施教学，用大段大段的像背台词一样的诗意的语言进行煽情，完全没有顾及本单元导语提出的要求，即"阅读本组课文，我们要用心感受字里行间饱含的民族精神和爱国情感……"根据这一单元的教学要求和学习方法，学习《圆明园的毁灭》等课文，恰恰不适合运用大量的图片、视频、音乐等，而是应着力引导学生静心阅读课文的语言文字，从它的字里行间体会内含的精神或情感，以此培养学生感受语言内涵、品评语言滋味的能力。例如，课文的第三自然段写圆明园的各种景观，作者运用了"有……有……也有……""不仅有……还有……"等关联词，不借助图片、视频、音乐等，从这么多看似平常的"有"字中是否就能明显地感受到圆明园景观的多姿多彩、美丽壮观呢？能否强烈而真切地体会到作者对圆明园美丽壮观景象的自豪、骄傲、赞美之情呢？是否还能感悟到作者为后文写圆明园化为一片废墟，什么都"没有"了的无比痛心、惋惜、憎恨埋下了伏笔？这样的教学是否才符合、体现编者的意图？

凡此种种，都是"只见树木，不见森林"，没有解读或没有读懂单元导语的结果。没有弄清楚"教什么"，那么"怎样教"就无从谈起了。而且不弄清楚"教什么"，"怎样教"的方法手段越巧妙、越花哨，离题就越远。虽然说"教材是素材，要创造性地用教材"，虽然说变"教教材"为"用教材教"，但是它总归是"教材"，是教材就有它的规定性和制约性，我们应该尊重教材的这种规定性和制约性。再者，对一些解读教材功底不足的教师来说，努力解读教材，把握好编者的意图，比所谓"创造性地用教材"，结果教偏了、教错了，来得更实际一些。因为"干正确的事"比"正确地干事"更重要。为此，我们强调：使用人教版课标教材，必须重视并首先对各单元的导语进行具体、深入的解读，要在弄清并把握编者对一组课文的整体设计意图的情况下解读每篇课文，能够居高临下、前后联系地解读每篇课文，这应该成为解读教材的"第一要务"，成为解读教材的一种自觉意识和习惯性备课方式。

一、单元导语的构成

单元导语一般由两部分组成，一是导入、提示学习的思想内容，即人文专题；二是规定，提出学习、思考的任务、要求、重点、方法等，即训练重点。（一、二、三年级主要是第一部分）我们以人教版语文教材六年级上册第三组的导语为例：

……本组课文如一首首心灵之歌，唱出了动听的爱的旋律，唱出了人间真情。让我们通过本组课文的学习，共同感受真情的美好，并让爱在我们的心灵深处扎根。

学习本组课文，要在读懂课文、体会情感的基础上，学习作者是如何通过环境、人物心理活动等方面的描写，抒发美好情感的。

这一导语的第一部分向我们提示了学习、体会的思想内容和思想情感，即"共同感受真情的美好，并让爱在我们的心灵深处扎根"，这是继续学习、感受"人间真情"的人文专题。第二部分给我们规定、提出了学习的任务和要求，主要有两项：一是"读懂课文、体会情感"，即感受真情的美好；二是"学习作者是如何通过环境、人物心理活动等方面的描写，抒发美好情感的"。其中第二项是本组教学的重点、关键。也就是说，体会本组所描写的人物的美好心灵只是基础，不是重点、关键，学生一读便能感受到。关键是学习作者是如何通过环境、人物心理活动等方面的描写，抒发这种美好情感的，是以学习如何表达为重点。第二部分还为我们提示了学习方法，即先读懂课文，体会情感，这是基础，然后提示我们把教学的着力点转移到学习作者如何表达、抒发这种情感，这是关键。

由此可知，单元导语是从学生"学什么""怎样学"，教师"教什么""怎样教"两个方面和两个角度进行规定和提示的，是教与学的出发点、着力点乃至落脚点。

二、单元导语的解读

根据我们多年进行单元整合教学实践的体会，解读单元导语，要有系统思想和整体观念，把一组课文放置在一册、一个年级乃至整个小学阶段来思考；把一篇课文放置在整组课文之中来解读，从而弄清这一组课文在整个教材体系中所处的位置，以及这一课在这整组课文中所处的位置，进而明确教学的出发点、着力点和落脚点。也就是说，要弄清这一组、这一课处于整个教材链条中的第几环，力求清清楚楚、明明白白地教。下面，从如何解读人文专题和训练重点两个方面做以具体介绍、说明。

1. 人文专题的解读。

一般地说，某些人文专题在整个小学语文教材中会连续出现，但是侧重点有所不同，厘清某一人文专题的发展脉络，能够帮助我们明确教学的着力点，教在点子上。以人教版语文教材五年级上册第六组导语为例：

我们在父母的爱中长大。父母的爱，是慈祥的笑容，是亲切的话语；是热情的鼓励，是严格的要求。在本组课文中，我们将看到父母之爱的一个个侧面，感受到父母之爱的深沉与宽广。

认真阅读课文，把握主要内容，想一想作者是怎样通过外貌、语言和动作的描写表现父母之爱的。

这是一个关于感受父母之爱的人文专题。此类专题在人教版语文教材三年级下册第五组已有涉及，即"体会父母所付出的辛劳"。与三年级的这一专题联系起来解读，我们就会发现，两次同类专题虽然都是让学生感受父母之爱，但是侧重点不同。三年级的侧重点是初步体会和感受，而且仅是一个侧面，即体会父母付出的辛劳；而五年级的侧重点是让学生感受父母之爱的"一个个侧面"，也就是从方方面面，尤其是在琐事之中，甚至是批评训导之中体会父母之爱，从而"感受父母之爱的深沉与宽广"，即父母之爱的无处不在，无处不真，无处不深。

如果再结合课文和学生学习的实际，我们会更加明确编者的这一意图。本组安排了四篇课文，从四个侧面来描述父母之爱。可分为两类：一类是《地震中的父与子》，讲特殊情况下父母之爱的伟大；一类是《慈母情深》《"精彩极了"和"糟糕透了"》《学会看病》，这三篇课文是讲日常生活中关心、教育子女的父母之爱，尤其是父母"无情"的批评、有意识的"冷漠"也是爱。四篇课文中，三篇讲日常生活中的父母之爱，可见，编者的意图是让学生从日常生活中去感受隐含的、深沉的及无处不在的父母之爱。

从学生对父母之爱的感受、体验来看，第一类是极其特殊的，学生最容易感受到父母之爱的伟大。而第二类，是一些生活琐事，尤其是那些"无情"的批评、父母有意识的"冷漠"，学生就难以感受到父母之爱了。我们在教学这组课文之前，做过这样的调查：在生活中，你感受到父母之爱了吗？请举例说明。结果，90%以上的学生写的是"自己生病的时候，母亲守候在身边"、"下雨的时候，父亲冒雨来送伞"等特殊情况下的父母之爱，只有两三个学生写到了父母给他洗衣服、为他操劳等事例。可见，学生对父母之爱的认识、感受是片面、欠缺、肤浅的，而让学生"看到父母之爱的一个个侧面"恰恰是学习这一组课文的关键所在，即让学生通过这一组课文的学习，提升对父母之爱的认识，真正感受到父母之爱的方方面面。

经过将这一专题与同类专题联系起来分析、解读，我们就可以充分认识到五年级的这组课文，不是让学生感受一般意义上的父母之爱，关键是让他们从生活的多个侧面，尤其是那些严厉的批评、"无情"的冷漠等方面真正感受、认识到"这就是爱"。这是本组教学的着力点、落脚点，这样解读才符合并能体现编者的意图。

2. 训练重点的解读。

从四年级开始，单元导语在第二部分为我们规定、提出了语文训练的重点，一般有三个方面。一是阅读方法方面的，二是理解课文内容，领会表达方面，三是语文实践活动方面的。所不同的是有的年级、有的单元提出了一个方面，有的是多个方面。我们应该对各个训练重点做出比较清楚明白的解读。那么，怎样解读语文训练重点呢？我们以弄清把握"阅读方法"为例：

人教版语文教材四年级上册第一组的导语："……让我们一边读课文，一边想画面，感受大自然的魅力……"

在这一导语中，编者规定、提出了"读课文，想画面"的要求。这是从阅读方法方面提出的，是学习本组课文的基本方法，是本组教学的一个重点。我们对此要进行认真的解读，真正弄懂这一要求。一般应该从三个方面进行解读：一是弄懂什么是"读课文，想画面"，它与"一边读，一边思考"有什么不同；二是为什么要"读课文，想画面"；三是怎样引导学生"读课文，想画面"。我们的认识是："读课文，想画面"是一种通过阅读那些有关景物、人物等语言文字的描写在头脑中形成"心理图像"，借助于想象和体验进行阅读的方法。这种阅读方法与"一边读，一边思考"不同，前者是一种形象思维，它更多的是想象、体验和感受，后者是一种抽象思维，它更多的是质疑、思考和感悟。进行这种阅读方法的训练也是走进文本的重要途径，即在头脑中产生一种如临其境、如见其人、如闻其声的阅读想象、体验和感受。教师在教学时可采用语言描述法、闭眼想象法、朗读体验法、绘画还原法等。这样从"是什么、为什么、怎么办"三个方面对训练重点进行解读,教师在教学时就能比较准确、扎实地体现、落实编者的意图。

在实践研究中,我们还体会到,如果把某些训练重点放置在教材系统中思考和解读,搞清它的来龙去脉,教学会更加心明眼亮,教在点子上。如"读课文,想画面"不是在四年级才提出的,实际上在人教版语文教材三年级上册《我们的民族小学》一课中就已经提出:"我好像看到了这样的情景……"这可以看作是这一训练要求的源头。随后,教材中又多次陆续提出。到了人教版语文教材四年级上册第五组又提出了"认真阅读课文,想象课文描写的情境"的要求,这可以看作是这一阅读方法训练的发展。最后在人教版语文教材五年级下册第四组单元导语里再次提出"学习本组课文,要入情入境,抓住那些感动的地方,体会作者表达的思想感情……",这可以看作是这一阅读方法的提升。这样解读,弄清了"它来自何方",我们就知道"读课文,想画面"这一训练重点是在什么基础和起点上进行的。弄清了"它走向何处",我们就明白了这一训练重点是朝着什么方向发展的,它的归宿是什么,进而我们就会明确"现在干什么",干到什么程度。这有利于提高教学的质量和效率。

需要特别注意的是,从四年级开始,在单元导语中,编者陆续规定和提出了"领会表达"的任务和要求,如:人教版语文教材四年级下册第一组提出"去体会作者对山山水水的热爱之情,并体会作者是怎样用优美词句表达情意的"。这是引导学生不仅要理解优美词句的意思,体会思想感情,还要关注课文中这些优美词句在表达情意上的作用,以落实课标中"能联系上下文,理解词句的意思,体会课文关键词句在表达情意方面的作用"这一学段目标。还有些单元导语的规定和要求是偏重于领会语言表达的,如,前文所述的人教版语文教材六年级上册第三组的导语:"学习本组课文,要在读懂课文、体会情感的基础上,学习作者是如何通过环境、人物心理活动等方面的描写,抒发美好情感的。"在解读和教学时要特别用心弄清楚此类编者意图。

总之,这样解读单元导语,看似"复杂烦琐",似乎"小题大作",但是我们在实践探索中切身体会,这样做不仅能使教师明确方向,把握关键,教在点子上,提高教学的实效,同时也能大大提升教师自身解读教材、驾驭教材的能力。系统论的思想告诉我们:任何系统都是一个有机的整体,它不是各个部分的机械组合或简单相加。系统的整体功能是各要素在孤立状态下所没有的新质。这种功能的产生是一种质变，它是各个部分所不具备的。我们要用这样的思想，去研究、体现语文教学的年段性、发展性。

三、单元导语的运用

根据多年的实践与探索，我们感到单元导语这一文本要件是很好、很有用处的教学资源。为此，在"单元整合教学"的实践中，我们在解读单元导语、把握编者意图的前提下，还把单元导语作为教学一个单元的首要环节，作为学生学习的出发点。下面以人教版语文教材四年级上册第一组的导语为例做一下介绍：

……本组课文再一次展现了大自然的神奇。让我们一边读课文，一边想画面，感受大自然的魅力，体会作者的生动描写。在学习课文的过程中，还可以搜集有关自然奇观的资料，以丰富我们的见闻。

1. 出示导语，梳理任务。

在进入本单元的教学之始，我们向学生亮出导语，引导学生梳理出它所包含的四项学生任务（实际也是学习目标、方向、重点），即：①理解本组课文内容，感受大自然的神奇（这是理解思想内容方面的）；②体会作者的生动描写（这是领会语言表达方面的）；③读课文，想画面（这是阅读方法方面的）；④搜集有关自然奇观的资料（这是语文实践活动方面的）。

2. 分析任务，明确重点。

在这四项学习任务中，根据学情，有两个最为重要，有必要分析、明确。为此，我们在梳理出的四项任务中，进一步让学生明确其学习重点：一是读课文，想画面；二是体会作者的生动描写。这样教学，使学生在知道了"学什么"的基础上，又弄清楚了"重点学什么"和"怎样学"。

3. 点拨疑难，把握关键。

本组课文在理解课文内容上有一个关键问题，是学生也是教师比较容易忽视和混淆的，即"自然景观"与"自然奇观"的不同。一般地讲，前者侧重于描写景观的"美"，后者侧重于描写景观的"奇"。为了让学生把握这一关键，我们在教学中出示一组既有自然景观又有自然奇观的图片，让学生进行区分辨别，从而弄明白学习本组的关键是感受大自然的"神奇"（不是一般意义上的景观）。有了这样的点拨，学生在学习《观潮》《鸟的天堂》等课文时，就明确了学习的方向，会有意识地发现和理解课文所描写景观的"神奇、奇特"之处，也有利于完成好"搜集有关自然奇观的资料"这一学习任务。这样解读课文，我们就明白了那种把鸟的天堂讲成大、美、茂盛、生命力强和鸟的多、活跃、自由、幸福等的教学，如果不强调它的"神奇、奇特"，就说明教师没有把握编者的意图，只是把"鸟的天堂"这一"天下奇观"当成一般的"自然景观"了。

如果围绕着"奇观"看课文，《鸟的天堂》一课，这一"奇"是："鸟的天堂"能骗过人的眼睛。傍晚去鸟的天堂，什么鸟也没有看到、听到，而清晨去则什么鸟都有，成千上万，各种各样，好像世界上所有的鸟类都聚集在这里，而且似乎是一下子冒出来的，令人应接不暇。这二"奇"是：榕树之大能使人产生错觉。榕树之大，大得独木成林，占地面积极大，一般人都误认为是许多榕树，分不清榕树的主干、枝干。这三"奇"是：树叶出奇地绿，生长得出奇地茂盛，不是"一片片"而是"一簇簇"，不是"一层层"而是"一堆堆"，不是一般的绿，而是绿得反光，"照耀着我们的眼睛"……大约能找出十几个"奇"。由这十几个"奇"，学生能在认识上、情感上、写法上等感悟体会到很多，而且一旦明确掌握了这种学习理解的方向、切入点、着力点、方法窍门，后面的课文还用得着教师教吗？他们是否就会自悟自得了？

实践与研究的经验和教训告诉我们：解读到位有根基，方向明确有目标的教学才是高效的教学。单元导语的教学用时不多，却如同在学习起步之时就点亮了一盏灯，照亮了前进的道路，无论是对教师的教，还是对学生的学，都起到了居高临下、心中有数、定位目标、事半功倍的作用。

（此文发表于《小学语文教学·会刊》2011年第7期）

附：

解读教材的基本模式

下面是一篇解读教材的基本模式。解读教材时可以按照这个模式，一边读教材一边思考。如果经历这样的思考过程，相信你会对教材有一个全面、深入、细致和系统的把握。教师在这样的基础上，确立教学目标，设计教学过程，一定能够提高教学质量和效率。

一、教材位置

1. 人文专题的位置

解读"导语"，注意相关年级、专题导语与导语之间的联系。需要弄清楚：什么专题？为什么要学这个专题？前后联系是怎样的？如环保专题，二年级与三年级的要求略有不同，即它来自何方，走向何处，当下干什么。

2. 训练重点的位置

人教版语文教材从四年级开始，在单元导语中安排了语文训练重点。解读时可从三个方面思考：这是一个什么训练，为什么要进行这样的训练（意义或好处），这个训练的前后联系，即在什么起点进行的。

二、教材特点

1. 字

会认的字：音、形、义有所侧重地分析，如易读错、写错的字，新偏旁、新部件、结构复杂的字、需要查字典了解字义的字等。会写的字：只分析如何写，一是容易写错的那一两点，侧重指导写对；二是在这些字中找到一个书写规律，侧重指导写好，如主笔、笔顺、结构等。

2. 词

一是教材明确要求的，如生字新词；二是理解词语，一般是三四个，或联系上下文，或查字典；三是找到一个知识点，如课文中的近义词，典型的成语，写外貌、颜色的词语等。

3. 句

一是课后规定的句子；二是找到课文中重要的、有特点的句子进行分析，包括标点，3～5句即可。这句话什么意思，或表达了什么情感，怎样写的（比喻、拟人、反语等），这样写好在哪里。

4. 段

分析重点的、有特点的段落。从思想内容和表达方法两个方面进行分析。

写的是什么（段意），怎样写的，这样写好在哪里或作者为什么这样写。1~3段即可。

5. 篇

（1）思想内容、情感方面：课文的主要内容、中心思想、各段段意。

（2）表达方面：

①叙述顺序（或结构、脉络、思路）。

②表达方法（包括记叙、描写、抒情、议论、说明；画龙点睛、篇末点题、设置悬念、铺垫等）。这是什么写法，这样写好在哪里或作者为什么这样写。注意：解读教材可分两步进行。第一步，阅读、分析、思考它的方方面面、角角落落。第二步，从这些方方面面、角角落落中找到有学习价值的重点、要点进行分析解读，然后写下来。

三、思考练习题

分析主要的思考练习题，包括课文中的泡泡语，特别是第一次出现的。体现学习方法的要进行分析：一是分析这是一个什么题，即编者让我们干什么；二是干到什么程度，即答案，以便把握编者的意图。

四、学情分析

根据上述对编者意图的分析、单元学习重点的把握和课文学习要点的梳理，接下来，还应把这些思考与学情结合起来，进一步弄清学生已知的、未知的和难知的，或者把教学的重点、内容进行"二分法"：哪些是学生自己就能学会的，这些学习内容尽量让学生进行自主学习，自主完成；哪些是需要教师点拨、引导的，以便有的放矢，教在点子上、关键处，更好地提高教学质量和效率。

赢在终点

——向着教学目标出发、着力、落脚

在观课中,我看到不少课堂出现"课上热热闹闹,课后空空荡荡"的现象,教师的教学是"脚踩西瓜皮,滑到哪里算哪里"。为什么会出现这种状况呢?如果你看到教师的教学目标是如何制订的,就会"恍然大悟"——教师根本不会或不重视教学目标的制订,教学几乎是"没有航标乱行船"。原本确立教学目标是教学的首要任务,是教学设计的核心,是钻研教材的结晶,决定着一堂课的成败。然而,确立教学目标这项工作在不少教师那里却没有得到应有的重视。关于这方面的问题有很多,归纳起来,主要有以下几个方面。

一、游离文本

教材是教学的基本依据,落实编者意图应该是教学的基本任务,不然教材就没有存在的价值。教材在"导语""课后思考题"等版块中已比较明确地规定了教学的重点、学习的任务,甚至有明确的学习方法的提示等,这都是制订教学目标的基本依据。然而,有些教师根本不钻研教材,不依据教材确立教学目标。

如人教版语文教材四年级上册第一组导语中提出:"本组课文再一次展现了大自然的神奇""还可以搜集有关自然奇观的资料……"编者这样表述,是在明确地告诉我们这一组教材的内容是学习"自然奇观",感受大自然的神奇。但是,不少教师没有围绕着"奇观"确定教学目标,结果把"奇观"教成了自然景观或一般景观。

编者让他往东,他偏往西,在这种无视教材、游离文本的做法下,怎么能完成教学任务呢?

二、形同虚设

有的教师虽然在教案中制订了教学目标(大都是把教参中的教学目标抄录下来),但是其教学过程、方法根本不是向着教学目标出发、着力、落脚。在实际操作中常常是目标中有,教学中没有,教学中有,目标中没有,教学目标与教学过程、方法互不搭界。教学目标几乎成了"聋子的耳朵——摆设",即假目标。

究其原因,是教师根本没有围绕着教学目标选择教学内容,设计教学过程、方法,或者把制订教学目标只看作是写教案的一种必要的格式。至于教什么,怎样教,都是一笔糊涂账。

三、笼统模糊

简单地说,教学目标是指教什么、教到什么程度,它应该是比较具体、指向明确、可操作、能落实的,可是不少教师的教学目标不是这样。如"认识8个生字,会写13个字""正确、流利、有感情地朗读课文"这样的目标,笼统模糊,指向不明,导致教师在教学过程中泛泛而教,平均用力。

我们主张教学目标要具体化,可操作。如,在"认识8个生字,会写13个字"这一教学目标之中,哪几个生字是教学的重点?是在字音、字形,还是在字义上?再如,"有感情地朗读课文",应该读出什么感情?是兴奋的、激动的,还是悲伤的、凄惨的?是轻柔的、舒缓的,还是激昂的、急促的?教师如果在目标制订和表述上弄清楚了这些,就能教有方向,学有标准,有的放矢。

四、千篇一律

教学目标是指"这一课",并非"放之四海而皆准"。它是教师认真深入解读教材和分析学情的结晶。可是，有的教师确立的教学目标十分机械，所制订的教学目标，课课一致，基本上没有什么实用价值，相当于没有目标。如：学习"赞、需"等12个生字，会写"赞、需"等6个字；能够正确、流利、有感情地朗读课文；理解课文内容，体会课文表达的思想感情……

这样的教学目标空泛，没有指向性，没有可操作性。学生看到这样的学习目标并不知道"这一课"需要用什么样的感情朗读，理解什么内容，体会什么感情。这种教学目标就属于"聋子的耳朵——摆设"。

五、高不可攀

有的教师在四年级写景的习作教学中提出"写出画面感、节奏感"，在高年级写人的习作教学中提出"学习塑造人物形象"等教学目标。这样的教学目标已接近文学创作，小学生的写作水平能达到吗？可是在不少教师的教案中不乏类似表述。

这样的教学目标不知是依据什么制订的，课标中没有，教材中也没有，完全是来自教师的主观臆断。更让人郁闷的是，当我们用这样的目标观课时，教师根本没有按照这样的目标去教学，目标与教学过程也是互不相关。教师如果制订了一个脱离实际、毫无依据、高不可攀的教学目标，教学中无论做什么、怎么做也都会与教学目标"渐行渐远"。

六、概念混淆

在教师们制订的教学目标中，普遍存在着一个问题，即在制订"过程与方法"这一维度的目标时，学习方法与教学方法分不清楚，把纯粹的教学方法当成学习方法来制订、表述，如"借助视频、实物、图片识字……""通过创设情境、配乐朗读感受……""通过补充板画、表演等方法理解……"等。教师制订这样的教学目标，没有弄清教学方法与学习方法的区别，误把纯粹的教学方法当成学习方法，或者根本就没有弄清"过程与方法"这一维度指的是什么。

教学方法与学习方法是两个不同的概念，既有联系，也有区别。对此，我们要弄明白两个基本问题：一是"过程与方法"这一维度指的是学生学习过程和学习方法，不是教学过程和教学方法；二是教学方法与学习方法的联系与区别。学习方法包括借助汉语拼音识字、查字典、联系上下文、把握重点词句、提出问题、圈点标画、搜集资料、采访调查等，它与上述纯粹的教学方法是不同的。实际上，学习方法是可以当成教学方法来实施操作的，"通过联系上下文和提出不懂的问题来理解……"这既是学习方法和过程，也是教学方法和过程。这就是学习方法与教学方法之间的联系。

七、目标缺项

在教师们所制订的教学目标中，存在很多项目不全的问题，尤其是缺少"过程与方法"这一维度的目标制订。按照课标的要求，教师制订教学目标应该从"知识与能力、过程与方法、情感态度与价值观"三个方面来考虑。但是，有些教师由于对什么是"过程与方法"认知不够，导致教学方法、教学过程与学习方法、学习过程混淆，或者两者缺少其中之一。

那么，怎样制订"过程与方法"这一维度的教学目标呢？以《普罗米修斯》一课的教学目标为例：

通过抓住关键词语，联系上下文，揣摩人物内心等方法，感受普罗米修斯坚强不屈、甘愿为人类献身的英雄精神，体会作者的赞颂之情。

这是关于理解课文内容、体会情感的目标表述，这里面有学习方法的要求，也有学习过程的表述，即"通过……""感受……"，前半句是学习的方法、路径，后半句是学习的方向、目标，两者结合在一起就是学生要运用的学习方法，所要经历的学习过程。需要注意的是，教师要防止把诸如"导入课题、整体感知、重点研读"等纯粹的教学过程、步骤误当成课标规定的"过程"。

八、定位模糊

目标定位研究的是本节课在什么起点教和教到什么程度的问题，也就是说，某一教学目标的确立，要弄清楚它来自何方，走向何处，当下干什么。然而，有些教师不解其意，在制订目标时不是要求过高，就是要求过低。

如有些要求，是初步学习，还是继续学习，是学会、掌握，还是学习、运用，是让学生说说课文讲了一件什么事，还是让学生说说课文主要内容等，这些教师都应该弄明白、搞清楚，这样才能使教学真正教在点子上、关键处。

虽然有些教学目标比较模糊，难以分得清楚，但是具体到某一课上，经过对教材的整体把握、系统分析、认真解读之后还是能够搞清楚的。

九、主次不分

教学目标与教学内容不是同一概念，不能画等号。教学目标是教学的主攻方向，是教学的着力点，教学内容是围绕着教学目标来选择的，是为达到教学目标服务的。为了达到某一教学目标可能有多个教学内容，所以教学目标不能等同于教学内容。

有的教师搞不清它们之间的区别与联系，把某些教学中仅仅一提而过的教学内容写进教学目标中。如《两个铁球同时着地》一课中，写伽利略在比萨斜塔做实验时，围观的人嘲讽伽利略。这是一段人物语言的描述，有侧面衬托伽利略不怕打击、坚持真理的作用。有的教师把它写进教学目标中："学习侧面描写，领悟侧面描写的作用。"这样的教学目标不太适合四年级的学生。人教版语文教材五年级下册《"凤辣子"初见林黛玉》一课写王熙凤出场的反映和表现是典型的侧面描写，在五年级下册当作教学目标来考虑是可以的，但这个目标在四年级有点过高。在四年级的教学中可以把它作为一个次要的教学内容稍加提示，让学生对这段话在表情达意上的作用有所认识，但不适合写到教学目标中。所以，有些教学内容是次要的，教师在教学中可以涉及，但不一定作为教学目标来考虑。

十、主体错位

在教学目标的表述里，我们仍然看到有些教师这样表述，"使学生……""引导学生……""激发学生……""培养学生……"等。这种表述的行为主体是教师，而不是学生，学生在这样的表述中处于被动学习的状态，没有体现出学习的主体是学生的课标要求和转变教师的角色、变学生被动学习为主动学习的课改理念，谓之主体错位。

教学目标实际上也是学习目标，是在课堂上师生共同完成、达到的目标。在制订教学目标时，要使学生在学习中处于主动位置，删掉教学思想、目标表述中的"使学生……""引导学生……"这种使学生处于被动地位的语句。

十一、分类不当

有的教师在制订教学目标时，分不清什么是知识目标，什么是能力目标，什么是方法目标，什么是情感目标，什么是思想内容的目标，什么是思想情感的目标等，一笔"糊涂账"。

制订教学目标需要教师在研读教材的基础上，在弄清"教什么"的前提下进行一定的目标梳理、分类。虽然知识、方法、能力、思想内容、思想情感方面的目标，有时相互交织、难以分清，但是在具体某一课的教学中还是有所不同的。如"认识 8 个生字，会写 13 个字"属于知识目标；"联系上下文理解课文"是一种学习方法的认知和运用；"发现、提出不懂的问题"既是学习方法，也是学习能力的体现，学生初学时可当作一种学习方法，经过了多篇课文的学习，就可以看作是一种学习能力了。弄清楚这些有助于教师明确教学的着力点，明白"我在干什么"，做到清清楚楚地教。

十二、排序混乱

在对教学目标进行分类之后，教师还需要对教学目标进行一定的排序。然而不少教师既没有进行必要的目标分类，也没有进行合理的排序，在目标表述上呈现出颠三倒四、逻辑混乱的状况。如有的教师把"有感情地朗读课文"排在前面，把字词学习目标排在后面；有的教师没有把"认识 8 个生字，会写 13 个字，有感情地朗读课文"进行目标内容分类，而是放在了一起等。

对教学目标进行排序这一工作，虽然没有明确、统一的规定，但有约定俗成的依据。一篇课文的教学目标，可以按照下面的项目和顺序确立、排列：①会认的字；②会写的字；③词句方面；④朗读、背诵；⑤课文顺序、结构、脉络（一般从人教版语文教材三年级下册开始）；⑥用什么学习方法，经历怎样的学习过程来理解课文内容、体会情感；⑦领会表达方面（一般从人教版语文教材三年级下册开始）；⑧课后要求的练习（如积累词语、小练笔等）；⑨情感、态度、价值观方面，这部分内容要比理解课文思想内容、体会情感上位一些，一般与单元人文专题相呼应。

另外，有的教师按照课标规定的三个维度，把一项项教学目标划分为"知识与能力""过程与方法""情感态度与价值观"三个层面，并冠以标题，依此排序。这种排序看似眉目清晰，实则不够合理，如："过程与方法"应该是其他目标的载体，体现在其他目标之中，一般不好单独列出；识字学词、理解课文内容目标中有"过程与方法"的问题等。制订目标的三个维度，是我们在建立教学目标时思考的三个方向、三个角度，并不是排序的依据。

出现上述这些问题，究其原因，从专业的角度分析，应该是不少教师对制订教学目标的意义、作用、要求、方法、流程等认知不够。下面就此做出简要的阐述。

一是制订教学目标的意义和作用。简单地说，教学目标是确定教师教什么和教到什么程度的问题，它是教学设计（教案）的核心部分。教学目标一旦确立，它就对教学内容，教学重点的选择、取舍，对教学方法和过程的设计、实施以及对教学评价等，起了统领、指向、定位、制约、可控等作用。

二是制订教学目标的要求。我们主张制订教学目标应做到以下几点：全面，体现三个维度，不缺项；明确，体现学段目标、编者意图，定位准，不模糊；具体，体现目标的指向性、操作性，看得见、摸得着，能落实、不虚化；有条理，体现目标分类、排序的层次性、条理性，分门别类，不混乱。

三是制订教学目标的方法与流程。制订教学目标应有根有据，即熟悉课标中的学段目标，某一课的教学目标应是在学段目标统领下的子目标；钻研教材，在对一组、一册教材的整体把握的基础上，确立一课的目标，从对单元导语、课文、课后思考题等方面的解读中寻找依据，确立目标；了解学情，即根据学生已知、未知和难知的内容来调整目标，使教学目标更有针对性和实效性。

建立教学目标也是一个系统工程，其流程应该是：钻研教材→梳理要点→提炼目标→确定目标→排列目标。

总之，制订教学目标是教学的首要且最为重要的任务，不容忽视。我们的教学应该是向着教学目标出发的，教学的根本目的是让学生有所得、有所获，教学的最终追求是教对、教会、教好，即"赢在终点"。为此，我们特别强调：在教学目标的引领下，增强目标意识，让学生通过最近的距离完美到达学习的目的地。

（此文发表于《小学语文教学·会刊》2014年第3期）

测测你解读课文的功力

——《卖火柴的小女孩》一课的 55 问

我在听某位教师教学《卖火柴的小女孩》一课时，感到这位教师对课文的解读很肤浅，所有的解读基本上是浮在字面上，深入不到文字背后。当我提出这样的问题时，她不以为然，"反驳"说，课文这么简单，一读就懂，没有解读钻研的必要。为了让"反驳"我的教师"心服口服"，回到家，我便再读《卖火柴的小女孩》一课，"一鼓作气"地提出了 55 个问题——我要问，这是为什么？

当你沉下心来，把这 55 个问题逐一做出解答，再把答案串联起来思考，相信你会感悟到：什么是字里行间，文字底蕴；什么是字字含情，句句有意；什么是淋漓尽致，催人泪下；什么是艺术的魅力，语言的力量；什么是解读文本，走近作者，与作者进行情感与心灵的沟通；什么是文本细读，品读品味，品评品悟；什么是阅读的情趣、方法、途径；什么是阅读的理解力、联想力、想象力和穿透力。最重要的问题是：什么是阅读教学等。

如果你从这 55 个问题中只选出部分问题，让你的学生解答，你就会发现你的学生原来如此聪明、可爱，这些问题还可能引发你对以往教学的深刻反思。

在课堂上，你可以把这 55 个问题的前 5 个提出来，让学生逐一解答，以此为例，让学生明白怎样发现、提出问题，发现、提出怎样的问题。接下来由学生自己根据课文内容去发现、提出课文中隐含着的种种问题（有些问题教师也可以提出，特别是那些隐含得比较深的问题），想必你的学生会发现、提出更多，甚至更好的问题（我一个人一口气就能提出 55 个问题，几十个学生的头脑在思考，一定能发现更多问题）。然后师生共同筛选、梳理，把筛选、梳理后的问题让学生解读、解答（可以是独立解读、解答，也可以是小组讨论，或者是教师适当引导等）。如果这样，你的学生所获所得、所感所悟一定会很多（如前文第二段所述），学生们一定会给你一个意想不到的惊喜。你会开始反省：我的学生原来这么聪明，过去我怎么没有发现呢？甚至可能会痛心疾首地说："是我把学生教傻了！"如果是这样，你和你的学生不仅能感受到文学作品的艺术魅力，而且能找到解读文本的方法途径，甚至会颠覆你形成的阅读教学的"定式"。试想，如果学生能自己发现、提出问题，进而联系上下文解读、解答这些问题，掌握了这个阅读的方法途径，其他课文还用你教吗？你还再提出一些浅层次的问题，让学生在那里浪费精力和时间解答吗？如果是这样，阅读教学将会步入一个新境界——自悟自得，无师自通。

另外，需要说明两点：一是发现、解答问题是阅读的一种方法途径，即文学作品中隐含着许多等待读者发现、解答的问题，阅读是一个"问与答"的过程；二是在这 55 个问题中，不少问题在意思上是"重复"的，答案也是相同的，这是本人有意而为之，目的是在"重复"中比较全面地感受作者的思想情感和作品的艺术魅力、语言特色等。

①作者写小女孩所处的时段（环境）是"大年夜"，而不是写在别的时段，这是为什么？

②"大年夜"不是都下雪的，作者写小女孩所处的环境却是"下着雪"的大年夜，这是为什么？

③作者把故事的时段、环境写得这么特别（"一年的最后一天"，又是"夜晚"还"下着雪"），这是为什么？

④作者写"天冷极了（注意'极'），下着雪，又快黑了（注意'又'）""在这又冷又黑的晚上"，这里反复强调环境的"冷、下雪、黑"，这是为什么？

⑤在下着雪的大街上走，就够冷了，作者却写小女孩"赤着脚"在大雪

铺地的街上走着，小女孩该多么可怜，那该是多么难以想象的情境，这是为什么？

⑥文中先交代"那是一双很大（注意'很大'）的拖鞋"，再写"吓得她把鞋都跑掉了（注意'跑掉了'）"，这是为什么？

⑦补充说明"——那么大，一向是她妈妈穿的"，似乎可写可不写，作者却专门做出说明，这是为什么？

⑧当小女孩的鞋跑掉之后，作者写"一只怎么也找不着"，另一只虽然能找到，但是却"叫一个小男孩捡起来拿着跑了"，这是为什么？

⑨"他说，将来他有了孩子可以拿它当摇篮。"这句话也可以不写，与小女孩似乎关系不大，作者写了这句，这是为什么？

⑩课文的第一自然段，先写小女孩在又冷又黑的晚上，赤着脚在街上走着的情境，然后再写她的鞋是怎样丢的，这是为什么？

⑪"一双小脚冻得红一块青一块的。"这里专门具体写小女孩的外表，这是为什么？

⑫但凡卖东西，一般总会卖出一点半点的，可是作者却写"这一整天（注意'整'），谁也没有买过她的一根火柴（注意'一根'），谁也没给过她一个（注意'一个'）硬币"，这是为什么？

⑬"她又冷又饿（注意前文的'又冷又黑'），哆哆嗦嗦地向前走。"这里又一次写小女孩的动作，作者多次写"赤着脚走"，这是为什么？

⑭"雪花落在她的金黄的长发上（注意'金黄'和'长'发），那头发打成卷儿披在肩上（注意'打成卷'和'披在'），看上去很美丽。"一个衣着破烂、赤着脚的人，很像我们生活中见到的"叫花子"，能有多"美丽"？作者却说"很美丽"，这是为什么？

⑮"每个窗子里都透出灯光来（注意'每个'和'都'），街上飘着一股（注意'飘着'和'一股'）烤鹅的香味。"这是写街上的环境，与小女孩所处的环境明显不同，这是为什么？

⑯小女孩为了家庭的生活，到大街上卖火柴，为家庭分担忧愁，已经在付出、努力着，为什么在大年夜万家团圆的夜晚，还不敢回家？因为她没有卖掉一根火柴，没挣到一个硬币，"爸爸一定会打她的"。注意这里是"一定"而不是"可能"。难道父亲不疼爱自己懂事、乖巧、可怜的女儿吗？这是

为什么？

⑰作者写："家里跟街上一样冷。他们头上只有个房顶，虽然最大的裂缝已经用草和破布堵住了，风还是可以灌进来。"这是为什么？

⑱作者在写小女孩的现实状况时，写小女孩赤着脚在下雪的夜晚走着，写鞋跑掉了，写一根火柴也没有卖出去，写她爸爸一定会打她，写家里破旧的房屋等，这是为什么？

⑲小女孩是卖火柴的，而且前文说"她的旧围裙里兜着许多火柴"。小女孩的一双小手几乎冻僵了，非常需要暖和一下。按理说点燃一根火柴不是什么很难的事，作者却写道："她敢从成把的火柴里抽出一根在墙上擦燃了，来暖和暖和自己的小手吗？她终于抽出了一根。"这是为什么？

⑳第一次擦燃火柴，小女孩觉得自己好像坐在一个大火炉前面，这是为什么？

㉑作者把火炉的样子、燃烧的状态写得比较具体，这是为什么？

㉒第二次擦燃火柴，小女孩看到正冒着香气的烤鹅，这是为什么？

㉓作者把烤鹅的形状写得很具体，这是为什么？

㉔前文具体描写烤鹅摆在什么地方、冒着香气、向小女孩走来等，后面却写"这时候，火柴灭了，她前面只有一堵又厚又冷的墙"（注意"冒着香气"与"又厚又冷的墙"的联系），这是为什么？

㉕第三次擦燃火柴，写小女孩坐在圣诞树下，这是为什么？

㉖作者把圣诞树的样子写得非常具体、形象、生动，这是为什么？

㉗作者写圣诞树上的烛光越升越高，最后成了在天空中闪烁的星星，为什么这里写"烛光"变成了"星星"？

㉘作者写"有一颗星星落下来，在天空中划出了一道细长的红光"，为什么写"一颗星星落下来"？

㉙为什么作者由"烛光"写到"星星"，再写到它"落下来"？

㉚世上唯一疼爱小女孩的是她的奶奶，为什么作者却写"唯一疼她的奶奶"死了？

㉛为什么小女孩说"有一个什么人快死了"？

㉜第四次擦燃火柴，为什么写奶奶出现在小女孩面前？

㉝作者为什么写"小女孩叫起来"？

㉞“啊！请把我带走吧！……就会不见的！”为什么这几句话里作者用了三个叹号？

㉟“啊！请把我带走吧！……就会不见的！”为什么小女孩哀求奶奶把她带走？

㊱“我知道，火柴一灭，您就会不见的，像那暖和的火炉，喷香的烤鹅，美丽的圣诞树一个样，就会不见的。”在这句话中，作者特别用了“暖和的”“喷香的”“美丽的”这几个词语，联系上下文想一想，这是为什么？

㊲作者写小女孩第五次擦燃火柴，写奶奶把小女孩抱起来，搂在怀里，飞走了，这是为什么？

㊳读完本文，小女孩最终被冻死了，可作者为什么说“她俩在光明和快乐中飞走了……飞到那没有寒冷，没有饥饿，也没有痛苦的地方去了”？

㊴通过小女孩两次或三次擦燃火柴，就可以让我们体会到作者表达的思想感情，可是作者为什么写了“五次”？

㊵作者写小女孩五次擦燃火柴，都写了小女孩在“火光”里看到火炉、烤鹅、圣诞树、奶奶，这是为什么？

㊶如果作者不写小女孩的幻觉，只写小女孩的现状，也能让我们体会到她的可怜、悲惨，作者却用了大量的文字来写小女孩的幻觉，这是为什么？

㊷小女孩被冻死了，原本是一种惨状，可作者却写“……两腮通红，嘴上带着微笑”，似乎并不悲惨，这是为什么？

㊸“她死了，在旧年的大年夜冻死了。”在这句话里作者用了两个“死”，而且还重复前文的时间段“大年夜”，这是为什么？

㊹“新年的太阳升起来了，照在她小小的尸体上。”作者在这里用了“小小”二字，这是为什么？

㊺作者先说“新年的太阳升起来了，照在她小小的尸体上”，后面又说“小女孩坐在那儿，手里还捏着一把烧过了的火柴梗”，这两句都是在说小女孩已经死了，后一句是否多余？为什么？

㊻“‘她想给自己暖和一下。’人们说。”在这句话中，作者用了“人们说”三个字。按理说，一般人看到这种凄惨的状况，都会产生一种同情、悲凉之感，可以写“人们同情地说”“人们伤心地说”等，作者却只用“人们说”三个字，这是为什么？

㊼“谁也不知道她曾经看到过多么美丽的东西……”在这里，作者不说“人们不知道”，而是说“谁也不知道”，这是为什么？

㊽明明是小女孩被寒冷、饥饿夺去了生命，悲惨地死了，而作者却说“跟着她奶奶一起走向新年的幸福中去”，难道作者觉得小女孩的死不悲惨吗？这是为什么？

㊾文中多次写了“天冷极了”“又冷又黑”“又冷又饿”“她觉得更冷了”“家里跟街上是一样冷”“又厚又冷”等带“冷”字的词，这是为什么？

㊿为什么文中写到小女孩是“一个乖巧的小女孩”“看上去很美丽”“两腮通红，嘴上带着微笑”等？

(51)文中写了小女孩五次擦燃火柴，其中三次写火柴熄灭后的情境：第一次是“她坐在那儿，手里只有一根烧过了的火柴梗”；第二次是“这时候，火柴灭了，她前面只有一堵又厚又冷的墙”；第三次是“小女孩坐在那儿，手里还捏着一把烧过了的火柴梗”。这是为什么？

(52)作者在写小女孩的幻觉时，用了“多么温暖”“多么舒服”“多么明亮”“闪亮”“雪白的”“精致的”“翠绿的”“美丽的”“明晃晃的”“暖和的”“喷香的”“光明和快乐”等词语，与写小女孩现实状况的用词明显不同，这是为什么？

(53)从全文来看，作者写小女孩的外表、行动等现实情境，仅占了全文三分之一的篇幅，而写小女孩五次擦燃火柴的过程占了全文三分之二的篇幅，这是为什么？

(54)从全文来看，作者写了很多旁观者的行为、语言，如：“两辆马车飞快地冲过来”“一个小男孩捡起小女孩的鞋跑了”“没有一个人买小女孩的火柴”“小女孩的爸爸一定会因为她没有卖掉火柴挣到钱而打她的”“‘她想给自己暖和一下。’人们说。”这是为什么？

(55)本文是一篇童话故事，是作者通过想象进行的文学创作，不是真实生活的记录。为此，作者让小女孩卖的是赚钱最少的商品——火柴。这样的商品即便是把她兜里的都卖掉了，能赚几个钱？（结果是连一根火柴也没有卖出去）再者，作者把文中的人物写成卖火柴的“小女孩”，而不是卖火柴的“小男孩”，这是为什么？

归纳总结

把以上 55 个问题的答案串联起来，想一想，然后将所知所获、所感所悟归纳总结如下：

①小女孩所处的自然环境是：

②小女孩所处的社会环境是：

③小女孩所处的家庭环境是：

④小女孩的生存环境（如衣食住行）是：

⑤作者表达的情感是：

⑥作者写作的意图是：

⑦作者运用的写作方法有：

⑧解读文本的方法途径有：

⑨对阅读教学的反思有：

⑩其他收获与感悟：

（此文写于 2011 年 5 月 27 日）

致青年教师

朋友，
你喜欢语文吗？
如果喜欢，
那为什么感人的笔触没有拨动你的心弦？
要知道，
语文是情感的交流，心灵的召唤，
需要我们静静地倾听，切身地体验。

朋友，
你真的喜欢语文吗？

如果真喜欢，
那为什么总是把一篇篇课文理解得那么肤浅？
要知道，
语文是跳动的音符，灵动的语言，
需要我们细细地品味，潜心地钻研。

朋友，
你愿意教语文吗？
如果愿意，
那为什么总让学生品尝着粗茶淡饭？
要知道，
语文是滋养生命的大餐，
需要我们用学识和功底烹饪调拌。

朋友，
你真的愿意教语文吗？
如果真愿意，
那为什么总使学生的思想浮在表面？
要知道，
语文是启迪人生的航船，
需要我们用责任和智慧启锚扬帆。

关于《伯牙绝弦》一课的主题与教学定位

教学《伯牙绝弦》一课，几乎所有的教师都将这一课的主题定位在"高山流水遇知音"上。对此，我认为，这种理解定位虽然没有跑偏，但是不到位。此意见有的教师不太同意。下面谈谈我的思考，供各位参考。

把《伯牙绝弦》理解定位为"知音"，这是一个颇具大众化的解读。但是仔细想想，这篇短文，除了让人们为伯牙与钟子期相遇并成为知音感到震撼之外，似乎还会引发我们的深层思考：伯牙和钟子期为什么能成为知音？为什么其他人没有成为伯牙的知音呢？这就是本文带给读者的深层思考和感悟，即艺术的境界与修养，艺术的魅力与力量。这样解读与定位主题是不是更全面、深刻一些？

为此，我认为，教师把《伯牙绝弦》理解定位为"知音"，一是解读、感悟不够到位，二是没有遵照单元学习主题解读、教学。除此之外，我再补充说明三点。

一、注意解读课文（教材）与解读作品的区别

某一作品一旦选入教材，它就打上了编者的烙印，体现着编者的教学意图，就具有了制约性和规定性，不然就不是"教材"了。如果脱离了教材的

这种制约性、规定性，教学将成为脱缰的野马，无法驾驭，教材与教学就没有意义了。因此，我们要尊重教材的这种制约性、规定性，努力把握并体现编者的设计意图。

二、"单元导语"是课标教材的重要组成部分，它集中体现了编者对一组课文的整体设计意图

对一组课文而言，"单元导语"有着统领全组、目标定位、学习导航等重要功能。因此，解读单元导语、把握编者意图，对于一组课文的教学起着举足轻重的作用。遗憾的是，课标教材的这一编写特点和导语的功能、作用，在不少教师那里还没有被足够重视。不少教师一般习惯于一篇篇课文的解读，而且是孤立解读，没有把一篇篇课文放置在一组课文之中，没有在单元导语的统领下进行解读，因而在教学中就经常出现误读跑偏和"没有航标乱行船"的状况。如果教师不顾及单元导语的这种教学功能和作用，那就不是课文的教学了。（可能有课文与单元主题不匹配的情况，但一定很少，另当别论）

三、课文（作品也是如此）主导倾向与个性化解读、独特感受的关系

无论是课文还是作品，它一定有其主导倾向，即思想内涵的稳定性。我们在解读的时候，要把握它的这种稳定性和主导倾向。个性化解读或独特感受主要是读者结合自身阅历、切身体验等的结果，也是一个读者阅读能力的体现，应该给予鼓励或肯定。但是，我所看到的个性化解读、独特感受，常常有解读不到位或跑偏的现象，还不是真正意义上的个性化解读或独特感受。

我们主张在教学中，首先要让学生把握课文的主导倾向，即课文的主题，并达成共识，然后肯定那种或多种真正意义的个性化解读，独特的体会、感受、感悟。特别是在五、六年级，教师应该有意识地引导学生读出独特的体会、感受、感悟，即"我的体会""我的感悟"。

另外，我在听课时发现不少教师在教《伯牙绝弦》一课时，提出：既然说伯牙善鼓琴，那么他的琴声一定不单单表现了高山流水，除了峨峨泰山、洋洋江河，他的琴声还会表现哪些动人的场景呢？假如现在你是子期，当"伯牙鼓琴，志在清风"，透过伯牙的琴声，你感受到那徐徐的清风了吗？你会如何赞叹？当"伯牙鼓琴，志在明月"，透过伯牙的琴声，你看见那皎皎的

明月了吗？你会如何赞叹？……这种想象、拓展在俞伯牙与钟子期之间似乎是不可能发生的。因为俞伯牙弹奏的是泰山、长江之韵，是大志向、大胸怀、大气魄，只有具有这种大追求、大境界的演奏者和欣赏者才会成为难觅的知音。据记载，俞伯牙曾在王宫中弹奏，在场的王公大臣们没有能听懂的，可能就是因为弹奏的不是风花雪月的小情调吧。像上述这样的拓展运用，教师主观臆断，只关注练习形式，误读了文章本质的东西，有点得不偿失。

（此文写于 2010 年 1 月 19 日）

江洪春老师是语文教育界难得的批评者。文学界需要文学批评，语文教育界也需要语文教育批评。有批评，才不会迷失方向，才能少走弯路，才能健康发展。江洪春老师的批评点到时弊，事例生动，语言风趣，广为流传，给人警醒。

……江洪春老师更是语文教育界的一位建树者。他的博客名为"悟语存真"，内容十分丰富，很值得大家去感受一下思想者的魅力。他一直在探索语文课的魅力和真谛，悟语存真。"三得"思想就是他探索语文课的魅力和真谛的集中体现。

——摘自张先华先生《名家引路：小学语文特级教师评价》

感受人鸥情怀　落实训练重点

——《老人与海鸥》一课的解读

《老人与海鸥》一课讲述了老人生前像对待儿女一般地关爱海鸥，老人去世后，富于灵性的海鸥又如儿女一般为老人的遗像送行的感人故事。文中既描绘了老人与海鸥相处时温馨和谐的画面，又描述了海鸥为逝世老人送行时悲壮、感人的情景；既令人感到了一份幸福与温馨，又留给心灵一份悲伤与震撼，同时，让我们认识到动物也有着丰富的情感世界。

本课是原人教版小学语文教材六年级上册第七组的21课。本组的单元专题是"动物丰富的情感世界"，训练重点是继续练习用较快的速度阅读课文，注意体会课文表达的思想感情，揣摩作者是如何把人与动物之间的感情写得真实、具体的。本课承担着落实本组训练重点的任务。下面，我将分别从课文本身和编者意图两个层面进行解读。

一、与作者对话——感受人鸥情怀

从课文内容来看，本课主要突出描述了以下几点：

1. 温馨与震撼的人鸥深情。课文通过写老人生前对海鸥亲如儿女般的关爱和海鸥对老人逝世后富于灵性的回报，真实而具体地写出了这份人鸥深情。

温馨也好，震撼也好，一个"情"字贯穿始终，让每一个读者都为之感动、为之落泪、为之震撼。

①老人待海鸥情同儿女，让人感到和谐、幸福和温馨。课文的前半部分，主要记叙了老人生前对海鸥情同儿女般的疼爱，字里行间洋溢着的是一种温馨。如：

海鸥听见老人唤，马上飞了过来，把他团团围住，引得路人驻足观看。

老人一声唤，海鸥马上应声而来，就像能听懂老人的话语一般，而且"把他团团围住"，就仿佛是一群可爱的孩子围在自己的父母身边，这是多么和谐温馨的场面啊！

谈起海鸥，老人的眼睛立刻生动起来。

"生动"中饱含的是老人十几年来对海鸥的爱的倾注，是对海鸥的无限情思，是海鸥带给自己快乐时的幸福与满足。因此，一谈起海鸥，老人的眼睛就会立刻"生动"起来，就像年迈的父亲一提及自己的儿女就会眼睛焕发光彩一般，这份温情溢于言表。

在海鸥的鸣叫声里，老人抑扬顿挫地唱着什么。侧耳细听，原来是亲昵得变了调的地方话——"独脚""灰头""红嘴""老沙""公主"……

多么温馨的一幕啊！"亲昵"（与"亲切""亲密"不同）一词足可以看出老人对待海鸥的那份情——亲人般的温情，而且是"亲昵得都变了调"，老人对海鸥的感情之深可见一斑。而那一个个朴实又具有特征的名字背后，我们可以体会出的是老人这十几年来对每一只海鸥的用心。他是多么细心地观察每只海鸥的特点，多么精心地为每一只海鸥取一个独特的名字，又是多么用心地把每一只海鸥的名字记在心里、对上号。这一切的一切，哪像是对海鸥？不就像父母对自己心爱的孩子一样吗？

这温馨的人鸥之情，打动着每个读者的心灵，让我们从中品味出这份温馨和幸福。

②海鸥送别老人情同亲人，让人感到的是一丝悲伤、几份震撼和无尽的怀念。课文的后半部分因老人的去世，情感基调发生了变化。海鸥们面对逝世的老人的遗像所表现出来的异常举动，是那么不可思议！它们对老人深深的留恋带给读者的是一场场悲伤、一次次震撼。如：

意想不到的事情发生了——一群海鸥突然飞来,围着老人的遗像翻飞盘旋,连声鸣叫,叫声和姿势与平时大不一样,像是发生了什么大事。

海鸥们围着遗像"翻飞盘旋""连声鸣叫",它们一定是发现十多年来与它朝夕相处的老人今天与往常不一样了,于是它们的叫声和姿势也与平时大不一样,它们好像在声声呼唤着老人。而正是这一情景的"意想不到",震撼了每个人的心。

当我们不得不去收起遗像的时候,海鸥们像炸了营似的朝遗像扑过来。它们大声鸣叫着,翅膀扑得那样近,我们好不容易才从这片飞动的白色漩涡中脱出身来。

在这句话中,一个"扑"字赋予了海鸥深厚的感情,而且这份感情是那么强烈。面对即将离去的老人遗像,海鸥们是千般的不舍、万般的留恋,就好像知道这遗像一收起,它们就再也见不到老人了似的。而飞动的雪白翅膀竟形成了一个"白色漩涡",这份情之深,更足以震撼每个人的心。

这一次次的震撼将作者的情感、课文的情感、读者的情感推向了高潮,在为之震撼的同时,我们加深了对课文主题的感悟和体会。

2. 和谐与悲壮的感人画面。课文多处借助具体、生动、形象的语言文字,抓住老人与海鸥的动作,描绘出了一幅幅真实可感的画面。其中老人生前与海鸥相处时营造的是一幅幅和谐美好的画面,如老人给海鸥喂食时的画面,老人呼唤海鸥,海鸥便应声而起时的画面,海鸥团团围住老人,引得路人驻足观看的画面。当老人去世后,呈现的更多的则是一幅幅悲壮的画面,如海鸥翻飞、盘旋、肃立、悲鸣等。

这一幅幅的画面给了读者充分的想象空间,让每个读者都能置身其中,切身地去感受老人与海鸥之间的深情,从而与作者产生情感共鸣,使得这份情传达得更真实、具体,必定会给读者的内心深处留下挥之不去的一份感触。

3. 鲜活与永恒的人物形象。短暂的生命却换回了爱的永恒,而老人的形象也在这短暂与永恒之间丰满而鲜活起来。

①从褪色的装扮中,我们看到的是一位生活简朴却挚爱海鸥的老人。如:他背已经驼了,穿一身褪色的过时布衣,背一个褪色的蓝布包,连装鸟

食的大塑料袋也用得褪了色。

透过这段外貌描写，我们首先看到的是一个驼了背的简朴老人。一个"过时"再加上一个"褪色"，看出来老人从来没想过要为自己买件新衣服，而从作者连续使用的三个"褪色"，我们可以推想出老人是十几年如一日的简朴，更能体会出他这十几年来对海鸥风雨无阻、从未改变的爱，对海鸥那种与众不同的、超乎寻常的爱。

②从人鸥相伴中，我们看到的是一位幸福而满足的老人。如：

"你看你看！那个脚上有环的是老沙！"老人得意地指给我看，他忽然对着水面大喊了一声："独脚！老沙！起来一下！"

老人的每句话后面都缀着一个感叹号，让我们能充分感受到老人当时的得意和与海鸥亲近时的情意。可以看出老人对每只海鸥都了如指掌，说起海鸥来如数家珍。当呼唤海鸥，海鸥应声而起的时候，老人的内心也在为这极大的快乐满足着。

③从海鸥离去时，我们看到一位满心都是思念与牵挂的老人。如：

海鸥最重情义，心细着呢。前年有一只海鸥，飞离昆明的前一天，连连在我帽子上歇落了五次，我以为它是跟我闹着玩，后来才晓得它是跟我告别。它去年没有来，今年也没有来……

当老人谈起了前年曾与他告别的那只海鸥时，言语中透出的是一份牵挂、一份思念、一份懊悔、一份失落。十几年来的相处，海鸥成了他生命中的一部分，以至于一只海鸥与他告别的情景时隔两年仍历历在目，甚至两年没来，老人在众多的海鸥中依然能够认得出。

④老人的离世，让我们看到了一位把短暂化为永恒的老人。老人虽然去世了，但他对海鸥那如同儿女般的爱，以及海鸥对老人的那份富于灵性的眷恋，却深深地震撼着人们的心灵。老人的生命是短暂的，他对海鸥的照顾与关爱也因为生命的结束而终止了，但他唤醒了更多的人对海鸥的爱。从相关资料了解到，在老人之后，越来越多的志愿者参与到了关爱海鸥的行列中来。他们是老人爱的延续，将老人有生之年那短暂的爱化为了永恒。

从课文表达来看，本课主要有以下几个特点。

1. 真实具体的描写。文章要写真实、写具体，这不仅是写文章的基本要

求,更是文章打动人心的关键。而本课为了将老人与海鸥之间的感情写真实、写具体,突出了以下几点:

①真实具体的描写,寓于温馨和谐的画面之中。在课文的第一部分,作者为我们展现了一幅幅老人与海鸥共同营造的温馨和谐的画面,而在这一幅幅描绘细致具体的画面中,我们感受到了这份情感的真实。如:

水面上应声跃起两只海鸥,向老人飞来。一只海鸥脚上果然闪着金属的光,另一只飞过来在老人手上啄食。它只有一只脚,停落时不得不扇动翅膀保持平衡。看来它就是独脚,老人边给它喂食边对它亲昵地说着话。

多么温馨和谐的画面啊!当我们欣赏这幅美景时,不禁惊叹:那么多的海鸥,老人真的能一眼就认出哪只是老沙,哪只是独脚?但从"果然"一词中看出这并不是虚构,老人对海鸥的确是了如指掌,海鸥对老人更是言听计从。它是那么真实地呈现在我们眼前,而这背后透出的正是这十几年来海鸥对老人逐渐建立起来的亲情和信任,这种真实具体的画面描写深深地印刻在了每个读者的心上。

②真实具体的描写,寓于催人泪下的情境之中。在课文的第二部分中,作者着重抓住海鸥们在老人去世后的反常表现,描写出了那一个个催人泪下的悲壮场面。如:

海鸥们急速扇动翅膀,轮流飞到老人遗像前的空中,像是前来瞻仰遗容的亲属。……过了一会儿,海鸥纷纷落地,竟在老人遗像前后站成了两行。它们肃立不动,像是为老人守灵的白翼天使。

"像是前来瞻仰遗容的亲属""像是为老人守灵的白翼天使",这些比喻赋予了海鸥以人的情感,写出了海鸥对老人去世的悲痛与怀念。看到这一幕,不由得让人怀疑:海鸥真的会站成两行、肃立不动?这是不是作者的夸张和想象?然而,句中一个"竟"字却体现了这一幕的真实性。这样出乎意料、不可思议的一幕,的的确确发生了。

③真实具体的描写,寓于生动形象的语言之中。如:

老人顺着栏杆边走边放,海鸥依他的节奏起起落落,排成一片翻飞的白色,飞成一篇有声有色的乐谱。

在这段话中,有这样的两组词语搭配:"排成……白色""飞成……乐谱"。很明显，单独来看，这样的词语搭配是不恰当的，往往我们都习惯说"涂成白色""谱成乐谱"，可看上去搭配不当的两组词语，放在句子中却使人感觉自然恰当，甚至将老人与海鸥共同营造的和谐之美推向了高潮，这是为什么呢？其实，正是因为作者将自己看到的群鸥有节奏地起起落落的景象进行了真实的描写，才会让我们感觉到，看似不恰当的搭配却能在当时的情景下变得自然真实。

2. 清晰明了的结构。在课文中，有句话对全文起着重要作用，那就是第十三自然段："朋友告诉我，十多年了，一到冬天，老人每天必来，和海鸥就像亲人一样。"

句中作者用了一个"和"字，这个"和"字在全文中具备了三个重要作用：一是作者用"和"，而不是"对"，因为"对海鸥"是单方面的，只是老人对海鸥像亲人一样，而"和"表示是双向的，意味着老人和海鸥互相视对方为自己的亲人，从而能帮助我们深入体会老人和海鸥之间这种亲人般的深情；二是因为这个"和"字表示的是双向关系，从而使得课文由这一段很自然地分为了前后两大部分，而这一段则在其中起到了承上启下的作用；三是借助前面对"和"字的理解，还可以帮助我们快速而准确地把握课文的主要内容。

3. 引发想象的省略号。本课在标点运用上也很有特点。课文共有六处运用了省略号，通过其不同的作用表达了作者不同的情感，并留给了读者自主想象和个性化解读的空间。在这六处中，最后一处的省略号单列一段，这种比较特殊的用法，留给读者的是无尽的想象。我们可以借助于这一省略号去想象：或许是海鸥们紧紧跟随着被抬走的老人的遗像翻飞、盘旋，久久不肯散去，鸣叫声更急更大了；或许是作者此时内心翻涌的情感、强烈的震撼，为海鸥的表现所动容……这六个点，此刻就像是作者因感动于老人与海鸥之间的深情而流下的滴滴泪珠，就像是海鸥因为老人去世的声声哀鸣化成的一个个悲痛的音符。这一滴一滴的眼泪，一声一声的哀鸣感染着作者和读者的心，可谓是"此时无声胜有声"的巧妙之笔。

二、与编者对话——领会编排意图

从本组的人文主题来看，以写动物为题材的课文，学生在之前的学习中已有不少接触。人教版语文教材四年级上册的第四组就专门安排了"名家笔下的动物"一组。如果与过去所学过的写动物的课文相比，它们既有相同之处又有明显区别。相同的是，它们都为我们展现了动物们可亲可爱的一面，都表达了作者对动物的喜爱和真诚的赞美。不同的是，过去所学的课文主要为我们展现动物们各自的外形特点、有趣的生活习性和鲜明的性格特点等，而本组则着力通过讲述发生在人与动物之间的真挚感人的故事，体现动物那奇妙的灵性和丰富的情感世界，以及和人类之间亲密和谐的关系。

由此，我们可以明确，本组本课的教学是由过去对动物外在形象的认识发展到了对动物富有灵性的情感世界的认识，由体会对动物的喜爱之情发展到感受人与动物的和谐之美和情感交融。这就丰富了人们对动物的认识——动物也具有和人一样的丰富情感。

从本组训练重点来看，本课承担着本组训练重点的任务，主要有两个：

1. 用较快的速度阅读课文。"用较快的速度阅读"这一训练要求是在第一、二学段"学会默读"的基础上发展而来的，人教版语文教材曾在第三学段多次提出这样的训练要求。如：

①在五年级下册《金色的鱼钩》一课中提出："用较快的速度默读课文，想想课文讲了一件什么事。"

②在六年级上册《彩色的翅膀》一课中提出："用较快的速度默读下面的课文，想一想战士小高为什么要把昆虫带往宝石岛……"

由此可见，"用较快的速度阅读"的训练要求，在第三学段，是一个层层递进、逐步提高的训练过程。本课的教学，应在前期初步尝试、多次训练的基础之上，进一步提高对快速阅读的要求。一是要巩固快速阅读的技能。二是要训练学生在快速阅读中，能够比较准确而清晰地把握课文的主要内容，并力求落实到位，使学生逐步形成能力，为与之相关的"学习浏览"的新要求奠定基础。

2. 揣摩作者如何把感情写真实、写具体。"揣摩作者如何把感情写真实、写具体"是本组的又一个训练重点。它是由侧重于理解课文的思想内容、体会作者的思想感情，向侧重于领会作者的表达方法的迁移与发展。也就是说，随着学生阅读能力的提高，教师教学的着力点，应转移到领会作者是怎样写

与全国著名儿童文学作家梅子涵先生（左）合影

的，这样写有什么好处，其表达的作用和效果是怎样的等方面上。为此，本课的教学，一方面要让学生理解课文内容，体会作者表达的人与海鸥的情怀，另一方面，还要让学生想象作者描绘的一幅幅温馨和谐、催人泪下的画面等，去揣摩作者是怎样把这人鸥之情写真实、写具体的，从而学习积累一些人物、语言、场面、想象等描写的方法，为习作中能够真实具体地表达自己的感情做好必要的储备。

另外，需要注意的是，类似的训练要求，曾在人教版语文教材六年级上册第三组提出过："要在读懂课文、体会情感的基础上，学习作者是如何通过对环境、人物心理活动等方面的描写，抒发美好情感的。"本课的教学，应借助于学生已有的初步认知，去学习、探究新知。

（此文与济南市胜利大街小学徐聪聪老师合作，发表于《小学语文教学》2008年第11期）

我相信，凡是读过江老师写的关于语文教学的文章的人，尤其读过他针砭语文教学时弊的文章的人，一定会说，江老师是一个真正的山东人。我爱读他写的《十六烦》《十六急》《十六无》等文章。如果说，这些文章表达的是一个山东人的率直、刚性与幽默，那么，像《缺失与偏颇》等驳论性的文章则反映出一个山东人的胸怀的坦荡、对语文教学的灼见，以及理论修养的高远。我想，此类文章，也只能出于江先生——一个真正的山东人之手。触角灵敏如此，考证严谨如此，行文酣畅如此，胸襟坦荡如此，恐怕也只有江先生了。如果说，《缺失与偏颇》等文章多数是针对某一篇课文、某一首诗或某一流派的教学提出的不同看法，那么，像《文意兼得》《自悟自得》等文章，则是站在阅读教学的高层面上提出来的。前者论述的是阅读教学的目标，后者论述的是教学方法和途径。纵观江老师的著述，既有微观的，也有宏观的。微则深入肌理，宏则高屋建瓴，总能给人以明白。

——摘自于永正先生《江洪春先生印象》

与全国著名特级教师于永正先生（左）合影

《树的故事》主题之我见

2009年8月，中国当代语文教学专业委员会在青岛举行了全国小学语文教学"同课异构"优质课评比活动。在参评的教师中，有五位教师执教的是《树的故事》一课（组织单位选用的是教材以外的两篇文章，自定一篇。没有教参），结果是各有千秋，仅本课的主题解读定位，就一人一种，出现了五种解读。

下面，请你认真读读这篇文章，进行深入解读，看是否能真正把握作者的意图。可以用一两句话概括本文的主题。等我们期待的答案全出现时，我再做出分析，看哪一种的主题定位更加符合作者的本意。注意运用我们练习过的思维能力小测试中想象力、多角度、穿透力、自主建构等思考问题的方法。

树的故事

很久以前，有一棵很大的苹果树。一个小男孩每天都喜欢来这儿玩。他有时爬到树上吃苹果，有时躲在树荫里打个盹儿……时光流逝，小男孩渐渐长大。

一天，小男孩来到树旁，一脸忧伤。树说："和我一起玩吧！"男孩回答：

"我已经不是小孩子了,我想要玩具,我想有钱来买玩具。"树说:"对不起,我没有钱……但是你可以摘下我的苹果拿去卖。"男孩把苹果摘了个精光,开心地离去了。

一天,男孩回来了,树喜出望外,说:"和我一起玩吧!""我没有时间玩。我要做工养家,我们要盖房子住。你能帮我吗?""你可以砍下我的树枝去盖房子。"男孩把树枝砍了个精光。树再次寂寞和难过起来。

一个盛夏,男孩又回来了,树雀跃万分。男孩说:"我越来越老了,我想去划船,悠闲一下。你能给我一条船吗?""用我的树干去造一条船吧。你可以开开心心地想划多远就多远。"男孩锯下树干,造了一条船。

终于,多年以后,男孩又回来了。"真抱歉,我的孩子,可惜我现在什么也无法给你了……我唯一有的只有枯老的根了。"树流着泪说。"我现在只要有个地方歇一下就好了。经过了这些年,我太累了。"男孩说,"老树根是歇脚的最好地方了。"男孩坐了下来,树开心得热泪盈眶……

这是我们每个人的故事,树就是我们的父母。当我们长大后,离开他们……只有在我们有求于他们,或遇到麻烦的时候,我们才回家。你可能觉得男孩对树太无情,然而我们谁又不是那般对待我们的父母呢?

《树的故事》的作者究竟想通过这篇文章表达怎样的思想感情,即它的主题是什么?五位教师给出五种不同的见解,即对这篇文章的解读与主题的定位各不相同。分别是:

①赞美了树(父母)为男孩(儿女)无怨无悔、无私奉献的精神;

②斥责了男孩不断地、无情地向树索取而不自觉的思想和行为;

③既赞美了树为男孩无怨无悔、无私奉献的精神,又斥责了男孩不断地、无情地向树索取而不自觉的思想和行为;

④让别人的生活因为你的存在而更加美好(博爱);

⑤赞美了那些默默工作、无私奉献的人(老师、医生、解放军等)。

这篇文章的最后一段已经写得很清楚,十分明确地告诉我们作者的写作意图。根据这一结尾,我们可以对以上五种解读做出这样的分析:

一是第四和第五种的解读定位是游离文本、主观臆断的误读,我们从文章中找不出这样解读、定位的依据;二是第一和第三种的解读定位,虽然没有偏离文章的思想内容,但是没有从文章的整体意义上去把握本文的主导倾向，特别是没有注意到文章最后一段的主要意思，因而在把握文章的主要思想内容和主导倾向上还存在一定的偏颇；三是第二种的解读定位，本人认为是真正理解了作者写作的目的。做出这些分析的理由有三个。

1. 父母对儿女伟大、无私的爱是人尽皆知的，而做儿女的无度、不自觉的索取则是人们意识不到的，这是每个做儿女的不自觉、意识不到的行为。这篇文章的独到之处、价值所在就是斥责儿女们这种不自觉的行为，为了唤醒天下的儿女们。如果仅仅是为赞美父母之爱，这篇文章的意义、价值就不大了。

2. 赞美树（父母）为男孩（儿女）无怨无悔、无私奉献的精神不是作者要表达的主要目的，主要目的是"斥责儿女们这种不自觉的行为，唤醒天下的儿女们"（赞美与斥责不是并列关系）。也就是说，父母奉献得越多，越使人们感到儿女们的无度索取不应该，越使人们感到儿女们的行为值得自己反省。这是告示天下儿女们的警示篇，让天下的儿女们从思想上、行为上认识到自己在不自觉的情况下所犯下的"错误"。特别是父母为儿女奉献了那么多，当父母只是要求儿女们"和我一起玩吧"，抽出一点点时间陪陪他们的时候，儿女们却常常因为工作忙或忙于自己的事而忽略了他们（当儿女们真正意识到的时候，父母却已经离开了）。

3. 联系现实生活，我们也可以感受到作者写这篇文章的价值和意图。想一想，哪一个人没有感受到父母之爱呢，哪一个人不知道父母之爱的伟大、无私呢。但是有多少做儿女的真正意识到对父母的无度索取是不应该的，读了这篇文章是否有所反思、反省呢？这不就是这篇文章真正的意义和价值所在吗？

所以，我认为这篇文章的主题是：斥责天下做儿女的不自觉的、无度索取的思想和行为，警示、唤醒天下做儿女的应该怎样对待自己的父母。

由此，我们可以进一步明确，解读教材需要特别注意这样几点：一是防止游离文本、主观臆断的误读，做出的解读一定要有根有据；二是防止以偏概全、一叶障目，要从整体意义上把握文本的主要思想内涵；三是在几种意思并存、主次难以分辨的情况下，要反复阅读文本，进行分析。你看，我们在解读一篇文章内容主旨上都存在这么多的分歧，这不正说明了解读教材不是一件简单的事吗？

（此文写于2009年月12月16日）

习作教学的目标解读

第一学段　写话

①对写话有兴趣，留心周围事物，写自己想说的话，写想象中的事物。
②在写话中乐于运用阅读和生活中学到的词语。
③根据表达的需要，学习使用逗号、句号、问号、感叹号。
在这三项要求中需要特别注意以下几点。

一是指导学生写话，教师要善于激发学生的兴趣。记得一位教师告诉我这样一件事：学校组织学生到灵岩寺游玩，可是联系的汽车不够了。怎么办？大队辅导员就在广播里说："明天，学校组织大家到灵岩寺游玩，如果有晕车的、去过的同学，可以不去。"这样一说，一些没有去过的学生也不想去了，学生们就讨论开了："我不去了，游玩完了还得回来写作文。""老师问你，你说什么？""我就说我已经去过了。""你傻吗？既然去过了，还得写作文。你说你晕车多好。"看，我们的学生多聪明，为了不写作文，宁可放弃游玩。

怎么办？教师的责任就是要想方设法激发学生的兴趣，变无兴趣为有兴趣。特级教师李吉林在指导学生观察大自然的写话练习时，就采用了一种很巧妙的方法。她让每个学生都带一块玻璃片到大自然中"拍照"，学生以玻璃片为"相机"，透过这个"相机"拍到了一幅幅美丽的景色。然后李老师让学生把拍的"照片"写下来。这样的教学变毫无兴趣为特别有兴趣，变视而不见为尽收眼底。可见，激发学生的兴趣是习作的关键。

二是写什么。从"留心周围事物"这一目标要求中，可以明确，教师要引导学生写看到的、经历过的。生活是丰富多彩的，任何一个事物都可以作为写话的材料的。写自己想说的话，自己是怎样想的就怎样写，能够真实地表达自己的所见所闻、所思所想，即真实表达、真情流露。这也是记实性作文的基础。一、二年级小学生正处于想象的最佳时期，教师要善于引发学生的想象，如鸟妈妈回到鸟巢，会对孩子们讲些什么？再如看到树叶的飘落，想象到蝴蝶的飞舞。

三是乐于运用在阅读和生活中学到的词语。这是读写结合的问题，是教师引导学生到生活中学习语言的问题。尤其是读写结合的问题，学生在学习写话的时候，教师就要有意识地引导，如在阅读中积累词语，并经常运用学到的词语练习说句子。要引导学生到生活中学习，积累词语。

另外，我们要明确：一、二年级的写话，有双重目的和双重任务，一是按要求写好话，二是为高一个年级的习作打下基础，如记实作文与想象作文的基础，读中学写、写中促读的基础，表达真情实感的基础等。所以，教学既要联系昨天，又要落实今天，还要想到明天。这才是一个较高的教学境界，这样做才能成为一个有思想、有水平、有智慧的教师，一个真正为学生一生幸福奠基的教师。

第二学段　习作

①乐于书面表达，增强习作的自信心。愿意与他人分享习作的快乐。

②观察周围世界，能不拘形式地写下见闻、感受和想象，注意把自己觉得新奇有趣或印象最深、最受感动的内容写清楚。

③能用简短的书信、便条进行书面交流。

④尝试在习作中运用自己平时积累的语言材料，特别是有新鲜感的词句。

⑤学习修改习作中有明显错误的词句。能根据表达的需要，正确使用冒号、引号等标点符号。

⑥课内习作每学年进行 16 次左右。

习作的材料来自周围的事物，来自生活，每位教师似乎都明白，但是在教学的实际中就糊涂了。比如，生活有酸甜苦辣咸（生活是五味瓶），生活有赤橙黄绿青蓝紫（生活就像七彩虹），生活是丰富多彩的，可是一到作文的时候，就过分强调写那些有意义的事或人，像《记一件有意义的事》《我敬佩的人》等。多少年来，小学生的作文一直强调写"有意义"的，写好人好事，如拾钱包、让座、扶盲人过马路等。可是，大多数学生没有这样的经历，怎么办？学生只能胡编乱造。这是习作教学的一个误区，我们要走出这个误区。

让学生写什么呢？语文课程标准中说得很清楚，有四个层次：一是一般的生活见闻、感受和想象；二是新奇有趣的；三是印象最深的；四是最受感动的。"新奇有趣"，不一定是有意义的，好玩儿、有趣皆可；"印象最深的"，不一定是好人好事；"最受感动的"，则是要求写人性的真善美，这是比较高的要求，但不是唯一的要求。习作的内容，满眼皆是，几乎用不着刻意地寻找、发现，捡起一片树叶、看到一群小蚂蚁，就是一篇作文。作文无处不在，生活中任何一个小东西都可以写出精彩，写出真情。作文的材料就在我们眼前，就在我们身边，"一草一木为我生，一枝一叶总关情"。一直以来，教育存在着一种奇怪的现象：课外的生活经验用不到课堂上，课内的所学又不能运用到生活实践中。如果我们的习作真正走进生活，就能解决这个问题。

20世纪80年代初，我第一次看到台湾的小学生作文选，耳目一新。有一篇作文名叫《爷爷的胡子》，写得很有趣、很有意思。写有意思的人和事比写有意义的人和事，更符合小学生的特点和实际。我们提倡"有意义"与"有意思"并存，甚至更偏重于"有意思"。

让学生怎样写？按照语文课程标准中的要求是，写前要观察周围世界；写中要不拘形式，要运用平时积累的语言材料，特别是有新鲜感的词句；写后要愿意将自己的习作读给他人听，要学习修改习作中有明显错误的语句。关于怎样写，这里主要说对"不拘形式"的理解。不拘形式，不是不要形式，而是不要教师生硬规定的形式，不要全班规定的统一形式。有时，我们专门做一些费力不讨好的事，如写一件事，如何开头，如何结尾，按怎样的顺序写，第一段写什么，第二段写什么，第三段写什么，都规定得很具体，全班几乎是一个模式。在习作的初始阶段，偶尔为之尚可，但不可长期这样。我们提倡内容决定形式，在教学中可以为学生提出一定的要求，甚至可以提出一定的模式，但是那只是一个参考，可用可不用，最好是不用。教师的指导仅仅是提供个思路，学生自己应另辟蹊径。当然，学生在有困难、不知如何下笔的时候，教师为学生提供一个或几个思路是可以的。

例如，现场采访省优秀教师的习作教学：第一步，确定采访对象，设计采访过程，讨论采访话题（张老师是什么时候参加教育工作的？她为什么选择了教师这个职业？她如何对待成绩不好的学生……）。第二步，选派几名学生把张老师请到课堂上。第三步，现场采访（当工作与家庭生活发生矛盾的时候，是如何处理的？张老师讲述了这样一件事：正值执教毕业班，那时全市统考，孩子三四岁，患腮腺炎……）。第四步，交流采访的感受（有的学生说："我以前认为老师批评我就是故意找我的事，现在我明白了……"）。第五步，开拓学生的思路，指导习作。开展习作教学主要做三件事：一是梳理采访的过程。采访前，讨论采访话题，确定采访重点；采访中，我们提出几个重点问题，注意记录张老师的回答；采访后，同学们谈感受。二是教师指导习作的角度、思路。学生可以写成采访活动，可以写人，可以写事，可以侧重于写感想等，不拘形式。三是编列提纲，汇报交流。下面是学生"不拘形式"习作的标题：

"记一次有意义的采访"写活动的过程

"我认识的张老师"写人

"我感动，我醒悟"写感受

"当孩子生病的时候"写事

"老师，我理解了您"写事和感慨

"一心扑在工作上的张老师"写人

"当差生犯了错误的时候"写事

"她像妈妈一样"写事

"当老师的孩子病了"写事

"张老师，我从心里敬佩您"写事和感受

"爱，就在我们身边"写事

"张老师，别难过"写事抒情

"张老师，让我轻轻擦去您腮边的泪水"安慰老师，写事抒情

"闪光的泪花"写事抒情，赞美老师

"张老师，我想对您说"写信

这个习作教学的课例有五个特点：一是体现了习作教学的根本目的。习作教学的过程是教师与学生心灵交流的过程，是"写作是与他人交流的重要方式"这一真正目的最生动的体现，是学生对"认识自我，完善自我"最真实的反映。二是采访具有真实性，打动了学生的心，激发了学生习作的欲望，体现了习作的基本前提是"乐于书面表达"的教学要求。三是使用现场采访这一设计为学生提供了丰富的习作内容，提供了用心感受真情的情境。学生可以根据采访的内容和感受，自由地选取要表达的内容、情节，选材的能力得到训练。四是教师的指导不是限制学生的思路，而是拓宽学生的思路，让学生不拘形式地写，体现了写作是"进行创造性表达的过程"的课标理念。五是从学生习作的题目上看，从《记一次有意义的采访》到《张老师，让我轻轻擦去您腮边的泪水》是一个由客观描述到主观感受的过程，是一个从写人写事到写自己心情、真情的过程。

第三学段　习作

①懂得写作是为了自我表达和与人交流。

②养成留心观察周围事物的习惯，有意识地丰富自己的见闻，珍视个人的独特感受，积累习作素材。

③能写简单的记实作文和想象作文，内容具体，感情真实。能根据内容表达的需要，分段表述。学写读书笔记，学写常见的应用文。

④修改自己的习作，并主动与他人交换修改，做到语句通顺，行款正确，书写规范、整洁。根据表达需要，正确使用常见的标点符号。

⑤习作要有一定的速度。课内习作每学年进行16次左右。

我们来看习作教学的发展脉络——

一是从习作的根本目的来看。从对写话有兴趣，到乐于书面表达，再到懂得写作，是为了达到自我表达和与人交流的目的。

这条脉络告诉我们，学生到了高年级，应该知道写作是为了什么。写作是表达、交流、生活的需要。可是，我们的学生从思想上不知道这些，只知道习作是考试的需要。那么，教师就应该引导学生把习作与生活结合起来，让学生通过习作真正认识到学习习作的目的、意义。例如，让学生写菜谱，就是习作与生活的有效结合，使习作因生活而精彩，生活因习作而丰富。

二是从观察生活，积累习作材料来看。从留心周围事物，到观察周围世界，再到养成留心观察周围事物的习惯，有意识地丰富自己的见闻，珍视个人的独特感受，积累习作素材。

这是一个引导学生对周围的事物，从无意识、开始注意到留心，再到养成观察习惯的发展过程。这条脉络告诉我们：生活是习作的源泉，关键是你是否有心。我们应该培养学生善于发现的能力，不能视而不见，反应迟钝，要知道处处留心皆学问。《邮票上齿孔的故事》告诉我们留心的重要意义，那个用别针在每枚邮票连接处都刺上小孔的人没有意识到它的意义，而旁边的阿切尔意识到了，发明了邮票打孔机。到了高年级，针对观察周围的事物对学生提出了新的要求：要养成习惯；有意识、自觉地丰富见闻；要有独特的感受，要思考，不但不能视而不见、麻木不仁，还要思考、感悟，不断地积累习作的素材。教师平时就要注意引导学生观察生活，积累习作的素材。积累可以通过写日记、周记实现，而不能"现上轿现扎耳朵眼儿"。

三是从习作的体裁上来看。先写自己想说的话，写想象中的事物，再写见闻、感受和想象，最后写简单的记实作文和想象作文；先学会用简短的书信、便条进行书面交际，再学写读书笔记和常见的应用文。

第一条脉络是记实作文和想象作文的发展脉络，第二条脉络是应用文发展的脉络。记实作文、想象作文、应用文，是小学阶段习作教学的三种体裁。下面主要说一说想象作文。

想象作文是从低年级认识、学习比喻、拟人、夸张等修辞方法开始的。教师在进行低年级教学的时候，就应该为此打下基础。想象作文是什么，就是让学生"胡编乱造"。小学生正处在想象力发展的最佳阶段，想象作文为学生打开了一扇发展想象力的窗户。我们应该充分利用这扇窗户，发展学生的想象力，在"胡编乱造"的过程中，激发习作兴趣，发展语言，提高写作能力。想象作文可以无所不能，上天入地，万事万物都能写进其中。一片树叶能告诉我们夜晚发生的故事，一粒石子能变成一个小精灵……小学生正处在想象力活跃的阶段，我们可以充分利用这个年龄阶段，让学生更多地生活在想象的童话世界之中。

例如写拔河活动，不一定写成记实性的作文，可以写成小狗、小猫、小兔的拔河比赛，想必这样学生会更感兴趣一些，作文会写得更好玩一些。

四是从表达的要求来看。语文课程标准中没有像以前那样，提出很具体的写作方法、写作技法方面的要求，反而强调不拘形式，减少对学生写作的束缚，鼓励自由表达和有创意的表达。那么，怎样理解课标中的这些关于"怎样写"的要求？

从习作内容上，低年级学生要写自己对周围事物的发现、观察和认识；中年级学生要注意表现自己觉得新奇有趣或印象最深、最感动的内容；高年级学生习作要内容具体，感情真实。从习作形式上，低年级学生要在写话中乐于运用在阅读和生活中学到的词语；中年级学生要能不拘形式地写下见闻、感受和想象；高年级学生要尝试在习作中运用自己平时积累的语言材料，特别是有新鲜感的词句，能根据习作内容表达的需要，分段表述。另外，就是掌握标点符号用法的要求了。

在指导学生"怎样写"的问题上，上述这些要求还不够具体，给教师的教学带来了一定的困难。在一次具体的习作教学中，怎样指导学生写作文呢？其实，虽然上述这些要求不具体，但是为教师的教学带来了很大的空间。

首先，要明白写作方法、技巧在哪里。四个方面：一是在一篇篇学习的课文里。在阅读教学的时候，就要有意识地渗透，不断地积累写作方面的知识。写一件事，就按照事情的发生、经过、结果的顺序写；写景一般是按照游览的顺序写。侧面描写、心理描写、外貌描写、过渡、开门见山、篇末点题等写作手法，不都存在于课文中吗？到时候，用到什么就借鉴什么。二是在习作的实践中。让学生在习作实践中学会习作，多写自然就摸到了门道。三是在反复的修改过程中。"好文章不是写出来的，是改出来的。""文章不厌百回改。"这些都强调了修改是提高写作能力的关键。四是在教师所了解的学生习作现状里。如果你的学生不知道怎样写具体，那么你就专门指导学生写具体；如果你的学生不会使用修改符号，你就专门指导学生学习使用修改符号；如果你的学生已经能写具体了，但是开头一般化，你就专门指导写好开头，下次再练习写好结尾……

其次，在指导学生"怎样写"上存在三个问题。一是教师泛泛地、不着边际地指导，不知道到底要学生做什么。二是一次习作，其要求面面俱到。

我经常看到有的教师一次习作要求很多，几乎想把写作的所有问题一次解决。有条理、按顺序、写具体、突出重点、表达真情实感，怎样开头、怎样结尾、怎样过渡等，想一口吃成一个胖子，这是不可能的，一次习作真正落实一个问题就很不错了。三是用统一或固定的模式框住学生。写一个人必须先写人物外貌，写动物要求先写样子，不这样写不行吗？

我们主张，一次习作要有重点、有目的、有针对性地指导：一是根据本次习作内容考虑指导的重点；二是根据学生的实际有针对性地指导，不要面面俱到，泛泛地指导。一次习作只突出一个重点，不管其他的要求。

我们主张，如果没有考虑好指导的重点、关键，干脆先不指导怎样写，先给学生提供习作的内容、情境、范围等，让学生写，写完了再根据学生写的情况进行有针对性的指导。这种做法比乱指导、硬指导好。

抗战时期，西南联大的教授、安徽大学第一任校长、国学大师刘文典曾对如何写作说过一句经典的话，概括了写作的基本方法、规律："观世音菩萨。"观：观察、发现。世：世道、世界、生活。音：音律、语言优美、节奏、层次。菩萨：菩萨心肠、真善美，不说假话、空话、套话，要说真话、实话、心里话。这一说法对小学生的习作也有一定的启发。

我们的想法是：基本要求，力求做到，上不封顶，具体到一个班、一次习作则由学生的实际情况而定。

低年级的写话，主要是做到能写几句意思连贯的话，表达清楚明白、语句通顺，即文从字顺。

中、高年级的习作，主要做到以下几点：一是内容要具体，二是有真情实感，三是围绕一个意思来写，四是条理清楚、分段表述，五是有详有略，六是语句通顺，七是反复修改。

其他要求则根据实际情况而定，从小学生的实际需要出发，不可生搬硬套。如：如何开头、如何结尾；开门见山、篇末点题；倒叙、插叙；外貌描写、心理描写、环境描写、细节描写、侧面描写、静态描写、动态描写；叙事抒情、借景抒情、间接抒情、直接抒情、状物言理、议论、说明；联想、想象；总起分述、前后照应、画龙点睛、以小见大、移步换景、欲扬先抑……

总之，指导"怎样写"的问题是习作教学中的一个难点。一是难在教师自己也不知道这次习作应该怎样写。这种情况，教师不妨让学生先写一篇下水文，先探探深浅。二是难在不了解学生问题出在哪里。这种情况，教师不妨让学生先写后指导。三是难在本次习作重点练什么不明确。这种情况，教师不妨在一个学期里为学生列个习作训练计划，一步一步地落实。

（此文写于 2010 年 3 月 8 日）

捷径之殇

《三字经》中有"犬守夜，鸡司晨"一说，意思是物有其责，各司其职。然而，聪明的公鸡不以为然。它看到现在电子通信这么先进，心想：我每天起得这么早，天天为人们打鸣，太辛苦了，太麻烦了。于是，它从网上下载了公鸡打鸣的声音，装在能定时播放的小喇叭里。从此，人们听到的是通过小喇叭播放的打鸣声了。

聪明的公鸡可高兴了。一个便捷的做法，一种现代化的手段可以让它天天睡懒觉，不用早起打鸣了。

打鸣原本是公鸡的本职工作，是"天职"，天经地义，亘古不变。然而，聪明的公鸡走了捷径，本职工作不做了，本能也退化了。聪明的公鸡变成了哑巴公鸡。它哪里会想到这有可能带来潜在的危险——当鸡不会打鸣了，离餐桌也就不远了！

（此文写于 2009 年 8 月 10 日）

第三章 教学策略

如果你要一滴水

我愿送你一片海洋

走出阅读教学的误区

——济南市小学阅读教学基本模式与操作探索之一

编者按：济南市教学研究室针对小学阅读教学中存在的问题，从广大小学语文教师的实际需要出发，在博采众家之长的基础上，结合本地教学实践，总结出一整套阅读教学的基本模式与操作方式，可供广大小学语文教师学习、借鉴。

建立一套行之有效、操作性强的阅读教学基本模式和提供一系列具体的教学操作方法，不仅是改革小学阅读教学、提高教学效率的需要，也是广大小学语文教师的企盼。济南市教学研究室从这一实际需要出发，自1993年开始，以"把语文课上成扎扎实实又有滋有味的语文基本功训练课"为主题，开展了"小学阅读教学基本模式与操作"的研究。经过四年多的不懈努力与探索，在端正教学思想、建立教学基本模式、完善教学过程和形成全面系统的教学操作程序、方法等方面取得了显著成效。

构建教学基本模式并形成相应的操作方法，首先要有一定的教学思想做指导，不同的教学模式和操作方法体现出不同的教学思想。那么，济南市小学阅读教学基本模式和各种操作方法，是以什么教学思想为指导的呢？细观其研究成果，我们从中发现，他们的认识和思考表现在以下几个方面。

一、教要服务于学，充分体现学生的主体地位

现代教学理论对学生主体地位的确定，强调师生之间在教学中形成一种合作的关系。而济南市教学研究室通过对教学现状的考察，认为目前教学中普遍存在着"以教师为中心"的现象：教学中教师采取的方法看似是启发式，步步设问，但观其究竟，教师的教似乎不是为学生的学服务的，而是学生为教师的教服务，为教师自己顺利地完成教学环节、步骤服务。例如，有的教师这样教《狐狸和乌鸦》一课：

师：狐狸把乌鸦嘴里的肉骗去了，这说明乌鸦怎么样？

生1：乌鸦很傻。（没有说到教师事先想到的答案上）

师：是吗？还有不同的说法吗？

生2：很笨。（又没有说到教师所要求的答案上，教师有些着急）

师：再动脑筋想一想！

生3：乌鸦爱听夸奖的话。（有点接近教师的要求，但又不够准确）

师：谁再说说？

生4：乌鸦爱听好听的话。

师：（面带悦色）你真聪明，你真会动脑筋！我们给她鼓鼓掌。

（教师板书：爱听好听的话）

很显然，这位教师的教不是为学生的学服务的，而是为了追求"正确的答案"，为教师的板书服务。因为前几位学生的回答都没有说到教师的"心坎儿"里，在这种情况下，教师没有针对学生的发言加以引导，而是被动地等待"正确的答案"，一旦出现，便以简单的表扬和完成板书代替了训练。这种情况出现的原因是，教师不仅在教学应变能力上存在问题，在教学思想上也存在问题。

另外，在教学中，教师提问时，只对优等生提问，怕学生回答问题错误，用事先设计好的一个个问题牵着学生走。对学生发言的对错，教师只充当"裁判"，而不加以引导等。这些都是让学生为教师的教服务的表现。

为改变这种现状，济南市教学研究室强调教师要端正教学态度。教师的教要为学生的学服务，为强化语言文字训练和促进学生的发展服务。为此，他们提出——

1. 教师要"时时心中有学生"。教师无论是分析教材、设计教案，还是课上引导，都要以学生如何学为出发点。

2. 增强学生的参与意识，使学生真正参与到教学过程之中，构成一个教师与学生、学生与学生之间纵横交错的联系网络。教学的过程是在教师的统领下，全体学生共同参与的学习过程。在这一过程中，教师要与学生（全体学生）联系起来（纵向），学生与学生之间也要联系起来（横向）。在这样纵横交错的联系网络中，教师与学生之间是一个相互交流、相互促进的动态发展的关系。教师不仅可以提问学生，学生也可以向教师提问，请教师回答问题。不仅如此，学生与学生之间也是相互交流、相互促进的动态发展的关系。当一个学生在发言时，其他学生并不是漠不关心，而是十分关注他人的发言，或给予纠正，或给予补充，或给予评价等。教师与学生、学生与学生相互联系，在联系中促进发展。

3. 要在课堂上展示出学生思维、思想、情感发展变化的过程。即看到学生是怎样由不懂到懂，由不会到会，由理解错误到理解正确，由情感平淡到情感激奋，由个别学生的深刻理解、精彩发言到全体学生形成共识等的发展变化的过程。

二、强化语言文字训练的意识

多年来，在阅读教学中存在着一个"致命伤"，即语文学科的个性特征还没有得到充分的体现。它表现为：重视对课文思想内容的泛泛分析，忽视语言文字的训练；不重视渗透学习方法、培养语文能力和学习习惯等。济南市教学研究室针对这一症结，进行了深入思考及有益尝试。

济南市教学研究室认为：教师教一篇课文，既要让学生理解课文（包括思想内容和表达方法），能够"读懂"，又要在引导学生理解课文的过程中，有意识地进行语文知识、语文能力、学习方法、学习习惯等方面的传授、训练、渗透和培养，让学生能够"学会"。把语文课上成扎扎实实的语文基本功训练课，应该是这两个方面的统一。例如，有位教师这样教学《李时珍》一课：

师：请同学们默读第二自然段，想一想这一段哪几句话写了行医的不利条件，哪几句话写了李时珍立志行医的决心。

生1：第二句、第三句话写了行医的不利条件。第四句、第五句话写了李时珍立志行医的决心。

师：请同学们再读这一段，想一想哪一句话把李时珍"行医的不利条件"和"立志行医的愿望"表达出来了，哪一个词最能说明这一点。

生1："李时珍可不这样想。"

生2："可"这个词把行医的不利条件和李时珍行医的愿望表达了出来，这样我们就更能看到李时珍志向的崇高和远大。

师：请同学们用"虽然……但是……"总结一下这一个自然段的段意。

生3：虽然行医在当时被人看不起，父亲也反对他行医，但是，李时珍看到医生能救死扶伤，于是他立志行医。

这里，教师就较好地进行了课文段落的训练，让学生厘清了句与句之间的关系，明白一段话是怎样围绕一个意思来写的，并学会使用一定的方法来概括段意。教师这样做既引导学生理解了教材，又进行了语言文字训练，还教给了学生学习的方法，可以说一箭三雕。

通过对教学实践的深入研究，济南市教学研究室进一步归纳出语言文字训练的三种类型。只要明确把握这三种类型就能提高阅读教学的实效。这三种类型如下。

一般性训练。即教学内容和教学环节、步骤需要，但又不是教学重点，有些段落、语句需要略讲等。这些训练一般不需要在课堂上花费过多的时间。

强化性训练。即依据教学的目标和训练重点、难点、关键，教师精心设计一个个训练点。它既是理解课文思想内容、体会作者思想感情的重点，又是教师传授语文知识、训练语文能力、渗透学习方法、培养学习习惯等的着力点，同时也是教师在课堂上不惜花时间，不达目的不止的地方。

随机性训练。即在备课、设计教案时，教师没有估计到的情况、问题，课堂上却意外地出现了，且又是教学的重点和关键。对某一问题的理解，学生的回答出乎意料得好（即闪光点），或者在关键的地方、应正确掌握的地方，学生答错了、说偏了（即偏差点），或者学生提出了意想不到的问题（即疑难点）等。出现这种情况时，教师如果能敏感地及时捕捉，给予随机训练，会促成一种"无心插柳柳成荫"的教学效果。

例如，有位教师教学《我要的是葫芦》一课的第一自然段，就出现了在关键的地方学生答错的情况。

师：请同学们读一读第一自然段，说说葫芦开始长得怎么样。

生1：葫芦长得很健康。（此生的回答出乎教师的预料）

师：（意识到这一回答提供了一次极好的训练时机）请你再大声说一遍，葫芦长得怎么样？（教师不露声色，意在借题发挥）

生1：（大声）葫芦长得很健康。

师：还有不同的说法吗？

生2：葫芦长得很茂盛。

师：（训练时机已形成）请大家说一说，这两位同学的发言，你认为谁说得对？为什么？

生3：我认为第二个同学说得对。说葫芦长得怎么样，应该用"茂盛"，不能说"健康"，因为"健康"一般用来形容人。

在这里，教师及时抓住学生回答问题中出现的偏差，进行随机性训练。这就使正确理解与错误理解相互参照，既纠正了错误，促进了发展，加深了对课文的理解，同时又渗透了运用语言的能力训练。

三、面上着眼，点上突破

当前阅读教学"高耗低效"的重要原因之一是教师对教材平均用力、面面俱到，其结果必然是"面面不到"。针对这种现象，济南市教学研究室提出了"宁打一眼井，不刨三个坑"的口号，这也是他们建立教学基本模式的思想基础之一。他们的具体做法如下：

1. 在明确了教学目标的前提下，精心设计训练点，抓点带面（"面"指全篇课文）。这样的训练点（包括语文知识、能力，学习方法、习惯的训练点；思想教育的渗透点；学生学习中的兴奋点）具有双重目的性，既能加深对课文的理解，又能进行语文知识、能力和学习方法、习惯的训练，还能渗透思想教育，两者相互作用，相互促进；这样的训练点具有向心性，即所确定的训练点，不论是字词还是句段，都要向着教学总目标这个"心"着力，为达到教学总目标服务。

为此，教师在备课的时候，就需要在明确教学总目标之后，把主要精力投放到围绕教学目标去发现和设计教学的训练点上；教师教学的时候，也要把主要精力投放到训练点上,尤其是那些强化性的训练点,要不惜时间。教师要力求通过一个个训练点的突破,理解全篇课文,实现教学的总目标,使学生在训练点的教学中真正得到扎扎实实的、最有价值的语文基本功训练。

2. 在服从于教学目标的前提下,及时进行随机训练,抓点促面("面"指全体学生)。在课堂上,教师必须时刻关注学生的思想变化,揣摩学生的心思,把握学生的思维动向,想学生之所想,悟学生之所悟。针对学生的实际学习状况,因势利导,及时点拨。

(1)善于捕捉学生学习中的闪光点。对某一学生精彩的思考、回答,教师要及时捕捉住,通过它来促进学生对课文的深入理解,推动全体学生认识的发展,形成共识。

(2)善于纠正学生学习中的偏差点。学生在学习过程中,尤其是在教师教学的关键地方,如果理解偏了、说错了,教师要注意抓住训练时机,借题发挥,强化训练。

(3)善于点拨学生学习中的疑难点。学生在学习中遇到的某种疑难,可能是教师意料不到的、"稀奇古怪"的,但是有训练的价值。对此,教师要鼓励学生提出疑问,发现它的训练价值所在,因势利导,促进发展。

(此文发表于《山东教育》1997年第9期)

抓点带面　扎实训练

——济南市小学阅读教学基本模式与操作探索之二

对于小学阅读教学模式一般地说，需要从三个方面来研究小学阅读教学模式：一是从历史发展方面来研究，二是从当代相关理论成果方面来研究，三是从教学实践经验方面来研究。济南市所进行的小学阅读教学基本模式与操作方法的课题研究，就是在研究其历史发展和当代相关理论成果的基础上，着重于进行现实教学实践经验方面的探讨。他们的研究方法如下：

1. 初步探索，研究一篇课文教学的全过程。弄清一篇课文教学全过程中应该有哪些合理的、有效的环节和步骤，对所研究的课文教学全过程进行分析、归纳，从中提炼出带有共性的教学环节和步骤，形成同类型课文的教学基本流程。

2. 归纳总结，初步建立起课文教学的基本模式。对各年级所形成的教学基本过程进行分析，寻找共性，总结出课文教学的基本模式。

3. 实践验证，完善教学的基本模式。将初步建立起的教学基本模式，放到教学实践中去试用、验证，使其进一步完善。在此基础上，他们又依据建立起的教学基本模式，进一步探索总结出了低、中、高年级的看图学文、讲读课文、阅读课文以及古诗、看图学词学句教学的基本模式。

由此可以看出，他们的研究，走的是一条"实践—理论—实践"和"具体—抽象—具体"的路线。其研究成果,既有一定的理论基础,又有一定的实践基础。

一、阅读教学基本模式及其解说

他们通过对各个年级一篇篇不同类型课文的研究,经历了"探索—总结—验证—完善"的研究过程,建立起了教学一篇课文的基本模式(主要是讲读课文):读前复习——全文初探——重点深究——通篇会意——领会"表达"——读后练习。

1. 读前复习。即在学习一篇新课文之前,用几分钟的时间复习一下相关的"旧知"。既可为学习新课做铺垫,同时又可达到巩固已学知识的目的。例如,教师在教学《琥珀》一课时,先让学生复习一下《黄河象》一课,让学生说说《黄河象》一课是按照什么顺序介绍黄河象的,然后再让学生看看《琥珀》一课是按照什么顺序介绍琥珀的,从而了解这两课在写法上的异同之处,寻找联系,掌握规律。需要说明的是,为了开讲时创设一种情景,以激发学生的兴趣,增强讲读效果,教师也可以跳过有些课文"读前复习"环节,直接导入新课。

2. 全文初探。即让学生初步感知课文,从整体上了解课文。主要包括导入新课、初读课文、了解课文内容、质疑问难、划分段落等。在感知课文的时候,低、中年级主要是内容上的感知了解,高年级则可以从内容与形式多个方面感知了解。在初读课文、了解课文内容的时候,低年级一般是在教师的指导下,能说出课文的大体内容;中年级一般是经过讨论,能说出课文的主要内容;高年级一般是在初读之后,能用较简练的语句概括出课文的主要内容。

3. 重点深究。即指导学生逐段理解课文的思想内容,其中主要是对重点段落、词句的理解。包括分析词句、段落,归纳段意等。在这一环节的教学中,教师要充分体现抓点带面,力求点上着力,点上突破。要加快教学节奏,做到缓急相间,既有精讲,又有粗放。比如有的段落、词句,要抓住不放,"打井出水";有的段落、词句,放手自学,自读自悟;有的段落、词句,以读代讲,简略了解。防止段段必讲,句句必问,词词必究。

4. 通篇会意。即总结全文,概括中心思想或写作意图。包括回顾全文,把握课文主要内容;总结全文,概括中心思想等。要使学生对全文形成理性认识。

5. 领会"表达"。即指导学生进一步了解作者是怎样用语言文字表达思想感情的。包括赏读课文、品评词句、学习表达方法等。领会"表达"，是最能体现语文学科个性特征的教学环节，因而，教师要加强这一环节教学的力度，时间要充分，过程要具体，方法要多样，使学生真正在这一环节的教学中得到扎扎实实的、最有价值的语文基本功训练。

6. 读后练习。即教师指导学生完成课后有关练习和依据本组训练重点、课文特点设计的练习，以巩固所学的语文知识，学习运用有关知识，逐步形成技能。包括口头与书面的各种练习。

这一环节是训练学生巩固、运用知识，形成语文能力的重要环节，教学中要加大练习密度，给学生以充分的练习内容和时间，并力求练习形式灵活多样。

从他们所建立的教学基本模式的主体部分来看，是以"整体——部分——整体"的认识规律和"语言文字——思想内容——语言文字"的教学顺序来安排的。这样的教学基本模式，符合一般的认识规律，完善了教学的全过程，克服了那种"蜻蜓点水式"的、忽视理解语言文字表达的教学和"半过程"的、几乎没有理解语言文字表达的教学，语文训练贯穿教学的全过程。这六个大的教学环节，构成了整个训练的层次，即"读前复习（复习）——全文初探、重点深究、通篇会意、领会'表达'（新授）——读后练习（练习）"。这样的"复习——新授——练习"三个训练层次，是一个螺旋上升、良性循环的教学过程，有利于学习新知识，巩固旧知识，培养能力。

二、运用教学基本模式的操作要领

教学基本模式仅仅是教学过程的外在体现，必须有正确的教学思想和科学的操作方法、要领做保证。不然，即使是有了好的教学基本模式，而操作不得法、不得要领，仍然会"穿新鞋，走老路"，或者是"走过场"，没有实际的意义。为此，济南市教学研究室提出：要在端正教学思想的前提下，把握一定的操作要领。

1. 确立明确的教学目标。在正确、全面、深入地理解课文的基础上，教师要依据大纲规定的年段要求、单元训练项目和课文的重点、难点，确立明确的教学目标。这需要从两个层次上来考虑：

（1）确立整篇课文教学的总目标。教师教学一篇课文，要确立明确的教学总目标，即整篇课文的教学，应理解、训练、渗透什么（即训练点），理解、训练、渗透到什么程度（即落脚点）。一般应从三个角度来确立：第一，语文训练方面，包括字词句篇、听说读写；第二，理解课文内容，渗透思想教育方面；第三，指导学习方法，培养学习习惯方面。

例如，《倔强的小红军》一课，其教学的总目标可以确立为：

第一，语文训练方面：主要是在归纳段落大意的基础上，引导学生抓住课文的主要内容，使学生能完整地总结出课文的主要内容。

第二，理解课文内容，渗透思想教育方面：主要是让学生理解小红军宁肯牺牲自己，也不拖累别人的崇高品质，使学生受到革命传统教育。

第三，指导学习方法，培养学习习惯方面：主要指导学生学习用连接段意的方法抓住课文的主要内容。

（2）确立每个环节的教学分目标。有了教学的总目标之后，就需要围绕它顺应着一个个教学环节进一步确立各个环节的教学分目标。一般地讲，可以按照上述教学基本模式的六个环节来分别确立。

例如，济南市纬九路小学的教师张馨在教学《倔强的小红军》一课时，是这样确定教学分目标的：在"读前复习"环节中，复习归纳段落大意的要求和方法；在"全文初探"环节中，先让学生在初步了解课文主要内容的基础上，大体说说课文的主要内容，并借助于学生所说的主要内容，划分段落；在"重点深究"环节中，主要是引导学生通过重点词、句理解各段的思想内容，在此基础上，归纳出各段段意，为抓住课文主要内容做准备；在"通篇会意"环节中，主要是引导学生将各段段意连接起来，总结出课文的主要内容，并体会小红军那种"宁肯牺牲自己，也不拖累别人"的崇高品质；在"领会'表达'"环节中，主要是引导学生体会作者怎样通过人物的外貌、神态、动作和语言的描述，来表现小红军的崇高品质；在"读后练习"环节中，让学生阅读《一条军毯》一文，练习运用连接段意的方法抓住课文的主要内容。

这样，每一个教学的环节都有确定的训练目标。主攻方向明确，教学的时候，可环环相扣，步步落实。

2. 围绕教学目标，确定训练点。有了教学的总目标和分目标，就要围绕着教学目标来确定教学训练点。这就需要教师在备课、设计教学的时候，围绕教学目标，依据单元训练项目、教材特点以及学生实际情况，认真寻找，精心设计。这可以从三个方面来考虑。

（1）教材中明显存在、明确规定的。课文中比较明显的重点词、句、段，课后明确规定的教学要求等，可以直接作为训练点来进行教学，这是确定训练点的主要方面。这种训练点，其关键不在于如何去寻找、发现，而在于考虑采用什么样的教学方法去训练。

（2）"隐藏"在教材之中的。这种训练点，不是一眼就能看出来的，需要认真钻研，"慧眼发现"。例如，济南师范附小教师陈殿军，在教学《大森林的主人》一课时，发现并抓住文中"……把松鸡裹好，放进洞里，盖上薄薄的一层土，然后在上面又烧起一堆火"一句，进行训练。在这句话里，一个"又"字，乍一看，平平常常，但是联系后文就会发现猎人的高明之处。因为，猎人在烧松鸡的时候，烧起了两个火堆，这就已经为晚上两个人的睡觉做好了准备。教学时，教师抓住"又"字，联系后面的内容让学生理解，既能让学生更好地理解猎人胸有成竹、富有经验的特点，同时还渗透了联系上下文理解内容的学习方法。像这样的训练点，若不认真钻研，不太容易发现；而一旦发现，确立为训练点，则是很有价值的。

（3）自悟自创的。有些训练点是间接地存在于教材之中的，需要教师依据教材，根据教学的实际需要，开动脑筋，自创自悟。如《观潮》一课，课文第四自然段写大潮来之前，远处传来隆隆的响声时，人们观潮时的活动、情景；而第五、六自然段，写大潮到来之后的场景，却没有写人们观潮的活动、情景。这是教材的一处"空白"，我们可以将自悟自创作为训练点，关注这一"空白"处，启发学生从人们的表情、神态、动作和语言几个方面去想象大潮到来之后，人们观潮时的活动、情景。这样教学，既可以加深学生对课文内容的理解，又可以对学生进行想象、言语表达能力的训练。

3. 依据教学目标和训练点，精心设计教学方法。有了明确的教学目标和训练点，接下来，就要考虑教学方法的问题。这是达到教学目标、落实训练点的具体措施和手段，需要精心设计。应注意以下几点。

（1）如果一堂课一味地采用"提问法"，左一个问题，右一个问题，学生能产生什么学习兴趣呢？因此，教师在设计教学方法的时候，要做到灵活多样，优化组合，富有变化。例如，引导学生理解词语，可以采用联系生活、动作演示、词语比较、示例引路等不同的方法。

（2）预测教学情境，力求多手准备。教学过程是一个千变万化的过程，教师面对的是一班有头脑、有情感的学生。因此，课堂上会出现一些事先没有估计到的问题。教师要及时地解决这些问题，单凭一时的机智、应变还是很不够的，有时难以处理好。而处理不好，本来很有意义、价值的训练，会因预测不够、估计不足、方法单一，失掉了难得的训练时机。为了避免这种情况，教师要在设计教学方法的时候，充分估计一下教学中可能出现的情况，进行教学预测，形成一个"在头脑里上课"的动态过程，并力求多手准备。

当提出某一问题时，学生启而不发怎么办？答非所问怎么办？答不完整怎么办？理解错误、出现偏差怎么办？有多种说法怎么办？理解得特别精彩怎么办？等等。关于这些，如果教师在备课设计教学方法的时候，预测一下，并做多手准备，则会在教学时左右逢源，以不变应万变。

（3）安排好教学的环节、步骤，把握教学的节奏。一堂课，应该如同一条欢快的小溪，波澜起伏，时缓时急，富有节奏、变化，这样才有可能使学生学得扎扎实实、有滋有味。要做到这一点，教师须考虑：在整篇课文、整堂课的教学中，哪些地方需要重点着力，多用一些时间，哪些地方需要简略处理，少用些时间。一般地说，要加快理解课文内容的节奏，即"全文初探""重点深究""通篇会意"这三个环节的教学节奏要快一些，突出重点。教学中的其他环节可以简略，以便腾出时间，加大领会"表达"的力度，加大"读后练习"的密度。另外，教师还要考虑怎样由这一环节进入下一环节，由这一步进入下一步。这其间，又是怎样自然地衔接、过渡，并能起到或激疑、或激趣、或激情的作用。

总之，教师在备课、设计教学的时候，无论是确立教学的总目标、分目标，还是确定教学的各个训练点；无论是进行字词句篇的教学，还是听说读写的训练，都应明确"抓什么""抓到什么程度"以及"怎样抓"这三个方面的问题。这是运用好本教学模式的基本要领，也是落实目标、训练到位的根本保证。

（此文发表于《山东教育》1997年第11期）

论小学语文教学

明确目标　灵活操作

——济南市小学阅读教学基本模式与操作探索之三

在教学中，如何强化阅读基本功的训练，用什么样的方法进行训练，这是至关重要的问题。济南市教学研究室通过对小学语文教学现状的调查，认为课堂教学中普遍存在着教学方法单一、呆板的现象，这也是教学效率低下的重要原因之一。为此，他们在探索小学阅读教学基本模式的同时，进一步研究了强化阅读基本功训练的各种教学操作方法。

一、操作方法的形成

1. 两条线索。一是依据学生学习方法的线索，即指导学生学习字词句段篇和进行听说读写训练的线索；二是依据教师课堂教学艺术的线索，即如何导入新课、引导点拨、激发情感等的线索。

2. 两条渠道。一是借鉴全国优秀教师的先进经验和做法；二是将广大教师教学中积累的成功课例和精彩片段进行归纳、整理，从中提炼出带有规律性的教学方法。

3. 五条标准。为了保证教学操作方法的科学性、可行性和实效性，济南市教学研究室又将整理、总结、归纳出的大量的教学方法，逐一地用以下五条标准进行了论证：①教学思想是否端正；②是否符合学生学习语文的规律；

③是否能强化语文训练；④是否有实效；⑤是否便于操作。

在论证中，对不符合上述标准的，再集思广益，进行修改、补充，力求为广大教师提供出比较合理、可行、有效的操作方法。

二、操作方法的概述

表一：

项　目	阅读基本功训练的操作方法
识字训练	据词定音法、据词释义法、演示释义法、看图释义法、以形悟义法、游戏识记法、扩词巩固法等
词语训练	直观解词法、描述解词法、随文释义法、同义换言法、词语归类法、以字组词法、选词填空法等
句子训练	突破重点词语法、上挂下连法、句式比较法、动作演示法、创设情境法、缩句理解法等
段落训练	一点突破法、结构分析法、关系分析法、逐层分析归纳法、品读法、想象还原法、对照比较法等
分段训练	提取重点段法、整体分割法、部分归并法、分析结构法、揭示线索法等
概括主要内容的训练	综合段意法、提示问题法、补充内容练习法、六要素练习法、要点归纳法等
归纳中心思想的训练	抓开头法、抓结尾法、抓中心句法、借助课题法、借助重点词语法、逐层深入法等
领会"表达"的训练	理解内容渗透法、品评词句法、联系习作法、变式比较法、谈体会法等
查字典训练	填空式训练法、表格式训练法、选择式训练法、注释式训练法、强化记忆训练法等
朗读训练	自由朗读训练法、范读训练法、分角色朗读训练法、评点朗读训练法、引读训练法、对比朗读训练法等
默读训练	轻声引读法、浏览默读法、品评默读法、提问默读法、质疑默读法、联想默读法等

项目	阅读基本功训练的操作方法
复述训练	模仿复述法、看图复述法、按提纲复述法、设问复述法、结构复述法、接续复述法等
背诵训练	尝试回忆法、化整为零背诵法、顺思路背诵法、列提纲背诵法、设问背诵法等
听说训练	重复法、评价比较法、边听边记法、用词说话法、变换句式法、仿说法等

表二：

项目	课堂教学艺术的操作技巧
导入新课	解释课题导入、渲染气氛导入、运用实物导入、设置悬念导入、创设情景导入等
引导点拨	设身体验、借题发挥、联系实际、对比分析、演示鉴别、明知故问等
渗透思想教育	介绍背景、范读感染、问题探究、暗示渗透、语言描绘、假设推断等
激发情感	巧设导语激情、启发想象激情、语言渲染激情、绘画还原激情、模拟表演激情等
运用插图	充当角色、想象补充、还原生活、化静为动、拼贴图片等
运用教具	直观展示、实际操作、直观演示、动作表演、分角色表演、配乐朗读、音像配合等
处理课后练习	图画自学、课内渗透、练习引路、讲练结合、读写结合、巩固练习等
板书设计	词语式板书、贴图式板书、对比式板书、提纲式板书、表格式板书等

从以上表中可以看出，济南市教学研究室的研究为广大教师提供的操作方法全面具体，便于教师在教学中选择、运用，既有利于改变教学方法单一、呆板的情况，也有利于提高教学效率。

三、操作方法的运用

具有一定的教学操作方法，只是解决问题的一个方面，关键是怎样去运用它。再好的方法，如果不符合自己的教学实际，运用得不恰当，也是毫无意义的。对此，济南市教学研究室在如何运用好这一系列操作方法和技巧的问题上，进一步总结出四条基本要领：

1. 依据一定的教学目标来确定相应的操作方法。依据济南市教研员的经验，运用什么样的教学操作方法，是依据一定的教学目标来确定的。这就首先要明确教学一篇课文的目标是什么，而明确教学目标：一是要"定位"，即根据本年段、本年级、本组训练项目来思考："这一课的教学目标是从哪里发展而来的，又是朝着什么方向发展以体现年段性的"；二是要"立标"，即在明确了某一训练项目在本课所处的位置之后，即可将这一课的教学目标确立起来；三是"设点"，即依据所定的"位"，所立的"标"，从课文中寻找、设计训练的点，通过各个训练点的教学达到教学目标。

例如，《倔强的小红军》一课的训练要求之一是"抓住课文的主要内容"。这一教学要求是在前面学生已经练习了归纳段意的基础上发展而来的，是为学生以后能自己独立概括课文的主要内容，进而学习总结课文的中心思想服务的。这样就明确了这一教学要求所处的训练位置，然后再确立起教学这一课的目标，即指导学生学习运用连接段意的方法抓课文的主要内容，这是进行"立标"的一步。在"设点"的时候，就要根据这一教学目标，在教学课文的时候，有意识地设计为抓住课文主要内容服务的训练点，为达到教学目标服务。

2. 依据学生的学习实际来采用相应的操作方法。教师在教学中采用什么样的操作方法，还要受到学生学习的实际状况的制约。同样的一种方法，在这个班，在这篇课文、这段话的教学中是有效的；而在另一个班，在另一篇课文、另一段话的教学中可能效果不明显。这就需要充分了解学生的现有基础，根据学生的学习实际状况来决定采用什么样的操作方法。

例如，练习归纳段落大意的时候，在刚刚起步的阶段不可采用让学生直接归纳的方法，可以采用几种段意比较的方法，让学生在比较之中，知道哪种段意归纳得完整；也可以采用补充段意的方法，让学生把不够完整的段意补充完整。在学生已经掌握了一定的归纳段意的方法之后，就可以采用让学生直接通过抓重点句或把几个句子意思连接起来等方法来归纳段意。如果在这个阶段，教师还采用比较法或补充法，就降低了训练的要求，不符合学生的学习实际，更不利于学生的能力的培养。

3. 依据课堂上出现的不同情况来变换操作方法。课堂教学的突出特点是：千变万化，较难驾驭。如果操作方法灵活得当，适应并能促进学生的发展，教学效果就会好；反之，可能会妨碍、压抑学生的学习和发展。这就需要教师在备课的时候，充分预见课堂上可能出现的情况，并能采用不同的教学操作方法。为此，教师在设计操作方法的时候，要力求多手准备，以做到左右逢源。

让学生质疑问难，可能会出现多种情况：一是学生不会，不知道怎样提出问题；二是提出的问题是比较肤浅的，学生的思考深入不进去；三是提出的问题，有的是比较肤浅的，有的则有一定的思考价值等。面对这种种情况，采用一种操作方法显然是不能适应的，也不能促进学生的发展，这就需要教师有多种操作方法和技巧。针对第一种情况，可采用教师参与的方法，教师提出一个问题做样子，让学生仿照教师的样子提出问题；针对第二种情况，教师也提出一个有一定思考价值的问题，同学生提出的问题进行比较，在比较之中明确应该提出什么样的问题；针对第三种情况，可以让学生对两种不同的问题进行比较，明确哪位同学提出的问题好，好在哪里，通过比较，知道哪种问题是有价值的，应该提出什么样的问题。

在教学过程中，教师要有多手准备，有多种操作方法，并伴随着学生思维、情感的变化和发展，灵活地运用。这才有利于促进学生的发展，这才真正发挥出了操作方法的实际意义。

4. 依据自己的教学经验不断地发展、创新操作方法。任何一种教学操作方法的好与不好，适用与不适用，都是在一定的教学实际中证明的，也是在教学实践中发展、完善的。因此，脱离教学的实际，孤立地采用某种操作方法，或者机械照搬某种操作方法，或者在教学实践中总是采用某种固定不变的操作方法，没有自己的发展和创新，只能是走向教学的"死胡同"。

因此，教师在运用各种各样的教学操作方法的时候，一是要密切联系自己的教学实践，根据自己的教学实际需要来确定采用什么样的操作方法；二是要在自己的教学实践中不断地发展、完善某种操作方法，使某种操作方法更加符合自己的教学实际，发挥其实际的意义和真正的价值；三是不断地积累和总结自己的教学经验，创造出自己的教学操作方法，以形成自己的教学特色、风格。

总之，要在运用中完善，在实践中发展，在发展中创新。这样，才能真正使教学操作方法的探索在广大教师中"生生不息"。这也是济南市教学研究室研究"小学阅读教学基本模式与操作方法"这一课题的初衷和目的所在。

（此文发表于《山东教育》1997年第13—15期合刊）

清清楚楚地教

实施课程改革以来，教师的教学方法发生了很大的变化，应该说我们的课堂比以往更"活"、更"新"，学生兴趣更"浓"了。出现的一个新问题是：活而不实，学生在学习中得到的"实惠"少了，甚至"热闹"半天，弄不清教师要干什么，学生应该学习、掌握、运用什么。这样的教学现状令人担忧，需要我们回归到教学的原点上来，驻足反思，静心琢磨。教师要力求在钻研教材、吃透教材、弄清学生学习需求的前提下，精心设计，清清楚楚地教。

一、教什么，要清清楚楚

教什么，这是研究教学目标和教学侧重点的问题。从表面上看，教学目标、教学侧重点，在教学参考书中已写得清清楚楚了，难道还不明白吗？但是，只要走进课堂，不清楚、不明白的现象，"没有航标乱行船"的做法并不少见。这固然有教学水平、教学设计的问题，但归根到底还是由于教师没有真正把握教材，没有真正弄清楚教学目标、教学侧重点，没有真正彻底地分析问题。

确立教学目标，确定教学侧重点，需要教师对一篇课文的特点进行深入理解，对一组教材进行周密思考，还需要从学生学习的实际角度来把握。就一篇课文教学而言，应该弄清楚这篇课文在内容、表达方面的特点，要弄清楚让学生经历怎样的过程，运用怎样的方法来学习，最终弄清楚理解、感悟什么（思想内容），学习、领悟什么（表达方法），掌握、运用什么（学习方法、习惯）。这些都需要在深入钻研教材，反复琢磨的基础上确定。

义务教育语文课程标准提出，要从三个维度来设计教学目标。对其中的"过程和方法"这一目标的设计，教师们颇感困惑。根据我们的认识，"过程和方法"就像一驾马车，是一种载体，上面装载着"知识和能力""情感、态度和价值观"，以及阅读的兴趣、方法和习惯等。例如，学习或运用抓重点词语，联系上下文来理解句子；学习或通过读文章，想画面来理解内容；学习或通过分角色朗读来体会思想感情等。其中的"学习或运用抓重点词语，联系上下文""学习或通过读文章，想画面"就是一种阅读教学的过程和方法。另外，绘画、圈点标画、动作演示、借助资料、质疑问难等学习的方法和学生要经历的学习过程都可以看作是过程和方法的目标设计。有了这一维度的目标设计，可以防止只重结果不重过程的教学，可以更有效地培养学生的阅读能力，使之掌握阅读的方法。

当然，预设的教学目标在教学实施过程中，也不是一成不变的，应珍视学生在阅读过程中的探究、发现、建构和生成。教师要根据教学的实际进行适当的调整、调控，努力做到对文本的正确、深入的理解和感悟。

二、在什么起点上教，要清清楚楚

一篇课文的教学，或者说一篇课文的教学侧重点，不是孤立的，它与前面所学的内容有关联，也与后面将要学习的内容有联系，是一组教材、一册教材，乃至整个教学链条中的一个环节。因此，教师分析把握教材，要真正弄清楚本课教学的内容、侧重点。

例如，二年级学生学习了《赠汪伦》这首送别诗，到四年级又学习《黄鹤楼送孟浩然之广陵》等送别诗，这两者之间是相互关联的。教学时，教师就可以引导学生借助《赠汪伦》来学习新的送别诗，引导学生在联系对比中品味、了解它们之间的异同，进而更深层次地来欣赏这类送别诗。

人教版小学语文教材四年级上册第一组的单元专题是"自然奇观"，学习这一组课文，教师应该明确，学生已经学习过"自然景观"这一专题的课文，那么教学中就可以联系以往的认知和积累，以"自然景观"为起点，在与"自然奇观"的对比中，把握本组学习的着力点是"奇"观，以"奇观"的视角到一篇篇课文中寻找各景观的"神奇"之处。当学习课文《观潮》时，教师引导学生以"奇观"的视角寻找、发现了钱塘江大潮的神奇：潮未来声先到、潮来时宏伟壮观、潮过后即变平静等。学生通过这些神奇之处知道了学习本组课文的方法是着力寻找、发现景观的"神奇"，在学习后面的课文时，教师就可以完全放手让学生自己去寻找、发现景观的神奇之处了，从而提高了教学的效率和学生的阅读能力。这就是弄清楚教学起点的重要作用和意义。

再如，二年级已经学过七八种理解词语的方法，诸如"联系上下文、联系生活实际、换词比较等。那么，到了三年级学习：运用多种方法理解难懂的句子"，就应该复习、回顾已学过的理解词语的方法，将有关的"方法"迁移运用到"理解难懂的句子"上。这种前后联系的教学，弄清教学起点，会大大提高教学的实效。

当然，学生的阅读能力，不是轻而易举就能培养、训练出来的，有时候虽然着力进行了训练，但成效不明显。这就需要教师把握学生的基础，从实际出发，来确立教学的起点。

弄清教学的起点，从而明确教学的侧重点，是教师进行教学设计的前提。然而，教学现状告诉我们，由于对这个"前提"分析、思考得不充分，不少阅读教学似乎永远从零点开始，这使我们必须考虑"弄清教学起点"的重要性。

三、教到什么程度，要清清楚楚

如果说"弄清楚教学起点"是"瞻前"，是在研究教学的基础，而"弄清教到什么程度"则是"顾后"，是在研究教学效果、发展、方向和生成。然而令人遗憾的教学现状是：一篇课文的教学往往蜻蜓点水，水过地面湿，走过场，走教案，看不到满意的效果和学生的发展，教学目标没有真正落到实处，没有达到一定的高度。因此，在进行教学设计的时候，需要我们对其达到的目标、效果进行一定的预想，并思考达不到预想的目标、效果怎么办，达到了怎么办，又怎样使亮点更亮，做到心中有数、张弛有度。

例如，《植物妈妈有办法》一课中第三自然段写道："苍耳妈妈有个好办法……只要挂住动物的皮毛，孩子们就能去田野、山洼。"这里有一个关键词"挂住"，苍耳浑身长满了刺，为什么不说"贴住""粘住"呢？教学时，教师可以把苍耳放在实物投影上放大，让学生观察并发现，苍耳的每个刺上都有一个细小的、肉眼几乎看不到的钩，所以作者用了"挂住"这个词语。在此基础上可以引导学生进一步思考：由此，你想到了什么？说明了什么？通过词语对比、实物观察，使学生感悟到：作者观察很细致，用词很准确，大自然很神奇。这三个方面的感悟、认识，就是抓住"挂住"这一关键词语所达到的教学效果。教学就应该达到这个程度，使预设目标真正落到实处。

四、怎样教，要清清楚楚

这是研究如何落实教学目标，取得教学效果的问题；是教学的方法、组织、引导的方式问题；也是研究运用什么方法教，让学生经历怎样的学习过程的问题。在这里，需要从三个方面思考：教学程序的设计、教学方法的设计和教学策略的设计。

关于教学程序的设计，不同的课文应有所不同，并力求课课设计有新意，让学生天天有个新感觉。当然，教学程序也有基本模式。①导入：这是师生心灵沟通的第一座桥梁，在学习课文过程中起着铺垫、定向、启迪、激情、激趣的作用。导入，可以借助旧知，可以借助与课文内容相关的知识、资料的链接等。②初探：即让学生有一个熟悉课文、自读自悟、整体把握课文内容的过程，它可以看作是重点探究前的"热身"阶段。③深究，即研读、探究课文的重点部分。这是教学的主要环节，通过这个环节要达到对课文的深入理解、领悟。④总结：即对课文的研读、探究进行归纳、总结、升华。这里的总结不仅应有对课文思想内容的总结，还应包括对课文表达方式的领悟等。⑤延伸：即引导学生向着相关知识领域拓展，使学生由本课的学习，联想到与之相关的内容，拓宽学生的认知领域和学习空间。也就是说，一篇课文学习的结束，应该是相关的新知识、新思考、新领域探究的开始。一篇课文学习的结束，最好不要画上"圆满"的句号或叹号，应该结束在新颖的问号或未知的省略号中，能让学生带着新的问题、新的疑惑走出课堂，这也是教学的成功所在。

关于教学方法的设计，吃透教材是进行教学设计的前提，它可以看作是"钻进去"，而进行教学设计则是"跳出来"，甚至可以跳出"语文"这个圈。语文学科包罗万象，承载万物，只要适合，都可以为我所用。我们主张：①努力创设与文本对话的情境，让学生在情境之中与文本互动交流。②为学生提供自主学习、自我建构、自我生成的条件。这种条件需要教师的"辅助"，教师要为学生提供一定的思考、想象、感悟的条件，让学生借助于这些条件去发现、探究。自读自悟，不是放任不管，而是巧妙辅助，暗中助他一臂之力。③寻找引申拓展的空间。一篇好的文章，总会留有一些让人思考、想象的空间，或没有直接描述的"空白"，利用这些空间、空白，进行巧妙补白，也有利于学生的自读自悟和自我建构。④放大"金点"，抓点带面。钻研教材如同沙里淘金，教师在教学时，要把着力点集中到从沙里淘出的"金点"上，放大这些"点"，力求点上突破，点上求效。

关于教学策略的设计。我们所讲的教学策略，是指面对教学中可能遇到的各种情况所采取的教学方式方法，它更多体现的是教师的一种教学智慧。在进行教学设计的时候，教师应充分预测、设想到可能会出现的各种情况，尤其是教学的重点内容，对多种情况应设计好教学的策略，力求多手准备，以不变应万变。当教师提出一个问题，学生不明白、不会答怎么办？当学生回答错了、偏了怎么办？当学生的答案出乎预料得好怎么办？这就需有对策一、对策二……教学设计如果做到一个侧重点能有多种应对策略，教学就没有不成功、不精彩的。

五、为什么这样教，要清清楚楚

教学设计，不仅要"知其然"，还应"知其所以然"，也就是弄清楚为什么这样教。同时，这也是研究如何使学生最大限度地得到发展的问题，这可以使我们的教学更有针对性、方向感。前文提到的通过词语比较、观察实物，使学生理解了苍耳为什么能"挂住"动物的皮毛，认识到作者观察得很细致，用词很准确，大自然很神奇。那么，为什么这样教呢？一是为了引导学生对课文理解到位。二是学习抓住重点词语理解句子。三是让学生在比较、观察之中学会发现和探究，即在理解的过程中培养学生的阅读发现、探究的能力，使学生通过这一个"点"的训练，得到最大限度的发展。这样的备课思考和教学设计才会真正使课堂绽放出异彩。因此，我们主张教师在备课的时候，不仅要弄清教学目标、教学的侧重点，还应进一步弄清这样教学的目的和意图。

六、教得怎样，也要清清楚楚

教师上完了一堂课，不应"万事大吉"，还要对这堂课进行反思。一般可按照"备课——上课——反思"这样的模式来实施自己的教学。教后反思，如同自我评课，让每课的教学之后有一个自我反思、自我完善、自我提升的过程，这无疑会对教师自身的教学水平、研究能力和教学质量的提高起到积极的促进作用。那些优秀的教师、有水平的教师，无不重视教后反思，常常对自己教学过程中的成败得失来一番认真的思考。他们从成功和经验中积累、进步，从失误和教训中提升、发展。

有人说，教学也是一门遗憾的艺术。的确，备课时，我们总有一些预设不够、思考不到、考虑不周之处，况且教学过程又是一个动态运行、千变万化的过程，教师一人的思考要面对一班学生的头脑，总会有一些失误的地方。对此，做一番教后反思，不仅可在后面的教学中弥补所失所误，而且对提升自身教学的境界、水平也会大有帮助。可以肯定地说，那些善于做教后反思并坚持不懈的教师，现在或将来一定是一个有思想、有内涵、有水平、有能力的教师。

为此，我们强调，在教学之后，教师一定要重视教后反思，把教学之中的成败得失、所思所悟记录下来，把教后反思作为整个教学过程中必不可少的一个重要环节。

那么，怎样进行教后反思呢？一般说来，从教师教得怎样和学生学得怎样两个角度去思考，从教学理念的体现和教学实施的情况两个侧面去分析。反思可以是着眼总结，积累教学经验、教训，提升教学境界的反思，也可以是着眼于教学目标、教学效率的分析与弥补教学不足的反思。

总之，教后反思，如同走进教学之旅的一个驿站，在这里静心思考、深度反思，养精蓄锐，重整行囊，为走入下一个新目标，为教学的远行做好充分的准备。教学是只能看到目标、希望，而看不到终极目标的探索之旅，当你登上一个高峰或走进某一景点的时候，下一个目标正在期待着你。

一位优秀的教师，或一位名师，之所以优秀，在很大程度上，是因为他善于不断地反思、纠正自己教学中的成败得失，不断地积累、吸取自己教学中的经验教训。教学后反思与否是划分一般教师与优秀教师的"分水岭"。

另外，需要强调的是，清清楚楚、明明白白地教还应处理好以下几种关系。

新的教学理念与优秀的传统教学经验的关系；创造性地用教材与吃透教材的关系；教学手段、方式多样化、现代化与语文学科特色的关系；自主、合作、探究性学习与接受性学习、落实双基，以及教师指导作用的关系。

（此文发表于《小学语文教学》2006年第9期）

切记：教在点子上

在听课和看到的课堂实录中，感到不少教师在教学一篇课文时，教不到点子上。简单地总结一下，主要有以下几种情形——

一、一锅黏粥没个豆

有的教师教学《植物妈妈有办法》中的"苍耳妈妈有个好办法"一节时，先后提出了五个问题。第一个问题："苍耳妈妈有个什么好办法？"学生便不动脑筋地回答："她给孩子穿上带刺的铠甲。"第二个问题："'铠甲'是什么样子的？"然后出示铠甲的图片。第三个问题："'铠甲'指的是什么？"学生说："指的是苍耳的外壳。"第四个问题："孩子们还会去哪里？"学生随便一说：去山坡、去草地、去河边等。第五个问题："苍耳妈妈的办法好不好？"学生不假思索地说："好！"到底好在哪里，学生并不清楚。

这五个问题，蜻蜓点水，面面俱到，几乎没有一个是需要学生动脑筋的，也基本没有让学生收获到什么，仅仅是领着学生梳理、熟悉了一下课文内容而已。实际上，在这节诗中有一个关键的词语是学生意识不到的，即"只要挂住动物的皮毛"中的"挂住"一词。如果教师在教学中帮助学生认识到苍耳身上的刺，不是一个个细小的尖而是一个个细小的钩，再来品味作者为什么用"挂住"而不是用"粘住、贴住"，学生就会真正领悟到苍耳妈妈的办法好在哪里了，进而还能体会到大自然的神奇，也能看到作者观察的细致、用词的准确等。"挂住"一词是这一节诗中的"豆"。

　　一段话、一篇课文都有一粒或几粒有价值、营养的"豆"，我们要找到它，并用力去"榨"，让学生品尝到里面的所有营养，并产生一种豁然开朗的感觉。要防止"一锅黏粥没个豆"，"胡子眉毛一把抓"。

二、没有航标乱行船

　　《女娲补天》一课的课后思考题是"这个故事真神奇，我要多读几遍"。从这一要求来看，编者的意图或教学的重点是让学生侧重于了解这个神话故事的神奇之处，进而了解神话这一文体的特点。可是不少教师对编者的意图、教学的重点视而不见，把女娲讲成一位具有不怕困难、不怕牺牲、无私奉献精神的现实中的英雄人物了。在我看来，教师教学这一课，首先要让学生找出故事中的神奇之处，体会神话故事的神奇，其次是从"神奇之处"感受女娲的精神。这样教应该比较符合编者的意图。

　　再如，《将相和》一课的课后学习要求是："提出自己感兴趣的或者不懂的问题，跟大家讨论。如：渑池会上，蔺相如为什么逼秦王击缶？秦王击缶后，为什么'不敢拿赵王怎么样'？"这一教学要求告诉我们，教学这一课，要让学生自己运用"提出问题"的学习方法进行学习。可是不少教师在教学这一课时，不是让学生自己阅读课文，提出问题，再带着"问题"到课文中寻找"答案"，而是自己提出一个个问题牵引着学生，并且这些问题大都是比较肤浅的问题。这样的教学可以说是"编者让他往东，他偏往西；编者让他打狗，他偏逮鸡"。

　　单元导语、课后思考题是体现编者意图的地方，它们是教学的方向、目标，如同航行中的灯塔指引着前行的方向。如果无视航标，就不知道"你到哪里去"了。

三、捡了芝麻丢了西瓜

　　有的教师在教学《为中华之崛起而读书》一课时，讲到"这个妇女的亲人被洋人的汽车轧死了……"时，让学生想象：被洋人轧死的亲人是谁？学生便胡猜乱想：有的说被轧死的是她的父亲，有的说被轧死的是她的母亲，有的说被轧死的是她的儿子，有的说被轧死的是她的丈夫，等等。学生几乎把她家的亲人都说了。

教师为什么要让学生想象被轧死的亲人是谁呢？为什么要让学生把人家的亲人说一个遍呢？实在搞不懂。大概是为了体会那位妇女的不幸与悲惨。但是，弄清被洋人轧死的是谁和体会那位妇女的不幸不是这个段落的教学重点。教学这一段落主要应该让学生弄清两个问题：一是在场的洋人、中国巡警和围观的中国人对待这件事的态度、表现，以及周恩来看到后的感慨；二是这一段落描述为周恩来立志"为中华之崛起而读书"所起到的作用。这才是需要教师投入精力认真研读的地方。

教学一段话、一篇课文，要重点解读的地方可能比较多，这就需要教师依据教学目标、课文特点以及学情等进行大胆选择和取舍，忍痛割爱不失为明智之举。否则，抓住一个根本不需要研读、引申、发挥的地方大做文章，实在是捡了芝麻丢了西瓜，白白浪费学生的精力和时间。

四、专挠不痒痒的地方

有的教师教学《画家和牧童》一课时，大讲特讲在场的人们对戴嵩画技高超的赞美，提出两个问题：当《斗牛图》画好之后，还有哪些人赞扬戴嵩画技高超？他们又会说些什么？让学生仿照"画得太像了，画得太像了"的句式进行想象。有的说：画得太好，画得太好了。有的说：画得太妙了。画得太妙了；有的说：画得真有水平呀，画得真有水平呀。然后又配上音乐反复朗读这一部分。而讲戴嵩是如何向牧童请教的部分就做简单处理，草草收场了。

这篇课文主要写了两部分内容，一是写戴嵩画《斗牛图》及在场人们的赞扬；二是写牧童指出错误后，戴嵩非常虚心地向牧童请教。从课文内容来看，前者的描述是为后者铺垫的。本文的精彩、特别之处是写戴嵩这位大画家是如何向晚辈牧童请教的。从学生学习的角度来看，写戴嵩画《斗牛图》及在场人们的赞扬，学生一读就懂，无须深究。关键是让学生认真品读戴嵩是如何向晚辈牧童虚心请教的，即从戴嵩和蔼的态度、"小兄弟"的称呼、谦逊的话语、惭愧的心情以及"连连拱手"的动作等，体会戴嵩的谦和、谦逊等态度、品质，这才是学生应该重点学习的地方。如果大讲特讲人们对戴嵩画技高超的赞美，略讲戴嵩的谦逊及牧童的率真，岂不喧宾夺主?!

再如，《少年闰土》一课第一自然段，写道："深蓝的天空中挂着一轮金黄的圆月，下面是海边的沙地，都种着一望无际的碧绿西瓜。其间有一个十一二岁的少年，项带银圈，手捏一柄钢叉，向一匹猹尽力地刺去。那猹却将身一扭，反从他的胯下逃走了。"

不少教师教学这一段，大都是让学生抓住描写闰土看瓜刺猹时的动作，感受闰土的机智勇敢。其实，抓住描写动作的词语感受闰土的机智勇敢不难理解，学生基本上一读就懂，比这更重要的，学生难懂的、意识不到的是：作者为什么在开头先以回忆、想象的方式描写这一画面？从全文看，作者为什么两次写到"看瓜刺猹"这件事？这里面包含着作者怎样的思想情感？以及如何通过朗读把这幅画面和情感读出来？这些恰恰是需要教师着力引导的地方。然而，面对学生这一个个无意识、不理解的"盲区"，教师不去关注，却用了大量的时间关注一个学生一读就懂的地方。

上述教学，令人遗憾的是不少教师专讲那些学生自己就能发现、就能意识到，就能理解的，就是不讲学生自己发现不了、意识不到、理解不深的地方。这如同挠痒痒，痒痒的地方不挠，专挠不痒痒的地方。

五、东一笤帚西一扫把

有的教师教学《爬天都峰》一课时，一开课就提出：大家都已经预习了课文，谁能说一说这篇课文主要讲了一件什么事？学生便不假思考地说："主要讲了爬天都峰的事。"教师便给予肯定和表扬："你真会概括，非常简练！"

这样的教学方式至少存在三个问题。一是超出年段目标，脱离学生实际。说说课文主要讲了一件什么事，在人教版语文教材的四年级下册第八单元才明确提出来，让刚刚升入三年级的学生"说说这篇课文主要讲了一件什么事"，实在是不切实际。二是对"主要讲了一件什么事"的含义，没有基本的标准。一般说来，"主要讲了一件什么事"应该包括事件的"六要素"或"六要素"的主要部分。学生顺口说的"主要讲了爬天都峰的事"不符合基本标准，而且也不是学生通过通读课文所得。三是教学只是完成了一个环节，走了一个过场，学生并没有得到应有的训练，只管教过，不管教会、教好。如果需要让学生说说课文讲了一件什么事，既要明确标准，还要讲究训练的方法。

有的教师教学《与象共舞》一课，先让学生画出第一、二自然段的第一句，再让学生发现这两句中"藏着一个诀窍"，然后告诉学生："……这一句就是这一段的中心句，而这一段的中心句，正好概括了这一段的段落大意。这就是你们刚才发现的诀窍。用这个诀窍再去看一看下面的三个自然段，看你能不能很快地概括下一段的段落大意。"

这是一种几乎从零点起步的教学，认为学生是"一无所知"的。实际上总起句的名称、特点及作用，学生在人教版语文教材三年级上册《秋天的雨》中已经有所接触，对于五年级下学期的学生来说已不是什么新知识，完全可以放手让学生自觉自主地运用总起句的知识去概括段意，把握课文的主要内容，根本不需要教师在那里绕来绕去地现教，花费那么多时间。无视学情，不考虑学生是在什么起点上学习，不关注知识的迁移，不顾及相互联系、螺旋上升的目标体系，是教学效率低下的原因之一。

一个不顾及年段目标，超出学生的接受能力；一个不考虑教学的起点，低估学生的学习水平：可谓"东一筲帚西一扫把"。

上述教学的偏差，其原因可能是多方面的，但是最根本的是教师没有认真、深入地钻研教材，没有真正把握编者意图，没有了解、分析学生学习情况等。为此，我们可以进一步明确，"教在点子上"需特别注意以下几点。

1. 把握编者的意图。编者的意图主要体现在单元导语、课后思考练习、课文中的泡泡语等地方。在这些地方，编者已经比较明确地提出了教学目标、训练重点，乃至学习方法、过程。我们应认真钻研、解读，防止把编者的意图当成"聋子的耳朵——摆设"。

2. 弄清教学的关键。就一篇课文的教学而言，哪是教学的关键所在，需要教师在钻研教材的时候，认真分析并做出恰当的选择、取舍。要特别关注课文在思想内容、表达方法上"与众不同"的地方，从而明确教学的重点、难点，弄清楚"教什么"。教学如同打井，要找到"泉眼"，力求出水，防止"处处刨坑处处坑"。

3. 了解教学的起点和学情。教学一篇课文不会是零起点，要考虑学生是在什么基础上学习的。只有了解学生学习某课时相关的已知领域、未知领域和难知领域，才能有的放矢地教，防止主观臆断，随心所欲，天马行空。

只有这样，才有可能把一篇篇课文教在点子上。

须知：教学是一种戴着脚镣的舞蹈。

切记：教学是向着目标、关键出发、着力、落脚的。

（此文写于2013年2月6日）

与全国小语会理事长崔峦先生（右）合影

江洪春老师研究小学语文教学30年，至今仍活跃在语文教学研究第一线，并且时有振聋发聩的文章发表，难能可贵。他的教学研究"顶天立地"。"顶天"，以我国优秀的传统语文教育经验和科学、前瞻的语文教育思想为指导；"立地"，植根于鲜活的语文教学实践。因此，他的研究有很强的生命力，研究成果有普遍的适用性。江老师尤其长于阅读教学研究，如，早年的单元阅读教学研究，当下提出的阅读教学要做到"三得"——文意兼得、自悟自得、一举多得，使广大语文教师受惠，产生了广泛的影响。祝江洪春老师语文教学研究之树长青！

——全国小语会理事长崔峦先生

找到能让学生撬动"地球"的支点

——兼谈在阅读教学中培养学生的思维能力

阅读教学的任务、目的不仅是对课文内容的理解、情感的体会、表达方式的领会等,还要凭借语言文字有意识地训练学生的理解、概括、联想、想象等思维的能力。也就是说,发展思维应该成为阅读教学的重要任务、目的之一。

那么,怎样凭借课文培养学生的思维能力呢?本人的建议是:在语言文字里找到能让学生撬动"地球"的支点。那些"支点"就摆在或隐含在语言文字中,需要教师在钻研教材时用慧眼去发现。一旦发现,教学之时,学生会还给你一个个意想不到的惊喜。请看下面的课例——

一、一个"平淡无奇"的标点

在教学《数星星的孩子》一课,讲到写张衡数星星时,教师先让学生运用比较朗读的方法感受逗号与顿号的不同,然后让学生说一说:从逗号中能体会到什么?

一颗,两颗,一直数到了几百颗。

一颗、两颗,一直数到了几百颗。

学生在比较朗读后,体会出了逗号的多重内涵。有的说"能看出张衡数得很认真，很仔细"；有的说"星星一闪一闪的，不好数，他数得很慢"；有的说"张衡一边数，一边在欣赏星星"等。一个逗号平淡无奇，但是当把它作为一个思考的"支点"时，却一下子打开了学生思维的闸门。"个性化、多角度、有创意的阅读"，通过这个芝麻粒般的"支点"得以体现。请注意：这可是二年级的小学生。

再如，《普罗米修斯》一课的最后一句是"普罗米修斯——这位敢于从天上拿取火种的英雄，终于获得了自由"。有的教师在教学时，先让学生了解破折号在这里的作用，然后又让学生借助这样的句式，对普罗米修斯的精神进行总结："普罗米修斯——这位（   ）的英雄，终于获得了自由。"学生结合自己的体会从多个角度进行表述："普罗米修斯——这位（为了人类的幸福，甘愿牺牲自己）的英雄，终于获得了自由。""普罗米修斯——这位（宁死不屈、英勇无畏）的英雄，终于获得了自由。""普罗米修斯——这位（宁可忍受巨大痛苦，也不向宙斯低头）的英雄，终于获得了自由。"这样的教学，通过一个不起眼的破折号，借题发挥，进行训练，既起到了总结课文主题、提升认识、升华情感的作用，又取得了发展语言、培养能力的效果。

二、一个"貌不惊人"的字词

《老人与海鸥》一课中写道："朋友告诉我，十多年了，一到冬天，老人每天必来，和海鸥就像亲人一样。"在这句话中，作者写的是"和海鸥"，而不是习惯上说的"对海鸥"。细细品味，"和"与"对"其内涵是不一样的。教学中，教师让学生比较"和"与"对"的不同。通过比较，学生领悟到"和海鸥"是指双方的，即老人对海鸥像亲人一样，海鸥对老人也像亲人一样。如果是"对海鸥"，那是单方的，只是指老人对海鸥像亲人一样。然后，教师借题发挥，提问："课文的哪一部分是写'老人对海鸥像亲人一样'？哪一部分是写'海鸥对老人也像亲人一样'？"学生通过思考问题厘清了文章的脉络和叙述顺序。你看，一个"和"字貌不惊人，却解决了两个问题：一是使学生体味到作者遣词的用心，二是帮助学生厘清了文章的脉络和叙述顺序，可谓一箭双雕。这样的教学和思维的效果就是"支点"的力量。

再如，《伯牙绝弦》一课中，钟子期的身份是怎样的，文中没有讲明，但是有一个字却悄悄告诉了我们，即子期"死"。古代对人死的说法，因身份、地位的不同而不同，如：皇帝死叫"崩"，也叫"驾崩"；诸侯死，叫"薨"；大夫死叫"卒"；只有庶人死，才叫"死"。教师在教学时就可以"死"字为支点，让学生比较深入地领会古文用词的特点。

三、一个"司空见惯"的句子

《赵州桥》一课中有句"这座桥不但坚固，而且美观"。这是个过渡句，司空见惯。如果教学中抓住它作为一个思维的支点，也能撬动"地球"。我们可以这样引导：先让学生画出课文中的过渡句，然后让学生借助过渡句的特点概括段意，即"坚固"是写赵州桥结构的坚固，"美观"是写赵州桥石栏的美观。通过引导，进而划分课文的段落。另外，还可以借助过渡句练习概括课文的主要内容，把握赵州桥的特点，即课文主要写了赵州桥的结构坚固和石栏的美观。这样引导，学生既概括了段意，划分了段落，又了解了课文的主要内容，还能实实在在地领会到过渡句承上启下的作用。不仅如此，当学生充分认识到过渡句的特点和作用之后，再遇到过渡句的时候，就可能会自觉地运用过渡句去概括文章的段意，划分段落，把握主要内容。这种知识、能力的迁移，不正是"支点"潜在的作用和我们追求的"自能读书"的教学境界吗？

四、一个"颇具匠心"的段落

盘古倒下后，他的身体发生了巨大的变化。他呼出的气息，变成了四季的风和飘动的云；他发出的声音，化作了隆隆的雷声。他的双眼变成了太阳和月亮；他的四肢，变成了大地上的东、西、南、北四极；他的肌肤，变成了辽阔的大地；他的血液，变成了奔流不息的江河；他的汗毛，变成了茂盛的花草树木；他的汗水，变成了滋润万物的雨露……

我们所强调的"支点"是那些作者颇具匠心的地方，是学生不易发现的，不易意识到的，或者发现、意识到了而理解不深的地方。这样的地方能够使学生感受到作者的用心、独到之处，能够促进学生思维的发展。就这段话来看，思考的支点是标点符号的运用。在这段话中有两个句号，六个分号，一个省略号。第一个句号是这段话的总起句，第二个句号前是写盘古气息、声音的变化（无形的），句号后是写盘古身体各部位的变化（有形的）。六个分号是写盘古双眼、四肢、肌肤等身体各部位的变化，而省略号是说盘古身体的其他部位还有变化，可以想象牙齿、头发、手指等的变化。教师教学这一段，就以三种标点符号为"支点"，引导学生深入思考，展开想象。

教师在教学时，让学生注重思考分号的作用（分号是表示句与句之间、事物与事物的关系是并列的，不分先后），即借用分号的用法体会盘古身体各部位的变化是不分先后，是并列的、同时发生变化的，进而感受到景象的震撼、神话的神奇和盘古为了人类奉献自己的伟大精神。另外，还可以借助省略号让学生仿照课文的语句展开想象。有的学生想象："他的牙齿，变成了银光闪闪的钻石；他的手指，变成了高耸入云的五指山。"

五、一个"引发想象"的空白

文章的字里行间留有许多空白，等待着读者借助于想象去"填充"。这些需要想象和填充的"空白"，也是我们教学的一个个支点。

如《荷花》一课写道："蜻蜓飞过来，告诉我清早飞行的快乐。小鱼在脚下游过，告诉我昨夜做的好梦……"

这里的省略号就是一个引发想象的空白与支点。教学时，教师引导学生想象一下："还会有哪些小动物来到'我'身边？它们又会怎样做，怎样说呢？仿照课文的句子说一说。"学生借此展开丰富的想象，有的说："小青蛙跳到荷叶上，呱呱地叫着，告诉我昨夜捉蚊虫的快乐。"有的说："蝴蝶飞过来，落在荷花上，告诉我花的芳香。"

再如，教学《最后一头战象》一课时，教师让学生读课文，提出不懂的问题。有的学生提出："嘎羧为什么要围着村寨转三圈？"这几乎是一个无法找到答案的问题，也提供了一个引发想象的空间。教师让学生联系上下文和生活实际，进行合理的推测、想象。让教师没有想到的是，学生的推测和想象非常合乎情理。在学生看来，嘎羧围着村寨转三圈是有它的意图的，它想通过第一圈表达对村寨人们救命和养育的感激之情。第二圈表达了它对村寨及乡亲们的依依不舍之情。第三圈，它想对村寨里的人们进行最后的道别。这样的推测和想象合乎情理，也进一步表现出嘎羧通人性、重情义的特点，让我们进一步感受到动物也有自己的情怀，也拥有丰富的情感世界。

《窗前的气球》一课中写同学们用气球来传达对科利亚的问候、关爱。那么同学们想通过气球问候什么呢？这也是课文的一处空白。我们可以让学生联系课文内容和生活实际，展开想象，写几句问候的话，以深化对"友情"的理解和训练学生运用语言的能力。

一个需要填充的空白，一个引发想象的支点，不仅加深了学生对文本的理解、体验，使学生与作者产生了共鸣，而且有助于学生的想象、语言运用等能力的培养。

六、一个"与众不同"的写法

不少课文会有其创作的独到之处，有的表现在内容上，有的表现在情感上，有的表现在写法上（或遣词造句，或布局谋篇，或表达方法）等。对教学而言，这一与众不同的独到之处就是教师教学的重点、关键，就是促进学生思维发展的支点。

《卖木雕的少年》一课与众不同的写法是：当"我"因为象墩太重，放弃购买之后，一个个"没有想到的情景"发生了。教学时，教师以"没有想到非洲少年能看出我是中国人"为例，让学生认真默读，看看还有哪些让作者"没有想到"的地方。结果让教师没有想到的是学生能细读文本，并竞相绽放出思维的火花。学生们分别找到了"没有想到非洲少年会说中国话""没有想到非洲少年能找到我住的宾馆""没有想到非洲少年专门到我住的宾馆等候""没有想到他一听到谈话声，就来到我们面前""没有想到非洲少年专门来送小象墩""没有想到小象墩与白天见的一模一样""没有想到卖象墩的非洲少年不要钱"等十多处作者没有想到的地方。这样的"支点"既为进一步体会非洲少年对中国人民的情谊、中非友谊做了很好的铺垫，也使学生领会到作者是通过写一个个"没有想到"来表达情意的写作特点。

《少年闰土》一课中，作者两次写"看瓜刺猹"，一次是作者的想象，一次是闰土的讲述。作者为什么两次描写"看瓜刺猹"呢？这也是一个引发学生思维的"支点"。教学时，教师提出：这样写有什么好处呢？学生从多个角度、多个层面进行了思考和解答：一是凸显了闰土见识多、勇敢机灵等人物特点，二是说明了闰土的人物特点深深地印在了作者的脑海里，三是与作者封闭的生活形成了鲜明的对比，四是表达了作者对闰土丰富、自由的生活经历的羡慕和向往等。

通过以上范例，我们真切体会到"支点"的力量和学生潜在的能量，感受到"支点"的魅力。由此，可以进一步明确——

1. "支点"内涵丰富，有极强的思维价值。它能够打开学生思维的闸门，引发学生积极的思维活动，或一石激起千重浪，或牵一发而动全身，或插上想象的翅膀。这有助于学生思维活动向纵深发展，有利于学生多角度、多层面、个性化、有创意的阅读。阅读就是一个透过语言文字"探秘寻宝"的过程，关键是需要不断提高学生阅读的"穿透力"。

2. "支点"一举多得，有极强的训练价值。一是它能够促进学生比较深入地理解课文，读懂课文，使学生经历一个从沉思默想、百思不解到豁然开朗的生成过程；二是它能够让学生凭借对课文的理解学习阅读的方法、形成阅读的能力、掌握阅读的规律，促使学生逐步走进"自悟自得"的理想境界。须知：阅读能力、思维能力是依靠扎扎实实的训练形成的，没有捷径可走。

3. "支点"指向明确，有极强的目标价值。一个个教学和思维的支点，实际是明确了"教什么"和"教到什么程度"的问题。教学中，教师以此为出发点，并力求点上着力，点上突破，可增强教学的实效。因为，我们的教学是向着目标出发、着力、落脚的。

真的，只要给学生一个思维的"支点"，他就能撬动"地球"；给学生一个探究的机会，他就能还你惊喜。我们强调的是：能让学生撬动"地球"的支点就摆在或隐含在课文的字里行间，它像一盏盏装满了油却还未被点亮的灯，需要慧眼去发现，需要师生共同点亮它。

2014年7月由李少萍主编，山西出版传媒集团、山西教育出版社出版的《见证小学语文教学——名师 名课 名主张》一书中，收入了本人多篇语文教学论文

（此文发表于《小学语文教学·会刊》2014年第1期）

语文教学的那些"小步骤"

一篇课文的教学是由一个个环节组成的,如朗读课题环节、识字环节、写字环节、整体感知环节、重点段落研读环节等。在这一个个环节之中,又有各自不同的小步骤。这些小步骤体现了语文学习的训练、发展过程,是有经验的语文教师教学经验和智慧的结晶。实践证明,这些小步骤实施得好,能够确保语文教学的有效性。然而,不少语文教师不甚了解这些小步骤,教学没有章法,太过随意,这无疑会影响教学的质量和效率。本文就一篇课文教学中的那些小步骤逐一作介绍和描述,供广大语文教师,特别是新入职的语文教师学习、借鉴。

一、朗读课题环节

朗读课题不是不管读得好不好,齐读一遍就算了,有些课题还应特别关注一下,它是有要求的。一般说来,读好课题有三个要领:一是读出停顿与重音;二是读出一定的语气或感情;三是声音洪亮。其方式如下。

方式一:1. 指名读(读得不好)。2. 挑战读:谁能读得更好。3. 齐读:我们要像他一样一起读:(教师手势示意)读——

方式二:1. 齐读(读得不好);2. 教师范读;3. 指名读或齐读。

比较长的课题,需要进行标识,让学生按标识读好课题,如"动物王国

|开大会"。

二、识字环节

教材中每一课一般有会认的生字和会写的生字两部分。识字指的是会认的生字，不包括会写的生字，它们是两个学习内容，不要混淆。识字不应泛泛而教，平均用力。教师要遵循在语言环境中识字（一般是先学词，再学字）和音、形、义有所侧重的教学原则。一般说来，一篇课文中总有三至五个生字需要侧重教学，有的是读音的问题，有的是字形的问题，有的是字义的问题。教师着重教的是"有问题"的生字，这就需要教师对所教的生字进行必要的分析，找到问题所在。其步骤如下。

1. 学词。出示生字组成的词语（生字上应该注音），学生自由练习拼读。
2. 指名读或接龙读。先拼读某词语中的生字，再读整个词语。
3. 理解重点词语。或查字典、词典，或借助图片、视频帮助学生理解。在理解词语的过程中，可以让学生选某一个或几个词语，练习说一两句话。
4. 学字。从词语中抽出生字，去掉拼音，进行自由认读。
5. 巩固生字的认读。挑选容易读错的生字进行指名读、接龙读等。在这一步骤中，可以让学生练习"一字组词"。对低年级的学生还需要运用多种识字游戏（如"猜字谜""登楼梯""摘果子""走迷宫""猜半字"）进行检查巩固。

三、写字环节

写字是语文教学的重要任务之一，是整个小学阶段的重要任务，高年级的教师必须给予高度重视。在指导书写之前，需要教师做好两项准备工作：一是要对重点指导书写的字进行分析。如，有的字难度在笔画，有的字难度在笔顺，有的字难度在结构，特别要找出来那些容易写错的字和结构复杂、写不好的字，理清楚，以便指导到"点子"上、关键处。二是要指导学生需重点指导书写的字，弄清楚某一字怎样起笔、运笔、顿笔、收笔等，直至写得规范、端正、漂亮。指导写字要防止泛泛而教，在一课所学的生字中需要重点指导的字一般有三五个即可，包括容易写错的字或不容易写好的字。在指导的过程中，建议教师指导一个字，学生写一个字，以此类推。另外，学生最好准备一个专门的练写本。其步骤如下。

1. 出示第一个需要重点书写的字。教师让学生观察这个字，找到写好这个字的关键。或者教师直接分析这个字，讲解写好这个字的关键。如果班里有具有写字专长的"小书法家"，也可以由他进行解析、范写。

2. 教师或"小书法家"范写这个字，学生观摩。关键处用红笔写，提示学生特别注意。

3. 学生练写或描红。在学生写字过程中，教师要特别关注学生的写字姿势和执笔方法，随时提醒、纠正。学生写一至两遍即可。

4. 出示第二个需要重点书写的字。（步骤同上）

5. 出示第三个需要重点书写的字。（步骤同上）

6. 反馈书写情况。运用实物投影，将学生练写的字展示给大家。教师与学生一起逐一评析，需要时，教师要用红笔加以修改。

7. 根据反馈的情况，让学生把教师重点指导的字再认真书写一至两遍。需要时可进行"小小书法家作品展"。

四、接读课文环节

在学习课文之前要有"接读课文"的环节，目的是检查学生是否能够把课文读通顺（即正确、流利）。应特别关注长句子、难读的句子。接读课文一般采用接龙式，其步骤如下。

1. 确定接读课文的学生。一般是课文有几个自然段（或逻辑段）就确定几名学生。教师可以有目的地选定学生，也可以选定座位在某一行的学生，并让他们起立做好朗读的准备。

2. 提出有关要求。一是让选定的学生明确各自读的部分；二是对朗读的学生提出要求，如声音洪亮，朗读正确等；三是对其他学生提出认真倾听的要求。

3. 开始接读课文。在学生一个个接读的过程中，教师要特别关注学生是否读正确，读通顺。教师对学生朗读时出现的问题最好当即纠正，如果是比较重要、典型的词句问题应让全班学生都读一读这个词句，纠正、读好之后再依次接读下面的句段。

五、厘清课文脉络（顺序、结构）环节

进入中、高年级，大部分课文需要教师指导学生厘清课文脉络。这有助于学生了解作者的叙述顺序，把握课文的主要内容，也可以形成一个学习课文的"课文结构图""课文脉络图"。其步骤如下。

1. 提出要求或提供某种方式（范式）。一般可采用补充段意、列小标题、填写表格、画图示、绘制结构图等方法。

2. 学生默读课文，独立或小组合作完成这一任务。

3. 选定学生展示，汇报所补充、填写、绘制的图和表等。

4. 交流评价或纠正、修改所展示的课文脉络图、表等，明确课文的叙述脉络。

5. 借助课文脉络图、表等说一说课文的主要内容。一般是先各自练一练，然后指名让学生借助课文脉络图，说一说课文的主要内容。

六、重点句段的学习环节

一篇课文的学习、研读无需段段必学、必究，有的可一带而过，忽略不计；有的需稍加理解，但点到为止；有的要以读带讲，或简要复述。那些重点句段、特殊句段、神来之笔需要抓住不放，着力研读，力求"打井出水"。一般应从内容、情感、表达等方面学习和研读。其步骤如下。

1. 出示重点句段，提出理解、研读的方法和要求。一般是标画关键词句，联系上下文，或让学生提出问题，采用比较阅读、批注阅读等方式。

2. 让学生默读、自由读或指名读。（此处不宜齐读）

3. 学生独立思考或小组合作讨论教师或学生提出的问题、要求。

4. 回答或汇报、讲解、交流有关的问题。在这一步，最好让学生走上讲台，手指屏幕或黑板进行汇报和讲解。这种方式要比站在原位起来回答的方式好。

5. 总结。对汇报交流后达成的共识、得出的结论，要让学生进行梳理、总结。如，从这段话中，我们读出了三层意思：一是……这样写的好处有两个方面，一是……

6. 指导朗读，展示朗读指导的成果。

七、提出问题环节

课文中"埋藏"着许多等待发现的问题，让学生在阅读课文之始发现并提出这些问题，进而带着问题联系上下文寻找答案，是读懂课文、走进文本的有效途径。这种学习方式应该成为阅读教学的主要方式之一。让学生发现和提出问题，可以针对某重点段落，也可以针对全篇课文。一般多以针对重点段落为宜。其步骤如下。

1. 出示重点段落，提出研读要求。如，默读课文的第×段，提出自己需解决的问题。

2. 学生默读，独立或小组合作提出需解决或感兴趣的问题。

3. 将提出的问题书写到卡片或长纸条上，以备展示、交流。

4. 学生分别汇报提出的问题，经过筛选将有价值的问题贴到黑板上，以备思考和讨论。

5. 让学生独立或小组合作，带着确定的主要问题，再读课文，用联系上下文的方法找到问题的"答案"。

6. 个人或小组汇报交流所找到问题的"答案"，并由其他同学修正、补充和完善。

7. 总结。从找到的几方面的"答案"中得出结论，进行梳理、总结。

八、指导朗读环节

朗读训练在小学语文阅读教学中占有重要位置，对培养学生的语文素养起着举足轻重的作用。朗读水平不会是自然生成的，需要指导，需要训练。为此，教师需要注意四点：一是明确重点句段应达到的朗读目标，如有感情地朗读课文，应该读出什么语气、感情，是难过的、着急的，还是高兴的、自豪的等；二是课前练读，为学生提供尽可能好的示范，让学生通过亲自练读，知道哪些句子不好读，体会怎样读才能读出诸如难过、着急、自豪等感情；三是掌握指导朗读的步骤，让学生经历一个从不会到会、从不好到好的发展、变化过程。朗读指导，一般侧重在重点句段，是在理解、感悟之后。其步骤如下。

方式一：①教师范读；②学生自由练读；③指名试读；④展示指导效果

的全班齐读或配乐朗读。（一名或多名学生）

方式二：①学生自由练读；②指名试读；③教师范读；④学生再自由练读；⑤展示指导效果的全班齐读或展示指导效果的配乐朗读等。

方式三：①指名朗读；②挑战、比较朗读（可以与另一名学生，也可以与教师）；③学生评价；④全班自由练读；⑤展示指导效果的全班齐读或配乐朗读。

另外，需要注意的是，齐读适合读重点句段，而且是在理解、体会之后。齐读不适合读全篇或较长的段落，不适合配乐，也不应在理解、体会之前。

九、配乐朗读环节

配乐朗读是展示指导效果的，具有展示性、感染性、欣赏性，一般由一名或几名学生伴随着乐曲声情并茂地朗读，其他学生欣赏、感受、评价。如果用生动的语言描述一种情境，以情境描述带入朗读，使音乐、情境、朗读三位一体，其朗读效果更佳。其步骤如下。

1. 播放音乐，乐曲响起……（数秒）
2. 伴随乐曲，教师或某一学生描述情境。如，桑娜把两个熟睡的孩子抱回家，放在床上，然后轻轻地拉好帐子。此时此刻，桑娜的心悬了起来，她担心，她害怕。你看她……
3. 伴随乐曲，学生朗读（一人或多人）：桑娜脸色苍白……
4. 评价或说说感受。

十、全文总结环节

总结全文，应该成为一篇课文教学的必要环节，这不仅能加深学生对课文的理解，对提升学生归纳、总结的能力及口语表达能力也有所帮助。总结全文，可根据学生年级的不同，提出不同的总结范式。低年级，可就课文的思想内容进行总结，如，《×××》一课写了……的事（物），赞扬（表达）了……；中年级，可就课文的写作顺序和思想内容进行总结，如，《×××》一课按照……的结构（顺序），先写了……又写了……然后写了……，赞扬（表达）了……；高年级可就课文的结构、写法和思想内容、感情进行总结，如，《×××》一课采用……结构（顺序），运用了……等写法，记叙（描写、刻画等）了……（内容、特点、形象等），表达了……我的体会（感悟）是……其步骤如下。

1. 借助板书，梳理课文要点（内容、顺序、写法等）。

2. 提供总结范式。如，高年级：《×××》一课采用……结构（顺序），运用了……等写法，记叙（描写、刻画等）了……（内容、特点、形象等），表达了……我的体会（感悟）……

3. 让学生根据范式练习，试着说一说。

4. 指名，让学生按照总结的范式展示练习的效果。（可让学生登台，手指板书进行讲解式总结）

5. 如果第一名学生说得不够好，可再提名让其登台总结，直至说得比较流畅为止。

（本文写于 2016 年 10 月 16 日）

课堂操作课例解析

在课堂教学操作过程中，教师关注学生如何学是教学最为重要的，这也是教师教学境界、水平、经验等方面的体现。在课堂上，预设的教学内容应该伴随着学生的学习和变化发展动态操作，不要心里只装着教案，不管学生如何思考。教学的精彩常常出现在那些出乎意料的变化之中。当学生的思考、回答出乎意料，不在预设之中时，教师要特别警觉起来，抓住它，借助它，说不定它会还你一个精彩：或引申提升，或令人深思，或引发联想等。下面的两个课例和解析，可以让我们对这一问题有所思考和借鉴。

一

以《她是我的朋友》一课的教学为例。当学生学完了人教版语文教材三年级下册第五组之后，教师提出问题：

师：通过这一单元的学习，你有什么新的发现、新的收获？

生：我发现这一单元的课文都是围绕着题目写的。你看《可贵的沉默》是围绕"沉默"写的，《她是我的朋友》是围绕"朋友"写的，《妈妈的账单》是围绕"账单"写的。

师：（认为这个学生的发现和收获太简单，几乎说不上是什么新发现）同学们都看看课本的目录，哪篇课文不是围绕题目写的？

生：（学生都打开目录看看，一起说）都是围绕题目写的。

师：既然是这样，这位同学的发现是新发现吗？

生：（一起说）不是。（那个说新发现的同学觉得很没面子）

从这个课例中，我们可以看出：对于课文都是围绕着题目写的这个发现，从一般意义上说，的确说不上是什么特别的发现，这是一个常识。但是，对这名学生来说，他的确是第一次注意到这个问题。他可能是从一年级到三年级这三年中第一次发现、思考这个问题，应该说这就是他个人的一个新发现。一旦有了这个新发现，他就有可能在今后的习作中确立一个更合适的题目，然后围绕题目展开叙述。一旦教师肯定了他的这一新发现，会在他的心田里埋下一颗善于"发现"的种子，他很可能在以后的学习中会有更多的新发现。

然而，令人遗憾的是教师没有去鼓励这名学生的新发现，没有意识到这名学生的新发现对他今后发展的重要意义，对这名学生的新发现给予了否定，甚至是讥讽，这无疑会挫伤这名学生学习、探究的积极性。

二

以《妈妈的账单》一课的教学为例。教学中，教师让学生读一读课文，提出问题：

师：请同学们读一读课文，提出你不理解的问题。

生：妈妈收下账单为什么什么话也没说呢？

师：这个问题提得很好。

生：这篇课文讲了一件什么事呢？

师：这个问题很有价值。

生：小彼得为什么心怦怦直跳，要蹑手蹑脚地走近母亲？那可是他自己的妈妈呀？

师：你先坐下。（不予理会。后来又有一名学生提出类似的问题，教师仍然不予理会）还有其他问题吗？

在这个教学片段中，有三个学生提出了问题。第一个学生提出的问题是经过认真读课文，进行了比较深入的思考后提出来的，的确有讨论的价值。

而第二个学生的问题则是没有经过认真深入的思考后提出来的，似乎什么课文都可以这样问，可教师却给予了充分肯定。第三个学生提出的问题也是经过认真读课文，进行了比较深入的思考后提出来的，而且正是本课需要重点研读的问题，可这位教师为什么不以为然呢？

课下，我找到了这位教师询问。原来，第一个学生提出的问题教师意识到有价值，所以给予肯定。第二个学生的问题是教师需要的，以便借此引导学生说说课文的内容，因为本课导语中有这样的要求（了解课文讲了一件什么事），所以也给予了肯定。第三个学生提出的问题，教师事先没有想到，而且也没有意识到它的重要性，所以没有理会。下面我们分析一下这一教学片段的问题。

首先，这位教师能够先让学生发现问题、提出问题，继而依据学生提出的问题去引导，其设计体现了以学定教，应该给予肯定。但是，这位教师的问题出在了教学操作层面上，在实际的操作过程中仍然是让学生的学习为教师的"走教案"服务。你看，当第一个学生提出问题后，教师意识到了问题的价值；第二个学生提出问题后，教师认为他的问题有用处，可以让学生了解课文讲了一件什么事；而第三个学生的问题，教师没有意识到它的价值所在，而且它没有进入教师的预设之列，所以教师没有理会。这样的教学操作完全是让学生的学习为教师的教学服务，一切是让学生为教师顺利完成教案服务。在教学设计的时候，教师能够想到以学定教，而在操作时则变成了以教定学，说明先进的教学理念还没有真正落实到教师的教学实践过程之中，还没有真正转化为教师的教学行为。

另外，教师之所以没有意识到第三个学生提出的问题的重要性，还因为这位教师在解读教材的时候没有对教材进行深入的细读、解读和必要的研读。

现在，我们思考、解读一下第三个学生提出的问题：小彼得为什么心怦怦直跳，要蹑手蹑脚地走近母亲？那可是他自己的妈妈呀？

首先，这名学生所提出的问题，正是我们在本课中需要重点引导学生研读的问题，借助于它可以引导全体学生深入到课文的内涵之处。解决这一问题，需要透过小彼得的表情、动作揣摩他的内心活动。我们可以这样想象：小彼得已经认识到自己错了，而且是羞愧万分。在这种情况下可以采取两种承认错误的方式：一种是直接向妈妈道歉，承认错误；一种是在妈妈意识不到的情况下悄悄地向妈妈承认错误。这两种方式，第一种方式虽然诚恳，但不巧妙，第二种则是一种既诚恳又聪明的做法，而且更能体现出小彼得的可爱。因为，这样可以使自己在妈妈面前不过于难堪（因为小彼得已经认识到自己向妈妈索要报酬的做法太伤妈妈的心了，自己太不懂事了），又达到了向妈妈真诚道歉的目的。这种承认错误、向妈妈道歉的方式，不正栩栩如生地刻画出了一个知错就改、天真可爱、聪明灵巧的人物形象吗？如果教师事先对教材作这样的细读、解读，还会认为第三个学生提出的问题不重要吗？

（此文写于 2011 年 2 月 11 日）

当"预设"遇到了"生成"

课堂教学需要预设，没有预设，教学将不可想象。但是课堂是一个动态的过程，教学时千变万化，即使有最充分的预设，也会出现一些预料不到的情况，我们把这种自然产生的情况看作是教学的"生成"。我们期待教学能够达到预期的目的和效果，然而我们更希望精彩的生成。预设的"果"是甜的，生成的"花"更美。

一般来说，教师为能够顺畅地完成预设、达到预期的教学目的和效果感到欣慰，往往害怕教学时出现"节外生枝"的情形，担心达不到预期的教学目的、效果。实际情况常常也是如此，在教学的动态、变化的过程中，学生的思考、回答一旦超出了预设，或答非所问，或离题跑偏，或意见有分歧等，教师都会表现得不知所措，要么置之不理，要么盲目否定，要么急于肯定。这就需要我们认真思考：当"预设"遇到了"生成"，该怎么办？

一、当学生答非所问时

有的教师在教学《狼和小羊》一课，总结这则寓言时，提出："当狼向小羊扑去的时候，结果怎样呢？"按照教师的预设，学生会说狼吃掉了小羊，继而思考：这说明了什么？以便理解寓意。可是，当教师提出问题后，学生并没有按照教师的预设思考、回答。有的说："当狼向小羊扑去的时候，来了一个猎人，一下子把狼打死了。"有的说："当狼向小羊扑去的时候，狼用力过猛，小羊一闪，狼一下子扎到河里淹死了。"教师认为这样的回答没法进一步让学生理解寓意，打乱了教学的程序和思路，很生气地说："会这么巧吗？"教师的断然否定和指责，一下子把学生们思考和想象的热情打压下去。学生们变得沉默不语了。

建议：面对学生的答非所问，教师先不要急于否定，要揣摩一下学生的心思。学生的心就像那只可怜的小羊那样纯真、善良，他们不愿意让小羊被狼吃掉，所以想了许多办法让小羊"死里逃生"。面对这一善意之举，无论怎样，教师都应该首先给予充分的鼓励和肯定，然后再想办法加以引导。甚至可以改变原有的教学设计、程序，尊重学生的"生成"，顺势而导，让学生根据他们的意愿，改编续写寓言的结尾。教师如果这样做，既尊重了学生的意愿，维护了学生学习的积极性，又提高了学生的想象和语言能力，何乐而不为？

这一课例告诉我们，当"预设"遇到了"生成"，教师首先要做到的是：揣摩学生的心思，想学生之所想。

二、当学生离题跑偏时

有的教师教学《我要的是葫芦》一课的第一段时，提出了："读一读课文的第一段，说说开始葫芦长得怎样。"按照教师的预设，学生一般会说：葫芦长得很旺盛（茂盛）。然后教师再让学生说说从哪些词语中得出这个结论，以便指导朗读。可是没有想到的是，当教师提出问题后，第一个发言的学生却回答说："这棵葫芦长得很健康。"教师对此不以为然，便给予了断然否定，说："葫芦是植物不是人，怎么能说健康呢！还有不同的说法吗？"学生们便纷纷回答，有的说葫芦长得很茂盛，有的说葫芦长得很旺盛等。

建议：面对学生的离题跑偏，教师首先应做出一个判断，即这个"偏差"有没有训练、提升的价值。如果有，那就需要教师抓住它借题发挥。第一个学生说葫芦长得很健康，意思基本是对的，只是用词不当。后面的学生说葫芦长得很旺盛、很茂盛，意思对，用词也准确。有了这三种说法，就有了一个从错误到正确的提升和促进学生发展的空间。此时，教师不必急于否定，可以让学生在三种说法的比较中弄清楚葫芦是植物，用"旺盛""茂盛"是正确的,"健康"一般指的是人。教师这样教学,学生不仅能够理解这段话的意思,还能在比较中体会到遣词的重要性。

这个课例告诉我们:当"预设"遇到了"生成",教师要善于捕捉有训练价值的"偏差",不露声色,借题发挥,促进学生的发展。

三、当学生产生疑问时

有的教师教学《狐狸和乌鸦》一课时,学生提出了一个问题,说:"我们在一年级学习《乌鸦喝水》一课中,乌鸦表现得非常聪明,能想出巧妙的办法喝到水。为什么在《狐狸和乌鸦》一课中,乌鸦变得这么傻呢?"这个问题完全出乎教师的意料,教师便不假思索地说:"就你多事,闭上你的乌鸦嘴!"在教师的批评、讽刺中,那名充满好奇心的学生感到自讨没趣,低下了疑惑不解的头。

建议:首先,我们应该意识到,这名学生在学习一篇新的课文时能产生疑问并联想到以前学过的相关课文,这本身就是一种很好的学习方式,体现的是一种学习的迁移和积极探索的态度。如果每个学生都能这样学习,那将是多么理想的教学境界。再者,这名学生所提出的问题恰恰触及《狐狸和乌鸦》一课的本质所在。如果教师在教学中改变一下原定预设,直接借助这名学生的疑问,引导学生思考:对呀,是什么原因使原本聪明的乌鸦变傻的?不就更能引发学生探究的兴趣,从而理解故事的本质吗?

这个课例告诉我们:当"预设"遇到了"生成",不管遇到的是多么出乎意料的问题,教师首先要尊重学生,善待学生的好奇心,即便是一时无法解答、一时没有领会到问题的价值所在,也可暂时将问题保留,等待时机。

四、当学生见解独特时

有的教师教学《日月潭》一课时,讲完课文后,说:"关于日月潭还有一些美丽的传说呢,同学们想知道吗?"学生一起回答:"想知道!"教师又进一步引导,说:"那么,怎样才能找到呢?"有的说:"到图书馆去查找。"有的说:"上网搜寻。"对这样的回答,教师都给予了充分的肯定和表扬。而一名学生说:"我可以自己编呀。"对这名学生的说法,教师不但没有肯定、表扬,反而给予了否定和批评,说:"这个能编吗?坐下!"为什么三个学生的回答得到了教师不同的评价呢？原来，这位教师的预设是引导学生课下去查找有关资料，搜集日月潭的传说，而第三个学生的回答不是教师预设的答案。

建议：平心而论，前两个学生的回答很好，但是第三个学生的说法却见解独特、与众不同，因为他的这种说法恰恰符合"传说"的特点。"传说"大都是"编"的，而且展开想象编故事又符合这个年龄段学生的心理特点。这名学生的说法给大家提供了一个非常好的学习思路和拓展空间。教师需要领悟这名学生与众不同的思路，可以按照这名学生的说法，让学生根据日月潭的形状特点，当场展开想象，编传说。如果教师这样做，学生一定会编出许多有趣的传说、神奇的故事，比课下查找资料的意义和作用大多了。

这个课例告诉我们：当"预设"遇到了"生成"，教师要能发现并把握学生独特的见解，进而顺势而教。

五、当学生意见有分歧时

有的教师教学《东郭先生和狼》一课时，让学生说说对老农的认识。一个学生说："老农很聪明，想了一个巧妙的办法把狼打死了。"另一个学生则不同意他的说法，反驳说："我认为光说老农聪明是不够的，更重要的是老农善恶分明。如果说老农聪明，东郭先生是读书人，应该更聪明，他之所以糊涂，根本原因是善恶不分。"对此，教师非常高兴，感到第二个学生的发言很精彩，便当即赞扬，并让全班学生报以热烈的掌声。

建议：当教学中学生出现了不同的见解时，一般的做法是，教师直接当裁判，或肯定或否定。这样做，虽然完成了预设，但是失去了更好的训练、发展学生语文学习能力的时机。面对这种情形，教师最好装装"糊涂"，不直接做出判断，把机会留给其他学生。教师可以提出：大家认为谁的说法更好，好在哪里？这样做，不仅能够加深学生对老农的认识，而且能够借助于学生的不同见解进一步训练学生的思辨能力。

这个课例告诉我们：当"预设"遇到了"生成"，教师不要急于做出决断，要把评判评析的机会留给学生，让学生在不同意见的对比中进一步思考、探究。

六、当学生回答精彩时

有的教师教学《第一场雪》一课时，提出问题："你认为这是一场怎样的雪？是从哪些地方看出来的？"有一名学生说："我认为这是一场罕见的大雪。昨天，我们这里也下了一场雪。知道今天要学习这一课，我就在傍晚跑到我家附近的广场上去听下雪的声音。可是，我的手和脚都冻麻了也没有听到下雪的声音。课文中说能听到雪'簌簌下落的声音'，可见这是一场罕见的大雪。"这名学生的发言相当精彩，令人遗憾的是教师对此毫无感觉，只是淡淡地说："是吗？请坐。"原来，这位教师的预设是让学生分别从下雪前、下雪中、下雪后来回答，目的是梳理出课文的脉络。可是这名学生的发言打乱了教学的程序。

建议：这名学生的发言很精彩。一是他将生活体验与阅读感悟结合起来，这恰恰是需要培养的学习方法、习惯，这名学生自觉地做到了；二是他为了学好课文，甘愿冒着严寒去听下雪的声音，手脚都冻麻了也不在意，这是多么令人感动、敬佩的学习态度。如果教师能够听出这些，暂时停下教学的进程，让全班同学都来说说这名学生的发言好在哪里，那将是一次多么难得的学习方法和学习态度的培养呀！

这个课例告诉我们：当"预设"遇到了"生成"，教师应认真倾听学生的发言，感悟其"真谛"，让一人的"精彩"转化为全班的"精彩"。

我们通过以上课例的描述和建议，回答了当"预设"遇到"生成"时该如何处理的问题。如果细作分析，所谓"生成"，应该包含两个层面（阶段）：一是教学中"意外"出现，不期而遇的层面，可以称作自然生成、随机生成；二是教学时捕捉生成，利用生成，促使新生成的层面，可以称作有效生成、持续生成。从这个意义来分析上述课例，教师在"自然生成"阶段就"败下阵"来，没有意识到"自然生成"的价值，没有发挥其引导作用，落后于学生的发展，失掉了一次次训练、发展、提升学生能力的时机。究其原因，除了缺乏教学经验、应对策略外，最根本的是在教学思想上没有真正弄清教学是为谁服务的问题，心里没有真正装着学生，而是装着教案，把达到教学预设当成教学的最佳效果，把顺畅地完成教案当成最高追求，把走完教学的程序、环节看得比学生的发展还重要。所以，教师也就没法走进"有效生成"阶段，没法走进师生共同发展、再创"辉煌"的教学佳境。

自然生成是"花"，我们期待花的绽放；有效生成是"果"，我们更希望"意外"能成就"辉煌"。为此，需要特别注意三点：

一是增强关注"生成"的意识。这就需要教师进一步端正教学思想，做到心里时刻装着学生，课堂上把主要心思用到关注学生的发展上，多为学生创设互动、对话的教学情境，与"自然生成"不期而遇，甚至可以有意识地诱发、促使"自然生成"。

二是练就捕捉"生成"的功力。事实上，课堂上"自然生成"总会或多或少地发生，关键是一旦预设遇到生成的时候，教师是否能即时判断出它有无进一步引入"有效生成"的价值和必要。这就需要教师在平时的教学中有意识地锻炼这种功力，练就一副善于捕捉的头脑和随机应变的本事，以便在"自然生成"发生后，引入"有效生成"。

三是掌握成就"生成"的策略。从"自然生成"到"有效生成"，需要一定的教学策略。有时候在与"自然生成"不期而遇之时，不少教师表现得束手无策，于是就出现了要么盲目否定，要么急于肯定等状况，错过了一个个再创"辉煌"的时机，使教学一次次变成了"遗憾的艺术"。为此，需要教师在平时的教学中有意识地积累、探索一些教学的策略。教师成就"有效生成"的教学策略，可以是不露声色，借题发挥；可以是顺水推舟，顺学而导；可以是暂时存疑，等待时机等。

（此文发表于《小学语文教学·会刊》2013年第7期）

教师范读——必须的

朗读训练在小学阅读教学中占有重要地位，对培养学生的语文素养起着举足轻重的作用。然而令人遗憾的是，在不少课堂上学生的朗读不达标，像小和尚念经似的唱读，扯着嗓子喊读，小声小气（打不开嗓子）、拿腔拿调地读等情形屡见不鲜。究其原因，一是有的教师自身朗读水平不高，"不敢"在学生面前范读；二是有的教师不重视朗读训练，认为朗读训练太浪费时间；三是不会指导朗读。不少教师要么是让学生一遍一遍地齐读，要么是你读一遍，他读一遍，男生读一遍，女生读一遍等。这种"一遍一遍地读"并非朗读训练，也难以培养学生的朗读能力。

朗读能力是不会自然生成的，需要指导，需要训练。而最有效的方式就是教师范读。（本人从事小学语文教研 30 多年，还没有发现比教师范读更直接、更有效的指导朗读的方法）因为范读形象、直观、可感，学生一听一看就知道应该怎样读，应该读到什么程度，有标准，有样板。教师范读的声音更真切，更具立体感。除了声音外，教师的眼神、表情、手势等体态语言会作为一种信息，即时传递，更易感染学生。然而令人遗憾的是，近些年课堂上几乎看不到教师范读了，大都是强调"要读出着急的语气""要读出自豪的感情"等。"着急的语气""自豪的感情"是什么样子的？读到什么程度才是"着急的语气""自豪的感情"呢？学生一脸茫然。学生在茫然的状态下，一遍一遍地读有什么意义和作用呢？再如，不少教师本末倒置，把配合朗读的动作和表演看得比指导朗读本身还重要，学生朗读不到位，那加上动作、表演又有什么意义呢？

对于小学生而言，教师的范读尤为重要，特别是对那些难读的句子和重点句段的范读。对于朗读水平还不够高、朗读能力还不够强的学生来说，教师的范读无疑是最为有效的指导和训练方式。即使有的教师音质不佳，普通话也不太标准，但只要用心动情地范读，同样可以起到示范作用。因此，做一位合格的语文教师需要有一定的朗读水平和范读的自觉性。

一、明确朗读（范读）的要求、标准，增强达标意识

关于朗读的要求、标准，义务教育语文课程标准提出的是"能用普通话正确、流利、有感情地朗读课文"。所谓"正确"是指发音正确自然、声音清楚响亮，不读错字，不丢字，不添字，更不能顿读、唱读、喊读、拿腔拿调地读；所谓"流利"是指读出句子、段落之间的停顿，注意轻重缓急，语速合适，不读断句子，不重复字句等；所谓"有感情地朗读"是指在朗读中通过品味语言，体会作者及课文中的情感态度，能用恰当的语气语调朗读，以表现自己对作者及课文情感态度的理解。对于这三个方面的要求、标准，教师应该非常清楚明白，并在教学中按照这样的要求、标准认真实施，落实，但实际的教学现状不尽如人意。我的建议是，教师在一课课的阅读教学中，尽量把朗读目标细化，把难读的句子、表达的情感弄清楚。

我们看到，有的教师在确定朗读教学的目标时，大都定为"正确、流利、有感情地朗读课文"。这样的目标定位比较笼统宽泛，指向不明确，会导致教学的模糊不清，达不到应有的标准和效果。如，有感情地朗读课文，应该读出什么感情？是难过的、着急的，还是高兴的、自豪的，等等。这就需要教师对课文进行细致的解读、分析，把朗读应该达到的标准弄清楚，并把这样的标准列入教学目标之中。这样的目标定位，指向明确，看得见，摸得着，可操作，能落实。

二、课前练读，为学生提供尽可能好的示范

在解读教材、目标定位之后，教师还要依据朗读目标进行必要的练读，

通过亲自练读，了解哪些句子不好读，体会怎样读才能读出诸如难过、着急、自豪等感情（语气），以便在教学时能给学生更好的示范。再者，朗读能力应该是一位合格的语文教师的必备素养。

我们知道，一名合格的音乐教师是需要范唱的。他需要在上课之前反复练唱。通过课前的练习，弄清基调、感情、节奏等，哪一句不好唱，还要反复地练习，直到唱准、唱好为止。语文教师应该像音乐教师那样，在理解课文的基础上，对课文或重点句段进行课前的朗读练习，为范读作好准备，并把这种课前朗读练习作为备课的常态。事实证明，一个朗读水平高的语文教师（即便是不刻意指导、训练），他的班级学生的朗读能力、水平总体也比较高，这充分体现了语文教师潜移默化的影响力和榜样的力量。

三、把握时机，讲究方法策略，让范读发挥尽可能大的作用和效果

在朗读教学中，什么时候范读，怎样运用范读，是需要把握时机、讲究方法策略的。根据本人的经验，一般应注意以下几点。

1. 有些难读的短语、长句子或不容易停顿的句子等，需要教师进行范读。如《呼风唤雨的世纪》一课中"……其改变的程度超过了人类历史上百万年的总和"。这句话是读成"人类历史/上百万年的总和"，还是读成"人类历史上/百万年的总和"，学生在停顿上有疑问，这就需要教师的范读。有经验的教师采用教师范读、学生跟读的方式，即教师读一句，学生读一句；或教师范读、学生伴读的方式，即教师的声音响一点，学生用气音跟着教师同步读。这些都是很有效果的朗读指导、训练。

2. 学生读不出应有的情感或语气时，需要教师进行范读。例如，在《落花生》一课中，"父亲说：'花生的好处很多，有一样最可贵：它的果实埋在地里……'"父亲说花生的好处，目的是教育孩子能够像落花生那样做人，语气应该是严肃的、语重心长的。这种语气学生难以读出来，是需要教师范读的。再如，有些描写画面、情境的句段，学生一般读得"实"，语速比较快，没有画面感、情境感，这也是需要教师范读的。朗读指导、训练的经验和教训告诉我们，有些句段，只讲"理"，没有"形"，学生是很难朗读好的。

3. 运用范读创设情境，让学生想象课文所描绘的画面。教师声情并茂的范读不仅对学生有朗读指导、训练的作用，而且能够帮助学生想象画面、体会情感。教师的优秀范读，能把语言文字化作有声有色的画面，使学生在感受语言文字的基础上，借助想象置身于课文所描述的情境中，进而把课文的思想意义形象化地渗透进学生的心灵，这样有助于加深学生对课文的理解、对作者情感的体会。有的教师配乐范读某一句段，让学生闭上眼睛、想象画面，这就是比较好的朗读指导，一举多得。

另外，同一句段，教师可以运用两种不同的范读，让学生分辨；可以进行教师范读与学生朗读的对于比较，在比较中达到应有的标准；可以在学生与学生之间进行比较朗读，或者让学生对教师的范读进行品评，等等。这些都是比较有效的指导、训练朗读的做法。

建议：对于一年级大部分课文以及二年级的有些课文，教师在学习课文之前要进行全文的范读，让学生在教师的范读中潜移默化地受到影响，受到感染，从而学会朗读。如果学生能够把听教师的范读当作一种精神享受，那将是学生的"福气"。

4. 掌握指导朗读的步骤，让学生经历一个从不会到会、从不好到好的发展变化过程。经常看到一些教师在理解了课文某一句段之后，直接就让学生齐读，没有指导，没有训练，没有过程。有效教学是需要教有套路，学有过程的。就朗读教学而言，在对某一重点句段理解之后，一般可采用以下几种套路：

①教师范读→学生自由练读→指名试读（读得比较好）→展示指导效果的全班齐读或展示指导效果的配乐朗读（一名或多名学生）；

②学生自由练读→指名试读（读得不好）→教师范读→学生再自由练读→展示指导效果的全班齐读或展示指导效果的配乐朗读等。

③指名朗读→挑战、比较朗读（可以是另一名学生，也可以是教师）→学生评价→全班自由练读→展示指导效果的全班齐读或展示指导效果的配乐朗读等；

上述教学套路是有一个指导、训练、发展过程的，对重点句段的朗读教学需要这样的过程。本人认为宁可少问几个问题，也要让学生经历这个过程。运用这样的套路需注意：全班齐读是展示指导效果的朗读，一个句段一次即可，不必反复齐读。全文或较长的段落不易齐读。配乐朗读也是展示指导效果的，具有欣赏性，一般由一名或几名学生朗读，其他学生欣赏、感受。有的教师在全班齐读时也配乐，这就没有多少意义了。

最后，需要说明一个问题，对于教师的范读学生会不会产生一种模仿心理，模仿着教师读，而读不出自己的想法、自己的理解、自己的情感？本人认为，朗读指导、训练可以分为三个阶段：一是模仿阶段。对于低年级刚刚学习朗读的学生而言，模仿教师的朗读是学习朗读的必经之路。模仿实际也是一种学习，即便是到了中高年级，有些重点语句也是需要教师范读的。二是自悟阶段。当学生有了一定的朗读基础，掌握了诸如停顿、重音、语调、节奏等基本方法、技能时，就可以自己体会、感悟，读出文中包含的情感。三是欣赏阶段。当学生的朗读达到了一定的水平，对于教师的范读、学生的朗读，可以从欣赏的角度去比较，去点评。在实际的教学中，这三个阶段不是独立、分离的，常常是相互交叉、螺旋式发展的。

总之，在阅读教学中，教师的范读是必不可少的。教师声情并茂的范读，可以让学生视其人、学其法，更加形象直观地学习到朗读的基本方法、基本技能。不仅如此，教师声情并茂的范读，还可以让学生闻其声、感其情，更加直接地体会到课文的内涵和感情。想必，随着教师精彩的范读，文中那优美的画面、鲜活的人物、生动的情节等会像影像一般浮现在学生的眼前，而且，文中那深邃的思想、高尚的情操、美好的向往等也会像清泉似的流淌于学生稚嫩的心田，诱发学生情感的波澜。

叮咛：通过你的范读告诉学生——我是一位真正的语文教师，也是一位优秀的朗读者。

（此文写于2016年3月12日）

新单元　新设计　新教法

——小学语文统编教材解读与教学建议

小学语文统编教材有一些新单元、新设计、新要求，与以往语文教材大有不同。恰恰是这些新单元、新设计、新要求呈现出统编教材的特点，成为统编教材的亮点，乃至小学语文教材编写史上的新突破。正因为是些新面孔，所以许多教师还不熟悉，不知道如何把握，如何教学。下面就此作一解读，并提出一些教学建议，仅供参考。

一、先识字后学拼音

统编教材的一年级上册第一单元是先识字（后学拼音），这种新设计，是蒙学、传统识字教学的回归。与先学拼音后识字相比，它更有利于激发学生学习语文的兴趣，因为汉字离小朋友最近。教学建议：

1. 板书课题后，教师要范读课题，或让认识课题的学生朗读课题。然后通过自由读、指名读、齐读等方式，教学生大声朗读课题。

2. 教师范读课文。

3. 教师领读课文，学生跟读。即教师读一句学生跟读一句，做到正确、流利地朗读。

4. 识字。教师教或让已认识这些字的学生教。重点的字要借助图片，联系生活实际正音，了解字义。在这一环节还可以让学生练习以字组词等。

5. 写字。在最初阶段（至少是本单元）要一笔一笔领写（描），即教师写一笔学生写一笔，等学生都写完了这一笔后，再领写下一笔。不要把整个字写完再让学生仿写，一笔一笔领写比整个字仿写训练得扎实。另外，力求一个学生的每个字都写得一样大小，全班学生写的字一样大小。

二、生字猜读教学

从一年级下册第八单元开始，教材中设计了"生字猜读"训练。如：

课例一

◎ 在课文中找出不认识的字，猜猜它们的读音。

（一年级下册第 20 课）

课例二

◎ 在课文中找出不认识的字，猜猜它们的读音和意思，再说说你是怎么猜出来的。

（一年级下册第 21 课）

课例三

◎ 猜猜下面加点字的读音，和同学交流你是怎么猜出来的。说说你用这些方法还认识了哪些字。

风筝　　松鼠　　抓住
祝你幸福　愿意　　哭

（二年级上册第 23 课）

这样的新设计，丰富了识字的方法和途径，目的是引导学生运用汉字的构字规律、图片、联系生活实际等多种方法识字。课例一是引导学生借助形声字的构字规律（声旁）识字；课例二是引导学生借助形声字既表声又表义的特点识字，并进一步总结这种识字方法；课例三则是将借助形声字、象形字、会意字构字特点，联系生活实际和上下文等多种识字方法归并在一起，以建构起汉语拼音之外新的识字方法系统，这也是一个"学习→总结→运用"的训练系统。教学这样的内容，建议：

1. 凡有"生字猜读"练习题的课文，教学时不要让学生预习课文。如果有的学生已经认识了这些字，课堂上先让他们"闭嘴"，让不认识这些字的学生练习猜字。不然"生字猜读"训练便毫无意义，多种识字方法的建构意图便会落空。

2. 把"生字猜读"教学安排在教学第一步，板书课题之前，将其作为一个独立的环节，完成后再开启新课文的教学，包括剩余生字的教学。

3. 如果你的学生大都已认识了教材中这些需猜测的生字，便无需猜测了，建议仿照教材重新设计一组生字猜读练习题，以确保"多种识字方法、途径建构"这一教学意图的落实。另外，当学生已经学习了某种识字方法，如学会了借助形声字表音表义的特点识字，在后面的识字教学中，就应有意识地引导学生运用这种方法自行识字，让学生经历一个从学会到会用的发展提高的过程。"会用"才是我们教学的终极目标。

三、"和大人一起读"与"我爱阅读"

统编教材在一年级编排了"和大人一起读"的学习内容（16 篇文章），这是教材安排给学生家长的任务。也就是说，这些文章由家长教给自己的孩子，家长要与自己的孩子一起阅读，目的是体现"亲子阅读"，进而促进全民阅读，意义非凡。建议：

1. 因为学生家长并不了解统编教材的这一编排设计目的，甚至错误地认为把孩子交给学校，读书学习是学校的事，是教师的事。为此，教师需要在召开新生家长会的时候，把统编教材的这一编排设计意图给家长讲清楚，让家长按照教学的进度完成这一"亲子阅读"任务。

2. 家长与自己的孩子阅读这些文章，要做到会朗读，即能正确、流利地朗读。鼓励家长与孩子读后对文章内容进行简单的交流。

3. 教师要在课堂上按照教学进度、时间段，通过朗读展示、复述文章内容、提出思考的问题等方式检查家长与自己孩子一起阅读的情况、效果。有的教师让家长通过视频的方式反馈"和大人一起读"情况，这就是一种抓落实的有效措施。

统编教材在二年级编排了"我爱阅读"的学习内容（16 篇文章），旨在激发学生的阅读兴趣，提高学生独立阅读的能力。这些文章没有阅读要求，是一般性地读读，还是借助这些文章有针对性地训练一下呢？建议：

可以结合学生已学过的阅读方法、初步形成的阅读能力，借助这些文章就某一学习方法的运用、阅读能力的提高，进行有目的或有针对性的训练。如，有的文章着重训练朗读，有的文章着重训练默读，有的文章着重训练提取信息，有的文章着重训练联系上下文理解词语，有的文章着重练习复述，等等。即每篇文章训练一个"点"，力求点上着力，点上求效。这样的教学，是将已学过的阅读方法、初步形成的阅读能力，迁移运用到这种阅读之中，其作用、意义不言而喻。

四、习作单元

从三年级上册开始，统编教材专门编排设计了"习作单元"（每册一个单元），旨在加强习作教学，改变了以往教材以"阅读"为主体、主线的编排思想、思路，力求读写并重，双线运行。阅读是习作的源头之一，学生可以通过对这一个个习作单元的学习，不断积累，丰富写作知识、方法等，让这些知识、方法自然地流淌到自己的笔端。习作单元的课文教学要直指"表达"，与一般课文的教学不同。建议：

阅读的教学（一般课文）要让学生经历"了解内容—感悟内涵—体会情感—领会表达"这四个层次，而习作单元的教学可以在基本了解了课文内容（或重点段落）之后，直指"领会表达"的层次，着力在"怎样写的"和"为什么这样写，这样写有什么好处"上研读。以三年级上册《搭船的鸟》一课的课文教学为例：

这一习作单元的语文要素是：体会作者是怎样留心观察周围事物的。即学习作者的观察方法。这一课的教学目标直指——学习细致观察。

1. 熟读课文，了解课文内容，知道写了一件什么事。可以运用填写课文结构图的方式，厘清课文叙述顺序，了解课文内容。

2. 重点研读。按照课后思考题"读课文，想想作者对哪些事物作了细致观察，说说你是从哪里看出来的"进行引导。可以先让学生画出有关的句段，然后进行"文本细读"，说理由。

课文中至少有三处体现作者细致观察的地方：一是第一段中"天下着大雨，雨点打在船篷上，沙啦、沙啦地响"。这是作者对雨景的细致观察，即作者不仅写出了看到的雨景，更重要的是写出了听到的雨声，通过视觉和听觉来描述雨的大。二是第二段中"它的羽毛是翠绿的，翅膀上带有一些蓝色……"。这是作者对翠鸟外形（羽毛颜色）的细致观察，即作者能够在翠鸟通身翠绿的色彩中发现"翅膀上带有一些蓝色"，这充分说明作者观察得细致入微。三是第四段中"我正想着，它一下子冲进水里，不见了。可是，没一会儿，它飞起来了……"。这是作者对翠鸟捕鱼活动的细致观察。理由是：翠鸟捕鱼的活动时间是非常短的、快的，一眨眼的功夫（几秒的时间），但是作者却快捷、准确地捕捉住了翠鸟一系列的动作："冲→飞→衔→站→吞"。可见作者观察得非常细致。

3. 总结。将课文中有关体现作者细致观察的句段整合在一起，了解细致观察的方法，领会细致观察的好处。即写出了翠鸟的外形、颜色美丽和捕鱼动作敏捷、快速的特点，表达出了作者对翠鸟的喜爱、赞美之情。

这样教学直指"表达"，能够更好地体现习作单元教学的特点，落实教学目标。需要说明的是，习作单元的教学重点、指向性已在课后思考题和"课文旁批"等处明确提出或标注，教学中把握，运用好这些重点、指向，就能够落实好教学目标。

特别强调的是，习作单元体现的是一个环环相扣、层层递进的学习过程。即学习两篇精读课文（感知习作要素）→交流平台（总结习作要素）→初试身手（初试习作要素）→习作例文（领悟习作要素）→（实践习作要素）。为此，要整体设计，瞻前顾后，一步一个台阶地教学。

五、阅读策略单元

从三年级上册开始，统编教材设计了"预测""提出问题""快速阅读"等阅读方法策略的训练，这种训练有利于提高学生的阅读能力、水平。教学中要根据不同的阅读方法策略采用不同的教学方法。以三年级上册第四单元"学习预测"的阅读策略为例：

阅读预测是一种阅读心理活动，也是走进故事、走进作者，与文本、作者对话的有效途径，能真正体会到阅读的乐趣。阅读预测原本是一种"不经意"的阅读心理活动，一般在阅读故事性文学作品时都会产生这种阅读心理。教材把阅读的这种"不经意"的阅读体验，作为一种训练，能够有效提升学生阅读的乐趣，进而感受到阅读的魅力。其教学的方法步骤可以是：

1. 阅读预测是在学生完全不了解课文（故事）内容的前提下进行的，不然预测无法进行。所以，进入这一单元课文的学习，不能按照常态的方法教学。即不能预习，不能接读、通读、自读课文，不能先学字词等，要在学生"全然不知"的情形下进行。为此，教学之始需要让学生把课本收起来，不许看。如果有的学生已经事先了解了课文内容，在进行预测的时候需要先让他们暂时"闭嘴"，待到"揭秘"的时候再让他们说话。

2. 阅读预测是一个顺着故事情节一边"猜想"，一边"揭秘"的过程，教学时教师要顺着、依据故事情节把课文划分为几个段落，做成课件，出示一个情节段落读一个段落，然后让学生根据这一情节猜测后面故事情节的发展。在学生猜测之后"揭秘"，即出示后面课文情节段落的原文，验证猜测。以此类推，学完全文。这是一个"阅读段落→猜测情节→出示后文→揭秘验证"，然后再"猜测情节→出示后文→揭秘验证"的阅读过程。在这个过程中，无论猜测得对与错，那都是一种充满乐趣的阅读体验、感受。

需要注意：预测与质疑不同，不要把质疑当成预测。如学习《总也倒不了的老屋》一课，让学生根据题目展开猜测，有的学生提出"老屋为什么总也不倒呢？"。注意这是质疑，不是猜测，需要在此基础上进一步猜想：这老屋可能是用特殊材料建成的；这老屋是被施了魔法了，等等。

3. 预测结束后，让学生打开课文，通读全文，进行总结。或体会故事的思想内涵、情感，或感受人物的特点、品质等。

4. 总结归纳阅读预测的方法，可运用课后思考题进行总结归纳。

最后进行生字、新词的学习和指导书写等。

六、整本书阅读单元

统编教材在每册中编排设计了"快乐读书吧"单元，并规定了必读书目。从小学语文教材编写史上看，这是"第一次"把读整本书的要求纳入了课程，纳入了教材，它是教学任务、教学内容，已经不是一般意义或传统认知上的课外阅读、自由阅读了。我们要充分认识统编教材这一编排设计的意图、意义和作用，并在教学中真正落实。为此，提出如下建议：

1. 把握"整本书阅读"的教学要领。读整本书，需注意以下几点：

必须是连续阅读，不间断的阅读，特别是独立成册的小说、故事，需要这样阅读。不然会产生阅读心理的隔断，阅读的期待、乐趣会大受影响。

必须是集中一定时间的阅读。根据我们的初步实践，教材所规定的书目（一大本或四五小本），可在一周内完成（包括周六、周日）。在这一周中，不学课文了，不留作业了，即专设"读书周"。

必须是课内与课外打通的阅读。在专设的"读书周"里，课内主要进行阅读导读，阅读交流、检测等，课外让学生根据阅读计划自主阅读。

必须是有一定的计划、步骤和进度的阅读。教师要制订一个读整本书的规划表，把导读、自读、交流、检测等时段规划好，让学生按计划，有序有效地阅读。

必须读后检测。因为读整本书已不是一般的自由阅读，也不是纯粹的课外阅读了，为了促进学生有效阅读，可根据阅读内容设计部分选择题、判断题、填空题进行必要的检测，将读书落到实处。

必须教师先读。因为教材所规定的书目是教学要求、任务和内容，是在教师指导下的阅读，所以教师必须先行一步，通读全书，以便备课：包括设计读整本书的"规划表"，备好导读课、交流课以及检测内容等。

2. 建构"整本书阅读"的教学程序。其教学程序可以是：导读——自读——交流——检测。在这个程序中，主要是上好导读课和交流课。

导读课：可运用教材中的"快乐读书吧"上的内容导入，让学生明确读什么书，有什么要求。然后，简介作者、书的大体内容，提出阅读的进度计划、具体要求等。如果学生不了解书的结构，有必要简单了解书的结构（封面、扉页、版权页、目录、正文等）。导读的目的是引导学生阅读这本书的兴趣，所以导读的方式要活泼新颖一些，有的教师借助动画片引导学生阅读《神笔马良》的故事，就收到了很好的效果。

交流课：读书的目的是有收获，有积累，有体会，有思考，有感悟等，这就需要让学生进行必要的阅读交流、展示。其方式可以是：问题解答（抢答）；小小朗读者比赛；讲故事、接龙讲故事；情境表演；"我"班的百家讲坛，等等。如果在交流课上有教师深层次的引领和提升，学生的收获会更大一些。

需要说明的是，四本或五本一套书的阅读，我们的做法是：导读一本，交流一本，检测一本，以此类推；在版本选择上，由曹文轩、陈先云主编，人民教育出版社出版的更好用一些，其书中的"阅读指导"提供了多种阅读要求、方法策略，阅读的指向明确，且便于交流、落实。

　　读整本书开启了语文教学的新内容，也为学生开辟了学习的新天地。如果说，学习一篇篇课文是为学生打开了一扇扇认知的窗口，而读整本书则是为学生打开了一扇扇认知的大门，学生的视界更开阔了，认知更丰富了。

　　最后需要强调的是：要从固有的认知、习惯了的传统教法中解脱出来，防止"穿新鞋，走老路"。如，一、二年级的识字教学，统编教材为学生提供了诸如借助形声字、象形字、会意字、图片等多种识字方法，就不要停留在加一加、减一减、换一换等简单而意义不大的教学方法上了；"快乐读书吧"是读整本书的教学，就不要当作课外阅读来对待了。要创新教学方法，构建新的教学模式。如，习作单元、阅读策略单元等新的教学内容，就不能沿袭一般的课文教学方法、模式了。总之，统编教材的教学，需要转变观念，更新教法；需要认真解读，充分认识，精准把握。这样才能实施好，落实好。

　　　　　　　　　　（此文发表于《山东教育》2019年第6期）

完善习作教学的过程

我们主张每次习作教学,能让学生经历一个全过程。没有亲身的经历,学生的感觉是麻木的,认识是肤浅的。没经历过的时候是"少年不识愁滋味,为赋新词强说愁",而经历过后则是"而今识尽愁滋味,欲说还休"。写好作文、提高习作能力的前提是让学生有亲身体验,能让学生经历一个习作的全过程。经历过了,学生就获得一笔精神财富。我们的习作教学应努力为学生提供、创设这样的经历。就小学生的习作教学而言,要经历怎样的过程呢?我们的建议是让学生经历如下五个阶段,并扎扎实实地走完这个过程。

一、观察体验

即解决写什么的问题。让学生到生活中去亲自观察、亲身实践、切身体验一番,从中选取习作的材料,感受生活的滋味。观察体验的方式可以有以下几种。

1. 实地观察。下雪了,让学生到雪地里看雪景、打雪仗、堆雪人,玩够了再回教室写下来;放学后,让学生经历一次买菜的过程,等等。

2. 调查访谈。找一位老人,让他讲讲儿时的故事;找一个小朋友,问问他最想要什么。

3. 动手实践。如做小实验、进行小制作、表演小魔术等,然后把实验、制作、表演的过程介绍给大家。

4. 创设情境。在课堂上创设一个情境，让学生观察、经历、体验。如进行"谁的生日是今天"的情境创设。第一步：提出话题。今天是几月几号？在我们班里，谁的生日是今天？确定过生日的人选。第二步：设计过生日的程序，按程序给那位学生过生日。第三步：谈过生日的感受。第四步：指导习作。另外，小表演、小游戏等都可以搬到课堂上来，让学生观察体验。

5. 观看视频。如让学生观看某一公益广告、观看有关动物的视频等。另外，仿写、绘写、改写等这些传统的作文教学方式，也是比较有效的教学方法。

在观察体验的阶段，需要注意三点：一是尽量让学生观察体验那些有意思的、新颖新奇的人、事、物、景，这些学生一听就感兴趣；二是对有些实践活动要有周到细致的安排，要有设计方案；三是在进行某项观察体验活动之前，先不要提作文的事，让学生体验完之后再说。你想，为了作文玩游戏，为了作文打雪仗，把心情"破坏"了，宁可不玩。

二、指导说写

即解决怎样写的问题。首先，我们对教师的指导作用要有一个正确全面的认识。

1. 虽然教师指导很重要，但这不是提高学生写作能力的关键，关键在于多写多练，即"在写作实践中学会写作"。所以，教师指导学生怎样写作，可以采取三种方式：一是写前指导，即有目的、有重点、有针对性地指导，只提出重点的要求，不具体指导；二是写中指导，即教师在学生写作的过程中发现问题，进行有针对性的指导；三是写后指导，即写前只是简单地提出要求，拓展思路，让学生放开手脚，不受拘束地写，在学生成文教师批阅之后，找出共性的问题进行有目的、有重点、有针对性的指导。

2. 教师指导的关键是打开学生的思路（纵向的），拓宽学生的思路（横向的），进而帮助学生厘清习作的思路。如果你要求一个学生：你看看眼前的太阳，说一说。他只会说：初升的太阳，红彤彤的，像一个大火球……他所说的只是眼前看到的太阳的形状、颜色、光芒。这只是一个层面，思路是封闭的。如果思路是开放的、联想的，那么对太阳的认识将会是多角度、多层面的。

$$\text{太阳}\begin{cases}春\begin{cases}早晨：形状、颜色、光芒（景物）\\中午：形状、颜色、光芒（景物）\\傍晚：形状、颜色、光芒（景物）\end{cases}(看到的)(感觉到的)\to(联想到的)\\夏\begin{cases}早晨：形状、颜色、光芒（景物）\\中午：形状、颜色、光芒（景物）\\傍晚：形状、颜色、光芒（景物）\end{cases}(看到的)(感觉到的)\to(联想到的)\\秋\begin{cases}早晨：形状、颜色、光芒（景物）\\中午：形状、颜色、光芒（景物）\\傍晚：形状、颜色、光芒（景物）\end{cases}(看到的)(感觉到的)\to(联想到的)\\冬\begin{cases}早晨：形状、颜色、光芒（景物）\\中午：形状、颜色、光芒（景物）\\傍晚：形状、颜色、光芒（景物）\end{cases}(看到的)(感觉到的)\to(联想到的)\end{cases}$$

这种由眼前太阳的形状联想它的颜色、光芒和阳光下的景物，由早晨的太阳联想到中午、傍晚的太阳等就是一种比较开阔的思路。这样的思路能帮助学生写好作文。

3. 一次习作突出一个或两个重点，解决一两个问题，不要面面俱到。如，这一次解决如何写具体的问题（如何表现人物的心情；如何进行某一连续动作的描写等），或解决写条理的问题（按事情的发展顺序写；按"总—分—总"的结构写等），或如何开头的问题。

4. 指导的关键是找到问题的症结，指导到点子上。这需要教师从两个方面发现问题：一是这次习作在写法上的关键是什么，是写好一个细节还是写好一个经过，是侧重写心理活动还是围绕一个意思写，是借景抒情还是叙事抒情等；二是弄清楚学生在这次习作中会遇到什么问题，他的困难在哪里，进行有针对性的指导，防止泛泛地指导和不着边际地指导。

5. 训练的侧重点，要贯穿习作练习的全过程。教师指导学生"怎样写"不是从动笔的那一刻开始的，也不是放下笔就结束，而是贯穿于习作练习的全过程，即读中学写、写中练写、改中促写、评中悟写。甚至在观察体验的时候就应有所渗透。如，教师想落实细节描写的问题，在让学生观察的时候，就要给学生提示；在指导说写的时候，重点落实；在修改完善的阶段，要进一步指导强化这一重点；在欣赏评价的阶段还要提升对某一重点的认识。教师要防止对某一重点的练习虎头蛇尾、半途而废、不了了之。

6. 教师指导怎样写的方式一般有三种：一是范文引路。比如让学生学习写好某一细节，教师可以选取课文中的精彩片段给学生做范例，讨论它的精妙之处。例如：

母亲扑哧一声笑了，筋脉突兀的手不停地抚摸着荔枝，然后用小拇指甲盖划破皮，小心翼翼地剥开皮又不让皮掉下手心，托着荔枝，像托着一只刚刚啄破蛋壳的小鸡，那样爱怜地望着舍不得吞下，嘴里不住地对我说……

——肖复兴《荔枝》

这段话，通过一系列的动作描写，把母亲第一次吃荔枝的情景描写得多么细致、感人，多么生动、形象。二是试写点拨。即先指导学生试写一个重点的段落，然后以某一篇为例进行分析、讨论。三是反例悟法。即选取与本次习作练习的重点有关的一段或一篇写得不好的作文，分析、讨论应该怎样写好。选用写得不具体的文段，让学生领悟怎样写具体；选用写得没条理的文段，让学生领悟怎样写条理；选用没有侧面描写的文段，让学生领悟侧面描写的好处等。

7. 指导说写的基本程序。一般可分六个环节：一是回想情境，梳理过程；二是抓住重点，畅谈感受，即抓住主要的方面交流各自的印象、感受、体会；三是提出要求、重点指导，可采取范文引路的方式，或反例悟写的方式进行有针对性的写法指导（也可以写后指导）；四是根据要求编列提纲；五是交流提纲，修改完善；六是动笔试写，一气呵成。

在这个程序中，教师主要应把握两点：一是开拓学生的思路，对于相同的材料、内容，让学生从不同的角度去思考，选取不同的侧重点，或采用不同的写法。二是指导学生对选取的作文材料进行内涵方面的思考与感悟，从而增加作文的深度。

三、修改完善

即解决怎样写好习作的问题。修改是习作质量提高和写作能力提高的重要阶段。"好文章不是写出来的，是改出来的""站着写，坐着改""文章不厌百回改"等，都强调了修改的重要性。习作教学要特别关注这个环节。修改的方式有多种：自改，是主要的；互改，是辅助的；读改，写完后自己大声朗读几遍，一读就会发现问题；听改，把自己的习作读给别人听，让别人提提意见等。

指导修改时，要注意六个问题：一是让学生学会使用修改符号；二是让学生修改明显的问题，如遣词造句的问题、叙述层次的问题；三是让学生修改深层次的问题，如习作主题的问题、内容详略的问题；四是让学生在文从字顺的情况下，再进行加工润色；五是让学生反复修改，一篇习作修改数次；六是让学生放一放再改，甚至可以专门上作文修改课，让学生把写过的作文拿出来进行专门的修改练习。

四、欣赏讲评

这是理性思考的阶段。教师对待学生的习作，要以欣赏的眼光、享受的心态去批阅。教师要通过批改作文，发现共性的问题，找到优缺点，特别是本次习作的重点体现得如何，要心中有数。不一定只是教师讲评，师生可以共同参与。如，让学生先进行自我赏析，为自己的作文写出批语，然后教师再评。赏析讲评之后，对有问题的习作，应要求他们继续进行修改。有的教师采用的"二次评价，二次得分"方式，就是一个很有效的教学方法。

五、佳作展示

可以利用多媒体、墙壁、班级周报等方式展示佳作。

以上这五个阶段，第一个阶段"观察体验"和第三个阶段"修改完善"是重中之重，尤为关键，教师应给予特别关注。

（此文写于2004年6月9日，改于2017年10月27日）

小学(4+4)体验式双课型习作课程规划

一、体验式

每次习作要为学生创设一个直观、可感的（看得见，摸得着），有意思或有意义的情境或话题，让学生能够在亲身经历、观察、体验的前提下进行。

二、双课型

4次规定动作，进行习作要素的专项训练（即本表设计的训练），对各年级统一习作内容和要求；4次自选动作，进行自主习作、有创意的习作，对学生不限制习作要素，要求可宽泛一些。（可从现行教材中选取4次习作训练，特别是必做的书信、缩写、读后感、演讲稿、调查报告等应用文的训练）

三、教学程序

第一阶段，创设情境，观察体验；第二阶段，紧扣要素，指导习作（一课时）；第三阶段，按照要素，完成初稿（一或两课时）；第四阶段，围绕要素，指导修改，定稿誊抄（两课时）；第五阶段，佳作欣赏，综合点评（一课时）；第六阶段，"发表"展示。让学生经历这样的全过程，会有效提升学生的习作能力和水平。

四、注意事项

每次习作凸显一个重点习作要素，不要面面俱到；习作要素的落实要贯彻全过程；教师在指导写初稿的过程中，注意根据本次习作要素选取课文或相关文章段落，给学生以范文引路；如果教师也写一写"下水文"，指导会更有力，更有针对性、实效性；四至六年级学生在写初稿之前，先列一个习作提纲，效果会更好。

第一学期习作提纲

年级	习作类型	习作要素	习作创意	备注
三	扩写	通过对一句话的不断扩充，让学生明确什么是写清楚；掌握习作格式，正确、规范地使用标点符号	小明踢球：先让学生根据这句话提出问题，再一层层扩充（踢的什么球？在什么地方踢球？和谁踢球……）	
三	写动物外形	把一个动物的一个部位写具体	将小白兔或其他动物图片分解，分解成眼睛、鼻子、嘴巴、身体、四肢等，然后让每组选取一个部位写作（包括它的形状、颜色、习性、作用等）	
三	写事	按照"起因—经过—结果"把这一事情写清楚，注意人物的动作描写；学习分段记叙	看表演：拍苍蝇（让一学生事先练习好，练习时不要让其他学生知道、看到）	
三	写活动	重点写一两种吹泡泡的情景。（吹泡泡的动作和泡泡的形状、颜色等）；学习运用比喻句（像……又像……）	表演：先由教师表演吹泡泡，再由3~5名学生比赛吹泡泡，然后进行三种形式的表演，最后全班一起向空中吹泡泡	可以不写整个过程
四	仿写	按照介绍一种游戏的样式写	调查了解：祖辈儿时的小游戏	应用文
四	扩写练习	合理想象，把故事写具体、写完整	小古文：母熊抱石救子	
四	写事	围绕一个意思——孝敬	看视频：（公益广告）小男孩看到妈妈给奶奶洗脚，他也给妈妈端来一盆水……	
四	想象作文	按照故事的"发生—发展—高潮—结尾"编童话故事	晚上八点了，熊妈妈没有像往常那样按时回家。两个小熊宝宝趴在窗户口，向着妈妈回家的小路望着……（用图片方式呈现）	

（续表）

年级	习作类型	习作要素	习作创意	备注
五	写活动	按一定顺序写游戏，注意写好观众的反应	玩游戏"二指神功""贴鼻子"，戏剧游戏"空中接物"等	
	想象作文	按照"发生—发展—高潮—结尾"编故事，凸显故事的一波三折	画面：人们遇到大旱之年，大地龟裂，植物干枯，花儿凋谢……一朵白云看到后心想……三请雷公公，找到电婆婆……	借鉴《西游记》中三借芭蕉扇的故事
	写活动	写自己在观看过程中的心理活动和大家的反应	看表演：无聊的魔术。（《笑傲江湖》，台湾青年的表演）由一学生观看视频后学习，然后在课堂上进行表演（不要让其他学生知道、看到，偷偷地练习）	
	写事	按照事情的先后顺序写，写出自己的感受	真实再现：谁今天过生日？现场给一个同学过生日。不要事先告知学生，不做任何准备	
六	想象作文	根据图片推想故事的情节、发展和结果，凸显出乎意料	看图片：吻别（一只公鹅与另一只捆绑在摩托车后座的母鹅吻别……）	
	写物	介绍某一老物件的样子、来历、背后的故事及珍藏的意义	尘封的岁月：从家中寻找一件最古旧的物件，观察样子，了解背后的故事	
	写事	学习环境描写、心理描写、语言描写、画面描写	看视频：公益广告"善行无迹——留一盏灯"	参照《穷人》一课的有关段落
	抒情	写人与动物之情，学习直接与间接抒情。参考《最后一头战象》的有关段落	看视频：一只警犬送别退役的战士，不愿分别，被命令坐下，警犬满含泪水……看视频：大猩猩离去之前，不忘与救助它的人拥抱告别	凤凰视频

第二学期习作提纲

年级	习作类型	习作要素	习作创意	备注
三	想象作文	大胆想象，运用拟人手法	利用玩具（至少3个）组合，想象情节，编故事。或让学生找几粒小石子，摆成各种图形，如小鸟、小花、小鱼等，然后按照"找石子——摆图形——赏图形"的顺序写下来	
	写动物活动	按照"起因—经过—结果"把这一事情写清楚	看视频：一小牛被母狮追上后，撒娇，感动母狮。或一只母狗与刚出生的两只小黑鸭在一起，两只小黑鸭把狗当成妈妈	凤凰视频
	扩写	根据对话想象情节，把事情写具体	女：你挤什么挤，没长眼吗？ 男：年纪轻轻的，怎么不说人话？ 女：你挤着我了！ 男：怎么？来劲了是吗？ 女：你挤着人还有理了！ 男：有本事自己买辆车开，那样谁也挤不到你。 老人：算了算了，年轻人，把心放宽就不挤了。	
	写事	学习写人物对话，注意写人物语言时冒号、引号的用法	表演：一男孩获得了习作一等奖的荣誉，回到家给正在做家务的妈妈看奖状……（事先排练好，不要让其他学生知道、看到）	
四	写景	仿照《桂林山水》一课，写一处景物，凸显三个特点	图片或视频：选取1~3处天下奇观，进行观察。如，云上梯田等	

（续表）

年级	习作类型	习作要素	习作创意	备注
四	想象作文	练习发散思维，推想多因多果，并把故事写完整	听声音编故事：播放水杯或花瓶打碎的声音，想象多种起因、多种结果，选择其中一个起因和结果，编故事	
	写动物的变化	抓住动物变化的特点、动态写，注意写清楚变化过程	看视频：《化茧成蝶》《金蝉脱壳》或《屎壳郎滚球》	借鉴《昆虫记》有关段落
	学习说明方法	运用介绍、说明的方法，从食材、配料、方法步骤、注意事项和味道方面写一道菜的做法	实践活动：跟家人学习做一道菜，并把做这道菜的食材、配料和方法步骤及品尝过程录制下来。可从把食材、配料摆放好开录	
五	写活动与感言	在写体验活动的过程中，注意写好心理活动和本人的感言	体验活动：谁是未来的科学家。制作一道具：在一个精致的小盒子里安上一面小镜子……	
	写人	一人多事。通过三个事例介绍一个人的三个特点或品质。每个事例采用"总—分"结构，全文采用"总—分—总"结构	观察熟悉的某人，了解有关他（她）的事例、兴趣爱好等。也可以通过写一物品来表现人物特点、品质，如《朱德的扁担》《周总理的睡衣》等	
	写人或写事	练习选材和立意	实践活动：我是拍客。用手机或录像机，在家庭、社会或大自然中选取一个镜头、场景录下来	
	写家谱	先设计家谱谱系（可附照片）和家族迁徙路线图，然后按照称谓、姓名、籍贯、出生、职业（职务）、主要业绩等逐一记录。可用表格形式	实践活动：向家庭成员进行询问了解。可从太爷爷、太奶奶或爷爷、奶奶开始，直到本人。不清楚的成员，可只有姓名，其他不清楚的情况可注明"不详"	

（续表）

年级	习作类型	习作要素	习作创意	备注
六	写事与联想	通过观看折纸的演示联想到有关的人、事和道理（名言），学习叙事说理	观看折纸演示：残缺不影响飞翔。准备一张A4纸，先折成纸飞机，投向空中，再把纸飞机折开，撕去一角，重新折好，投向空中	
	写事	练习求异思维，故事反说	将"黄鼠狼给鸡拜年""龟兔赛跑"等故事反转，编写新故事	参考《狐狸养鸡》
	改写	把叙事的文章按剧本格式进行改写。参考《半截蜡烛》	从教材中选故事性强的课文进行改写，例如《将相和》。或观看哑剧《胡椒面》。让两名学生模仿陈佩斯与朱时茂的表演，然后把这个哑剧写下来，凸显人物的性格特点	可读一段莎士比亚的作品
	推测练习	根据某一世界之谜练习推测	看视频或图片，如岩画、悬棺等	

（此文写于2017年2月16日）

学艺之后

  一只美丽、聪明的大公鸡，看到雄鹰在蓝天上翱翔，非常羡慕。大公鸡就到山上去找雄鹰，请求向雄鹰学习飞翔。雄鹰就毫不保留地教大公鸡飞翔。大公鸡也虚心好学，经过艰苦的学习和不懈的努力，天生聪明的大公鸡终于学会了飞翔。大公鸡学成之后就告别雄鹰，高高兴兴、大摇大摆地向山下走去。

  走到山脚时，大公鸡遇见一只凤凰。凤凰见大公鸡很高兴的样子，就问它："你最近在忙什么？这么长时间看不见你的影子。"大公鸡很得意地说："我在跟雄鹰学习飞翔呢。"凤凰说："哦，参加培训去了。那你学会了吗？"大公鸡神气地说："当然学会了。"凤凰不解地问："那你怎么不飞下山，还是走着下山来呢？"

  这一问，大公鸡才恍然大悟："对呀，我已经学会了飞翔，怎么忘了呢？哎呀！我习惯了。"

  这则寓言告诉我们：惯性与惰性会阻碍你的飞翔和发展。请记住：我们已经学会了飞翔，应该自觉地像雄鹰、凤凰那样在蓝天上翱翔。

（此文写于2004年2月7日）

第四章 教学反思

如果你要远行
　我愿为你整理好行囊

课堂教学十六"烦"

让我们在笑谈中深刻反思,幽默里领悟真谛,诙谐间完善自我。

一烦

明明有黑板,偏要贴卡片。
美其名曰省时间,实则板书不过关。

二烦

课件连成片,一屏一屏晃人眼。
制作课件多麻烦,恰当使用是关键。

三烦

你真棒,你真行,你真聪明挂嘴边。
明明不好硬说好,糊弄学生空欢喜。

四烦

左一问,右一问,问得学生不着边。
你也说,他也说,引导全靠提问牵。

五烦

堆积资料乱拓展，正事没干好，闲事忙不完。
种了别人的地，荒了自己的田。

六烦

课堂上，偏把学生叫"孩子"，似乎很亲切，实则观念没转变。
师生关系应平等，新的理念是伙伴。

七烦

朗读课文音不正，不是声音尖，就是高声喊。
感悟内容没办法，以读代讲就算完。

八烦

选择你喜欢的方式读，喜欢哪段读哪段。
请问，教师作用在哪里？她说："俺这是尊重学生学习主动权。"

九烦

学习目标不明确，没有航标乱行船。
不知到底干什么，完成环节走教案。

十烦

理解教材太肤浅，蜻蜓点水浮表面。
把握教材是硬功，需要潜心深钻研。

十一烦

语文课上出思品味，偏离教材扯得远。
文道统一有规律，潜移默化永不变。

十二烦

评价方式太随便，随手发些小画片。

你一片，我一片，这样的评价不值钱。

十三烦

动不动就分组，讨论效果不明显。
合作学习有讲究，理解不应太肤浅。

十四烦

行不行就表演，挤掉潜心读书好时间。
阅读重在读与悟，表演仅仅是手段。

十五烦

课课设计一个法，天天吃着家常饭。
语文本是七彩虹，给点阳光就灿烂。

十六烦

形式花样多变换，热闹半天无发展。
传统经验讲训练，训练才能促发展。

（此文写于 2005 年 12 月 19 日）

第四章 教学反思

课堂教学十六"急"

前两年，本人用调侃的方式写过《课堂教学十六"烦"》，并刊登在《小学语文教学》杂志上，可能因为通俗易懂、风趣幽默的缘故，它引起了一定的反响，在网络上也广为流传。既然这种方式便于广大教师接受，那我就继续采用调侃的方式，再写一篇《课堂教学十六"急"》，借以表达自己对当下语文教学中一些问题的看法，表明自己对语文教学的某些观点。希望继续得到广大教师的关注，并引发思考。

一、谁再把《一面五星红旗》讲成爱国，把《掌声》讲成身残志坚，把《老人与海鸥》讲成保护动物和环境，把《为中华之崛起而读书》讲成旧中国屈辱史等，即编者让他往东，他偏往西，俺就跟他急！

二、谁再一天天、一月月、一年年用自己也没有读懂的教材教学——系歪了扣子还不知道，知道了也不改，也不嫌难看，俺就跟他急！

三、谁再把备课当成网上下载、拼凑组合，图省事，走"捷径"，就是不自己钻研教材，不愿意独立思考，自己的脖子上长着别人的脑袋，俺就跟他急！

四、谁再有课标不看、不懂，有导语不读、不想，有课后思考题不管、不用，将教学建立在什么也"不知道"的基础上，凭"感觉"教学，俺就跟他急！

五、谁再教什么不清楚，为什么这样教不明白，在什么起点上教不了解，教到什么程度不知道，教得怎样不反思，"没有航标乱行船"，俺就跟他急！

六、谁再把语文课上出浓浓的思品味、常识味，什么味都有，就是没有语文味，俺就跟他急！

七、谁再把一篇精读的长课文，匆匆忙忙、粗粗拉拉、蜻蜓点水、浮皮潦草地一节课讲完，学生什么也学不到，俺就跟他急！

八、谁再讲读一篇课文仅仅是让学生梳理、了解了一下课文内容，没有一点深刻之处、没有一处亮点，处处刨坑处处坑，俺就跟他急！

九、谁再只教学生自己就能知道、自己就能发现、自己就能理解的，就是不教学生意识不到、发现不了、认识不深的，哪里痒痒不挠，专挠不痒痒的地方，俺就跟他急！

十、谁再一节课连提几十个问题，教学只会提问，不会别的办法，或者课课只会问：你知道了什么？你体会到什么？你读懂了什么？没有一个好办法解决，俺就跟他急！

十一、谁再滥用音乐、视频，过度提供资料，正事没干好，闲事忙不完，喧宾夺主、舍本逐末，把语文课上成图片展示课、闹剧表演课、音乐欣赏课、资料堆积课，就是不让学生潜心读书、沉思默想，俺就跟他急！

十二、谁再赶时间、走教案，为完成教案服务，就是不关注学生的学习和发展，把赶时间、走环节看得比学生的学习、发展还重要，俺就跟他急！

十三、谁再依靠外力催泪，过度煽情，追求所谓"舞台"效果，就是不让学生潜心读文，切身体验，还自以为了不起，俺就跟他急！

十四、谁再把教学当作显摆教师"口才"的时机，用教师的强势压倒学生，把学生压倒成"弱势群体"，看不到学生的变化、发展，俺就跟他急！

十五、谁再为了"忽悠"学生，说一些"优美的废话"，看似很有"诗意"，实际"失意""无益"，诸如"朋友是琴，演奏一生的美妙；朋友是茶，品味一生的清香；朋友是山，信赖一生的伟岸；朋友是水，荡漾一生的清澈……"（某教师执教的《他是我的朋友》一课的结束语），把学生说得云里雾里的，俺就跟他急！

十六、谁再机械模仿、盲目套用一些新潮名师的教学套路，喜欢学说新潮名师的一些流行的话语，拾人牙慧，还自以为很时髦，俺就跟他急！

另外，谁再听公开课时，为教师显摆"才华"，"忽悠"学生而鼓掌叫好，就是不看学生是否变化、发展，就是不看教师是怎样引导学生学习的，俺就跟他急！

但愿这十六"急"，不让俺白急！

（此文发表于《小学语文教师》2010年第6期）

课堂教学十六"无"

假如你在黑夜里迷失了方向,我愿为你擦亮星光。

——题记

本人先后写过《课堂教学十六"烦"》《课堂教学十六"急"》,指出了当前小学语文教学(主要指阅读教学)普遍存在的一些问题。这种调侃的表达方式深受广大教师的欢迎,在网络上也广为流传。为了进一步指出当前语文教学中仍然普遍存在的一些问题,促使小学语文课堂教学的改革,指导我们的青年教师真正把握语文教学的基本特点、要求、规律和方法等,本人结合在各地听课所看到的情形和观摩一些青年教师的评优课后的感想,再写一篇《课堂教学十六"无"》,敬请关注。

不少教师基本没有掌握阅读教学的特点、要求、规律和方法,教什么不清楚,怎样教没有方法,仅仅停留在对课文基本内容支离破碎且比较肤浅的理解上,归纳起来可谓"十六无"。

一、无汉语拼音的识字

在生字词的教学环节,几乎所有的教师都不进行拼读,不运用汉语拼音认读生字词。即便是学生对有些生字词读得不正确、不到位,教师也不运用汉语拼音进行必要的拼读、正音，只是口头纠正一下，学生最终也不知道错在哪里。更令人不解的是，在一、二年级的识字教学环节中，教师也不运用汉语拼音进行拼读或正音，把汉语拼音的认读、正音作用弃之一边，好像汉语拼音在语文知识中、在青年教师的知识系统中不存在了。把每一个字读到位是说好普通话和朗读的基础。汉语拼音的认读、正音作用是永远的，它是我们一生的"拐棍"。

汉语拼音作用大，认读正音它当家。

要想读好每个字，一生相伴莫弃它。

二、无朗读的指导与训练

朗读是阅读教学的重要任务。朗读能力是语文素养的重要组成部分。小学生的朗读是需要指导的，朗读能力是需要训练的。然而，在听课中，我看到不少教师仅仅是做一般性的要求，而没有有意识地进行朗读的指导和训练。一是偏重于对课文思想内容的理解，忽视对思想感情的体会。理解与体会需要有感情的朗读来呈现，有感情的朗读是对理解与体会的外显与物化。所以，忽视朗读就是没有完成阅读教学的基本任务。特别是一、二年级的阅读教学，其着力点应放在指导朗读上，应把一句话、一段话读正确、读流利，读出一定的语气、读出感情。而实际的情形是不少教师把理解课文看得比指导朗读重要，有点本末倒置了。二是看不到对重点句段的范读、指导和训练。重点句段、难读的句子、长句子、特别的句子是非常需要教师进行范读和有意识的指导的，教学应给予特别关注。但是，我在听课中，基本上看不到范读和应有的、有意识的、重点的指导。三是没有指导与训练的过程。朗读指导需要一个训练、发展的过程。特别是那些重点句段，要让学生从读得不到位到读得到位，从读得不好到读得好，从读得好到读得更好，从个别学生读得好到全体学生读得好，都需要一个过程，需要教师有意识地进行指导。这正是：

指导朗读很重要，体会情感离不了。

宁可理解少一点，重点句段要读好。

三、无知识的传授与获取

就一篇课文而言，从知识层面可以分为两类知识点：一是字词句段篇方面的知识点，其中有一些是学生不熟悉、不知道、第一次接触的；二是与课文密切相关的社会、自然方面的知识点，不了解它就影响理解课文的思想内容。然而，我在听课中很少看到教师进行知识点的传授、点拨，只顾着泛泛地理解课文的内容，导致语文课缺少了"语文味"。

须知：语文知识和相关的社会、自然知识是学习语文、形成能力的基础，是拓宽学生视界的前提。教师不但要让学生掌握课文中的叠词、总起句、过渡句、侧面描写、叙事抒情、前后照应等语文知识，还要通过运用巩固、了解它们的作用，从而运用这些知识去获取新知。这正是：

　　语文知识课课有，需要教师细寻求。
　　选取那些重要的，植入学生心里头。

四、无知识的迁移与运用

知识的价值和生命是不断地迁移和运用。知识只有在迁移和运用中才会不断升值，并显示出它的力量和魅力。然而在听课中，我们既少看到语文知识的传授和获取，更少看到语文知识的迁移和运用。如，在学习了过渡句之后，如果在学习新课文时也有过渡句，教师完全可以让学生自主地运用这一知识去给课文划分层次、段落，把握课文的主要内容等。可是，教师似乎忘记学生已经学习了这一知识，更想不到有意识地引导学生去运用这一知识。

须知：阅读教学的任务不仅仅是引导学生梳理或理解课文内容，还包括在理解课文的过程中传授和让学生积累相关的语文知识，更重要的是引导学生不断运用所学的知识，即学语文、用语文。在运用中、在知识的迁移中，使那些语文知识积蓄力量，获得新生，在知识的积累、运用中形成能力。这正是：

　　积累知识贵在用，不用怎能有生命。
　　培养能力靠迁移，不断迁移显神通。

五、无理解的深度

就理解课文的思想内容而言，最主要的是走到文字背后，领悟它的思想内涵。教师可以让学生通过一个字、一个词、一句话、一段话领悟到语言文字的内涵，揣摩到作者的内心，从而锻炼学生的想象力、思维力。但是我们没有看到这样的教学情景。虽然不少教师说"让我们跟随着作者走进故事中"，但实际上仅仅是引领学生浮在语言文字的表面、停留在基本内容的层面上。

须知：真正走进故事、走进作者内心，要通过两条途径。一是引领学生借助体验和想象，达到入情入境；二是引导学生运用分析、比较等思维活动对重点语句进行解读与品评。这正是：

　　语言文字有内涵，需要走到它里面。

　　蜻蜓点水无深度，就因教师未钻研。

六、无领会的语言表达

几乎所有的教师，在教学中只是引领学生去理解课文思想内容或体会思想感情，而且是泛泛的理解与体会，严重忽视了对作者语言表达的领会，不去引导学生体会作者是怎样写的，这实在是语文教学的致命伤。中、高年级的教材中提出了许多关于领会表达的要求（多在单元导语中），可是教师就是视而不见，见了也不管、不为，凭"感觉"教学，真是让人难以理解。

须知：就一篇课文而言，写的是什么人人看得见，而怎样写的、作者为什么这样写不是一眼就看得出的，需要教师着力指导。尤其是到了中、高年级，领会语言表达应是阅读教学的重中之重。阅读教学的关键是"文意兼得"。这正是：

　　课文写的是什么，学生几乎能自得。

　　怎样写的未必知，应让学生多揣摩。

七、无学习方法的指导与训练

义务教育语文课程标准和语文教材中，为教师的教学和学生的学习提供了许多关于阅读的方法：如，联系上下文和生活实际理解词句；先提出问题，然后通过讨论解决问题；一边读，一边想象画面；通过人物的动作、语言等揣摩人物的内心、情感；用较快的速度阅读、入情入境地读；搜集、整理相关的资料等。这些阅读的方法是需要教师在教学过程中进行指导、训练和落实的。然而，大多数教师没有理会这些阅读方法的要求，全是自己在那里不断地提问，用一个个琐碎的问题牵引着学生梳理、理解课文的内容，没有学习方法的指导、训练与落实，更没有学习方法的运用与实践。

须知：阅读教学有双重任务，一是读懂它，二是凭借它进行阅读基本功的训练。我们应认识到，教材提出的阅读方法是教学的任务、要求，是培养学生阅读基本功的，必须进行指导、训练和落实。不仅如此，教师还要有意识地引导学生在后面的学习中自觉运用。新学的阅读基本功要真正落到实处，已学的阅读基本功要实践运用。学生从学会了默读到学习用较快的速度阅读，要通过一篇篇的课文练习，在后面一篇篇课文的学习中逐步形成这种阅读能力，即练就阅读的基本功。这正是：

阅读教学任双重，兼有练就基本功。

阅读不是光理解，双重任务要完成。

八、无课后思考练习题的体现与落实

课后思考练习题，包括单元导语、课文中的提示语、课后思考练习等，是编者对教学一个单元、一篇课文的基本要求，也是教学的基本任务，体现着编者的意图。它为教师确立教学目标、教学重点起重要的导向、定位作用，是教学目标、重点的依据和源头。教学中体现、落实了这些课后思考练习题，就意味着完成了教学的基本任务。然而令人遗憾的是，几乎所有的参评教师都把课后思考练习题当成了"聋子的耳朵——摆设"，在教学中根本不理会这些思考练习题。教师不管教学什么课文，都是从理解课文内容的角度提出一个个问题，把教学的主要任务、精力用在"理解"（实际是在浅层次地梳理课文内容）课文内容上。

须知：课后思考练习题体现编者的设计意图，我们不但要关注，更要用好。为此，我们不仅要知道课后思考练习题是什么，让我们干什么，还要对它进行深入解读，从而弄明白编者的意图和教学目标、重点，不然就是"没有航标乱行船"。特别是那些训练学生阅读基本功的要求，那些强调领会语言表达的要求，更应该认真、深入地解读，弄明白编者让我们干什么，怎样干，干到什么程度。这正是：

课后思考练习题，旨在体现编者意。

教者应该细研读，落实到位都受益。

九、无对课文的整体感知或把握

教学一篇课文，不仅是引导学生对课文局部进行理解、感悟、体会等，更需要引导学生从整体上把握它。教师可以通过划分段落、层次，借助过渡句、总起句、总结句等方式，让学生了解课文写了哪些内容，或是按照什么线索、脉络、结构写的，从而使学生能够从整体上把握课文。然而，听课中很少看到这样的教学，教师大都是在课文的局部、句段上大讲特讲，使学生"只见树木，不见森林"，获益较少。

须知：教师从整体上把握课文，学生才可以居高临下地学习课文。就大部分课文而言，学生从整体上把握课文的能力是必要的，教学中要设计这样的教学环节。一般可以安排在初读课文之后，在教师的指导下进行，使学生对课文有一个整体感知。也可以在总结课文时让学生自主完成，让学生对课文的学习有新的认识或提升等。这正是：

阅读教学有规律，局部研读加整体。

只有局部无整体，阅读质量会降低。

十、无重点语句的品评

阅读教学的一般方法、规律是对课文中重点句段进行研读、品评。所谓品评，就是不仅要知道某一句段写的是什么，表达怎样的思想、情感，更要品味这样的写法，明白用这样的词语、句式好在哪里。然而，我们看到的却只有理解写的是什么，表达了什么思想、感情，没有引导学生领悟这样写的好处。这样的教学只是理解内容、体会情感，没有领会表达，是不完善的语文教学、残缺的语文教学、缺少了语文味的语文教学。这正是：

语文教学有讲究，品评词句不可丢。

要想教出语文味，注重品评记心头。

十一、无"点"的教学与突破

阅读教学的基本经验、方法，是抓点带面，力求点上着力，点上突破。

这个点，可以是一个词、一句话、一段话，可以是某一种表达手法，可以是某一知识的迁移与运用，可以是某一学习方法的渗透与实践……教学中，教师应该通过三五个点的教学达到对课文主要内容、情感、表达等方面的理解、体会、领悟，并使学生能够豁然开朗、眼前一亮。但是，我们常常看到的是教师在教学中面面俱到、平均用力、泛泛而教，没有收到多少教学的实际效果。

须知：点的教学、点的突破就是为了追求最有价值的教学效果，而避免面面俱到、泛泛而教、没有实际效果的教学。力求点上着力、点上突破，教师必须认真、深入地解读教材，慧眼发现课文中那些有价值、有内涵的"点"，特别是那些与众不同的"点"。这正是：

抓点带面是好法，教学之时要用它。

关键是能找到点，力求点上开出花。

十二、无学习的矛盾

几乎所有的参评课都是顺顺当当地运行、完成教学，没有学生的疑惑，没有学生的争论，没有学习的矛盾（哪怕是一个），一切都在教师的预设、预料之中。如果学生的发言不是教师想要的答案，即使是很有意思、很有意义的答案教师也不理会。

须知：教学如果很顺当，那一定是教学的预设没有深度或难度，起点低。没有深度、难度和矛盾、疑惑的教学就不会产生教学效果。没有生成的教学，几乎是低效或无效的教学。因此，教学一定要有适当的难度，有时还要有意识地引发点矛盾，引起学生的深度思考、讨论，甚至争论。假设在对某一句段的理解讨论中，学生解答得都很好，没有遇到什么困难，那教师应该就有意识地制造点困难：可以让某一学生把大家的发言归纳起来，分成几层意思说一说，或者有意识地提出相反的意见等。有难度、有矛盾、有疑惑的教学，才是有效、有意义、有价值的。这正是：

教学贵在有矛盾，更喜学生能争论。

不怕意见不一致，但求思维向纵深。

十三、无学生的沉思默想

大概是受评优课时间要求的局限,教师都希望一节课讲完一篇完整的课文,表现出的是:赶时间,赶环节,教师不停地问,学生不停地答,没有给学生更多的时间沉思默想。因此,学生的解答多是空泛的。如果不让学生沉思默想、深层思考,学生的解答就缺少深度、无根无据,阅读教学也就没有了多少意义。

须知:教学中要留有一定的时间、空间,让学生沉思默想,甚至绞尽脑汁。要在教学的预设中,把教学的内容进行合理的分配,有的要一带而过,有的可略加点拨,有的则抓住不放,力求打井出水。在那些抓住不放的地方,要多给学生一些思考的时间,让学生把问题弄清弄透,以训练学生的思维力、想象力。这正是:

沉思默想不可少,促使学生真动脑。

宁可放弃某环节,也要学生深思考。

十四、无年段的感觉

在听课过程中,我感觉低年级的阅读教学、中年级的阅读教学与高年级的阅读教学,没有多少明显的区别,感觉不出明显的年段性。其实,义务教育语文课程标准中已明确规定了各学段的教学要求,教材中也根据年段提出了不同的教学任务和要求。但是,不少教师根本不了解、不熟悉义务教育语文课程标准的学段要求,即便是有所了解,也不能、不会在教学中体现、落实。到了中年级,理解词句的教学要求能联系上下文,理解词句的意思,不仅如此,还要体会课文中关键词句在表达情意方面的作用。可是不少教师还是停留在低年级的要求上,只是引导学生了解或理解词句的意思,没有到达领会语言表达的层面。

教材中明确提出了教学某课的任务、要求,有的还提出学习的方法、途径,这些任务、要求和方法、途径是编者按照义务教育语文课程标准学段目标设计的。但是不少教师根本不理会它们,视而不见,见而不管,不按照义务教育语文课程标准和教材教学,甚至也不知道,结果随心所欲,天马行空,没有航标，教学没有年段性也就不足为怪了。这正是：

　　教学要有年段性，课标之中已表明。

　　教师如果不清楚，天马行空一场空。

十五、无有意识、强化性的训练

教学的关键是让学生形成阅读能力。然而，阅读能力不是一蹴而就的，需要教师凭借教材、一段话或一句话进行有意识的训练，甚至是强化训练。朗读能力是需要有意识训练的，教师在教学中就应该通过重点句段，采取多种方式进行训练。快速阅读作为一种阅读能力也是需要训练的，教师在教学中应该有意识地设计一定的环节进行训练。一些阅读的方法，要达到熟练掌握、自觉运用，也是需要训练的。如，联系上下文理解词语，读文章、想画面等。这些关乎学生阅读能力的问题，教师都应该根据教材特点、教学目标和学生实际，在教学中有意识地安排一定的环节，进行某种能力的强化训练。

然而，我们在听课中一般看不到这种凭借教材有意识的训练，而大都停留在理解课文内容的层面上，其理解、体会或感悟大多很肤浅。这正是：

　　阅读能力靠训练，没有训练咋发展。

　　凭借教材走一回，喜看学生个个变。

十六、无较好的引导方法与策略

出现十六"无"的教学原因是多方面的，有对义务教育语文课程标准和教材了解、解读不够方面的原因，有教师教学能力、经验欠缺方面的原因，有对阅读教学认识不足方面的原因，有受一些新潮"名师"误导方面的原因（如过度煽情、只理解课文内容、显摆"口才"等），也有盲目"追风"方面的原因（如无谓的拓展、闹剧般的表演、音乐不绝于耳等）。然而，青年教师对阅读教学的方法、策略了解、掌握得少，也是一个重要的原因。课堂上表现出来的是：只会提问，只会用一个个琐碎的问题牵引，要么就是用大量的图片、视频充斥课堂等。（阅读教学的关键恰恰是需要学生凭借语言文字进行想象、体验。用大量的图片、视频取代学生的想象、体验，是阅读教学的大忌。适当地用一用，未尝不可，如在学习的难点处、学生想象不出来的时候）

其实，阅读教学的方法、策略是有很多的，只传统的方法、策略就用之不尽，如在对比、换词中品评词句，让学生提出问题，抓住重点词语进行揣摩，变换角色体验、设置悬念等。

须知：教学的方法、策略是需要平时有心学习和积累的，需要开动脑筋不断地创造，不然头脑空空如也，是难以教好课的。这正是：

    莫愁教学无好法，有心就能找到它。
    注意学习和积累，来日你将是大家。

2011年8月，《小学语文教学·人物》杂志出版、发行了本人语文教学论文专辑

（此文写于2010年6月25日）

课堂教学十六"问"

有一次，本人与某校的几位领导、教师聚餐。席间，在某校长（女）站起来向大家敬酒的时候，我发现她的嘴角粘着一小片菜叶，有点不雅。我认为她在座的同事会告诉她，把嘴角擦一擦，结果没有一位这样做。当这位女校长端着酒杯走到我面前时，我忍不住告诉了她，才终止了她的"不雅相"。我很纳闷，为什么她的同事没有一个指出来，难道他们愿意看着自己的领导"不雅"下去吗？难道他们不是朝夕相处的同事或朋友吗？难道他们与这位领导有"仇"吗？

——随笔

近两年，本人针对语文教学中存在的种种问题，先后以调侃的方式写了《课堂教学十六"烦"》《课堂教学十六"急"》《课堂教学十六"无"》，文中提出的大都是一些文本解读、教材钻研、教学理念、教学方法等方面存在的"层次比较高"的问题。现在，再写一篇《课堂教学十六"问"》，提出一些"秃子头上的虱子——明摆着"的"层次比较低"的问题。不知你是否也存在这样的问题？也这样教语文？本人可是在听课时经常看到这些问题。

一问：为什么在板书课题时，非在序号后面加上一个点不可？不少教师，不知依据什么，习惯在课题序号后面加上一个"．"。课本中课题序号后面是空一字格，没有加点。

二问：两个字的课题字与字中间空两字格，三个字的课题字与字之间各空一字格，四个字的课题字与字之间各空半字格，五个字及以上的字与字之间不空格。为什么不按这样的规范板书课题？

三问：黑板空间那么大，为什么把板书的字写得那么小，以致坐在后面的学生看不清楚？难道没有想到板书是展示给全班所有学生看的吗？你不打算让坐在后面的学生看清楚吗？

四问：学生在读课题时，要么拖着长腔读，像小和尚念经，要么扯着嗓子喊，"震耳欲聋"，为什么充耳不闻，不加以纠正，不给予示范？为什么平时不训练学生读好课题，只在有人听课，或上公开课时，才发现读得不好，才想起纠正呢？平时干什么呢？

感慨：不要认为这是一些鸡毛蒜皮的小事，管中窥豹，可见一斑。从板书课题到学生读课题，不到一分钟的时间，就能判断出一位语文教师的语文素养、治学态度、教学基本功和平时教学的情形。如果是评优课，也基本上看到了他的教学走向和达到的层次。这一切仅仅需要一分钟。

五问：教师让学生拿出一支笔做好写字的准备。这时，你听吧！先是稀里哗啦，接着是喊里喀喳，使劲拍、砸铅笔盒的声音似乎要把铅笔盒拍扁、砸扁。如此不良习惯，为什么充耳不闻，视而不见？难道你不认为这是课堂的"噪音"，是学生不良的学习习惯吗？轻轻地打开铅笔盒，然后再轻轻地合上，不出"噪音"。培养学生良好的学习习惯，也是教师的责任。有了这样的学习习惯，学生就会有意识地"轻轻地关门""轻轻地走路"……

六问：学生的课本、作业本皱皱巴巴，要么掉了封皮，要么页角卷折，不少教师视而不见，习以为常。为什么不要求学生保持课本、作业本的整洁呢？课本、作业本掉了封皮，要让学生及时粘贴好；页角卷折，要教给学生如何把卷折处整理好……良好的学习习惯是一个人素养、修养的外在表现，教师有责任培养学生这种基本的学习习惯。

感慨：一个人的素养、修养是从小培养的，是从一点一滴做起的。教师的责任不只是传授知识，培养能力。从某种意义上讲，学习习惯的培养比"知识与能力"的教学还要重要。著名特级教师霍懋征的学生成年后，曾回忆说，霍老师专门教给他们如何折叠小手绢、使用小手绢，这种良好的习惯他一直保持。

七问：当学生对某一个字读得不正确时，为什么不用汉语拼音正音呢？有的字容易读错，仅仅口头纠正一下是不够的，应该把拼音写出来，这样学生能知道问题出在哪里。要让学生借助拼音进行拼读，直到读正确为止，不可轻易放过。须知：把每个字、每个词读到位，读好，是正确、流利、有感情地朗读的基础。

八问：在识字环节，为什么不指导学生写字呢？哪怕是两三个字。不少教师在进行识字教学的时候，只做识字的教学，不做写字的指导。原因是，教师要把写字安排在第二课时，怕一写字耽误课文的教学，影响评优课或公开课的教学效果，认为写字指导太费时间、太沉闷、不出彩。这种想法是明显的为"教师服务"，本末倒置。我们主张，在第一课时也要指导写字，可以把几个重点的字指导一下：有的字强调笔顺，有的字强调某一笔画，有的字强调结构等。这样可分散难点。

九问：在识字教学中，为什么平均用力、泛泛而教，看不出音、形、义的侧重呢？一篇课文中的生字，不是个个"生"，其中不少学生已经会读了。教师应该对一课的生字进行一定的分析解读，弄清哪个字的难点是字音，哪个字的难点是字形，哪个字的难点是字义，哪个字没有难点。教学时只教有"难点"的字，做到音、形、义各有侧重。

十问：学生写字姿势、执笔方法不对，在写作业时，本子歪斜着，教师为什么视而不见、习以为常、不管不问呢？学生的写字姿势、执笔方法不正确，可能不是你造成的（可能与学生上幼儿园时过早拿笔有关系），但是发现问题，及时纠正则是教师的责任。我们不能眼看着学生的"错误"愈演愈烈而不管不问。教师是园丁，当小树长出了歪杈，就要及时修剪，这是园丁的职责。

感慨：上述问题比较普遍。教师要么视而不见，习以为常，集体无意识；要么见而不管，管而不严，缺少责任心。在某种意义上，小学教师的工作更重要的是体现为一种责任。

十一问：朗读的要求是正确、流利、有感情，可是，为什么有些班级的学生朗读时要么小声小气，没有节奏、没有感情、没有底气，要么喊读，声嘶力竭、震耳欲聋（多见市区的学生），要么唱读，像小和尚念经（多见农村的学生）。对此，教师为什么不按要求、标准进行正确的指导、训练呢？朗读训练是阅读教学的基本任务。只要教师能够给予规范的范读，学生就可达到基本的要求。语文教师自身的朗读能力、水平应该像音乐教师唱歌、美术教师绘画那样，比一般的人高出一等。所以，作为语文教师，应该在备课时先备"朗读"，把一篇课文读到一定的水准。据说，著名特级教师于永正就特别注重自身的朗读水准，对有的课文曾朗读过50遍以上。

十二问：课堂上学生站起来发言，歪斜着身子，说话小声小气，吭吭哧哧，没有一点自信，对此，教师为什么视而不见，不进行纠正或提醒？我们希望看到学生在课堂上发言时，姿态端庄大方，充满自信，说话有条理。特别是到了高年级，学生应有种侃侃而谈的气象。这就需要教师平日进行长期的、有意识的训练。

十三问：给课文分段、归纳段意是有效的逻辑训练，可是，现在几乎所有教师的阅读教学不给课文分段，也不归纳段意了，这是为什么呢？在课改之前，我们的阅读教学曾课课分段，把给课文分段当成一个固定不变的教学环节，现在看来显然是不必要的。如今课课不分段了，也是不妥当的。我们知道，给课文划分段落是一种有效的逻辑思维训练，概括段意是一种概括、归纳能力的思维训练，也是必要的。所以，为了揣摩作者的写作思路，弄清文章脉络，把握课文的主要内容，不少课文还是需要进行划分段落的练习，需要进行概括段意的训练的，只是不必作为固定不变的教学环节，应根据课文的特点和学生学习的需要而定。

十四问：课堂上，为什么看不到学生做笔记了？以阅读教学为例，到了中高年级，应该让学生养成做课堂笔记的习惯，把学习的要点、同学发言的亮点等随手记下来，这样能提高学习的质量。俗话说"好记性不如烂笔头"，养成做笔记的习惯是学习的有效方式，需要教师有意识地进行培养。

十五问：看过不少教师给学生批改习作的批语，有的书写非常潦草，有的格式很不规范，如一段话开头不空两字格、不正确使用标点符号等，有的批语全是一些套话。这种不规范的做法，给学生的影响也是"潜移默化"的，教师自身做得不好，怎么"教育"或"教训"学生呢？

感慨：上述问题有的是"老生常谈"，有的是一些传统的做法，需要引起我们足够的重视。把小事、基本的事做到位，进而做好其他教育工作是教师责任，这比忙着"创新""改革"还重要。

十六问：课件用字为什么不使用教材上使用的宋体、楷体这两种字体，乱用其他字体？特别是呈现生字、课文句段的用字，应该按照教材上的用字。有的给学生呈现的生字、词语用黑体、隶书等字体，这不利于学生认读、书写。不要忘记我们面对的是小学生。

叮咛：上述十六个问题，可能你认为不是什么了不起的问题，我却认为这对于小学教学、对于小学生来说是一些"了不起"的问题。我们可以先别忙着进行什么"创新""改革"，先把这些"不起眼"的问题解决好，努力做一个认真负责、治学严谨、讲究规范、求真务实的小学语文教师。但愿有上述问题的教师能够从善如流，因为我希望你好，好得让我为你欣慰、骄傲。

（此文写于 2011 年 4 月 15 日）

课堂教学十六"怪"

针对教学中存在的种种问题，本人再以调侃的方式写一篇《课堂教学十六"怪"》，把那些"见怪不怪"的问题摆出来，引发大家的思考。如果说《课堂教学十六"无"》是讲课堂上"该有的没有"，那么《课堂教学十六"怪"》则是讲"该没有的有"。你说，现在的教学怪不怪？

一、戏说汉字称创新，构字规律遭破坏

在识字教学中，有的为了记住某字，让学生给某字编故事，学生便毫无根据、违背字理地胡编一通。对这种戏说汉字的做法，有的专家还赞之为创新思维。汉字有其构字规律，特点明显、内涵丰富。教学中应该借助有关的字让学生对汉字有所了解，感受汉字的魅力。特别是面对初学汉字的学生，教师应该让他们了解正确的知识。把戏说汉字的时间用在指导书写上更有意义。（当学生对汉字构字规律、特点有所了解之后，偶尔为之未尝不可，但要靠点谱）

二、识字变成"说字课"，书写指导撂一边

对于一课中的大部分生字，教师即便不教，学生也都已经认识了，所以认读不是教学的重点，只把个别字在读正确、读到位上强化一下即可。然而，在教学中，不少教师一遍一遍地让学生读。不仅如此，教师还一个字一个字地让学生说怎样记住，用什么方法记住，可谓不厌其烦。认读、记忆字形的时间几乎占据了整堂课，把识字教学变成了"说字课"，挤掉了比认读、记忆字形更重要的任务——书写指导。学生书写质量不高，写字姿势、执笔方法不对，教师却视而不见、见而不管、管而不严、严而不久，这些都需要引起深刻的反思。

教师指导书写，从观察分析字到练写再到检查、纠正、赏析，应步步落实。有些新笔画、新部件或易错的地方还需要教师一笔一笔地领写。在学生写字的时候，教师要不断地提醒，纠正错误的写字姿势、执笔方法等，这需要过程和时间。所以，指导书写比认读、记忆字形重要，应给予足够的重视。（不少识字教学的公开课，都把时间、精力用在认读上，图片、视频不断，一节课就写一个字做做样子。问其缘由，原来是怕指导写字"不出彩"，会冷场，影响评比结果。而青年教师又不解其中的"秘密"，便把这种非正常的做法用到了平日教学中，这就是公开课的负面影响和误导）

三、平均用力教生字，有所侧重不明白

识字教学有一条基本原则，即音、形、义要有所侧重地教，但是不少识字教学不是这样。并不是学生不会认读字音，只是个别字音读得不到位。即便是不认识，借助拼音也能自己认读。可是教师在教学中无视这一情况，常常是读了一遍又一遍，白白浪费学生的时间。原本学生对大部分字形不陌生，一看就能记住，只是对于个别字、易混的字需要特别注意一下，可是有些教师在教学中，几乎对于每个字都要让学生说说怎样记住，什么"换一换""加一加"，什么给某字编故事、编字谜等，说记住字的方法比记住字占用的时间还要多，岂不"买椟还珠"？还有，字义原本无须个个解释，只是对于比较特别的可通过组词、说句子、查字典、看图片等方式了解，对于大部分可结合课文理解。可是教学中图片、视频接连不断，不管学生熟悉不熟悉字义，几乎全都用图片、视频呈现，把识字课变成了图片展示课、视频观赏课。结果，关键的字音未必读准，易混易错处仍然不清楚，书写指导无暇顾及，真可谓喧宾夺主。这种平均用力、追求花样的识字教学，几乎相当于不教，收效甚微。

对于生字教学，教师的首要任务是对所教的生字进行一番认真的解读：哪个字是字音的问题，哪个字是字形的问题，哪个字是字义的问题，甚至哪个字是调号的问题，哪个字是笔顺的问题，哪个字是某一笔画、偏旁的问题，哪个字是新出现的偏旁、部件问题，哪些字没有问题。教师把这些弄清楚了，才能教在点子上。

四、字词教学是基础，偏说是为扫障碍

在阅读教学中，不少教师把字词教学说成是"扫清障碍"。言外之意，阅读教学中的字词教学不那么重要，无需花费太多的时间。结果是字词教学如蜻蜓点水，读读就完。实际上字词是构成句段的基础，也是课文朗读和理解的基础，不拿字词当回事，一定会直接影响朗读和理解。特别是有些课文在用词上很有特点，需要在学习课文之前对其有所了解。有些字词在读音上需要特别强调，有些生字在写法上需要特别提示，这些都应在字词教学中给予特别关注。

字词委屈地说："不知得罪谁了，非把俺说成是阅读的障碍不可。你说，没有俺能构成文章吗？不读准俺，不认清俺，不理解俺，不喜欢俺，能读好、读懂课文吗？再说，在俺字词家族里，各有各的特点，各有各的用法，就是同一个字词在不同的句段里还表达不同意思呢。这些你知道吗？干脆把俺扫地出门算了。"

教师无奈地说："把你称作阅读的'障碍'不是俺发明的，是俺听别的老师说的。别人说，俺也说，俺也没有动脑子想一想这种说法是否恰当。现在不都是人云亦云，只动耳不动脑吗？傻瓜才动脑子想想'为什么'呢。"

"不过，话又说回来了，俺也是没有办法。领导要来听课，有时还要参加优质课评比，如果在你身上用的时间多了，讲不完课文怎么办？再说，把时间、精力用在你身上又不能用音乐，不能煽情，不能出彩，评不上一等奖你负责吗？"

字词不解地问："难道你的那些领导、评委不知道教学不是看教师的表演而是看学生的收获和发展吗？不知道评课不是看花里胡哨的东西而是看教学的实效吗？"

五、学生正在书写忙，音乐无端响起来

在听课的时候，看到不少教师在学生默读或书写时，突然播放起音乐来。课下一问才明白，原来，是怕在学生书写或默读时冷场，影响评比结果，放点音乐添"热闹"。请问：难道教师不担心学生分心走神，欣赏起音乐忘了干正事吗？难道为了评比和追求花哨就可以违背常识和学习规律吗？这种"小把戏"难成大事。

六、唱读喊读非朗读，充耳震耳不入耳

朗读的标准是正确、流利、有感情，可是在听课时，常常听到的是：要么像小和尚念经似的唱读，要么扯着嗓子喊读。对这种不符合标准的朗读，教师却充耳不闻，习以为常，甚至还表扬学生读得"真流畅""真响亮"。

这样的教学究其原因：一是教师对朗读的标准根本不了解、不清楚，不知道什么是符合标准的朗读；二是教师自身根本不会朗读，好像从来没有真正朗读过。在这种种"不清楚、不知道"的情形下教学，那只有误人子弟还不自觉了。谁跟着这样的教师学习，那只有自认倒霉了。

七、正在阅读思考时，忽把生字写起来

最近听课又发现一种新现象：教学某篇课文，学生正在思考理解、讨论交流的时候，教师突然让学生停下来，拿出生字本指导学生写起生字来，写了一两个字之后再回到思考理解、讨论交流中。据说这种做法还是专家提倡的。

我们不管专家不专家，先认真思考一下这种做法是否合理，如果不合理，即便是专家提倡的也不一定要照着做。试想，当你正在很认真、很投入地做着一件事，突然被要求停下来，去做另外一件与正在做的事毫无关联的事，这是正常所为吗？比如正在进行大合唱，唱得正起劲，指挥者突然说："停！我们说段相声。"然后再继续大合唱。这样的做法非笑掉人们的大牙不可。所以，什么时候干什么事要合乎情理、顺理成章，"半路杀出个程咬金"的做法只能是非常态。学生正在学习课文的兴头上，教师突然让学生停下来写生字，然后再回到学习课文中，这种颠三倒四的做法很可能是两方面的学习相

互干扰，两败俱伤。（如果是所谓"随文识字"，其教学的基本方式是：初读课文时，侧重读准字音；学习课文时，侧重了解字义；学完课文时，指导书写）

八、课前交流非常态，平时上课变常态

平时上课原本是没有什么"课前交流"这样的教学环节的，可是听课时常常看到，不少教师在上课铃声响过之后，先进行一番交流，又是看视频，又是放音乐，又是讲故事等。根据所呈现的教学内容原以为已经在上课，可是令人不解的是，教师突然间停下来，说："上课！"这样的情景是已经正式上课了还是没有正式上课？如果说还没有正式上课，那上课铃响过之后的教学内容与下面所学的内容紧密相关呀；如果说已正式上课了，那为什么上课已五六分钟了，再起立，鞠躬问好呢？真让人"丈二和尚摸不到头脑"。

课下一了解，原来是跟着公开课学的，因为上公开课的教师都是先在课前交流一番，然后再正式上课。殊不知，公开课的所谓"课前交流"是有特别原因的。因为上公开课的教师与学生相互之间不熟悉，需要课前交流一下，拉近点距离。其做法一般不涉及教学内容，像是"拉家常"。这样既可以放松一下紧张的心情，也可以活跃一下课堂的气氛。这是课前交流的最初缘由。然而，一些"聪明"的教师在参加评优课的时候，为了把所教学的内容在规定的时间里完成，就"充分"利用起课前那几分钟，将有关的教学内容在课前交流时进行有目的的铺垫，将非常态的做法变成了"常态"的教学环节。我们的教师还"变本加厉"地把这种做法搬到平时的教学之中，其变异的脉络是：公开课，拉家常，非常态→评优课，为渗透，成病态→平常课，将病态变为常态——怪！（如果没有人听课，谁也不会劳神费力地设计这样的环节。为什么一有人听课就要这样做呢？其原因可能是：盲目追风赶时髦。又是公开课惹的祸）

九、不会思考不会说，不讲训练不应该

在听课中，常常看到不少学生不会思考问题，其回答要么很肤浅，要么说不到点子上，而且常常只言片语，甚至磕磕巴巴。到了高年级，仍然很少能看到学生有条有理、有根有据、层次清晰地侃侃而谈。为什么在五六年的学习中，教师提出了数以千计、万计的问题，学生仍然不会思考，不会表达？静心反思，其中一个很重要的原因是没有训练，特别是没有有意识、强化性的训练，教学只管教过，不管教对、教会、教好。如联系上下文理解词句的意思，推想词语的意思，借助中心句、过渡句把握主要内容，把一个问题分成几个要点表述出来等能力是需要借助所学习的课文进行训练的，甚至是需要专门、强化训练的。

本人认为，学习方法、能力、习惯不是自然而然地形成的，是需要教师在教学中有意识地培养、训练、指导的。教学一篇课文、一段话、一句话、一个词具有双重目的，或者说既是目的，又是手段。它的直接目的是读懂它、理解它、体会它、感悟它，它的间接目的就是在这个过程中要有意识地凭借它进行阅读方法、能力的训练。

例如，教师在教学《盘古开天地》一课时，可以这样设计对重点句段的理解：仔细阅读下面的句子，圈出其中表示动作的词语，并联系上下文说说你体会到了什么。

1. 他见周围一片漆黑，就抡起大斧头，朝眼前的黑暗猛劈过去。
2. 天地分开以后，盘古怕它们还会合在一起，就头顶着天，用脚使劲蹬着地。

方法提示：从（　　　　）和（　　　　）这两个词语中，我体会到……

再如，在总结课文的时候，就可以让学生运用下面的范式对课文的叙述脉络、写作方法、主要内容、阐述的道理、表达的情感，以及自己的感悟进行全息式总结。

《×××××》一课，按照……顺序或结构，采用了……写法。先写了……然后写了……最后写了……从中我们明白了……道理，体会到……情感。（我的感悟是……）

这样的训练，根据学习内容，提示学习方法，提供学习范式，使学生思有方向，学有方法，说有范式，学生的理解、概括、归纳的能力会得到有效的训练和提升。

十、思考练习成摆设，偏离目标路走歪

单元导语、课后思考题明明是让学生感受大自然的神奇，偏偏讲成一般的自然景观；明明是让学生体会字里行间所表达的情感，偏偏大段大段地煽情，一屏一屏的图片、视频不断，就是不让学生静心体会字里行间所隐含的思想情感；明明是让学生学习质疑问难，让学生仿照例子学习提出问题，偏偏不让学生提，教师自己提出一个个问题；明明是让学生进行比较阅读，偏偏还是让学生孤立地学习课文等。真是你"明明"，我"偏偏"。

教材在单元导语、文中提示语、课后思考题、学习园地中"我的发现"等文本要件中将学习的任务、重点、方法已经提示得很清楚了，但是，不少教师就是不看不管，看了也不明白、不思考、不解读，将这些体现编者设计意图的文本要件当成"聋子的耳朵——摆设"，不屑一顾，名曰：超越文本。结果是教学目标偏了也不自觉。

如果是一般教师也罢了，因为钻研教材、解读文本、把握编者意图需要一定的功力，让人不解的是那些名师也这样，不尊重教材，不拿编者的设计意图当回事，与编者背道而驰，让教材和学生为演绎、证明自己的教学风格服务，美其名曰：教语文不等于教教材。其表现是：使教学"自我化"，把玩花样、搞名堂、造风格、创流派看得比教材特点、编者意图、以学定教、学生发展更重要。

十一、课文句段变诗行，为玩花样胡乱改

记叙文与诗歌是两种完全不同的体裁，各有各的特点，各有各的讲究，不知是哪位"聪明"的教师，把课文中的某些句段硬生生地改成诗行的排列方式。这种主观臆断、不伦不类、追求花哨的"拉郎配"，如果让作者见了非把鼻子气歪了不可。

课文的某些句段是记叙或描写，有的语言很朴实，如果硬生生地排列成诗歌形式至少有三点不妥：一是违背了作者本意，特别是那些语言朴朴实实的句段（如《搭石》中写人们走搭石的句段），一旦改成诗行的排列形式，就会破坏原文的语言风格，有一种光着膀子扎领带的感觉。二是诗歌一般是押韵的，改成诗行的句段不押韵，这会给小学生一种误导，认为诗歌不是押韵的。而且诗句一般是经过锤炼的，与普通的语句不同，如果将一般的语句改成诗行的形式，会使学生认为随便什么语句都可以成为诗句，这就误导了学生对诗的认识。三是影响有效朗读。读句段与读诗句在朗读时的停顿、重音有所不同，如果按诗句读，肯定不符合原文本意。特别是被改成诗行的句段，有的有标点，有的把标点去掉了，怎样读也读不出原文的意味了。

真不明白这种"玫瑰花和金钻石来一次马马虎虎的接吻方式（黑格尔语）"好在哪里。不客气地说，这只是玩花样、小把戏，实在不值得效仿。

十二、文章本无断裂处，内容形式硬分开

有的教师教学某篇课文时进行同课异构，采取第一节"以阅读为本位"，第二节"以写作为本位"的方式。对这一违背阅读教学基本规律的教学，有的杂志还誉之为"在思维的断裂处，我们分明感受到一种巨大的张力，看到一种惊世的美丽"。

我们知道，一篇文章是内容与形式的统一体，就像人的手，手心手背根本不存在什么断裂处。正如王尚文教授在他的《言语形式四题》一文中所讲的那样："我们人类有能力开出一条巴拿马运河把美洲分成南北两个部分，却没有方法把一篇言语作品的内容与形式给分割开来。两者天然地统一在一起，谁也离不开谁，谁也不能没有谁。"

再者，小学阅读教学的基本任务是：一要理解课文的思想内容，体会思想感情；二要推敲语言，品评词句，领会表达；三要渗透、学习或运用阅读方法。理解、感悟、体会课文的思想内容和情感，必然离不开品评词句、推敲语言，不然就理解、感悟、体会得很肤浅，很空泛；品评词句，推敲语言，领会表达自然离不开思想内容、情感，不然就没有了依据，成无源之水。教师在教学中，无论是从理解、感悟思想内容的角度入手，还是从领会语言表达的角度入手，都是不可能将思想内容与语言形式剥离开的，这是阅读教学的基本常识。

由此，把一篇课文人为地分解成"以理解为本位""以写作为本位"，制造断裂，是不符合阅读教学基本规律的。如果这一命题成立，会把一篇课文的教学误当成"两张皮"，那将改变阅读教学的特点。王尚文教授在《小学语文教学》2011年第六期卷首语中，专门就此问题提出质疑、忠告："语文教学不能以写作为本位，否则，我们就有可能误入新的歧途。"

十三、课堂语言诗意化，自我陶醉显口才

近几年来，在一些观摩课上兴起一种煽情之风，即教师像背台词似的说

一些诗意般的语言，可谓妙语连珠且"满怀激情"，再加上音乐烘托，把语文课上得很"好看"、很热闹，显得教师很有才。这种游离于课文之外的诗意的语言，可能会增添观摩课即兴的舞台效果，但是在实际的教学中却弊多利少：一是削弱学生自己对语言文字的体味、揣摩与感悟；二是重意煽情，得"意"忘"形"，将阅读教学停留在理解内容层面上，不能走到语言表达层面中；三是不利于学生进行深层次的思考，在教师诗意语言和激情的渲染中，学生的听取代了思想、思考，那些妙语连珠、排比连用、充满诗意的语言，很容易把小学生们说得云里雾里；四是掩盖了学生在学习过程中生成的问题、矛盾，教学顺顺当当、"情意浓浓"，不利于学生思维向纵深发展；五是教师在煽情时尽情地挥洒、抒发，而学生当听众或配角，从根本上失去了教学的意义，与当今大力倡导的自主、合作、探究的学习方式背道而驰。

再者，教师不把主要精力、智慧用在如何促进学生透过语言文字进行深层次的思考上，不把着力点用在让学生品味语言文字的滋味和感受语言文字的力量、魅力上，不把心思用在有意识地引发矛盾、解决问题上，而是用在绞尽脑汁地编制一些充满激情、诗意的语言上，用在编织一些"优美的废话"上，然后在课堂上尽情挥洒、抒发，这不是本末倒置、得不偿失吗？（如果能让学生用诗意的语言在课堂上尽情地挥洒，那才叫水平）

十四、有些名师太显摆，三尺讲台当舞台

本人特别关注了颇受青年教师追捧的几位名师的教学。他们有一个共同之处：课堂上特别强势、抢眼，为了讨好听课教师，不使听课教师感到"寂寞"，不使会场"冷场"，把课堂当成展示自己才艺、显摆口才的舞台，可谓风光无限且自我感觉良好。有的干脆自诩说："看我的课就像看美国大片。"有的专家还特别赞赏，说："某某教师的课很有舞台效果。"

当有人对这种怪象提出质疑时，人家还反驳说："我这是上公开课呀。"言外之意，公开课就是表演课，就是要舞台效果，能吸引观众。在这种思想的主导下，有的名师不惜以牺牲学生为代价，忽悠调侃学生，以学生的"愚钝"衬托教师的"智慧"，换来了听课教师的一阵阵笑声；有的名师特别善于煽情，用诗意的语言尽情挥洒，显得教师很有文采，换来听课教师一阵阵掌声。多少刊物上刊登的名师教学实录，都特别注明此处有"笑声"，此处有

"掌声"。

这就使人又糊涂了，课堂究竟是学生展示的舞台，还是教师表演的舞台？如果教师太强势、抢眼了，那学生肯定是弱势。如果教师给你留下的感觉强烈，学生没有给你留下什么印象，那么，这样的课无论多么"好看"，多么有舞台效果，都是失败的。因为教学不是看教师在课堂上的表现、表演，而是看在教师的引领下，学生的变化、发展。

十五、教学目标成虚设，教学之时不搭界

先从教学目标的确立来看：一是笼统模糊，如"有感情地朗读课文"，这里的感情是赞赏的还是愤怒的，目标里没有，教学时模糊不清，也不好评价；二是分类不当，知识、方法和能力没有进行目标分类；三是逻辑混乱，一般地说，在对目标进行分类之后，应该按照一定的逻辑顺序进行排列，不可颠三倒四。另外，还有三维目标缺项、与单元目标脱节、要求过高、表述的主体不是学生等问题。

尤其让人感到奇怪的是教学目标形同虚设，与教学设计和教学实施不搭界。目标是目标，教学是教学，教学目标仅仅成了写在教案上的一种格式规范，教学时目标成了摆设。

教学目标是预设的教学结果，是教什么和教到什么程度的问题。教学目标应该是在熟悉学段目标的前提下，在对编者意图的把握、教材解读、学情分析的基础上确立的。教学目标一旦确立，就对教学内容的选择，教学方法、过程的设计，实施和教学评价有了决定、统领、导向、问心、制约、可控的作用。

十六、为了准备公开课，电脑面前忙下载

上述十五"怪"不少是由公开课的误导造成的，有些是被新潮名师误导造成的，这是客观原因，更让人担忧和无奈的是主观原因：现在不少教师已经不重视钻研教材了，基本上是依靠网络备课，把网络上现成的教案下载下来进行拼凑组合，用电脑代替了会思考的头脑。某些教师一听说上公开课，或领导要听课，那就忙起来了，忙着下载教案、视频、图片、音乐等材料，就是不静下心来潜心钻研教材。还迷信网络上的设计，不管对错，拿来就用：

人家煽情，俺也煽情；人家把句段改成诗行排列，俺也改成诗行排列；人家滥用图片、视频，俺也滥用图片、视频；人家把教材理解错了，俺也理解错了。

网络是把双刃剑，用得好可以帮助备课，用得不好则误己。如果放弃钻研教材，走"捷径"，很可能变成下面这样：一年上网不愿动脑，两年上网不会思考，三年上网呆头呆脑。钻研教材是教师的天职。教师要花足够的时间、精力和动一番脑筋去细读、解读、研读教材，经历"懂、透、化"的三重境界，不然学错讲错了还不知道呢。青年教师为了自己的专业发展（不是为了领导或检查），一定要钻研、吃透教材，练就独立钻研、吃透教材的本事，有了这样的本事就可以"行走江湖，天下无敌"。诗云：

上述十六"怪"，迷乱小语界。见怪已不怪，让人难理解。

如你也这样，劝君改一改。课标是航标，莫把路走歪。

诸君多思量，无需再徘徊。但愿深反思，阔步朝前迈。

（此文发表于《小学语文教师》2012年第5期）

课堂教学十六"闹"

为什么我的眼里常含泪水？
因为我对这土地爱得深沉……

——艾青

下面种种离谱胡闹的教学，偏离了语文教学的正确轨道，是披着语文教学的外衣，没干语文教学的事。然而，由于有些教学出自一些新潮名师，不少青年教师便频频效仿，以为很时髦，很新颖，很出彩。我们要揭去这种教学华丽的面纱、花哨的外衣，认清其真面目，不要再以讹传讹了。

一、闹剧表演

课例：有的教师教学《猫》一课中的"它还会丰富多腔地叫唤，长短不同，粗细各异，变化多端"一句时，采用了表演的方式。教师先提出要求：这一行学猫长腔的叫声，那一行学猫短腔的叫声；这一行学猫粗腔的叫声，那一行学猫细腔的叫声……然后教师戴上一幅黑框老花眼镜，扮演老舍先生，手持不锈钢教杆，像乐队的指挥一样，让学生按照指挥棒的指点、节奏学起猫的叫声。学生根本不知道猫的这些叫声都是怎样的，也不听从老师指挥。全班的"猫们"乱学、乱叫一团，学生也觉得此景滑稽可笑。"猫叫声"、笑声交织在一起，把"表演"弄成了一场闹剧。

点评：表演作为一种情境教学的方式不是不可以采用，但必须考虑以下三个条件。一是是不是教学重点。一般地说，表演应安排在教学的重点之处，否则就是浪费时间。《猫》一课教学的重点在对猫性格古怪的描写和对猫的喜爱之情，而弄清猫怎样叫并不是重点。二是有没有必要。就阅读教学而言，更多的需要是理解、体会、品味、感悟语言文字的内涵、情感，真正需要、适合表演的地方不是很多，应该慎用。三是能不能做到。表演是需要一定的条件的，即学生能够做到。本课例让学生学猫长短、粗细不同的叫声，并要求有一定的起伏、节奏，是不容易做到的，哪怕用一节课也是难以学会的。所以，阅读课上的表演如果盲目追求"花哨"，不考虑以上这三个条件，只能是一场滑稽可笑的"闹剧"。

二、过度发挥

课例：有的教师教学《圆明园的毁灭》一课时，为学生提供了这样一段资料：为英法联军带路到圆明园的人是我国著名的爱国诗人龚自珍的儿子……在英法联军火烧圆明园之后，周围村庄的老百姓便趁火打劫，哄抢了圆明园的珍宝，比英法联军抢的还要多……然后让学生结合这段资料谈体会。

点评：执教者提供的这段资料可能是真实的，但是对学生学习《圆明园的毁灭》一课形成了很大的误导。本文的写作目的是谴责英法侵略者的强盗行径，表达对圆明园毁灭的无比惋惜之情，旨在激发人们不忘国耻、振兴民族的爱国之情。教师提供的资料很容易使学生走入误区：把对英法联军的愤怒之情转移到中华民族的败类身上。这就与作者的写作目的和编者的意图背道而驰。

所以，这种游离文本的过度拓展，不利于学生思考和把握作者意图，只会起到误导作用，搅乱学生的正常思维。

三、无端想象

课例：教学《普罗米修斯》一课时，教师讲到普罗米修斯在承受鹫鹰啄食肝脏的"最严厉的惩罚"之后，提问："同学们想象一下，普罗米修斯还会受到怎样的惩罚？"有的学生说："受到乱箭穿心的惩罚。"有的学生说："受到五马分尸的惩罚。"

点评：普罗米修斯承受鹫鹰反复啄食肝脏的惩罚已经是"最严厉的惩罚"，为什么还要学生想象普罗米修斯所承受的其他惩罚呢？难道宙斯的这种惩罚还不够狠毒、残忍吗？这样引发学生想象，可能是为了突出普罗米修斯为了人类宁死不屈、甘愿献身的英雄精神。但是，教师没有弄明白这种惩罚已是最严厉的惩罚了，也没有认识到这种惩罚的残忍性。而且这样一引导，学生思考的重点不再是普罗米修斯承受的痛苦和表现出的为了人类宁死不屈、甘愿献身的英雄精神了，而是还有什么更残酷的惩罚。

四、牵强附会

课例：教学《枫桥夜泊》一诗时，教师启发道："就在这个时候，你听（钟声响起）一声、一声，又是一声，寒山寺的夜半钟声穿过枫林贴着水面，来到了客船之上，传到了张继的耳边，仿佛在对张继说……"让学生继续往后写。教师还提示学生："此时此刻，你就是钟声，你就是寒山寺的夜半钟声，你来到客船之上，你在愁眠的张继耳边款款地、深情地对他说……"

学生展开想象，有的说："张继啊，张继，你听到我这美妙的钟声，也许可以将那烦恼丢到九霄云外去了吧。"有的说："张继啊，张继，睡吧，睡吧，好好睡吧。"有的说："张继啊，张继，你怀才不遇，可千万别泄气啊……"

点评：这种牵强附会的戏说古诗，如果不是教师有意为之，人们无论如何也不会从钟声里读出安慰、劝勉、激励、唤醒等诗意。其实，钟声作为一种意象，同"月落""乌啼""渔火"等一样在表达着诗人的愁绪，实在不是钟声对张继说什么。恰恰相反，是诗人在借钟声"说话"：夜更静谧、深沉、凝重，"我"更加难以入眠，可谓愁上加愁。钟声是诗人自己写的，怎么会再让钟声安慰、劝勉、激励自己？再者，钟声在诗中的作用是衬托，它的出现使夜晚更加静谧、深沉，加重了诗人的愁情，与其他意象一起共同营造着诗的意境，起到了更为特别的作用。如果没有了钟声，如果不是诗人让钟声表达情思，这首千古绝唱会失去一半的美。

所以，教师把这主观臆断的"感受"强加给诗人，不仅破坏了诗的美，还误导了学生。注意：在误导的情况下，教师妙语连珠，教学方法越新潮花哨，学生被误导的程度就越深。

五、偏离目标

课例：教学《掌声》一课时，教师在拓展的环节伴随着音乐，展示了张海迪坐在轮椅上的照片，提供了海伦·凯勒的有关文字资料，并满怀激情地总结道："张海迪、海伦·凯勒都像课文中的英子一样身体残缺。但是，她们都身残志坚，没有被人生的不幸和磨难压倒……"

点评：《掌声》一课所在的单元导语中明明是讲"怎样去爱别人，献出自己的爱"。课文中得过小儿麻痹症、腿脚落下残疾的英子在同学们一次次掌声中体会到了真情与爱心，由自卑变得自信。这样的课文主题原本与"身残志坚"毫无关系。可是教师游离文本，抓住英子的身体残疾就联系到身残志坚，把体会人间真情、激发爱心的教学目标引导、落脚到感悟"身残志坚"上。这种与单元专题、课文主题背道而驰的教学，不正在误人子弟吗？究其原因，就是教师没有从单元、课文的整体意义上细读、深思，是一种"只见树木、不见森林"的片面、孤立的思维和思想方法在作祟。

六、催泪煽情

课例：教学《荔枝》一课，教师在总结课文时一边播放着满文军的《懂你》，一边满怀激情地描述道："作家肖复兴是幸运的，沐浴着幸福的母爱；肖复兴又是遗憾的，他感激母亲对自己的爱，对自己没能在母亲生前理解她而深深内疚。母爱是人间最伟大、最无私的一种情感，遗憾的是许多人在拥有它时没有发觉。我们生活中的点点滴滴都来自这种爱，也许是卧在碗里的荷包蛋，也许是下雨天送来的一把雨伞，也许是一次次上学前的叮咛，也许是一个期待的眼神，也许是一句句鼓励的话语……满文军的一首《懂你》的歌就把这种感受浓缩在里面了。"

教学随着"是不是春花秋月无情，春去秋来你的爱已无声，把爱全给了我，把世界给了我……"的音乐旋律结束。

点评：表面上看，这样的教学情意浓浓，教师文采飞扬，很有"舞台效果"，学生可能也会被教师的煽情和音乐渲染感染。但是，从教学的根本目的和语文训练及学生的发展来看，这是一段"优美的废话"。教师在大段煽情，尽情挥洒，学生只是在当听众，在配合教师的"激情表演"，并没有得到训练和发展。教师大段的描述煽情，挤占了学生发展的空间。如果让学生自己进行总结，教师可以提供一种范式，让学生根据对课文的感悟填写：

肖复兴是幸运的，他幸运的是_____；

肖复兴是遗憾的，他遗憾的是_____。

母爱也许是卧在碗里的荷包蛋，也许是_____，也许是_____，也许是_____……

当学生填写完之后，选出比较好的答案，配上满文军的《懂你》，进行声情并茂的描述。这样做，学生是课堂的主角，得到了训练和发展。

七、生搬硬套

课例：有的教师教学《我的伯父鲁迅先生》一课时，以课文第一自然段的"我呆呆地望着来来往往吊唁的人，想到我永远见不到伯父的面了，听不到他的声音了，也得不到他的爱抚了，泪珠就一滴一滴地掉下来"为主线，将全文串联起来引导："这么好的伯父，对周晔这么关心……可是，伯父逝世了，从此以后，周晔再也得不到伯父的爱抚了，望着伯父的遗体，她怎么能不难过呢？让我们来读这一段话，我想，你们的体会一定与刚才又不同……"（学生朗读那段话后，谈体会）在学习"笑谈碰壁"这件事后，又激发学生："鲁迅先生多么富有斗争精神……可是鲁迅先生逝世了。从此以后，周晔再也听不到他的声音了……"（学生再次朗读那段话，再谈体会）在学习"救助车夫"这件事后，再激发学生："……从此以后，周晔再也见不到伯父的面了。想到这里，她的心情怎么能不万分悲痛呢？读了这个故事，我们回过头来再一次读这一段话，用你们的心去体会。"

点评：课文中四个事例的教学都是：学习一个事例→教师激情渲染→学生回读第一段话→谈体会。这种把课文固定在一个套路里的教学至少有三个问题需要讨论。

一是这是一篇回忆性文章，是作者在十几年后写的。事隔这么多年，当作者回忆起伯父鲁迅先生时，有一定悲痛的成分，但是无论是从课文主体部分看还是从常理上看，作者的情感更突出、更重要的是一种追思、怀念、敬仰之情。如果把情感主线集中、定位在"悲痛"上，既不符合作者写这篇文章的本意，也不符合课文主体部分所流露出的思想感情，还不符合常理，是对课文情感把握的误导。

二是作者写这篇回忆性文章的主要目的是怀念伯父鲁迅先生，表达作者的敬仰、赞扬之情，让读者通过亲属的眼睛去认识鲁迅、了解鲁迅。如果把作者的情感作为主线，那么这条主线上的"珍珠"，就是课文中"谈《水浒传》""笑谈碰壁"等事例所反映出的鲁迅先生的崇高精神、高尚品质。教学中，是强化"主线"还是强化"珍珠"，这似乎不言而喻。可是，教师显然是强化了"主线"（而且是被误导了的主线），让学生一次次回读第一段，一次次强化"悲痛"的情感。在这样的教学中，学生感受到的还是鲁迅先生的人格魅力、崇高精神、高尚品质吗？这是教学主攻方向的错位。

三是就学生所产生的情感而言，也是值得商榷的。且不说情感把握的误导，即便流露出的是"悲痛情感"，这种情感是依靠什么流露的？是靠外力催化、人为强化，还是学生从字里行间切身体会到？如果不是引导学生从课文的字里行间体会出，而是单纯依靠外力的催化而产生，即使被催得"泪流满面"，又有多少意义？

八、游离文本

课例：有的教师教学《威尼斯的小艇》一课时，在学生学习课文的过程中，提供了大量有关威尼斯和苏州的建筑，河道，桥梁的图片、文字、数据等资料，让学生分组合作学习，借助这些资料来体会威尼斯这座城市的独特风情。

点评：这样的教学全然不顾课文内容，全然不顾教材所规定的教学重点。课文讲的是威尼斯小艇的特点、船夫驾驶技术的娴熟、小艇与威尼斯人们的密切关系。教学的重点是在了解异域风情的基础上，揣摩作者是怎样写出风情特点的。学习本课的关键是在学习威尼斯小艇的特点、船夫驾驶技术的娴熟、小艇与威尼斯人们的密切关系等内容的过程中，揣摩作者是怎样写的。如果无视这样的教材规定，另起炉灶，把教学的着力点集中在各种资料的对比学习上，最多只是了解了威尼斯的风情特点，没有完成揣摩写法的主要任务。这种把教学的主攻方向弃之一边，另起炉灶的教学，游离文本，与编者意图背道而驰，是"超越文本"的理念在作祟。

九、流于形式

课例：有的教师教学《一夜的工作》中描写周总理审阅文件的段落时，描述了四种情境，以此引领朗读：

师：夜幕降临，华灯初上，我们敬爱的周恩来总理坐在那张写字台前，拿出今天晚上审阅的第一份文件。只见他——（学生齐读"他一句一句地审阅……"学生像小和尚念经似的齐读，基本没有什么抑扬顿挫）

师：夜幕降临，很静很静，只听见时钟在滴答滴答，周总理审阅着重要文件。只见他——（学生再读这一句段，语气、情感与第一次读的没有什么区别，也没有看出被教师诗意般的语言所感染）

师：人们早已进入了甜美的梦乡，我们的周总理依然审阅着文件，只见他——（学生第三次读这一句段，仍然没有什么发展变化）

师：夜色阑珊，东方发白，周总理揉了揉疲惫的眼睛，拿出今天晚上他要审阅的最后一份文件，只见他——（学生第四次读这一句段，语气、情感与第一次读的一样）

点评：表面上看，这种方式很新颖，很有诗意。但实际上，这种方式流于形式，使教学走了一个华丽的过场，让学生为教师的精心设计和文采当了配角，白白浪费了时间和精力。理由有三。

一是从字面看，这段话是写周总理的工作很辛苦、繁重，这一点学生不难理解。关键是字里行间流露出的作者对周总理的崇敬、赞美之情，这是学生意识不到的。朗读的关键是指导学生读出文字内含的这种情感。如果不把着力点用在这里，学生没有体会到作者流露的这种情感，这种"排比式朗读"有什么实际价值呢？

二是在阅读教学中，教师怎样激发学生的情感？是着力引导学生从字里行间体会，哪怕是一字、一词，还是靠外力煽情？显然，教师是在用诗意般的描述、煽情来激发学生。这种依靠外力煽情的教学违背了阅读教学的基本常识，除了显得教师本人很有文采、设计"巧妙"之外，并没有教学的实际意义。

三是无论什么教学方式，无论教师多么有文采，最终要看学生是否得到发展与提升。从教学的情形看，学生在教师诗意般的情境引领下，四次朗读的语气、语调、情感基本没有什么发展变化，而且第一遍就读得不够好。教师却充耳不闻、视而不见，仍自我陶醉地一次次描述着精心设计的情境，学生却并没有得到实质性的指导与发展。我们不仅要问：教师为什么不把功夫用在指导学生读好一字一句或者关键字句上呢？也许是这样教不出彩，也许是缺乏指导的意识或内功，不得而知。

十、节外生枝

课例：有的教师教学《卖木雕的少年》一课，在讲到那位少年将一个拳头大小的小象墩送到作者的手里时，让学生想象：那位少年是怎样找到小象墩的？学生便乱想乱说一通。有的说："他回到家里赶快制作一个小的象墩。"有的说："他到别的商家那里买了一个小象墩。"有的说："他回到家里翻箱倒柜找到了一个小象墩。"

点评：教师让学生想象那位少年是怎样找到小象墩的，抓住一个根本不需要引申发挥的地方大做文章，这就有点节外生枝了。因为比想象怎样找到小象墩更重要的是研读那位少年为什么跑到"我"住的宾馆专门等候，送给"我"这个小象墩，而且不收钱。这一个个出乎意料的情形是特别值得研读的。教学时可以结合相关的背景资料（中国对非洲基础建设、医疗等多年的无偿援助），让学生明白非洲少年这样做的原因，体会非洲少年对中国人民的友好情谊，这才是需要研读、深究的地方。

十一、误读跑偏

课例：有的教师教学《一面五星红旗》一课，在导入课文时，先是做课件展示：升旗仪式和刘翔获世界冠军后擎着国旗狂奔。然后引领学生一遍遍齐声地、自豪地呼唤——五星红旗。

在学习课文时，教师提出：这节课，我们重点研究中国留学生。让学生找出体现中国留学生对五星红旗无比尊重、爱惜、爱护的语句，体会这样写的好处。然后，让学生找出描写中国留学生言行表现的语句，体会其对国旗的尊重，对祖国的热爱。还让学生按照"五星红旗是（　　　　），我决不能（　　　　）""远离祖国的人，没有了五星红旗，就好像（　　　　），我决不能（　　　　）"等句式写一写，说一说。最后全场起立，课件展示并齐唱

《红旗飘飘》。

点评：这样的教学误读了文本，偏离了教学目标，可谓南辕北辙。理由有四。

一是本单元的人文专题是国际理解和友好。教学的重点是感受各国人民之间的友好情谊。这一课的教学重点和目标应该是引导学生体会中国留学生的爱国精神是如何感动了那位外国面包店老板，使面包店老板对待"我"的态度发生了变化。也就是说，中国留学生的爱国情怀是这件事情本身的"因"，而事情的"果"则是赢得面包店老板对"我"的理解、尊重和敬佩，是超越国界的友好情谊。

二是本课主要有两个思考题：一是"我们来画出描写面包店老板态度变化的句子，讨论讨论为什么会有这样的变化"；二是"我想对那个面包店老板说……"这两个思考题都是侧重于研读面包店老板态度变化的原因和结果。如果只是研读中国留学生的爱国情结，学生感悟到的还是本单元和本课的主题吗？

三是本文是以"我"的角度来写的，可以看作"我"的经历。"我"写这篇文章的目的是在赞美"我"的爱国情怀吗？显然不是。"我"是在感激那个曾无偿救助过"我"的面包店老板，"我"在赞美面包店老板的那种超越国界的友好情意，这才是本文的写作意图。

四是本课有两个需要理解的内容和线索：一是写"我"的言行表现和爱国情怀，二是写面包店老板态度的变化以及所产生的结果。第一个方面学生不难理解，一读课文就能感受到，不应是教学的重点所在。第二个方面才是感悟课文主题的关键之处，非常需要教师的着力引导，悉心点拨。

由此可知，如果"教什么"错了，方向偏了，不管多好的教学设计和方法（音乐、视频等），也都毫无意义。

十二、浮浅空泛

课例：有的教师教学《将相和》一课，教"完璧归赵"时，只讲一个"撞"字，让学生从中体会蔺相如的有勇有谋；讲"渑池之会"时，只讲一个"拼"字，让学生从中体会蔺相如的勇敢；讲"负荆请罪"时，只讲一个"让"字，让学生从中体会蔺相如的顾全大局。一篇长课文只用了三十多分钟就教完了。

点评：这样的教学，着力点很突出，但是过于浮浅、空泛、简单。以"完璧归赵"为例：在国家危难之际，别的大臣都没有敢主动去会秦王的，蔺相如一介布衣却毫不犹豫地担当此任，这说明什么？"蔺相如想了一会儿"就敢保证一定把璧送回来，这又说明了什么？蔺相如举起和氏璧是真撞还是假撞？如果是真撞，怎能确保完璧归赵呢？如果是假撞，他不怕秦王看出来吗？这些问题是需要研究的。单讲一个"撞"字，怎么能感受到蔺相如这个人物形象的丰满？

十三、断章取义

课例：有的教师教学《地震中的父与子》一课中反复出现的"不论发生什么，我总会跟你在一起"这句话时，让学生从中体会父亲是怎样坚守、实现诺言的，让学生感到父亲不顾一切的坚持、努力是为了坚守、实现自己的诺言。

点评：这种断章取义的引导与解读着实使"父爱如山"的伟大情怀大打折扣。怎样解读"不论发生什么，我总会跟你在一起"这句话的真正含义？从父亲的角度说，因为我是你父亲，我有义务和责任爱护你、保护你，我要成为你的精神支柱、保护伞；从儿子的角度说，父亲会永远爱护我、保护我，因为是父亲，所以他的话是永远值得信赖的。这句话不是父亲对儿子的承诺，而是真情表白，是对儿子的一种精神上的鼓励和支撑，体现的是父与子之间的血脉亲情。特别是在儿子遭遇困境时，想到父亲的这句话，就浑身充满了力量和希望。课文中反复出现这句话，不是说明父亲在坚守诺言，实现诺言，而是连接父与子的精神支柱，是血脉亲情的力量在支撑着父与子。我们从中体会到的是血脉亲情的巨大力量，是父爱如山和儿子对父亲的信赖。试问：如果父亲不说"不论发生什么，我总会跟你在一起"这句话，难道就不去救他的儿子了吗？

十四、喧宾夺主

课例：有的教师教学《画家与牧童》一课时，大讲特讲在场的人们对戴嵩高超画技的赞美，提出问题：当《斗牛图》很快画好之后，还有哪些人赞扬戴嵩画技高超？他们又会说些什么？让学生仿照"画得太像了，画得太像了"的句式想象。有的学生说："画得太好，画得太好了……"有的说："画得太妙了，画得太妙了……"有的说："画得真有水平呀，画得真有水平呀……"然后教师又配上音乐反复朗读这一部分内容。而戴嵩是如何向牧童请教的部分就做简单处理，草草收场了。

点评：这篇课文主要写了两部分内容，一是写戴嵩画《斗牛图》及在场人们对他的赞扬；二是写牧童指出错误后，戴嵩非常虚心地向牧童请教。课文的重点不是前者而是后者，前者的描述是为后者做铺垫的。学习的重点和关键是戴嵩这位大画家是如何向牧童请教的，即从戴嵩和蔼的态度、"小兄弟"的称呼、谦逊的话语、惭愧的心情，以及"连连拱手"的动作等，体会戴嵩的谦和、谦逊的态度和品质，还有牧童的率真。如果大讲特讲人们对戴嵩高超画技的赞美，略讲戴嵩的谦逊和牧童的率真，岂不喧宾夺主？

十五、无味调侃

课例：教学《与象共舞》一课时，教师在板书课题，加注略读课文的符号"＊"之后：

师：《与象共舞》是一篇略读课文，知道这个符号的意思吗？

生：不知道。

师：猜猜！

生：我猜这是非常重要的意思。（笑声）

师：有道理。

生：我猜这是阅读的课文。

师：不好意思，老师吐字不清楚，影响了你们的听讲。告诉你们，是略读的课文，"大略"的"略"，"粗略"的"略"。

点评：带"＊"的是略读课文，这在三年级上册的教材中已明确标注，原本不是什么问题，无须提及。但是，教师为了即兴的舞台效果，或取悦台下的观摩教师，赢得"全场的笑声"，便不惜牺牲学生的"尊严"，用故弄玄虚、引鱼上钩的方式调侃学生，以衬托、证明教师的"聪慧"。原本毫无意义的问题，经过教师精心设计，就变得很有"意思"，获得了全场的"笑声"，着实满足了教师的浪漫情怀，实出了其追求的舞台效果。这种灰色"幽默"，实在让人怀疑执教者的用心。

十六、无视学情

课例：教学《与象共舞》一课时，有的教师先让学生画出第一、二段的第一句，再让学生发现这两句中"藏着一个诀窍"，然后告诉学生："……这一句就是这一段的中心句，而这一段的中心句，正好概括了这一段的段落大意。这就是你们刚才发现的诀窍。用这个诀窍再去看一看下面的三个自然段，看你能不能很快地概括下一段的段落大意。"

点评：这是一种几乎从零点起步的教学。这样的教学，把学生定位"一无所知"，不符合学生的认知水平。实际上总起句的名称、特点及作用，学生在人教版小学语文三年级上册《秋天的雨》中已经有所接触，对于五年级下学期的学生来说早已不是什么新知识，完全可以放手让学生自己发现，自觉自主地运用总起句的知识去概括段意，把握课文的主要内容。无视学情，不考虑学生是在什么起点上学习，不关注知识的迁移，不顾及相互联系、螺旋上升的目标体系，是教学效率低下的原因之一。

（此文的部分内容发表于《小学语文教师》2012年第9期）

小学语文教学的十个"小误区"

不少教师由于对"语文课程标准"不熟知,对教学规范不了解,加之没有对教材进行细读、解读、研读,没有掌握基本的教学规律、方法等,在教学中经常出现一些错误的做法,而且不以为错,习以为常。看到这些教学中出现的现象,本人责任所至,把这些"习以为常"的错误做法归纳为语文教学的十个误区,以敬告同人。

误区一: 当学生读错了某个字音时,教师不是用汉语拼音正音,而是简单地告诉学生应该怎样读。其结果是学生印象不深,仍然一错再错。如"势不可当"的"当",学生读成 dǎng,教师只是简单地纠正说:"不读 dǎng,读 dāng。"学生由于印象不深,再读时仍然读成 dǎng。

正确的做法:把这个字的读音写到黑板上,进行拼读:当——dāng——势不可当(dāng)。这样做,学生看得见、听得清、记得牢(眼、耳、嘴并用)。切记:容易读错的字,一定要运用汉语拼音正音,一定要把正确的读音写在黑板上。

误区二: 在记忆字形时,对所学的十几个生字,几乎每个字都让学生用"加一加""减一减""换一换"的方法说说怎样记住这个字,把识字教学变成不厌其烦的说字教学。如教"刘"字,让学生用"加一加"的方法:"'文'加上'利刀旁',就是'刘'。"教"欠"字,让学生用减一减的方法："'吹风'的'吹',去掉'口字旁'就是'欠'。"其实"刘""欠",不难记忆,一眼就能识记,为何浪费时间在那里说来说去呢?

正确的做法:"加一加""减一减""换一换"是利用熟字学习生字的方法,一般应运用于学习那些容易混淆的或比较难识记的生字,没有必要对所学的每个字都运用这种方法。如学生已会认"访"字,在学习"纺"字时,可以运用"换一换"的方法记忆字形。其实,在所学的生字中,学生对于大部分都不难记忆,有的一眼就能识记,无需运用这些识字方法。

误区三:在识字教学中,经常看到不少教师为学生出示某些字从甲骨文、金文到篆书、隶书、楷书等的演变过程,意在让学生了解这个字是怎样演变的及汉字文化,大概也想增强学生的识字兴趣。殊不知,这样的教学削弱了对本课生字的认知,喧宾夺主、华而不实,意义也不大,因为小学的识字教学并不是要研究汉字学。

正确的做法:在识字教学中,针对某字给学生出示它的演变过程不是不可,适当地了解汉字的演变也有必要,关键在了解的目的是什么。我们出示某字的演变过程不是为了研究"汉字学",而是为了帮助学生更好地识记这个字,防止学生记错写错。如,教学"采"字,为了防止学生把"木"字中的"一竖通到头",可以出示"采"字的甲骨文、金文等,让学生明白上面部分是"手"的变形,下面部分像一棵果树。这样,学生就记忆得比较牢固了。在实际的教学中,只有极少数的生字需要这样做,不要把小学的识字教学搞成"文字学",简单问题复杂化。

误区四:指导写字时,教师常常这样提问:"写这个字要注意什么?"如指导"蒙"字的写法,这个说:"上面是个草字头,要写得瘦长一些。"那个说:"中间是个秃宝盖,不要写成宝盖头,里面是一短横,不要写成长横。"还有的说:"下面是家的一部分。"学生们几乎把这个字的每一个笔画、部件说了个遍,结果绕了一大圈,也没有说清楚到底注意什么。

正确的做法:有些字只是有一两个地方容易出错,或写不好,有的是笔画的问题,有的是笔顺的问题,有的是结构的问题。如"蒙"字,容易出错的地方就是里面的那一短横。教学时可提示学生:"写'蒙'字,有一笔容易出错,是哪一笔?"直奔要害,无需绕圈子。

另外,在日常听课时,我看到不少教师在指导学生写字时,常常是只写一个或两个字，问其是否在所学的字中就只有这一两个字容易写错或不好写，对方说不是，还有两三个字也容易写错。又问，那为什么不指导学生书写呢？答曰："公开课都是只写一个字的。"一次次听到这样的回答，本人感到非常郁闷、奇怪。为什么我们的语文教师就是不理解？那些观摩课、公开课、评优课都是非常态的或有其他目的的，并不是为学生的发展和学习的需要考虑的。而在日常课上，教师需要充分考虑学生的学习和发展。

正确的做法：一般情况下，每篇课文中总有三四个容易写错和写不好的字，如果把写字安排在第一课时，应着力指导好这几个字的书写。我们平时的教学要根据实际情况确定指导写哪几个字。

误区五：课堂上鲜见学生查字典、词典。字典或词典是小学生必须学会使用的工具书，可是在课堂上几乎看不到学生使用工具书的情景。据了解，教师或考虑到在课堂上用字典、词典耽误时间，或考虑到每天让学生带着字典、词典不方便等，大都是让学生课下或在家里预习时查查字典、词典。这样做虽然起到了一定的作用，但是效果如何？学生是否真正学会了使用工具书？是否形成了一定的能力？不得而知。

正确的做法：字典或词典在小学生学习中的作用不可小觑。遇到不认识的、不会写的字需要查字典；遇到一些生僻的、联系上下文也不好理解的词语也需要查字典（词典）；特别是遇到字义、词义的义项比较多的字词时，还需要结合课文进行选择，更需要查字典（词典）。这些都需要教师有目的、有意识地进行指导、训练。

误区六：有的教师在指导学生（特别是低年级学生）朗读时，学生还没有把课文读好，连正确、流利都没有做到，教师就忙着加动作、表演等，把加动作、表演看得比朗读本身还重要。动作、表演只是朗读的辅助手段，教师应将重点放在指导学生如何朗读上，把课文读正确、读流利，读出一定的语气（感情）是首要要求，不可本末倒置。

正确的做法：朗读是语文教学的重要任务（在朗读时加动作、表演不是学习任务），应在教学中给予应有的重视。对于一些长句子、拗口的句子要有意识地指导学生读正确、读流利，不要急于强调读出感情（语气）。可以运用间隔号、着重号，让学生按标识把句子读正确。对于那些富含感情的句子，教师要清楚应读出什么感情，必要时还应进行范读（教师范读是指导朗读的有效方法，备课时应像音乐教师练范唱一样，练习朗读）。这些都做得比较到位了，再辅助些动作、表演。

误区七：配乐朗读是一些教师在指导学生朗读时常用的做法（有的教师不管课文需要不需要），但是令人不解的是在学生齐读时也配上音乐，不知这样的配乐朗诵是给谁听的，目的是什么。有的教师还在一节课上多次运用配乐朗读法。这种做法是对配乐朗读的误解和对音乐的滥用。

正确的做法：配乐朗读可以作为一种朗读指导的做法，但是运用它的前提是学生能将课文读正确、读流利、读出一定的感情，是指导学生朗读达到一定水准之后的"成果"展示。可以在某一个或几个学生朗读时配上音乐，让全班学生去感受、欣赏，在配乐朗读中受到感染。配乐朗读一般运用在重点句段上，不宜滥用。

误区八：在学习课文之前，需要让几个学生把课文接读一遍，然后再进入课文的学习。然而，不少教师的阅读教学没有了这个必要的环节，常常是读完课题或学习字词之后，直接进入对课文的理解。据了解，这样的做法是受评优课的误导，因为评优课是有时间要求的，为了在规定的时间里把整篇课文讲完，只有把接读课文环节"卡"掉。（因为不接读课文不影响评比成绩，讲不完课文则不然）

正确的做法：在进入课文学习之前，让几个学生把课文接读一遍。这样做，目的有三：一是能够了解学生通读课文的情况，对出现的问题及时纠正。如，某些字的字音能否读正确，某个难读的句子能否读得通顺、流利等。二是学生接读课文，可以使全班的学生从整体上熟悉课文。三是当几个学生接读课文时，其他学生可以带着某个问题一边听读，一边思考。

误区九：在阅读教学中给课文分段、归纳段意是必要的思维训练。通过划分段落，可以弄清课文的叙述顺序、脉络等，它是一种逻辑思维的训练；通过归纳段意可以帮助学生把握课文的主要内容，它是一种概括能力的训练。然而，在日常的教学中少有这样的训练了。以往的阅读教学是课课进行分段、归纳段意，其成了阅读教学的"规定动作"，这大可不必。但是没有了必要的分段、归纳段意也是不合适的。

正确的做法：教师对那些叙述脉络清晰且有特点的课文，应进行必要的分段和归纳段意的训练。如果在分段时有争议也无妨，可以存疑。分段和归纳段意应该是阅读教学中经常性的"动作",因为它本身就是一种阅读能力的训练和培养。

误区十：在高年级的教学中看不到学生做课堂笔记。以阅读教学为例,课堂上大都是讨论、回答问题,教师问来问去,学生答来答去,"说"成了阅读教学的主要学习、交流的方式,可谓"君子动口不动手"。其实,在阅读教学中让学生做做课堂笔记是非常有必要的,把学习中的要点、纲目或对某一问题解答的亮点等记录下来,既是学习的积累,更是能力的培养。

正确的做法：进入高年级（可从四年级开始）,让学生准备课堂笔记本,并形成做笔记的习惯。以阅读教学为例,可以记录重点词语的意思（每篇课文有两三个即可）,可以记录课文脉络结构图,可以记录课文表达的中心思想或归纳出的人物特点等。这样做教得有效,学得扎实,何乐而不为呢?

最后,需要强调的是,上述这些"误区",不少是受公开课、观摩课、评优课的误导。因为不少上公开课、观摩课、评优课的教师为了某种需要、目的,采取了某些非常态的做法。上述所提出的"正确做法"是一些基本的、常态的做法,如果用在公开课、观摩课或评优课上,会因为不花哨、不抢眼而少有人"问津"。不少青年教师不解其意,把一些"非常态"的做法当成"常态"来做,甚至把一些"毛病"当成"时髦"来效仿。再者,不少青年教师靠"学习"公开课、观摩课和评优课来进行自己的教学,殊不知,有不少"新潮名师"的教学是无视课标、"超越文本"的"个人化"的语文教学;是非常态的,专门为追求观摩课的舞台效果、轰动效应而设计的语文教学;是让教材,也让学生来彰显自己的某种教学风格、流派的语文教学。学了这些东西,就是邯郸学步。

（此文写于 2014 年 12 月 6 日）

低年级语文教学的错位

前段时间，连续听了六位青年教师一、二年级的参评课。参评教师提前一两个小时备课，然后上课，准备时间比较仓促。听过之后，我发现六位青年教师都没有真正把握低年级教学的相关要求。大概是受某些评优课的影响（有些上观摩课、评优课的教师，担心生字教学用的时间多了，课堂效果不好，所以把主要时间用在了理解课文上，这是非常规的做法，不宜效仿），他们把低年级的课文教学上成了中年级课文教学的模样，不符合低年级的年段要求、特点，可以说是教学重点、关键的错位。为此，提出以下敬告：

一、运用汉语拼音正音比一般性的认读生字重要

六节参评课，教师都不运用汉语拼音认读、拼读生字，生字不带拼音；即使学生读错了，教师也不用拼音为生字正音。平时听课也看到过类似的情形，有许多生字学生读不到位，甚至读错，都是因为教师忽视了拼音正音的作用。有的教师在一年级上学期刚刚教学了汉语拼音，却不运用它认读生字，为学习汉字正音，把汉语拼音的识字、正音作用弃之一边。需知：汉语拼音的认读、正音作用是永远的，汉语拼音是人们一生的"拐棍"。即便是高级播音员，也要借助汉语拼音这个工具。

二、指导书写比认读生字重要

六节参评课，教师都不指导学生书写，哪怕是一两个字呢（可能是怕耽误学习课文）。需知：学生已经认识大部分生字（只是个别的不认识或读错，读不到位等），写字教学是低年级的教学重点，教师指导学生把字写好是关键的、需坚持不懈的工作。

三、识字、写字比学习课文重要

六节参评课，教师都是简简单单地教完生字就开始带领学生学习课文，把课文学习看得比生字学习、写字指导重要。需知：低年级学生学习的重点之一是学好生字，包括对字的认读、书写。在没有学好生字的前提下就进入对课文的学习，是本末倒置的做法。

四、指导朗读比理解课文重要

六节参评课，教师都重视的课文内容对理解，不重视朗读指导。需知：朗读指导是低年级阅读教学的关键，把一句话、一段话读正确、读流利、读出一定的语气、读出感情是需要指导和训练的。教师如果放弃了朗读指导而偏重于理解课文是得不偿失的。

另外，在识字教学的过程中，有的教师让学生记忆字形，学生由于不了解某汉字的构字特点和基本规律，就戏说胡说，教师还大加赞赏。请注意，汉字的构字是有特点和规律的，胡乱说某字的结构会破坏汉字的内涵和美感。所以，教师在让学生说某字结构的时候一定要慎重。再者，对一课的生字需要进行必要的解读，对音、形、义做各有侧重的分析，防止平均用力，泛泛而教。

（此文写于 2010 年 5 月 3 日）

"课堂流行语"的剖析

近几年，我到各地听课，特别是听一些青年教师的评优课、公开课，发现一些"课堂流行语"不绝于耳，几乎到了令人咋舌的程度。开始不觉得什么，后来听的次数多了，我就感到很纳闷，像"美美地读""字正腔圆""把感情送进去""选择自己喜欢的方式读"等这些课堂语言来自何方？为什么这么多不同地区的教师说着同样的课堂语言？经了解，原来，这些课堂流行语大都出自一些名师之口，特别是一些"新潮名师"。本人认为，流行的东西，不一定是正确的，出自名师之口的"语言"也不一定是恰当的。下面，我们不妨对一些课堂流行语进行一番剖析。

1. **"美美地读"，读得"字正腔圆。"** 关于朗读，课标中有明确的要求，即"正确、流利、有感情地朗读"。这是规范的要求，我们在教学中比较容易理解、把握、界定。而"美美地读"，就令人费解，也不好把握。特别是一些教师对低年级的学生也提出这样的要求，就更让人不知所云了。低年级的朗读教学，应重点解决好"正确、流利地读"，读出一定的语气，而"美美地读"是一个什么要求，什么概念呢？模糊不清，让人难以界定。界定不清就是一个模糊要求，对学生朗读能力的训练就难以落到实处。

"字正腔圆"，原本是对唱戏的要求。它主要指的是"唱"，而不是读。用唱戏的要求、概念来要求朗读，来要求小学生的朗读，就有点风马牛不相及了。

本人不解的是，原本不规范甚至不恰当的课堂语言为什么这么流行，而课标中规范的说法却不那么流行？难道是因为它出自名师之口吗？如果是这样，那名师们需要规范自己的语言。

2. "把感情送进去。"这也是一个朗读方面的课堂流行语。阅读时，要通过对语言文字的理解、体会，感受课文所表达的思想感情；朗读时，需要读出课文所表达的情感。情感来自课文的语言文字，来自课文的思想内容，不是外加的。"体会""读出"感情是朗读规范、恰当的说法，"把感情送进去"，就容易让人感觉这"感情"是外加的，甚至是靠教师的"煽情"煽出来的。不然为什么要"送进去"呢？如果是这样，那就违背了朗读的本质，违背了阅读教学的本质。

3. "我说清楚了吗？"不少青年教师在向学生提出要求或问题之后，再问一句："我说清楚了吗？"（实际上，他说得很清楚）本人很奇怪，执教教师年龄不大，二三十岁，而且参加的是省优质课评比，头脑清醒、素质优良（没有老到听不清楚，说不清楚），不应该连提出要求或问题都说不清楚呀。（如果真说不清楚，是没有资格参加优质课评比，甚至没有资格当教师的）为什么要问"我说清楚了吗"？原来，这也是鹦鹉学舌。"我说清楚了吗"源自一位年近七十的名师之口，他觉得自己年龄大了，担心学生听不清楚，就习惯顺口问一句："我说清楚了吗？"这位年龄大的名师这样问一句，符合他的身份、年龄，我们感受到的是这位名师的谦和、谦恭；而一位风华正茂的青年教师也这样问，就让人觉得有点做作、别扭了。

4. "选择自己喜欢的方式读（学）。"什么是学习的方式、朗读的方式？学生知道、学会了哪些方式？这样的要求，连提出的教师都不清楚，却常常向学生提出；学生也不知道什么是学习方式、朗读方式，自己到底学会了哪些。在这种情形下，学生怎么选择呢？本人看到的是，学生不知所措，流于形式，走过场而已。如，有的教师提出：选择自己喜欢的方式读。有的学生大声朗读，有的小声朗读，有的默读，这就是"自己喜欢的方式"吗？这不就是一般的"自由读"吗？说的是新名词，干的是一般的事，名不副实。

如果需要让学生选择自己喜欢的方式读，应首先明确学习这一课、这一段，一般可以用到哪些读（学）的方式（如，分角色朗读、配乐朗读、分层次朗读等；圈点标画、写体会、提出问题、分组讨论、借助资料等学习方式)，先让学生大体了解，再让学生根据情况、条件进行选择。

5."读书的最高境界是把一本书（一篇文章）读成一句话。"经常在教师一开始讲课时听到他们说这句话（一次到外地参加会议，我听到一位年轻的特级教师也说这样的话。为什么特级教师也不说自己的话呢）。读书的最高境界真的是这样吗？本人认为恰恰相反，读书的最高境界是触类旁通，举一反三，善于联想，闻一知十，能把一本书读成三本书、十本书……把一篇文章读成三篇文章、十篇文章……《论语》中有这样的记录，子谓子贡曰："女与回也孰愈（胜、强）？"对曰："赐（子贡）也何敢望回？回也闻一以知十，赐也闻一以知二。"子曰："弗如也，吾与女弗如也。"你看，孔子所赞赏的学习、读书最高境界是"读成一句话"吗？

把一本书、一篇文章读成一句话，不就是类似概括文章的中心思想吗？这是我们教学中对小学高年级阅读的基本要求，怎么能是最高境界呢？

6."如果你有一个苹果，我有一个苹果，彼此交换，我们每人仍然只有一个苹果；如果你有一种思想，我有一种思想，彼此交换，我们每人就有了两种思想。"（萧伯纳语）这也是在课堂上听到的流行语。这句话本身没有错，问题是这句话不绝于耳，让人感觉说这句话的教师似乎就会说这一句尽人皆知、无人不晓的套话。本人认为：你不说这些套话，我不知道你到底掌握了多少名人名言；你一说这一句，我认为你就只知道这一句。实际上类似的名人名言有许多，为什么只会说这一句呢？建议：如果需要在课堂上引用名人名言，先搜集、选择一下，少用那些被用滥了的。

7."让我们跟随着作者走进……"不少教师在引领学生学习课文之前，说这句套话，可是一节课下来，我们并没有感到能真正走进文本、走进故事、走进人物内心呀！真正走进文本、走进故事、走进人物内心，是需要引领学生进行体验和想象，进行深入思考、认真推敲的。一般是在阅读的时候，借助生活体验展开想象，入情入境，体验、想象作者描述的那人、那事、那情、那景，产生一种身临其境、如见其人、如闻其声的感受。一般是对重点语句进行品评、体味等。以上这些做不到，仅仅是领着学生梳理一下课文思想内容，是走不进文本、故事、人物内心的。

8."你太有才了！"这句来自小品的语言，在课堂上使用的频率极高。偶尔说说，会让人觉得很幽默；如果一节课说起来没完没了，你也说，他也说，就没有什么幽默感了，反而俗不可耐。

9. 把"学生"称"孩子"（还有称"宝贝"的）。在今天的课堂上，几乎所有的小学教师（包括学校领导）都把学生叫作"孩子"。这么一个极为不规范的称谓流行全国，真是让人难以理解。据了解，一些名师就是用这样的称谓与学生交流的，而年轻教师还误认为这个称谓是正确的、规范的。本人看到一些刚从师范院校毕业，年龄在二十岁左右的青年教师，对个头比她还高的学生叫"孩子"，就感到特别别扭。（一些已经退休的老教师，年龄比较大，在上公开课时，把学生称"孩子"，似乎还能接受。其实也不是规范的称谓）在一次省优质课评比中，一共有34名青年教师，其中有32名把学生叫作"孩子"，只有2名教师把学生叫作"同学们"或"小朋友"。可见，把学生称"孩子"这种做法是多么流行，多么广泛。

本人认为，课堂上把学生叫"孩子"有以下不妥：一是学生一入学就是一个走入社会的人，如果仍然把他们称作"孩子"，他们就会觉得与在家里做晚辈没有什么区别。这种不平等的心理暗示会影响他的一生。所以把学生称作"孩子"，既不能体现师生的平等关系，也不利于培养学生的独立、自立人格。二是把学生称作"孩子"，没有体现出课改中提出的师生是朋友关系、平等的人格关系。你想：学生是孩子，那教师就是大人、家长，这种关系是平等的吗？改变传统的师生关系是新课改的一个重要理念。三是把学生称作"孩子"，不是规范的课堂、职业语言。严格地讲，教师对学生，校长对教师、学生，这是规范的，称孩子有点随意。正规的教育文件里是没有"孩子"一词的，如果有则一定是不正规的。四是把学生称作"孩子"，有些"小看""轻视"学生的意思，这些教师在内心深处没有平等的意识。（况且今天的学生在某些领域，不比教师懂得少，只是"一教统天下"，没有给学生施展的机会）当然，在课下，在非正规的场合，教师把学生称作"孩子"未尝不可。我们不能为了貌似的"亲切"而不顾教学的规范，变相地沿袭"师道尊严"。

以上，对部分课堂流行语进行了剖析。现在，需要进一步思考：为什么类似的课堂语言这么流行？为什么原本一些不规范、不正确、不恰当的课堂语言这么流行？

首先，从客观方面来看，当今社会普遍有一种"浮躁""追风""从众"

的风气。这种风气也反映到教育工作之中。人们似乎习惯用耳朵听，不习惯用自己的大脑思考了。人家都用、都说，所以俺也用，俺也说，不管它正确、恰当与否。而创造这样的课堂语言的人，可能想体现个人的语言风格，有点标新立异。（如果太标新立异，或太追求华丽和别样了，就容易远离真理、真谛）

其次，也是最重要的，即青年教师向名师学习，甚至崇拜名师，这无可厚非，问题是向名师学习什么，千万别没有学到名师的真经，却学了一些名师的毛病，上演"邯郸学步""东施效颦"的喜剧。盲目崇拜名师是不足取的，甚至会失去自我，（当今让人崇拜的名师不是太多）对名师的教学也要用自己的头脑进行分析、思考：哪些是可学的、有普遍意义的？哪些是他的纯个人的语言"风格"？如果把他纯个人的语言"风格"学过来，就有点四不像，不伦不类了。再说，向名师学习，关键不是学他的"语言"；不然，学了皮毛，误了自己。

注：有的教师看了我的这一篇文章，问我："不让我们说这些套话，我们说什么呢？"我很纳闷，汉语言这么丰富，怎么会没有相应的词汇呢？问题的关键不是这个，而是说这些套话的教师，误认为这些套话很时髦，很新潮，而且是现成的，所以喜欢说。我一再主张：用自己的嘴，说自己的话，说有用的话，说规范的话，哪怕不时髦、不新潮。

（此文发表于《小学语文教师》2010 年第 11 期）

敬告：这些习惯了的做法，改一改

不少教师的一些习惯了的做法不甚妥当，但是教师自身浑然不觉、习以为常。这种现象几乎成为语文教学的"通病"。下面罗列出来，稍加分析，希望可以引发思考。需要说明的是，本文采用一种幽默、通俗的写法，用"大白话"（实则是大实话）来表述观点，但愿不会让你感到刺眼、反感。

一、绕圈子

有些问题原本可以直奔要害，直奔重点，无须绕来绕去，但是不少教师为了让学生进行所谓的"发现"，问来问去，白白浪费学生的时间。以《威尼斯的小艇》一课中描写小艇样子的段落为例，教师提出："读一读这段描写小艇样子的段落，你有什么发现？"有的说："我发现威尼斯的小艇很窄。"有的说："我发现威尼斯的小艇又长又窄。""我发现威尼斯的小艇非常灵活，像水蛇。"当终于有学生说"我发现作者用了比喻的写法"时，教师才很高兴地说："你的这个发现很重要。"原来，教师想要重点讲的就是文中的三个比喻句。

其实，三个比喻句就明摆在课文中，一眼就可以看到，无需绕来绕去地让学生去发现。教师真不如直接提出："画出文中的三个比喻句，说说这样写的好处。"发现学习，是指"值得发现"的地方、需要动番脑筋的地方，不是处处都让学生去发现，更不是发现那些没有价值、没有意义的地方。

二、玩花样

教学一篇课文、一段话、一个词句，教师首先考虑的是教什么，教到什么程度，即弄清教学的目的、目标和着力点。然而，我听课中常看到的却不是这样。如，有的教师在指导朗读时，在学生还没有做到读正确、读流利，还不清楚应该读出什么感情、语气的时候，就忙着让学生戴头饰，加动作，又是蹦又是跳；有的教师把原本叙述、描写的句段改成诗行的形式让学生朗读（读叙述、描写的句段与读诗句，在停顿、重音、节奏乃至语气等方面是不一样的）。有的教师教学《一分钟》一课，一开课先让学生起立，站一分钟，然后问学生："刚才同学们站了整整一分钟，你觉得一分钟的时间是长还是短？"结果，有的学生说时间长，有的学生说时间短。学生们的回答让教师一时不知如何是好了。原本，这位教师想先让学生体验一分钟之短，然后进一步引出课文中的主人公因为对一分钟满不在乎而上学迟到了。可是学生的回答没有按照教师的意图走，在后面的教学中教师便不知如何引导了。教师只想到这种教学方式很"新"、很"活"，没有想到"实"才是教学的第一追求。这种"玩花样"的教学只是走了一个失败的过场，白白浪费了学生的时间。

这种玩花样的教学，究其原因是教师没有认真解读教材，没有正确把握编者意图，而把精力用在了教学形式或所谓的"创新"上。（据说，有些做法是从一些"新潮名师"那里学来的）

三、干闲事

可能是受所谓"超越文本"这一观念的影响，有的教师在教学时引入了大量资料，将其充斥到教学之中。如，教学《自己的花是让别人看的》一课中的"如入山阴道上，应接不暇"一句时，教师给学生提供了这句话的出处。山阴道：在会稽城西南郊外，那里风景优美。《世说新语》中王子敬（即王献之）云："从山阴道上行，山川自相映发，使人应接不暇。若秋冬之际，尤难为怀。"然后大讲这一出处的意思，把感受景物风情的特点，揣摩作者怎样写出其特点的主要任务撂在一边不管了。有的教师在教学《狼牙山五壮士》一课时，提供了日本侵略者在侵华战争中，动用了多少军队，杀害了多少中国人，制造了多少惨案等资料，几乎把这一课讲成日本侵华史，挤掉了让学生感受五壮士英勇不屈的人物形象和体会民族豪情的时间。

可以说这样的教学是过度拓展。在我看来，教学有干正事与干闲事之分。所谓正事，就是教材的那些"规定动作"；所谓闲事，就是需要适当扩充、拓展的内容。教师的首要责任是完成好教材的那些"规定动作"，如果有时间、精力可以适当干点"闲事"；但是不能正事没干好，闲事忙不完。

四、说着玩

在听课中，经常看到不少教师提出一些不可能落实的要求。如，学习了某些词语，教师就习惯说，在今后说话、作文时要用上这些词语……学习了某篇课文的写法，教师就习惯说，在今后写作文的时候要用上这种写法……某学生课文没有读好，教师就习惯说，课下再练一练（为什么不当堂指导、练好呢），等等。

这种说了不去落实、说了等于没说的要求，教师尽量不要说。如果说了，真正去落实，这样的要求才是有意义的。如果教师只是顺口要求学生在今后写作文的时候用上某种写作方法，真不如当堂创设一种情境，练一练这种写作方法。

五、追答案

教师提出某一问题后，没有给学生一定的思考时间，就希望学生举手回答问题，有时连续叫了好几个学生，都没有得到满意的答案。教师在一节课上提出十几个乃至几十个问题，而学生回答问题的质量、水平并没有达到应有的程度，要么三言两语，要么吭吭哧哧，究其原因主要有两个。

一是教师只想要答案，没有给学生思考的时间，没有让学生经历深思的过程。一般来说，教师提出某一问题后，尤其是比较重要的问题，要先等一等，让学生想一想，或让同位、小组内成员讨论一下，当学生有了一定的思考后，再让他们回答、讲述。

二是教师没有给学生提供一定的范式，学生也没有掌握回答问题的方法、思路。当教师提出某一问题时，学生不知道如何回答，如何有条理地回答。

这就需要教师根据提出的问题，为学生提供一个范式，让学生按照这个范式回答、讲述。如，"我从××词语中体会到……我的理由是……"；"这种写法的好处有三点：一是……，二是……，三是……"。有了这样的范式，学生便有章可循，久而久之，就掌握了一定的方法，不愁说不好、说不条理了。

六、不敢教

教学，原本有教有学，可经常看到教师不教、不讲了，要么让学生去发现，要么问、问、问。问其原因，答曰："不是要倡导学生主动学习，探究学习吗？"在我看来，任何事情都应辩证地思考，不应走极端，有不少时候，还是需要教师教和讲的。

有些知识点是需要教，需要讲的。如学生第一次接触短篇小说类型的课文时，教师给学生讲一讲小说有哪些特点，然后再按照小说的人物描写、情节描写、环境描写这三个要素学习这篇课文。有些问题有一定的难度，学生不会回答，教师可以把问题答案描述出来，让学生认真听，然后再让学生重述一遍；从教师的描述中，学生学习回答问题的方法。

有些课文的朗读是需要教师教的。对于课文中的某些重点句段，学生知道应该读出什么语气、感情，但是他们常常读不到位，读不出应有的效果。这就需要教师范读，给学生示范，让学生直观、真切地感受应读到的程度、效果。

学生不会的、不知道的，就需要教师教，这应该是教学的常识、常态。在我看来，一堂课上至少应该有两三处需要教师发挥指导、示范、引领作用，即当教则教，力求教在点子上、教在关键处，让学生感受到教师应有的学识、水平。

七、不放心

常常看到，当学生已经比较好地回答了某一问题时，教师再啰啰唆唆地重复一遍答案，似乎不再说一遍，这个环节就无法完结。当讲完某一课时，教师总是看着板书，再啰啰唆唆地总结一番。问其原因，答曰："不放心。"我想说的是："你放心了，可学生在听吗？这样的做法有效果吗？"

我的建议是：将教师想要说的那些话变成一种训练。如，当需要把某一问题的答案再重复、强调一遍的时候，可以提出这样的要求：谁听清他的发言了，再大声地说一遍。这样，既训练了听，又训练了说。当需要总结课文时，教师为学生提供一种方法、思路（范式），让学生按照这样的范式进行全文的总结。如，《××××》一课，按照……顺序，先写……，又写了……，最后写了……，从中让我们体会到……

这样教学，既有条理地总结了全文，又能教给学生一种总结全文的方法，将教师的"啰唆"转化成学生思维与表述相结合的训练。这是教学的智慧，更是教师给学生的一种"福利"。

八、"放空炮"

我经常看到教师在讲完一篇课文之后，就给学生推荐课外读物，有时还推荐好几本。我问教师："这本书你读过吗？这本书适合小学生阅读吗？你准备什么时候让学生把读这本书的情况进行反馈呢？"结果是教师也没有读过这本书，不了解这本书是否适合小学生阅读，也没有考虑反馈的事情。我又问："那你为什么要给学生推荐呢？"原来，是教师看到有些观摩课上的教师这样做，自己也就这样做了，认为这样教学很新潮。

教师提出了要求，后面没有跟上落实措施，真读了的学生得不到教师的鼓励，没有读的学生教师也没给什么说法，这无疑于"放空炮"。久而久之，学生会认为你是在"说着玩儿"，教师推荐就失去了意义。我认为，有的课文可以进行阅读链接，可以向学生推荐与课文相关的某本书或某篇文章（不要太多，太频繁）。但是教师要读过或了解这本书，关键是学生读过之后需要安排一定的时间让他们进行反馈，或举行"读书沙龙"活动，或填写读书卡片，或做一个"朗读者"交流，在全班朗读书中某片段，等等。

九、不动笔

"不动笔墨不读书"，原本是一种有效的阅读方法，但是现在课堂上几乎看不到让学生动笔的做法。学习一篇课文，要么是问、问、问，即"问答式"，要么是讲、讲、讲，即"讲授式"。

其实，让学生"用笔阅读"（即"批注式"），更有利于提高学生的理解力、感悟力。用笔阅读，更是"用心阅读"。教学时，可以让学生对某一课、某一段落的关键词句进行圈点标画；可以让学生对感兴趣的语句进行批注，写一写自己的理解；也可以让学生写一写自己不理解的问题，等等。在学习课文的过程中，可以进行简短的小练笔，如，仿写一两句话或写点小收获、小感悟等。对一些重点的课文、重点的地方，应让学生做些课堂笔记，如，记记课文的脉络图、中心思想、人物特点、写作方法等。即便是以"问答""讲授"为主的课堂，也要有一两处让学生动笔的地方。

十、走教案

不少教师在教学中，总是按部就班地一个环节一个环节很顺当地走完教案，教学中没有波澜，没有矛盾，没有生成。如，教案上有读课题的环节，教学时学生读得不好，教师也不进行必要的纠正、指导；教案中有学字词的环节，教学时，教师采用让学生自己读、指名读、男生读、女生读、齐读等方式，让学生一遍一遍地读来读去，没有看到哪些字容易读错，需要着力指导、强化一下，也没有看到哪个词很有特点，需要点拨或适当拓展一下；教案上设计了某一问题，教师提出后，由于学生没有回答好，或者说错了，就再让其他学生回答，却不能借题发挥，因势利导。

这种走教案的教学，水过地皮湿，只是走了一个过场，没有看到教师在教学过程中的点拨、引领、指导作用，没有看到学生在教师的帮助下从不会到会、从不懂到懂的变化、发展的过程。对此，我曾向教师提问："你为什么在学生读得不够到位的时候，不范读一下，让学生仿照你的样子再读一读呢？你为什么在理解这段话的时候，不让学生在小组里先讨论讨论再回答呢？"教师回答说："没有时间，讲不完呀！"原来，教师把"讲完"看得比学生的发展还重要。这种只管教过、教完，不管教会、教好的做法，真的需要反思一下：教学应该追求什么？如果在某一个点上，为让学生学会、学好而用多了时间，后面的教学环节完不成怎么办？我提供的策略是：一是将后面不重要的环节去掉，不教了；二是将后面的环节作简略处理；三是讲到哪里算哪里，不是还有下一节课吗？

以上是本人在听课过程中，发现、总结出的一些普遍存在的教学"通病"，希望教师们能理解我的一番苦心和善意，更希望教师们在语文教学之路上，不断反思，不断完善，走向成熟，走出精彩。

（此文写于 2017 年 8 月 3 日）

正在"异化"的语文教学

> 只要再多走一小步,仿佛是向同一方向迈的一小步,真理便会变成谬误。
> ——列宁

本人从事小语教研已有 30 多年,每年听课约 200 多节,粗略算来已经听过约 7000 多节课。在这漫长的时间里,本人虽然"长而无述",没有"创造"出什么新理念、新名词,但是至少在许许多多的经验和教训中,练就了一双辨别语文课堂教学优劣、高下、真伪的眼睛。这如同瓷器鉴定家一样,打眼一看就能辨别出这个瓷器是什么朝代的,是真的还是仿的等。以本人的"老资格"(不是倚老卖老,是想说明问题),审视当下一些语文教学,我感到有些违背了语文教学的基本规律,偏离了小学语文课程标准指明的方向,削弱了教材应有的地位,似乎在"异化"。看到这种状况,本人心急如焚,就像一位长期耕作在小语教学园地里的老农,看到有些人违背常识、不讲基本规律地劳作,真担心长不出好苗来,也担心错过了庄稼生长的大好时节。为了说明问题,我将那些"异化"了的语文教学归纳为以下三类。

一、泛语文——干正事与干闲事

课改中,有些理念特别流行,如"超越文本""创造性地用教材"。大概是在这些理念的影响下，有些教师在未能辩证地、全面地理解这些理念的前提下，在对语文教学还缺乏足够认识甚至对语文教学是怎么一回事还不够清楚的情况下，在没有细读、解读、研读教材，根本没有把握教材编者意图的情形下，扩大、超越了语文教学的边界，把本不属于语文的内容过多地引入到语文教学之中，使语文教学出现本末倒置、喧宾夺主、面目全非的情况。以阅读教学为例，把阅读教学上成资料堆积课、图片展览课的有之，上成音乐欣赏课、闹剧表演课的有之，上成思想品德课、自然常识课的有之。这真可谓正事没干好，闲事忙不完。

例如，教学《威尼斯的小艇》，有的教师为学生提供了大量的有关威尼斯和苏州两座城市建筑的图片、文字、数据资料，让学生借助这些资料进行对比学习，体会威尼斯这座城市的风貌。这种教学全然不顾教材"规定"的教学重点，将总结威尼斯小艇的特点的、体会船夫驾驶技术的娴熟、理解小艇与威尼斯人们的密切关系，以及体会作者是如何写出这一风情特点等教学要求，弃之一边。

再如，教师在低年级进行识字教学时，不管学生是否需要，大讲某些字从甲骨文、金文、篆书到楷体的演变过程；在学习课文时，不管是否必要，大讲某作者的生平（了解有些作者的生平有助于学生对课文的深入理解。多数课文是没有必要的）；在理解课文时，不管是否有用，穿插、拓展一些资料。这真可谓本末倒置，喧宾夺主，挤占了"干正事"的时间、精力。

凡此种种，究其原因应是教师对"超越文本"这一理念的认识产生偏差和严重忽视钻研解读教材等所致。我们主张：教师应认真落实好教材的"规定动作"，在完成"规定动作"的前提下，可以围绕教学重点适当拓展；但是必须把握一个度，一旦过度，越过了语文的边界，对语文教学是弊不是利。

二、伪语文——干正确的事与正确地干事

所谓"伪语文"，就是披着语文教学的外衣，实际干的却不是有关语文教学的事。这种现象具有欺骗性，对语文教学没有一定的认识还真容易被迷惑。

1. 追求教学的"舞台效果"，"彰显"教师的才华。近几年来一些观摩课兴起一种煽情之风，教师像背台词似的说一些诗意的语言，且"满怀激情"，还有音乐烘托，语文课被上得很"好看"，很热闹，很有舞台效果。有的教师

还用一次次的煽情作为手段串联起整堂课。我们知道，情感是隐含在字里行间的。阅读的情趣和功力就是读者能在字里行间体会、体味、体悟、揣摩作者所要表达的思想或抒发的情感，直至引起共鸣，这也是阅读的魅力所在。阅读教学的目的之一是培养学生的这种情趣和功力。教师的责任和智慧就是想方设法地训练、培养学生的这种情趣和功力。教师如果不这样做，而游离语言文字之外，单纯或主要依靠外在的手段、外力来催化，这样产生的情感，即使学生被催得"泪流满面"又有多少价值？阅读教学还有多少意义呢？

本人认为，这种渲染、煽情，利用外力、人为强化的催泪式教学，可能会为一些公开课增添即兴的舞台效果，但是在实际的教学中却是弊多利少：一是削弱学生自己对语言文字的体味、揣摩与体悟；二是重意煽情，则会得"意"忘"形"，将阅读教学停留在理解内容、体会情感层面上，不能进入语言表达的层面；三是不利于学生进行深层次的思考，不利于学生思维的发展，因为在教师诗意般的语言和激情的渲染中，学生听取代了学生的思想、思考，特别是那些妙语连珠和运用排比、充满诗意的语言，很容易把小学生说得云里雾里的；四是掩盖了学生在学习过程中生成的问题、矛盾，教学的顺顺当当、"情意浓浓"，不利于学生思想、思维向纵深发展等。

煽情的确能满足教师尽情挥洒、抒发感情的需要，而学生却在当听众或是为教师充当配角，这样的课无论多么"好看"，多么有舞台效果，都偏离了语文教学的轨道。再者，教师不把主要精力、智慧用在如何促进学生透过语言文字进行深层次的思考上，不把着力点用在让学生品味语言文字的滋味和感受语言文字的力量、魅力上，不把心思用在有意识地引发矛盾、解决问题上，而是用在绞尽脑汁地编制一些充满激情、诗意般的语言上，然后在课堂上尽情挥洒、抒发，这岂不是本末倒置的做法吗？

2. 违背语文教学的基本规律，主观臆断。有的教师在进行课文教学时做同课异构：第一节与"读"共舞，教学目标指向理解与感悟，即"以阅读为本位"；第二节与"写"共舞，教学目标指向运用与表达，即"以写作为本位"（这一违背阅读教学基本规律的教学方法，还被誉为"在思维的断裂处，我们分明感受到一种巨大的张力，看到一种惊世的美丽"）。这个命题需要分辨真伪性。

一是从文章本身的客观存在来看，一篇文章是内容与形式的统一体，正如王尚文教授在《言语形式四题》一文中所讲："我们人类有能力开出一条巴拿马运河，把美洲分成南北两个部分，却没有方法把一篇言语作品的内容与形式给分割开来。两者天然地统一在一起，谁也离不开谁，谁也不能没有谁。我这里说'两者'，其实只是一个东西，即一篇言语作品本身。盐水是盐加水，我们可以通过蒸馏的方法把盐水分成盐和水，同样我们也可以把盐和水混成盐水。言语作品就不一样了，它绝对不是内容与形式的相加之和，因为本来就不存在可以脱离形式而单独存在的内容，也不存在可以脱离内容而单独存在的形式，它们是共生共灭的。"

二是从阅读教学的实际来看。就小学阅读教学基本任务而言，一要理解课文的思想内容，体会思想感情；二要推敲语言，品评词句，领会表达；三要渗透、学习或运用阅读方法。理解、感悟、体会课文的思想内容和情感，必然离不开品评词句、推敲语言，不然就会理解、感悟、体会得很肤浅，很空泛；品评词句，推敲语言，领会表达自然离不开思想内容、情感，不然就没有了依据，成无源之水。王尚文教授在《言语形式四题》一文中也阐述了这样的观念："实际上，关注'说什么'（内容）离不开'怎样说'（形式），反过来也一样。甚至我们可以进一步认为，'说什么'其实就是'怎样说'，'怎样说'其实就是'说什么'。"教学中，无论是从理解、感悟思想内容的角度入手，还是从领会语言表达的角度入手，都是不可能将思想内容与语言形式剥离开的，这是阅读教学的基本常识。

1963年教育部制定颁布的《全日制小学语文教学大纲》中指出："讲读教学一定要贯彻思想内容和语言文字不可分割的原则，要讲清楚文章的思想内容，必须讲清楚文章的语言文字；反过来说，对文章的思想内容体会得越深刻，对文章中语言文字的运用也就理解得越透彻。不应该脱离文章的词句篇章，架空地分析思想内容；也不应该不管文章的思想内容，单纯地讲解词句篇章。把内容和形式割裂开来的做法，是不可能把文章讲清楚的，是收不到语文教学应有的效果的。"

由此，我们可以这样认为：把一篇课文人为地分解成"以理解为本位""以写作为本位"是不符合阅读教学基本规律的。如果这一命题成立，那么把一篇课文的教学误当成"两张皮"，人为地、机械地把思想内容与语言形式分离开来，那就改变了阅读教学的特点、规律。王尚文教授在《小学语文教学》

2011年第六期卷首语中专门就此问题提出质疑、忠告:"……语文教学不能以写作为本位,否则,我们就有可能误入新的歧途。"

3. 为凸显自己的教学风格、特色或某种教学主张的教学。有些"名师"的教学,不尊重教材和编者意图,不顾及教学的年段性,不想方设法以学定教,促进学生的发展,而是要凸显自己的教学风格、特色或某种教学主张,让教材和学生为证明、演绎他的教学风格、特色、主张服务。有的"名师"在课堂上忽悠、调侃学生,以学生的"愚钝"衬托教师的才华和幽默感;有的"名师"在课堂上用充满诗意但却游离课文的语言大段大段地煽情,把教学搞得"诗意浓浓";有的"名师"为了证明自己的"博学多识",抓住一个根本不重要的"点",引经据典,旁征博引……这些都是把课堂当纸,以学生为笔,用教材做墨,尽情挥洒"我"的教学风格、特色的教学。课堂是学生施展才能的舞台,学生是红花,教师是绿叶。我们要看的是:教师如何让学生有所收获,或知识、能力,或学习方法策略,或思想情感;教师如何引导学生经历一个由不懂到懂、不会到会、不好到好,由错误到正确、模糊到清晰,由百思不解到豁然开朗的学习发展的过程。也就是看学生怎样学,学得怎样,进而思考学生为什么能够这样,即教师是如何教的。我们从学生的学看教师的教,就能够比较清楚、清醒地认识到这种教学的真伪。

再者,教学风格,一定要有"格"。这个"格",就是教学的基本原则、规律,不离大谱。如果没有了"格"的界限,只有"风",则容易随心所欲,天马行空,这就难以称得上"风格"了。个性是建立在共性这一基础之上的,个性是共性的升华,脱离了共性的个性,不是什么个性化,只能是一种"个别化""个人化"。风格,一般不是刻意为之,也不是短期速成,它是功到自然成,陈酒自然香。再者,无论怎样的教学"风格","个性化"必须要促进学生的发展,使学生学有所得、所获、所悟等,而不应表现为教师个人在课堂上的尽情挥洒、抒发、表演。

由此,我们认为这种为凸显自己的教学风格、特色或某种教学主张的教学,其方向、意图就是偏的、错的。干正确的事是方向、意图问题,正确地干事是方法、手段问题。如果方向偏了、意图错了,方法、手段越先进,越多样,离真理就越远。为此,我们强调:正确地做正确的事。

三、玄语文——干实在的事与干玄虚的事

语文课程标准已经将语文是什么、教什么、怎样教以及为什么这样教等问题讲得很清楚了，教学的理念、标准、要求已经规定得很明确了。我们的责任是深入学习、理解、掌握并采取有利有效的方法策略认真贯彻、落实这些理念、标准、要求。可是，有些"名师"无视课标，为追求所谓的"创新"，标新立异，玩名堂、搞花样，把小学语文教学的有关问题说得很玄虚，让人"丈二和尚摸不着头脑"。

1. 对语文定性的玄虚。不知依据什么，不少"名师"为了凸显自己教学的与众不同，追求别样，特意在"语文"二字的前面加上一个定语，什么"诗意语文""情智语文""情趣语文""生态语文""本色语文"等，可谓五花八门。这些命题，可能有本人不得而知的独到、深刻或丰富的思想内涵，但如果以语文课程标准为依据来审视，这种命题颇有不妥：

一是主观臆断。语文课程的性质、特点，课标中已经讲得很清楚了，即"语文课程是一门学习语言文字运用的综合性、实践性课程"，"工具性与人文性的统一，是语文课程的基本特点"。这是对语文"是什么"的界定，它告诉我们，语文的工具性是第一位的，是基础的；工具性和人文性是统一的，过分强调哪一方，都是不恰当的。诸多"××语文"的提法，大都强调"人文性"，不知这种对语文的定性来自何处，应属"心造幻影"。

二是以偏概全。语文内涵丰富、承载万物，可谓多维多元、多姿多彩。我们不能因为它有诗意，就冠之为"诗意语文"；因为它有情智，就提炼为"情智语文"；因为它有画面，就界定为"画面语文"……这些都容易远离语文学科的特质，都不是真正意义上的语文了。所以，无论用什么词语来涵盖它，都是不全面的，都容易"只见树木，不见森林"。说得再直白一些：语文就是语文。

三是容易顾此失彼。语文学科具有整体推进、综合发展的特质，如果过分强调了语文学科的某一方面，而忽视了其他方面，容易形成"一条腿走路"的弊端。我们已经在20世纪70年代末、80年代，尝到了过分强调"思想性"，忽视"工具性"的苦头，应谨防这一"悲剧"重演。

2. 有些观点、提法故弄玄虚。有的名师提出："语文，说到底是一种感

性的存在，重要的是有感觉。"感觉原本是最简单的心理过程，是形成各种复杂心理过程的基础，是认识事物的开端。无论是感觉，还是感受，都应属于感性认识，而感性认识是认识过程中的低级阶段。要想认识事物的全体、本质和内部联系，必须使感性认识上升为理性认识，而理性认识才是感性认识的飞跃与升华。语文学习是形象思维（直觉思维）与抽象思维（逻辑思维）、感性与理性的统一体。学习语文、进行阅读教学只有感觉、感受是不够的，它只是体会，理解，感悟的初级、低级阶段。感觉、感受是认识的萌芽，需要理性的思维、思想之水来浇灌。学习语文，重要的是有感觉，但是比感觉更重要的是理性的思考、感性的升华。如果学习语文只是跟着感觉走，那就失去了学习的意义。如果不能清醒地认识到这一点，很容易使语文学习停留在认识的初级、低级阶段，如果再满足于这个阶段，就会导致语文学习的空泛、简单与肤浅。

再如，有的教师提出"教学内容不等于教材内容，教语文不等于教教材"。此言论，如果是指习作教学、口语交际、综合性学习还颇有一番道理。因为，这类课型特别需要联系学生生活实际，特别需要关注社会动态，特别需要利用当地学习资源，为教师创造性地用教材教提供广阔的空间。然而，发表此言论的人，似乎不是指这类课型，而是特指阅读教学，这就值得商榷了。

我们知道，教材是按照课标的理念和三维目标体系编排的，它已经构成了一个相互联系、环环相扣、螺旋上升、整体推进的教学目标系统，一篇篇课文承载着这样的教学目标系统。教材的单元导语、课与课之间的链接语、课后思考题等，都比较清楚地体现了这样的教学目标体系，提示了教学内容的重点、关键等。教师的责任就是依据教材中规定、提示的内容，进行解读、研读，做到把握准确、落实到位。教学内容如果不遵循教材内容，必须具备两个条件，要么依据课标理念和目标体系重新选择教材内容，要么依据教材内容重新设计编排符合课标理念和目标体系的教学目标系统。然而这对一线教师而言，即便是对那些高水平的名师而言，也是不现实的，甚至是不可能的。再说得实际一点儿，教材对教什么，已经提示得比较清楚了，问题是不少教师没有认真解读、把握。对此，我们更需要强调如何提高教师钻研、解读、把握教材的能力。如果让一线教师自己选择教学内容，那么教师依据什么？选择什么？是尊重教材，是另起炉灶，还是随心所欲？

　　本人认为，无论是"教教材"还是"用教材教"，其根本是"教材"。教材有其自身的规定性、制约性。教学内容必须全部或主要来自教材内容，但需要教师进行选择与取舍。教语文必须教教材，因为教材是凭借。不少教师对课标目标体系不甚熟悉，解读教材的功底不够扎实，盲目认为既然教学内容不等于教材内容，教语文不等于教教材，就对钻研吃透教材，教学的年段性，编者在不同年段提出的不同要求、重点等都不屑一顾了。若如此，有可能会毁了语文教学的根基。

　　当前，小语教师队伍里大都是青年教师，他们对语文教学还缺乏足够的认识，还不习惯于独立思考。某些令人"耳目一新"的观点、提法，对他们很有吸引力，甚至被他们误认为是语文教学的全部。对此，小语界的一些老前辈大声疾呼："语文姓'语'，语文姓'小'""把语文课上成语文课"。他们其实就是担忧这些提法、言论和做法会导致语文教学偏离本位，失去本真，改变本色，迷失方向。

（此文发表于《小学语文教学·会刊》2011年第12期）

第四章　教学反思

语文教学的那些"歪理儿"

我贴在地面步行，不在云端跳舞。　　　　　——［奥地利］维特根斯坦

亲爱的教师，除了你自己揣摩过的经验和熟虑过的判断之外，不要接受任何权威。对于任何告诫，都应该自己先弄清楚它在你的具体情形中意味着什么，把它拿到你的课上去实践，通过实验之后再做判断。

——［美国］波利亚

这里所说的"歪理儿"指两类，一类是无视课标的基本理念，违背小学语文教学的基本规律，主观臆断，毫无道理，属"心造幻影"；一类是有一定的道理，但脱离小学语文教学的实际、现状，或顾此失彼，或过于理想化，给人"百姓无粟米充饥，何不食肉糜"之感，属"云端跳舞"。笔者认为，这些"歪理儿"如果我们不进行辨别匡正，其混淆、误导作用不可小觑，可能会影响小学语文教学的健康发展，可能会干扰广大语文教师的正常思维。那么，在小学语文教学中有哪些"歪理儿"需要辨别匡正呢？

一、语文，说到底是一种感性的存在（语文，重要的是有感觉）

心理学的基本常识告诉我：感觉是最简单的心理过程，是形成各种复杂心理过程的基础，是认识事物的开端。无论是感觉，还是感受，都应属于感

性认识。感性认识是认识过程中的低级阶段。要想认识事物的整体、本质和内部联系，必须使感性认识上升为理性认识。理性认识才是认识的飞跃与升华。有时，我们习惯说："（对某篇课文）我没有找到感觉。"这样说的原因可能是对某篇课文接触得少，思考得不够。当经过再次接触、思考，有了感觉的时候，这时的"感觉"，只是认识的开始，还不是认识的理性升华和终结。只有反复、深入思考，这种"感觉"才会走向深入，才会得以升华，才会靠得住。

笔者认为，语文学习是形象思维（直觉思维）与抽象思维（逻辑思维）、感性与理性的统一体。学习语文只有感觉、感受是不够的，那只是体会、理解、感悟的开始，低级阶段。感觉、感受是认识的萌芽，需要理性的思维之水来浇灌。学习语文，重要的是有感觉，但是比感觉更重要的是理性的思考、感觉的升华。如果语文学习只是跟着感觉走，语文学习就失去了意义。如果只满足于对课文的理解、体味，停留在认识的低级阶段，就会导致语文学习的空泛、简单与肤浅。

二、"语文素养"与"人文素养"

课标中明确地提出："语文课程应致力于学生语文素养的形成与发展。"有的教师偏不听"这一套"，无视国家标准，提出语文教学的"人文关怀""构建精神家园"，追求"幸福感""字词句篇是副产品，主产品是有感觉"等主张。

首先，需要辨别"语文素养"与"人文素养"的区别。简单地说，语文素养主要包括三个层面：语文知识与能力、学习方法与习惯、情感态度价值观。这三个层面相互渗透、融为一体、整体推进。而人文素养主要是指情感态度价值观这一个思想、品质、精神层面，是语文素养的一部分。如果把语文教学的终极目标定位在"人文素养"上，过分强调"人文关怀""构建精神家园"，那么将导致语文教学"一条腿走路"，是不可能促进学生语文素养的形成和全面发展的。

其次，从"工具性与人文性的统一"这一语文课程基本特点来看。工具性是语文课程的基础。如果把语文课程的这一特点颠倒一下顺序，理解为"人文性与工具性的统一"就已经是不恰当的，那么过分强调或只讲"人文性"就更偏离了语文课程的特征,是大错特错的做法。倪文锦教授在《语文教学的去知识化和技能化倾向——六十年语文教育最大的失》的报告中强调:"从我国语文独立设科以来的百年历史来看,还没有哪个阶段的语文教育水平已经高到需要批判语文工具性的程度。反之,不管出于何种目的或动机,只要我们忽视或轻视语文学科的工具性,片面地、人为地强调政治性或人文性,我们的语文教育就一定会受到挫折,学生不仅得不到应有的政治思想教育或人文熏陶,而且语文水平也必定下降。"

"本立而道生。"海市蜃楼美轮美奂,是理想者的"精神家园",但是它虚无缥缈,没有根基,即便建构起来,也会稍纵即逝。建构"精神家园",追求"幸福感",必须建立在扎实的基础之上,否则任何"境界""感觉"也难以走进、领悟、享受到。即便是在外力的催化下,一时感悟、享受到了,它们也只会像"海市蜃楼"一样稍纵即逝,使"自由、幸福感""精神家园"成为一个美丽的泡影。为此,我们必须清醒地认识到:语文是一门课程,不是文学,没有那么多朦胧的诗意。小学语文教学说到底是打基础的。

三、为"言语智能"而教

如果无视课标,无视语文学科的性质、特点,无视小学阶段的目标、任务,无视小学生的认知水平和年龄特征,笔者可以提出语文"为思想教育而教""为审美能力而教""为创新能力而教""为个性化阅读而教"等提法(提出几百种不是难事)。但是这样的提法一定会被视为语文教学认识上的严重缺失。因为此类提法都是以偏概全、顾此失彼,都容易造成"一条腿走路"。按照语文课程标准来审视"为言语智能而教",会发现这个提法既没有依据,还特别偏激。如果按照这样的提法教学,语文教学就会走向另一个歧途,理由有以下三个方面。

一是发表此言论者提出"言语智能是人在这种活动中表现出来的言语能力、表达机智、表现艺术……"如果按照这样的说法,那么小学生的小脑瓜、小肩膀有必要承担"表达机智、表现艺术"等高层次、高难度的任务吗?实事求是地讲,不少靠言语智能吃饭的节目主持人、律师的"表达机智、表现艺术"还有待于提高,对小学生提出这样的目标要求实在是拔苗助长。

二是发表此言论者主张将课文当作训练"言语智能"的材料。有的教师教学《狼和小羊》一课，聚焦在小羊与狼的"争辩"上，把教学目标指向教学生"如何争辩""识别争辩的对象，谁可与之争辩，谁不可与之争辩"等内容。这是这则寓言的寓意吗？这应该是教学这篇课文的主要任务、目标吗？（如果在完成主要任务的前提下，适当发挥、拓展一下未尝不可，但不可喧宾夺主、本末倒置）如果按照发表此言论者所主张的，这节课学习"赞美、说服"的言语智能，下一节课学习"劝说、驳斥"的言语智能，这还是阅读教学吗？

三是为了强调"为言语智能而教"的观点，发表此言论者还特别提出"语文教学必须超越知识和技能，走向智慧"。"超越"是一个会危及语文根基的危险提法，一旦"超越"了，哪怕是淡化了知识、技能的教学，追求"言语智能"的愿望都会成为空中楼阁。我们不能再犯违背常识的低级错误了。

总之，如果按发表此言论者的说法，"从'教语文'到'育智能'"来一个"华丽的转身"，真担心像川剧"变脸"表演那样，转过来的已不是语文教学、阅读教学的"面孔"。在小语界普遍关注语文"教什么"的热议中，此言论，无疑是为广大教师的寻觅、思索蒙上了一层迷雾。再者，不客气地说，把霍华德·加德纳的多元智能理论直接搬过来与语文教学对接并作为追求的目标实在是主观臆断的做法，这只是"玫瑰花和金钻石来一次马马虎虎的接吻方式"（黑格尔语）。

四、超越文本

课改以来，在诸多新理念中，诸如"创造性地用教材""超越文本"等新的教材观可谓深入人心。这一新的教材观本意是解放教师的思想，让教师最大限度地发挥创造性。然而，看看课改背景下那不尽如人意的语文教学现实、现状，这一超前的、过于理想化的教材观的正面、积极的作用没有发挥出多少，而削弱教材应有地位、忽视钻研教材、随心所欲教学等负面影响则显而易见。以阅读教学为例，把阅读教学上成资料堆积课、图片展览课的有之；上成音乐欣赏课、闹剧表演课的有之；上成思想品德课、自然常识课的有之；目标不明确，"没有航标乱行船"的有之；目标不准确，南辕北辙、随心所欲的有之。凡此种种，其根本原因都是教师对"超越文本"这一理念的认识产生偏差和严重忽视钻研解读教材所致。

笔者认为，无论是"创造性地用教材"，还是"用教材教"，其根本是教材。既然有教材，教学就有了一定的规定性、制约性。建构主义教学论指出："在万不得已的情况下，一门课程的核心内容允许被固定，否则一个相应的具有知识内容的教学将不可能。但应留有较大的允许改变和补充的空间。"然而令人遗憾的是"被固定"的课程核心内容没有固定好，"允许改变和补充的空间"则大大超越了语文课程的边界。可谓正事没做好，闲事忙不完。

超越文本的前提是读懂教材，不然就会游离文本，就会盲目地、肤浅地超越。更为重要的是，超越教材必须有把握教材的功底和钻研教材的真功夫。

因此，我们有理由说"超越文本"脱离了小学语文教学的现状和实际，忽视了语文教学的特殊性、多重性、复杂性。"超越文本"的负面、误导作用已显现出来，不如吃透、把握教材，尊重编者意图，凭借教材教语文来的实在。务实才是硬道理。

五、现代文这么简单，一读就懂

笔者认为，学习一篇课文可分为三个层面：一是基本内容；二是思想内涵、情感；三是语言表达。对于小学生来说，课文的有些基本内容是一读就懂的，但有些内容不是一读就懂的，需要通过联系生活实际，联系上下文，查找、借助背景资料才能读懂。如《白鹅》一文中的一句："鹅的步调从容，大模大样，颇像京剧里的净角出场。"如果不了解京剧里的"净角"，是无法真正理解白鹅走路的姿态的。阅读课文时不仅要透过语言文字理解、体会、揣摩其思想内涵、思想情感，还要体味、领悟其语言表达，即理解作者怎样写的、为什么这样写。这对于小学生来说就更不是一读就懂的了。正如歌德所言：写的是什么，人人能看见；怎样写的、为什么这样写，对于大多数人来说却是个秘密。阅读就是一个透过语言文字探秘寻宝的过程，阅读教学就是一个练就这种探秘寻宝的兴趣、能力、习惯的过程。

既然从基本内容开始就存在并非一读就懂的地方，既然课文的思想内涵需要细读揣摩，既然怎样写、为什么这样写是一个"秘密"，那么"现代文这么简单，一读就懂"的说法就毫无道理了。即便是一读就懂，还有一个凭借课文学习，运用阅读方法，练就阅读能力，养成良好的阅读习惯的问题。所以，此说法如不澄清匡正，可能会对那些在文本解读方面还缺乏功力的青年教师产生误导。不少教学对课文的理解肤浅不到位，甚至有偏差；水过地皮湿、蜻蜓点水，仅仅停留在文字表面，仅仅是梳理基本内容。这种做法是不是受到此说法的误导，不得而知。

六、语文之道又是不求甚解之道，我们语文教学要求甚解吗

语文之道是什么？语文课程标准已规定得清清楚楚。以"阶段目标"对阅读教学的规定为例，各学段的目标要求加起来有46项，其中只有3项是要求"学习略读，粗知文章大意"，这可以看作是"不求甚解"的规定，而其他43项都没有要求"不求甚解"，这怎么能说"语文之道又是不求甚解之道"呢？为了弄清这种说法的对错，我们需要先弄明白以下两个基本问题。

一是"好读书，不求甚解"的意思。查词典得知：不求甚解是指读书只领会精神实质，不咬文嚼字；现多指只求懂得个大概，不求深刻了解。再结合陶渊明此话的下文"每有会意，便欣然忘食"之说，就更清楚，"不求甚解"字面意思并非是说"过度过分地理解"。"好读书，不求甚解；每有会意，便欣然忘食。"对此，我们应完整理解，不应断章取义，否则会走向歧途。

二是读什么书，在什么情况下不求甚解。陶渊明追求的是"采菊东篱下，悠然见南山"的闲云野鹤般的生活。隐居山野，读几本闲书自然无须"求甚解"，也就是说读明白了就可以了，没有必要细读、咀嚼、深究。我们还应该清楚，对于满腹经纶的文人隐士陶渊明来说，"不求甚解"的读书与一般人的"不求甚解"绝不是一个档次，何况陶渊明在读书过程中，还"每有会意，便欣然忘食"。

当然，闲时读闲书，大体浏览、泛读一下，可以不求甚解。但是发表这种言论的不是指读闲书，也不是指一般意义上的阅读，而是指小学阅读教学，这就需要"理论理论"了。我们知道，小学阅读教学的基本目的和任务是培养学生的阅读能力、练就阅读基本功，从而学会阅读并养成良好的阅读习惯。"求甚解"也就是深入理解，不仅如此，有时候还需要咀嚼、深究、推敲、较真，这样才能练就对语言文字的理解力、想象力、穿透力。如果不求甚解，能达到这样的目的，完成这样的任务吗？

叶圣陶先生在《语文教学二十韵》中特别提出："陶不求甚解，疏狂不可循。甚解岂难致？潜心会本文。"这就告诉我们，"不求甚解"对于小学生来说是一种不良的阅读方式和习惯，不可效仿，并为我们指出"求甚解"的方式、途径。对于阅读教学而言，不仅要引导学生"求甚解"，还要有意识地教给学生"求甚解"的方法，培养学生"求甚解"的能力、习惯，并要特别防止学生沾染上"不求甚解"的不良习惯。作为语文教师，如果不弄清这个问题，信以为真，会在误己的同时误人子弟。其实，把"甚解"解释为"过度过分理解"的本身就是"不求甚解"的不良阅读方式和习惯而造成的误解。

七、煽情是一种教学风格

近几年来，在一些观摩课上兴起一种煽情之风，即教师像背台词似的"满怀激情"地说一些诗意般的语言，在音乐烘托下，把语文课上得"很好看"，很热闹，很有舞台效果。还有的教师用一次次煽情作为手段串联起整堂课。我们知道，情感是隐含在字里行间的，阅读的情趣和功力就是读者能在字里行间体会、体味、体悟、揣摩作者所要表达或抒发的情感，直至被感染，这也是阅读的魅力所在。阅读教学的目的之一就是要培养学生的这种情趣和功力。教师的责任和智慧就是要想方设法地训练、培养学生的这种情趣和功力。如果不是这样，而是游离语言文字，单纯或主要依靠外在的手段、外力来催化"情感"，即使是被催化得"泪流满面"，产生这样的情感又有多少价值？笔者认为，这种依靠外力催化、人为强化的催泪式教学，可能会增添一些观摩课即兴的舞台效果，但是在实际的教学中会弊多利少。

一是削弱学生自己对语言文字的体味、揣摩与感悟。二是重意煽情，则会得"意"忘"言"，即将阅读教学停留在理解内容层面上，不能走到语言表达的层面中。三是不利于学生进行深层次的思考，也不利于促进学生思维的发展。因为在教师诗意般的语言和激情的渲染中，学生只是在听，从而取代了学生的思想、思考，特别是那些妙语连珠、连用排比、充满诗意的语言，很容易把小学生们说得云里雾里。四是掩盖了学生在学习过程中生成的问题、矛盾，教学看起来顺顺当当、"情意浓浓"，却不利于学生思想、思维向纵深发展。五是教师在尽情地挥洒、抒发，而学生当听众或配角，这就从根本上失去了教学的意义，更与当今大力倡导的自主、合作、探究的教学理念和学习方式背道而驰。

再者，教师不把主要精力、智慧用在如何促进学生透过语言文字进行深层次的思考上，不把着力点用在让学生品味语言文字的滋味和感受语言文字的力量、魅力上，不把心思用在有意识地引发矛盾、解决问题上，而是用在绞尽脑汁地编制一些充满激情、诗意的语言上，然后在课堂上尽情挥洒、抒发，岂不本末倒置，得不偿失吗？

让人纠结的是，不少青年教师对这种违背教学规律的催泪式教学大加赞赏并效仿追捧，还称之为一种教学风格，是个性化教学的体现，声称"把煽情进行到底"。笔者认为，教学风格一定要有"格"，这个"格"就是教学的基本原则、规律。如果没有了"格"的界限，只有"风"，就容易随心所欲、天马行空，这就难以称得上是"风格"了。个性是建立在共性这一基础之上的，脱离了共性的个性，不是什么个性化，只能是一种"个别化""个人化"。真正的风格不是刻意追求的，更不是短期速成的，它是功到自然成、陈酒自然香。无论怎样的教学"风格"，必须使学生学有所得、所获、所悟，而不应是教师个人在课堂上尽情地挥洒、抒发、表演。总之，教师强势的煽情是一种把课堂当纸，以学生为笔，用教材做墨，尽情挥洒"我"的教学风格的教学。广大教师必须认清这种披着语文教学的外衣，不干语文之事的教学的真面目。

八、某某课上得真好，我都感动得流泪了

有些青年教师听课回来，说："某某课上得真好，我都感动得流泪了。"听了这样的评价，本人非常诧异。这是什么评价标准？"感动得流泪了"是判断一堂好课的标准吗？当然，一堂课能让听课的人流泪，说明这堂课在"情感目标"的达成上可能有过人之处。但是，语文学习仅仅让人"流泪"，并不是评价一堂好课的主要或唯一标准。本人不知道除了"流泪"，学生还收获了什么？有知识的获取吗？有阅读方法的学习或运用吗？有理解、思维、想象等能力的训练吗？

再者，本人不知道这泪是怎样"被流下来"的？是被教师的"煽情"等外力催化的，还是被课文的语言文字感染的？如果是前者，这种泪是廉价的，因为教师那游离语言文字像背台词一样的诗意的语言渲染、音乐的烘托等，

不符合语文学习或阅读教学的一般规律、特点。如果是后者，即便是被语言文字感染的，也应擦干眼泪，静心想想：我为什么流泪了？还需要从语言表达等方面做深层思考。因为，语文是一门打基础的课程。阅读教学针对的不是一般意义上的阅读，仅仅达到"流泪"是不够的，还承担着比"流泪"更重要的任务，如知识的获取、能力的培养、学习方法的掌握、良好习惯的养成等。

由此可以看出，听课教师并没有掌握听课评课的标准，或者是被泪水迷惑了眼睛，阻碍了判断，迷失了方向。这样听课，只能导致误判，可能学不到"真经"。听课，要以语文课程标准为尺度去衡量、评判；以教材为"镜子"去对照、审视，并将听课角度聚焦语文因素、学生表现和目标达成。力求不看教师看学生，不看热闹看门道。

以上仅列举了八个语文教学的"歪理儿"。其实，据本人所知，脱离实际，违背常理，无视语文课程标准的奇谈怪论不止这些，因篇幅所限，不能一一赘述。

令笔者诧异、纠结的是有不少"歪理儿"是那些在全国有相当知名度的名师发表的。我们希望、赞赏广大教师特别是名师，将教学中的那些实践性、经验性的认识逐步提升为教学理念，进而转化为教学信念，成为一个有思想的、有底蕴的教师。但是，教师总结、提升的教学理念必须是正确的，科学的，符合教学常识、规律和实际的，符合语文课程标准的，是"小学"语文及"语文"教学的。因为，理论探索之树只有植根于现实与实践的沃土之中才能长青。

最后，用现代诗人杜运燮《错误》中的一节作为结束语：

　　最难忘的是曾经想走捷径，
　　看上去真像是个"又一村"。
　　原来却是一条死胡同，
　　只好回过头，重上征程。

（此文的部分内容发表于《小学语文教学·会刊》2012年第3期）

对当下语文教学的哲学考量

语文和其他科目一样是一门学科，有它的学习和教育的规律，有基本的要求和规范。把语文功能无限地扩大，好像很重视语文了，到头来可能"掏空"了语文。过去，我们这方面的教训很多，不能忘记。

——温儒敏

如果用辩证唯物主义的哲学思想来考量当下，那种无视国家课程标准、无视语文教学的基本规律，无视教材编者的意图，热衷于搞名堂、玩花样、造风格、创流派，极尽标新立异的语文教学现状和倾向，本人认为在"风向"上出现了偏差。

一、形式主义

这是一种只看事物的表象而不分析其本质的思想方法。它违背了内容决定形式、形式为内容服务、内容与形式辩证统一的哲学原理，把形式的作用夸大到不恰当的地步。在处理问题时，追求表面形式而不管形式体现什么内容，这种思想倾向和做法在当下的语文教学中屡见不鲜。

例如，有的教师无端地将某课文（一般性的记叙文）的句段变成诗行的形式排列，似乎给人"眼前一亮"的感觉。我们知道，记叙文与诗歌是两种完全不同的体裁，各有各的特点，各有各的讲究。把课文中的某些句段硬生生地改成诗行排列方式，至少有三点不妥：第一，违背了作者本意。特别是对于那些语言朴实的记叙或描写句段，一旦将其改成诗行的排列形式，就破坏了原文的语言风格。第二，诗歌一般是押韵的，改成诗行的句段不押韵，这会给小学生一种错觉，认为诗歌不是押韵的。而且诗句一般是经过语言锤炼的，与一般的语句不同，如果将一般的语句改成诗行的形式，又会使学生认为随便什么语句都可以成为诗句，这就误导了学生对诗的认识。第三，影响有效朗读。读句段与读诗句在朗读时的停顿重音有所不同，如果按诗句读肯定不符合原文本意，怎样读也读不出原文的意味了。这种不伦不类、追求形式的"拉郎配"，纯粹是"玫瑰花和金钻石来一次马马虎虎的接吻方式"（黑格尔语）。

只追求表面形式，而不管形式体现什么内容的做法，还表现在语文教学的多个方面。如，有的教师用诗意的语言描述几个"情境"，让学生在这种"情境"中反复读某一句段。结果，学生不解其意，像小和尚念经般唱读；教师视而不见，充耳不闻，闻而不理，只管自己"尽情挥洒"。这种名曰排比式朗读，对指导朗读而言，根本没有什么实际的意义。形式主义的教学，不仅使教学走了一个华丽的过场，浪费了学生的时间和精力，还容易对学生的学习、认知产生误导。因此，我们要认清它的危害。

二、唯美主义

它作为一个艺术创作的思想倾向，认为艺术的使命在于为人类提供感观上的愉悦，而非传递某种道德或情感上的信息。追求单纯的美，认为"美"才是艺术的本质。这种否认艺术的思想内涵，原本在艺术创作领域也非主流的倾向，却对一些对语文教学还缺乏足够认识或根本还没有弄清语文教学是怎么一回事的教师产生了较大的影响。有的提出语文教学的"诗意美感""诗意语文"；有的把原本不属于语文的东西搬到教学中，把语文教学搞得花里胡哨；有的追求观摩课的舞台效果，把语文课上成"图片展示课""视频观赏课""音乐欣赏课""闹剧表演课""煽情催泪课"等，可谓五花八门。

例如，在识字教学中，一节课就学八九个字，可是在教学中图片、视频接连不断，音乐不绝于耳，不考虑学生对每个生字的熟悉程度，所学生字几乎全都用图片、视频呈现，把识字课上得"很好看"，"很热闹"。结果是关键的字音学生未读准，易混易错的字仍然不清楚，书写指导也无暇顾及。

唯美主义的教学迷惑人。乍一看，这样的教学手段多样且先进，"很好看"，"很时尚"，而实际上仅仅是满足了学生的感官享受，吸引了眼球，从语文学习的角度来看几乎一无所获。尤其是需要学生凭借语言文字，在头脑里想象、"还原"作者描述的那人、那事、那物、那景的时候，用图片、视频取代学生的形象思维，这样的教学就违背了语文教学的规律。

三、理想主义

它是一种脱离现实和实际、缺乏实证研究的理念追求。理想主义者善于运用直觉认识世界，运用情感对世界做出判断，其思想追求、思维活动常常在"云端跳舞"。这种理念追求在课改中也特别盛行。

例如，"超越文本""教师应是教材的开发者、创造者"等新的教材观的本意是解放教师的思想、手脚，让教师最大限度地发挥其创造性。然而，看看课改背景下那不尽如人意的语文教学的现状，这一超前的、过于理想化的教材观，其正面、积极的作用没有发挥出多少，反而削弱了教材应有的地位，忽视钻研教材、随心所欲教学等做法的负面影响则显而易见。我们看到，不少教师在未能辩证、全面理解这一理念的前提下，在对教材没有进行细读、解读、研读，没有从根本上把握编者意图的情形下，扩大了语文教学的边界，把本不属于语文的东西过多地充斥到语文教学之中，使语文教学本末倒置，喧宾夺主，花里胡哨，面目全非。究其原因都是对"超越文本"等理念的认识产生偏差和严重忽视钻研解读教材所致。

本人认为，无论是"创造性地用教材"还是"用教材教"，其根本是"教材"。教材体现了编者的意图，有一定的规定性、制约性。超越文本的前提是读懂教材，把握编者意图，不然就会游离文本，就会盲目地、肤浅地超越。更为重要的是，想超越教材，必须有把握教材的功底，练就钻研教材的真功夫。然而，我们不少教师还缺乏钻研、解读教材的功底，甚至与做一名教材的"执行者"都有较大距离。为此，我们有理由说"超越文本""教师应是教材的开发者、创造者"等提法，脱离了小学语文教学的实际，与当下小学语文教师理解、把握教材的能力和功底相差甚远。

再如，有的教师提出语文教学是"精神的自由交流""生命成长的心灵鸡汤""构建精神家园""学生精神享受的过程"等，这种无视课程标准所规定的三维目标、顾此失彼的提法只会把语文教学引向歧途。

总之，理想主义如纸上谈兵，不考虑任何现实因素，是一种想按照最完美的状态发展却没办法实现的状态。它破坏了事物发展的内部正常秩序，容易把人们的思想、行为引向歧途。

四、虚无主义

虚无主义否认历史的规律性，承认支流而否定主流，透过个别现象否认本质，孤立地分析历史中的阶段错误而否定整体过程。往往用一些片面的材料，轻易地做出结论，轻易地推翻过去的判断，并把结论和判断当成"创新成果"。虚无主义对不了解历史的人来说有很大的迷惑作用。"虚无主义者是一个不服从任何权威的人，他不跟着旁人信仰任何原则，不管这个原则是多么被人认为神圣不可侵犯的。"（屠格涅夫语）这种思想倾向在语文教学中表现为无视国家的课程标准，无视语文教学的基本规律，甚至无端地否定国家课程标准。或者抓住语文教学中的某些缺憾、弊端就要全盘否定语文教学的基本规律，而且是取其一点，不计其余，甚至无中生有。

例如，有的教师提出语文教学要为"言语智能"而教，"从'教语文'到'育智能'来一个华丽的转身"。如果按照语文课程标准来审视，此种说法既没有依据，还特别偏激、虚无。理由有以下三个方面。

一是如果按照"言语智能是人在活动中表现出来的言语能力、表达机智、表现艺术……"这样的说法，那么小学生的小脑瓜、小肩膀有必要承担"表达机智、表现艺术"等高层次、高难度的任务吗？二是持此观点者主张将课文当作训练"言语智能"的材料。有的教师教学《狼和小羊》一课时，聚焦在小羊与狼的"争辩"上，把教学目标指向教学生学习"如何争辩""识别争辩的对象，谁可与之争辩，谁不可与之争辩"等方面。这是这则寓言的寓意吗？这应该是教学这篇课文的主要任务、目标吗？如果根据这个观点，这一课学习"赞美、说服"的言语智能，那一课学习"劝说、驳斥"的言语智能，这还是阅读教学吗？三是为了强调"为言语智能而教"的观点，持此观点者还特别提出"语文教学必须超越知识和技能，走向智慧"。这是一个会危及语文根基的危险提法。一旦"超越"了,哪怕是弱化了知识、技能的教学,追求"言语智能"的愿望都会成为空中楼阁。不客气地说,把霍华德·加德纳的多元智能理论直接搬过来与语文教学对接并作为追求的目标,实在是牵强附会、无中生有。

语文课程标准中明明指出"语文课程致力于培养学生的语言文字运用的能力",有的教师偏偏提出"诗意语文""情智语文""工具性与人文性的统一,是语文课程的基本特点""工具性与人文性的统一是个伪命题"。课程目标中明明规定有"知识与能力"的目标,有的教师偏偏提出"字词句篇是副产品,主产品是有感觉"。阅读教学明明要求"应引导学生钻研文本……加深理解和体验",有的教师偏偏提出"语文之道又是不求甚解之道,我们语文教学要求甚解吗"。这种"你明明""我偏偏"的极端提法,都是虚无主义的思想在作祟。

虚无主义总是以"创新"的面目出现,别出心裁、标新立异地提出一种让人"耳目一新"的观点,这对于那些对语文课程标准的基本理念理解不够和对语文教学的发展了解不够的教师而言特别有欺骗性。对此,我们要清醒地认识到"如果不是从整体上,不是从联系中掌握事实,如果事实是零碎的和随意挑出来的,那么,它们就只能是一种儿戏,或者连儿戏都不如"(列宁语)。

五、主观主义

主观主义是一种唯心主义、形而上学的思想方法,其特点是:在观察和处理问题时,不是从客观实际出发,而是从主观感情、愿望、意志出发,从狭隘的个人经验或本本出发,采取孤立、静止、片面的观点,使主观和客观相分裂,认识和实践相脱离。这种思想方法在当下语文教学的讨论中也屡见不鲜。

例如,有的教师提出:"现代文这么简单,一读就懂。"本人认为,一篇课文至少可分为三个层面学习,一是基本内容,二是思想内涵、情感,三是语言表达。对于小学生来说课文的有些基本内容是一读就懂的,但也有不少不是一读就懂的,需要通过联系生活实际,联系上下文,查找、借助背景资料才能读懂。在了解基本内容的基础上阅读课文,不仅要透过语言文字理解、体会、揣摩其思想内涵、思想情感，还要体味、领悟其语言表达，即理解作者是怎样写的，为什么这样写，这对于小学生来说就更不是一读就懂的了。这正如歌德所言："内容人人看得见，涵义只有有心人得之，而形式对于大多数人是一个秘密。"阅读就是一个透过语言文字探秘寻宝的过程，阅读教学就是一个练就这种探秘寻宝的兴趣、能力和习惯的过程。

既然从基本内容开始就存在并非一读就懂的地方，既然课文的思想内涵需要细读揣摩，既然怎样写、为什么这样写是一个"秘密"，那么"现代文这么简单，一读就懂"的说法就毫无道理了。所以，此说法如不澄清匡正，会对那些在文本解读方面还缺乏功力的教师产生误导。

主观主义"无疑是一朵不结果实的花"，由于它还是"有根基"的"花"，就有一定的迷惑性，我们要对其保持格外清醒的认识。

以上种种偏离正确轨道的"风向"，应是无视课程标准的所谓"创新"所至。如不匡正澄清，将有可能改变语文教学的本位、本质、本色，降低语文教学的质量。

（此文写于2013年8月12日）

领头羊的企盼与忧伤

一只领头羊，精神矍铄、激情洋溢、浑身充满着向上的力量。你看，它那对硕大的羊角像老树的年轮，记录了它几十年的经验阅历、风雨沧桑。

它在队伍的前面昂首挺胸，不知疲倦地走着。因为是领头羊，所以，它知道哪里有草，哪里有水，哪里有狼；它知道吃什么草、喝什么水才有营养。

它回首望去，后面跟着的全是一些可爱的小羊，虽然它感到它们有点儿小，前面的路还很长，但是那些小羊，个个素质优良。于是，它心里便充满了爱怜和希望。

那群可爱的小羊，有些紧跟在后面，精神饱满、斗志昂扬。它想，这些紧跟着的小羊长大了一定都很健壮。特别是那几只走得最快、跟得最紧的，不久一定会成为新的领头羊。领头羊会心地微笑，向它们投去欣慰、欣赏的目光。

然而，也有一些小羊，根本不理会这只充满激情、用心良苦的领头羊。它们已经远离了队伍——有的在悠闲地玩耍，不想去远行；有的觉得走那么远的路，太辛苦，不如在原地吃点草、喝点水省力便当；还有的干脆躺在青草稀疏的地上，忘情地享受着大自然赐予的最后一缕阳光。领头羊看到这种情形，眼睛里闪烁着无奈的泪光……

它多么想大喊一声："别离开队伍，跟上！"

（此文写于 2006 年 7 月 30 日）

第五章　争鸣文汇

如果你在黑夜里迷失方向
　　　　我愿为你擦亮星光

这不应该是最精彩的地方

——与孔爱玉老师《大道至简 大象无形——特级教师林爱娟〈一面五星红旗〉教学片断赏析》一文商榷

认真拜读了《小学语文教学》2008第9期孔爱玉老师写的《大道至简 大象无形——特级教师林爱娟〈一面五星红旗〉教学片断赏析》一文，颇有些感想，想就以下几个问题与孔爱玉老师讨论、商榷：

1. 从本单元的人文专题来看。本单元的人文专题是国际理解和友好，教学的重点是感受各国人民之间的友好情谊和理解（这在教材的导语中和教参上写得很清楚）。如果按照教材的这种"规定性"和领会编者的目的意图，教学《一面五星红旗》一课，最精彩的地方应该在引导学生体会中国留学生的那种爱国情怀是如何感动了那位外国面包店老板，使面包店老板对待"我"的态度发生了根本的变化上，在由于"我"对祖国尊严的维护而深深地打动了面包店老板，从而赢得了面包店老板对"我"的尊重和敬佩，使他情愿地给予"我"无偿的救助上。从中，我们可以感受到那位中国留学生的爱国情怀，但是比这更为重要的是外国面包店老板对"我"的理解、尊重和敬佩，是他对"我"的无偿救助和超越国界的友好和情谊。由此，我们可以这样理解：中国留学生的爱国情怀和坚持是这件事情本身的"因"，而事情的"果"

则是赢得的面包店老板对"我"的理解、尊重和敬佩,是超越国界的友好和情谊。我们这样来把握教材应该更符合本单元的主题和编者的目的。

文中,孔爱玉老师只描述了林爱娟老师的第一课时。本人不知道林爱娟老师是怎样教学第二课时的,也不知道孔爱玉老师是否听过第二课时。但是,在孔爱玉老师所描述的这一课时中,我感觉到林爱娟老师似乎把教学的重点集中在了体会中国留学生的爱国情怀上,没有发现向单元和课文主题发展的迹象和必要的铺垫。

教学伊始,教师就围绕着五星红旗大做文章。课件展示各种升国旗的情景。教学之中,教师让学生关注的是"在这两个人中,你觉得最让你感动的是谁"(第一个学生说是中国留学生);"拿出笔来圈圈画画,找出体现中国留学生对五星红旗无比尊重、爱惜、爱护的语句",进行理解、体会;进而,又让学生按照"五星红旗是(　　　),我决不能(　　　)""远离祖国的人,没有了五星红旗,就好像(　　　),我决不能(　　　)"写一写,说一说;最后再让学生起立齐唱歌曲《红旗飘飘》。特别是有的同学谈到最让"我"感动的人是那位面包店老板的时候(应该说这位学生的感受是比第一位同学深一层的,他似乎触摸到作者的本意),孔爱玉老师评说说:林老师对两个学生的回答不是简单地给予肯定或否定,而是耐心地听完陈述并及时鼓励,以"下节课再研究"轻轻一带,回归教学主题。这就更使我们感到林爱娟老师的教学重点是落脚在体会中国留学生的爱国情怀上。

这样的教学无疑偏离了本单元的专题,没有承担单元专题的教学任务,主攻方向错了。文中,孔爱玉老师把这样的教学当作最精彩的地方来赏析,说明对单元专题和本课教学重点了解不够。

2. 从课后思考题来看。本课主要有两个思考题:一是"我们来画出描写面包店老板态度变化的句子,讨论讨论为什么会有这样的变化";二是"我想对那个面包店老板说……"这两个思考题的共同要求是侧重于研读面包店老板的态度变化、变化的原因和变化的结果。前者是研读面包店老板的态度为什么会发生这样的变化,顺着这条线,我们既可以弄清面包店老板的态度是怎样变化的(不同意白给"我"面包,一脸无奈→同意用那面五星红旗换面包,做平等交易→面包店老板无偿地救助了"我",对"我"的表现大加赞赏),又可以弄清面包店老板态度变化的原因(当面包店老板提出可以用五星红旗换面包时,"我"表示宁可挨饿也不能用五星红旗换面包,"我"要维护祖国的尊严)。由此,我们就能体会到面包店老板对"我"的爱国情怀的理解、赞赏,感受到他所表现出的超越国界的友好情谊。后者是让学生以"我"的口吻对那个面包店老板说……这无疑是在引导学生以称赞的语气来表达对面包店老板的这种超越国界的情谊的感激、赞美之情,这可以看作是对单元主题和课文主题的感悟和提升。

文中,孔爱玉老师说林爱娟老师在教学时指导学生"我们先重点研究中国留学生""拿出笔来圈圈画画,找出体现中国留学生对五星红旗无比尊重、爱惜、爱护的语句",并且用了整整一课时的时间研读留学生的言行,是否把劲用偏了?如果按照这样引导,学生感悟到的还是本单元和本课的主题吗?

3. 从作者写作本文的目的来看。本文是以"我"的角度来写的,可以看作是写"我"的经历。"我"写这篇文章的目的是在赞美"我"的爱国情怀吗?是说"我"如何爱国吗?显然不是。很明显,"我"是在感激那个曾无偿救助过"我"的面包店老板,在赞美面包店老板的那种超越国界的友好情谊。这才是本文的写作意图,也是编者将其选入教材的目的。虽然整篇课文写"我"的言行表现占了全文的大部分内容,但这都是为说明面包店老板的态度变化服务的,都是为表现本文主题服务的。如果这样的理解是正确的,那么本课例的教学是否违背了作者的本意呢?

4. 从学生学习的角度来看。本课有两个理解的内容和线索:一是写"我"的言行表现和爱国情怀;二是写面包店老板态度的变化、变化的原因,以及所产生的结果,并由此来感悟课文的主题。从学生学习的实际情况来看,第一方面,学生不难理解,这不应是教学的重点难点所在,无需在这方面花时间。关键是学生容易忽视、理解不深入的第二个方面,非常需要教师的着力引导、悉心点拨。因为它才是感悟课文主题的关键之处。然而,按孔爱玉老师文中所描述的,林爱娟老师把非重点的、学生一读就懂的、无需花力气引导的,用了整整一课时的时间去教学,这是否有点主次不分、舍本逐末、得不偿失呢?

总之,从孔爱玉老师描述的第一课时来看,我认为林爱娟老师对教材的理解有所偏差:一是没有从单元专题的角度解读教材;二是没有从编者的意图和作者写作目的上解读教材,在教学时把着力点弄偏了。我认为,这是在理解教材方面，以及判断方面出现了问题。就此，我想发表以下感慨。

1. 当前许多教师严重地忽视了钻研教材的问题，只见树木，不见森林，甚至一叶障目，不见泰山。在以单元专题和单元训练重点为统领的教材编排体系中，孤立地理解、教学一篇篇课文，忘记了每课应承担的单元专题或单元训练重点。有的教师干脆不去解读教材，直接从网络上下载现成的教案，进行拼凑组合。因而在教学中就出现了以下的现象：肤浅不到位，甚至有偏差；到位不深刻，没有独到之处；深刻不全面，三维目标缺失。这实在令人为教学质量和教师自身发展而担忧。

2. 教学首先想到的问题是教什么和教到什么程度的问题，进而考虑在什么起点上教、怎样教和为什么这样教的问题。如果教什么的问题错了或方向偏了，不就是南辕北辙，无论多么好的教学设计和方法都毫无意义吗？再者，教师的指导作用发挥在什么地方？是学生自己就能够意识到的，还是学生自己发现不了、意识不到的地方？这个道理似乎都明白。可是，课堂上为什么常常是学生自己就能发现的、一读就懂的地方，教师偏要大讲特讲；而那些学生发现不了的、不懂的地方，教师却不管不问呢？这些问题都值得我们思考。

3. 不少青年教师在听课的时候，不是带着自己思考的头脑去听课，而是比较盲目地崇拜那些特级教师、名师，结果只看到或学到了一些表面的东西（如果特级教师、名师在教学中出现明显的偏差，其负面的影响要比一般教师大得多）。这同样会影响到自己的教学质量和自身的发展。

以上是我一些粗浅的认识，不一定正确，请孔爱玉老师参考。君子贵在和而不同，我们可以进一步讨论和商榷。又因我挚爱小语教研，看到当前在小学语文教学中出现的诸如钻研教材被轻视了、语文味被冲淡了、基本功训练被削弱了、教师的指导作用被弱化了、课件被滥用了等情况，心里不免有些着急、忧虑。所以，文中的措词有的不甚妥当，也请孔教师以海纳百川的胸襟去理解。

（此文发表于《小学语文教学·会刊》2009年第1期）

质疑"诗意语文"

——谨防语文教学历史教训的重现

近年来,在小语界尤其是在一些青年教师那里,流行着一种提法,名曰"诗意语文"。本人对这种提法颇感"好奇",便拜读了相关文章,浏览了博客中的相关论述,读后感到"诗意语文"的言论值得讨论、商榷。在"诗意语文"的影响下,有不少青年教师对什么是小学语文及语文教学产生了一些偏颇的认识,甚至对"语文是一门课程"都产生了怀疑。本人才疏学浅,"长而无述",除了对小学语文教学有几十年的研究之外,对玄学、佛学知之甚少,不敢妄言,仅从小学语文教学的角度,以俗人的视界,本着"君子和而不同"的态度,对"诗意语文"的有关言论提出质疑,与提出者、赞赏者、信奉者商榷。

为了防止自己在阐述观点、说明问题时离题跑偏,主观臆断,不着边际,令人费解,误导他人,特规定三个"必须",以示自醒。

1. 必须讨论"小学"语文及"语文"教学的相关问题。因为我们教学的服务对象是那些只需承受、达到小学语文课程目标的小学生。

2. 必须以语文课程标准的文件为依据。

3. 必须使用质朴的、让人能听懂的话语来阐述观点,说明问题,防止让他人越看越迷糊,越想越糊涂。

一、小学语文及语文教学仅仅是"诗意"的吗

本人以小学语文教研员的身份和俗人的眼光来看"诗意语文",无非是让学生在阅读中读出、感受"诗情"和"诗意",这应该是"诗意语文"的最基本的目的吧。然而,本人强迫自己带着"诗意"的情怀,去重新审视课程标准和教材,发现语文课程标准所规定的小学阶段目标,有5个领域90项学习目标,其中有"诗意",但能"诗意"的地方并不多。例如,识字、写字是语文学习的基本任务,在这一领域里难以"诗意";在阅读学习目标中有那么六七项(阅读教学目标共有31项)能够"诗意",其他20多项没法"诗意"。在阅读教学中,教师指导学生学习、掌握"联系上下文,理解词句的意思,体会课文中关键词句在表达情意方面的作用""能初步把握文章的主要内容""揣摩文章的表达顺序""领悟文章基本的表达方法"等要求,实在是没法"诗意",想"浪漫"也浪漫不起来,这些都需要一个有责任心的教师去扎扎实实、坚持不懈地落实和完成。再看教材,除了那些文学性的课文有一定的"诗意",能读出"诗意"外,其他课文难以读出"诗意"(如说明文)。既然在语文教学的大部分领域里感受不到"诗意",那么,用"诗意"二字涵盖、统领语文教学,是否有点以偏概全、小题大做了?

"有人认为诗意语文太玄,不可琢磨。其实,'玄'是中国文化中重要的思想内核,来自道家的'玄'学说。一个人若太功利、现实,一生中没有进入过玄思冥想的境界,其精神生活将是非常枯竭的。"(摘自《诗意语文的守望与沉思》)但是,诗意语文无论多么玄妙,玄妙到多么高、远、大、新的境界,也不能在没有诗意之玄妙的地方硬找出诗意。"诗意",不论它是名词,还是动词,不论是理念,还是行为,不论是感受,还是境界,它的生成必须是在有诗意的地方。我们无法在没有诗意的地方硬找出诗意。为此,我们有理由用当今的流行语说:语文及语文教学"被诗意"了。

再者,语文内涵丰富,承载万物,可谓多维多元、多姿多彩。我们不能因为它有诗意,就冠之为"诗意语文";因为它有情境,就提炼为"情境语文";因为它有画面,就界定为"画面语文"……依次类推,能人为地制造出上百种,乃至上千种、上万种。然而,无论哪一种都不是真正意义的语文及语文教学了。这种做法如果不是思想方法的问题,就有可能缘于对语文及语

文教学在认识上的肤浅、缺失，或偏激。如果这些都不是，那就只有哗众取宠之嫌了。

本人写到这里，思绪从诗意语文那世外桃源、海市蜃楼般的大境界中，从虚无缥缈、不可捉摸的大智慧中摆脱出来。头脑里突然冒出：有三千五百个汉字等待着教师一个个地去让学生学会学好，而且学生还经常会忘记，需要巩固；学生常写错别字，需要纠正；学生的执笔方法、写字姿势还不规范，需要矫正等。这一切"诗意"帮不了我们。虽然这些想法很现实、很功利，不够超凡脱俗，但是它确实是一个教师的责任，是真正为学生一生发展负责任的态度。

另外，"诗意"二字应该算作一个文学观念，用这一文学观念来涵盖、统领语文及语文教学，无疑是缩小了语文及语文教学的外延和内涵，改变了语文及语文教学的本质、本性、本位，降低了语文课程的重要基础作用，这是很可怕的。再说，诗意的基本要素是激情和自由，而语文作为一门课程，如果过分强调激情，就有可能削弱语文学科的其他诸多功能；如果过分自由，就容易忽视了教材对教学的"规定性""制约性"，像脱缰的野马一样无法驾驭。所以，我们应清醒地认识到：语文不是文学，没有那么多朦胧的诗意。

二、过分强调培养小学生的"人文素养"合适吗

课标中提出："语文课程应致力于学生语文素养的形成与发展。"而"诗意语文"似乎用全部的言论，在强调一个主题、灵魂、境界，即"人文素养"，轻视语文课程中知识、能力、方法等的功能、作用，认为"当语文的本体价值被工具性压倒的时候，学生可能在机械操练中掌握了基本知识和基本技能，可是却失掉了学习语文的全部兴趣、全部激情、全部灵性"。本人认为不一定，关键是训练的内容、方法、价值。如书法家都是经过长期、刻苦训练，才成为大家的。本人欣赏诗意语文所强调的"价值"一词。但是，"价值"不等于诗意，"诗意"不等于价值。其又言："字词句篇是副产品，主产品是有感觉。"从中，我们可以看出，"诗意语文"强调的是语文的"人文性"，忽视的是语文的"工具性"。如果掀起"诗意"那华丽、朦胧、玄妙的面纱，它无非是重现了一个语文教学历史争论且已有定论的"老问题"。

语文课程标准中明确指出："工具性与人文性的统一，是语文课程的基本

特点。"这一语文课程特点的定性和要求告诉我们,语文的工具性是首要的、基础的特征。如果把这一语文课程的特点颠倒一下顺序,理解为"人文性与工具性的统一"就已经是不恰当的,那么过分强调"人文性"或只讲语文的"人文性",就更加偏离了语文课程的特征。说得再明确、干脆些:没有工具性,何来人文性?

在语文教学的发展过程中,我们一直在努力探索语文教学"工具性与人文性的统一",它几乎成为几代语文教学研究者及广大教师不断探索、追求的理想目标。但是由于种种原因,在"工具性与人文性的统一"上一直表现为忽左忽右、顾此失彼的现象,给语文教学及学生语文素养的形成,留下种种无法弥补、令人痛心的遗憾。

"文革"后期至20世纪80年代初期,由于人们还没有从极左的思想倾向中走出来,在语文教学中就出现了忽视工具性,过分强调思想性的现象。例如,在阅读教学中把语文课上成政治思想课,甚至将一些没有什么政治思想性的课文也生搬硬套地附加上所谓的思想性。这样做的恶果之一是:课堂上、作文中说大话、假话、空话、套话,习以为常而不自觉。这种语文教学的历史教训是沉痛的。80年代中期又出现了忽视思想性而过分强调工具性的现象,从而引发了90年代的全国语文教学的大讨论。

"诗意语文"的观点是:"毫无疑问,'诗意语文'是以'诗意'之光烛照语文教学、语文课堂,并将'诗意'之魂作为语文教学的终极关怀""让文本细读指向文本诗意,在文本细读中开掘文本诗意,使文本细读成为文本诗意的实现过程……"这种提法及做法,过分强调"人文性",偏重语文的思想情感,而忽视语文的"工具性",不得不使我们联想到"文革"后期至20世纪80年代初期那段语文教学的历史教训。那时,我们都拿着"政治思想"的放大镜,戴着"政治思想"的有色眼镜去课文中寻找"政治思想"的教育因素,使课文阅读成为"政治思想"的"实现过程"。现在回想起来,这种做法是多么幼稚可笑!今天,再拿着"诗意语文"的放大镜,戴着"诗意语文"的有色眼镜去到文本中寻找"诗意","使文本细读成为文本诗意的实现过程……",不是在犯着同样的错误吗?

再进一步讲,"诗意语文"注重感悟文本的思想内容、内涵,体会文本的思想感情。然而它所感悟的内容、内涵,体会的情感,也是值得商榷的。"诗意语文"强调："'诗意语文'是以'诗意'之光烛照语文教学、语文课堂……""让文本细读指向文本诗意，在文本细读中开掘文本诗意……"，并且"毫无疑问"，说得那么坚定。又说"文本是一个美丽的倒影，你在这个倒影中看到的不是文本，而是你自己"。（按照接受美学的观点，这后一种说法是正确的）如果我们把这两种说法放在一起，就会发现前后是自相矛盾的了。

首先，带着诗意的情怀去阅读文本，无疑是戴着有色眼镜去看事物，读出来的全都是"诗意"（并硬性规定必须读出"诗意"，实在是不现实，强人所难），这样阅读、细读能读出美丽倒影中的"你自己"吗？这个"你自己"还是真实的自己吗？所以，无论"诗意语文"怎样"再三表白，诗意不是外加的，不是硬生生贴上去的标签，诗意一定源自文本内在的结构、内在的情怀……"，但事实却表明"诗意"就是外加的。头脑里带着外加的"诗意"情怀去阅读，实在无法"以从容的心态、散步的姿态去直面文本"。如果拿着放大镜去看事物，什么都是大的；如果戴着有色眼镜看事物，什么事物都是一种色彩。这就如同人感冒了，吃什么水果都是一个味的。我们不能再犯这种低级的错误了。

倪文锦教授在他《语文教学的去知识化和技能化倾向——六十年语文教育最大的失》的报告中强调："脱离或忽视语言工具特点的语文课都不是真正的语文课……从我国语文独立设科以来的百年历史来看，还没有哪个阶段的语文教育水平已经高到需要批判语文工具性的程度。反之，不管出于何种目的或动机，只要我们忽视或轻视语文学科的工具性，片面地、人为地强调政治性或人文性，我们的语文教育就一定会受到挫折，学生不仅得不到应有的政治思想教育或人文熏陶，而且语文水平也必定下降。"

总之，语文教学的历史经验和教训告诉我们：语文教学的正确道路就是走"工具性与人文性的统一"之路。试想：一条腿走路，或一条腿粗一条腿细，什么时候才能真正走到"语文教学的终极关怀"？当前，我们还缺少更好的"统一"的教学方式方法，还缺乏"统一"的内在规律的探索、总结和提升。让我们沉下心来去探索如何更好"统一"的内在规律，真正为语文教学的发展做出正确的贡献。

三、字词句篇真的是"副产品"，语文的知识、能力就那么不重要吗

记得在20世纪80年代，就有人提出语文教学中的"思想教育"是副产

品,当今,诗意语文又说字词句篇是"副产品"。虽然两者说法截然相反,但是思想方法是一样的,即片面、极端,都是"只见树木,不见森林",都起误导的作用。

在诗意语文的言论中,充满了语文及语文教学是"精神的自由交流""情感渴望""生命成长的心灵鸡汤""精神家园""跟着感觉走""学生精神享受的过程""生命的陶冶和建构"等言论。在这里,诗意语文无非是在强调语文的"情感态度和价值观"的问题。语文及语文教学要使学生建构"精神家园",这是必然的、必须的,关键是怎样建构,在什么基础上建构。

"本立而道生",海市蜃楼美轮美奂,大概是理想者的"精神家园",但是它虚无缥缈,漂浮不定,没有根基,即便是建构起来,也稍纵即逝。建构"精神家园",追求"幸福感",必须建立在扎实的基础之上。必须识好字、会阅读,不然什么"境界",什么"感觉"也难以走进、领悟、享受到。即便是在外力的催化、煽情下,一时感悟、享受到了,也只会是"海市蜃楼",稍纵即逝。正如我国书法家启功先生论书法所言:"乃知按模脱坯,贤者不为,而登楼用梯,虽仙人不废焉。"

以阅读教学为例。阅读教学要培养学生的阅读思考能力、理解能力,体验、体会能力,感受、感悟能力,欣赏、品评能力等,这是阅读教学的基本任务。它是"受到情感熏陶,获得思想启迪,享受审美乐趣"的基础、支撑。而这种能力主要不是自然而然地形成的,是需要教师在教学中有意识地培养、训练的,需要给予阅读方法的指导,需要学生在学习过程中学到、掌握一定的阅读方法。因而注重阅读基本功的训练是阅读教学的一条基本规律。"情感""思想""审美乐趣"可能不是训练出来的,但是没有经过训练而形成的阅读能力做基础、支撑,情感的体验、感受会不够真切,思想认识的思考、感悟会不够深刻。没有根基,难以达到"众里寻他千百度,蓦然回首,那人却在灯火阑珊处"的境界,这是不争的事实。

本人认为,教学一篇课文、一段文字、一句话,乃至一个词,既是目的,又是手段,具有双重目的性。也就是说,既要理解、体会它,感受、感悟它,又要在这一阅读过程中,学习一定的方法、练就阅读的基本功,为学生长远、持续、自主的发展打下更扎实的基础,使学生随着年龄、阅历的增长,阅读量的积累,去更自主、更深刻地感受"幸福"人生,建构"精神家园",不然就会使"自由、幸福感""精神家园"成为美丽的泡影。

平心而论,"诗意语文"的提法和做法,强调情感因素、人文素养,有其合理的一面。面对一些语文课上得很肤浅、很乏味的情况,教师在讲授某些课文时完全可以强调、突出一下"诗意"。这是好事,不是坏事。但是过分强调,强调到无以复加的程度,强调成唯一,就会弊大于利了。这就像应有七匹马(指语文课程目标的三个维度七个方面)拉的语文这辆承载万物、内涵丰厚的大车,落到一匹马(情感)身上,它能完成这任重道远的任务吗?能培养整体发展的语文素养吗?能享受到"语文教学的终极关怀"吗?我们应该重视语文素养的整体提高,千万别强调、突出了一点,忽视了其他方面,不然就偏离了目标,走不到正确的道路上来。语文教学的历史教训已经让我们尝到了苦头。(以往,有"思路教学""情境教学"的提法,两相比较,它们是从教学思想、教学方法的角度提出的,应该说是比较合适、妥当的,不容易对语文课程本身产生误解)

我们希望、赞赏广大教师将教学中的那些实践性、经验性的认知逐步提升为自己的教学理念,进而转化为自己的教学信念(教学经验→教学理念→教学信念)。只有达到形成教学信念的层次才能成为一个有思想、有风格的教师。但是,所总结、提升的教学理念必须是正确的、科学的、符合教学规律的,是"小学"语文及"语文"教学的,不然,一旦将这种教学理念提升为信念时,容易误入歧途;一旦将这种教学理念或信念大肆渲染,可能会误导他人。

当前,我们的小语教师队伍里大都是青年教师,他们对语文教学的认识还不够深刻,还不习惯独立思考。某些让人"耳目一新"的提法,对他们很有吸引力。我们应自觉地对他们的专业化发展负责,因为我们是经历过、思考过的。这些担忧并非杞人忧天、空穴来风。看看某些青年教师那"重意煽情、大显教师才华"的课堂,听听某些青年教师对"语文是门课程"的疑惑之说,读读某些青年教师用华丽辞藻描述语文教学的有关文章,你便会理解这些担忧。这是本人写作此文的主要缘由。

(此文发表于《小学语文教学·会刊》2010年第7期)

第五章 争鸣文汇

缺失与偏颇

——与陈刚老师《感觉 感受 感悟 感言——特级教师王崧舟教学〈枫桥夜泊〉赏析》一文商榷

先看原文：

感觉 感受 感悟 感言
——特级教师王崧舟教学《枫桥夜泊》赏析

文/陈 刚

特级教师王崧舟老师执教《枫桥夜泊》一课，教师站在学生生命的高度，用语文的方式挥洒着经典魅力，抒发着文化的情怀。

一、说说感觉

[片段1]"说出你的感觉"

师：请大家打开课本，自由朗读《枫桥夜泊》。反复读，一直把这首诗读顺口，读清爽了。

读诗，不仅要读出节奏、读出味道来，更要去体会它带给我们的那份情绪、那份感觉。如果请你用一个词来表达你读完这首诗的感觉，你想到的是哪个词语？

生：愁。

师：好！把这个字写下来，这是你的感觉。

生：神秘。因为他先说"霜满天"，后又说"对愁眠"。这两个词就让人感觉恍恍惚惚的，隐隐约约透出一种气氛，让人感觉很神秘。

师：那种气氛隐隐约约给你一种感觉叫神秘，好，把"神秘"写下来。那是你珍贵的感觉。

生：我的感觉是"幻"。因为诗中说"夜半钟声到客船"，作者并没有看到寒山寺，只听到隐隐约约的钟声从湖面上传来。这种情景就是幻，若有若无的"幻"。

师：多么空灵的一个"幻"字，多么传神的一个"幻"字，把这个"幻"字写下来。好的，我们继续用词语捕捉自己的感觉。

生：我的感觉是"凄凉"。

师：肚里没点东西的同学，是找不出"凄凉"这个词语的。把"凄凉"写下来。

生：我的感觉是"朦胧"，我是从前两句感觉到的。从"月落乌啼"和"江风渔火"可以感觉到朦胧。

师：好的，把"朦胧"写下来。月朦胧，乌朦胧，夜色更朦胧。那么，为什么《枫桥夜泊》带给你的是愁，是凄凉，是朦胧，是神秘呢？请大家静静地默读《枫桥夜泊》，看看注释，看看插图，想一想，这首诗的哪些地方、哪些字眼向你传递着这样的感觉和情绪。（学生自学）

［评析］

语言学家徐世荣先生曾这样说："讲解是推平、摆开，朗读是融贯、显现；讲解是死的，如同进行解剖，朗读是活的，如同赋给作品生命；讲解只能使人知道，朗读更能使人感受。"这个环节，王老师正是运用多种形式的读，让学生浸染在语言中，逐步进入一种语言情境，撩拨起他们的悟性与灵性。再通过有滋有味的说，用词语捕捉自己的感觉，在与文本的交互中达成了会意，从而达到了"与我为化，不知是人之文、我之文也"的境界。

二、谈谈感受

［片段2］"想象一下画面"

师：诗人在这个晚上看到了一些什么？我们按照诗的顺序，一件一件地说。

生：我觉得第一件事就是月落乌啼。

师：看到了月落，把这个词语画下来。因为愁眠，他看着月亮缓缓地从东边升起，又看着月亮缓缓地往西边下沉，从地面完全消失的时候，天地之间一片朦胧，一片幽暗。再看，就在一片朦胧和幽暗之间，诗人在江边还看到了什么？

生：水边的枫树。

师：看到了江枫，标出这个词语。江枫，你看到了吗？（生回答看到了）没有！你们只是看到了"江枫"这两个字。把眼睛闭上，这回你得仔仔细细、真真切切地看。（教师充满感情地独白）月亮西沉，天地一片朦胧，秋风瑟瑟地吹过，你看那江边，一株……两株……一排……一片……那是枫树，那是枫林。仔细地看，看到了吗？睁开眼睛，说说你眼前出现的枫树的画面，谁来？（话筒指向一学生）有一幅画面在你眼前定格，那是——

生：一片火红。

师：你看到了枫树的颜色，那是因为被霜打了之后，所泛出的红色。（话筒指向另一学生）有一幅画面在你眼前定格。

生：我看见枫树的叶子一片一片落在了江面上。

师：一片一片地飘落在江面上，你的感觉，你心里泛起的情绪是——

生：愁。

师：愁，这就是诗人。（话筒指向一学生）而你眼前出现的是——

生：那江边有枫树，那些枫树被风吹得沙沙响。

师：风，瑟瑟作响。在秋风的吹拂下，缓缓地摇曳着，是吗？

师：你的情绪是——

生：低沉的。

师：低沉，又一个诗人。是的，愁眠，因为愁眠突然发现了江枫。继续看，愁眠啊愁眠，因为愁眠，诗人在江中又看到了什么？

……

［评析］

王老师认为，语文用形象作词、用感情谱曲。语文看上去是一幅幅多姿多彩、形象鲜明的画，读出来是一首首情真意切、感人肺腑的歌。语文说到底是一种感性的存在。在这个教学环节中，王老师让学生找一找诗人看到的景物。他对学生说："江枫你们看到了吗？没有。你们只是看到了江枫这两个字。"接着，他就让学生闭起眼睛来听。在教师声情并茂的描述中，语境还原了，学生的感受也丰满了。一幅泊船江边的夜景图就款款地展现在他们的眼前，幽幽的愁绪就在他们的心头弥漫、荡漾。

三、表表感悟

[片段3]"猜猜看"

师：乌鸦凄厉的啼叫之声划破秋夜的宁静，消失之后天地更加朦胧、更加寂静了。就在这个时候，突然诗人的耳边响起了——

生：夜半钟声到客船。

师：把"钟声"一词画下来。那是在夜半的时候，那是从姑苏城外寒山寺传来的钟声。就是因为愁眠，还是因为愁眠，诗人身体的感觉竟然悄然发生了变化，诗人用三个字来表达，这三个字是——

生：（齐声）霜满天。

师：画下来。孩子们，你们看到过霜满天吗？看到过吗？（有的学生点头）没有，怎么可能看到。因为按照生活常识，那霜是凝结在哪里的？

生：地上。

师：在地上，在草上，在瓦片上，在树枝儿上。因为这样，大诗人李白才会有这样的诗句：窗前明月光——

生：（齐声）疑是地上霜。

师：霜怎么可能满天呢？霜只能满地。问题来了，张继写错了，肯定写错了。霜只能满地，不可能满天，你怎么看？

生：这是作者的一种遐想。

师：他为什么会有这种遐想呢？

生：因为他哀愁，没有办法睡觉，然后他感觉到天上朦朦胧胧好像有霜一样。

师：听听，女孩子的心思就是细腻啊！她告诉我们，她提醒我们：这霜满天的感觉跟什么有关系？

生：（异口同声）心思。

师：跟他的心思，跟他的心情有关系，太对了。想一想，霜满天带给你的感觉是什么？冷不冷？

生：（异口同声）冷。

师：前面冷的，后面——

生：（齐声）冷的。

师：左面冷的，右面——

生：（齐声）也冷的。

师：天地间包围在一起的只有一个字，那就是——

生：（齐声）冷。

师：冷的只是他的身体吗？（生摇头）更是他的心。猜猜看，张继为什么会感觉冷呢？为什么会愁？为什么会又愁又冷？

生：可能是因为张继当时怀才不遇。

师：怀才不遇。不能施展自己的宏才伟略，他冷，他愁。继续猜。

生：还有可能是当时政治上腐败，他努力了却没有办法改变，感到心灰意冷。

师：面对政治的腐败，面对社会的黑暗，他无能为力，所以他冷、他愁。

生：可能是当官的时候他被诬陷了。

师：做官，他想做一个好官，做一个清官，却被人排挤，被人诬陷，所以他冷，他愁，是吗？（生点头）

师：有太多的可能了，现在我们谁也不清楚。当时的张继，夜泊枫桥的张继，到底是因为什么而心冷、心愁？但是我们分明感受到了那种霜气满天的寒意、冷意和愁境。在诗人的感觉中，"霜满地"就成了——

生：（接答）霜满天。

师：哪里是霜满天啊？分明是"冷满天"啊！

[评析]

"猜猜看"，语文有这么教的吗？然而就是这么随意的一猜，就让学生把自己心底里的灵感和顿悟给猜出来了。这就是语文的奇妙，这就是语文的魅力所在。语感的形成和成熟更多地来自学生自身的悟性和直觉。它不是教师教就能达到的，更不是机械的训练所能完成的。或者说，言语智慧的形成是一个与文字相亲相爱的过程，是一个心领神会的过程，更是一个精神漫游的过程，教师要做的是营造、渲染一种言语的场境，然后去点拨、引导和诱发。著名特级教师于永正老师曾这样说：自己教了一辈子语文，悟出了三句话，其中一句是，"不要做'教'师，要做'导'师。教师时代应成为过去。"

四、写写感言

[片段4]"你就是钟声，你会对张继说些什么"

师：就在这个时候，你听（钟声响起）一声、一声，又是一声，寒山寺的夜半钟声,穿过枫林贴着水面,来到了客船之上,那声音那样真切地传到了张继的耳边,那声音仿佛在对张继说——拿出笔,顺着"张继啊,张继"往下写。请注意,此时此刻,你就是钟声,你就是寒山寺的夜半钟声,你来到客船之上,你在愁眠的张继耳边,你款款地、深情地对他说。(屏幕显示 这钟声仿佛在说:张继啊张继————)

好,孩子们,停下手中的笔,其实有没有写完、写多写少都不重要,重要的是当你提笔的瞬间,你突然有一种感觉,你真有话对张继说。其实那不是钟声,那是你想对张继说的心声。寒山寺的钟声悠悠传来,仿佛对张继说——

生:张继啊,张继,你听到我这美妙的钟声,也许可以将那烦恼丢到九霄云外去了吧。

师:这真是知冷知热的钟声,谢谢你,我的钟声。那钟声还对张继说——

生:张继啊,张继,睡吧,睡吧,好好睡吧。

师:这真是善解人意的钟声。正所谓世上本无事,庸人自扰之。那钟声还对张继说——

生:张继啊,张继,你怀才不遇,可千万别泄气啊。

师:不经历风雨,怎么见彩虹呢?那钟声还对张继说——

……

师:放下吧!放下你的愁。钟声悠悠传来,钟声终将消失。然而,此时此刻,我们有理由相信,在这温暖的钟声,在这激励的钟声,在这唤醒的钟声中,随着钟声一起消失的,一定还有张继的那份愁眠。

……

[评析]

在绵绵的愁绪中,王老师话锋一转,把学生从千古一愁的意境中拽出来,引到了寒山寺的钟声之上。

这个环节,教师引导学生展开想象:你就是寒山寺的钟声,你会对张继诉说些什么。这其实就是换个角度让学生表达一下对于钟声的感言。于是,借助练笔,这钟声便在学生的心头荡漾开去;借助感言,也就让学生与诗人之间有了心灵的对话。在这场穿越时空的对话中,学生用他们饱含深情的话语,表达了对诗人愁情的同情,对诗人愁情的关怀,对诗人愁情的抚慰,使人在凄冷的愁眠中感受到了钟声所寄托的温情和对游子的慰藉。从"愁眠"的凄冷到"钟声"的温暖,对"钟声"的感言让学生的视野更加开阔,理解更为深刻。

新近，拜读了《小学语文教学》2010年第8期刊登的陈刚老师《感觉·感受·感悟·感言——特级教师王崧舟教学〈枫桥夜泊〉赏析》一文。读后，感到教师通过四个教学片段——说说感觉（让学生用一个词表达读完这首诗的感觉）、谈谈感受（让学生按照诗的顺序说说诗人在这个夜晚看到了什么）、表表感悟（让学生猜猜诗人为什么会又愁又冷）、写写感言（让学生想象一下，如果你就是钟声，你会对张继说些什么），只是在引领学生比较空泛、简单、浅层次地感受这首诗的内容、画面、情感，更多的是教师尽情地"抒发着文化的情怀"。本人认为这样的古诗教学有着以下几方面的缺失和偏颇（以文会友，恕我直言）：

一、先说"缺失"

缺失一，对古诗及本诗特有的优美语言的品读、品味、品评和品悟。本文作者所介绍的四个片段，都是教师在引领学生感受诗的内容、画面和情感。我们知道，作为中华经典的古诗，其魅力不仅仅表现在它描绘的意象、意境和表达的情感方面，还表现在它的语言表达方面。尤其是古诗，它的独特之处是讲究锤炼、推敲词语。王安石《泊船瓜洲》中"绿"字的推敲与选择使这首诗成为千古绝唱。这就是古人作诗所追求的艺术境界："语不惊人死不休""拈断数根须，为做一字吟"。教学古诗恰恰更需要引导学生去感受这一经典的魅力所在（对学生而言，说说感觉、感受，体会诗中的情感不是很困难）。

以《枫桥夜泊》为例，一个"愁"字可以看作是本诗的诗眼、诗魂。它在全诗中起着统领、笼罩、弥漫作用，是诗人特别用心的地方。为了表达诗人之"愁"，诗人选择了"月落""乌啼""霜降""渔火"等意象，营造了一种弥漫寒意、幽静孤凄、愁绪萦绕的意境，这是本诗的特别之处。把诗中的"月落""乌啼""渔火"等意象从诗中剥离出来，它们只是一个个毫无"生命"的词语，但是当诗人用他那幽幽愁绪把这些词语构成一个整体、营造成一种意境的时候，则字字含情，字字在"述说"幽幽愁绪、愁情，这就是语言的力量、古诗的魅力。在诗人描绘的意象和意境中，有静有动，有暗有明，有声有色，由天到地，由晚到早，由外到内，几乎是全方位地表达其凄婉、浓重的愁绪，这也是本诗的独特之处。尤其是诗中"霜满天"的描绘和

"钟声"的衬托，使景色更加朦胧、静谧、深沉，更加增添了诗人的愁绪，这才是本诗的艺术魅力之所在。以上种种，是否更应该让学生去品读、品味、品评、品悟？哪怕只是其中一两个方面。

"经典的魅力"是内容、思想、情感与作者文笔的双重呈现，古诗教学只停留在感觉和感受诗的内容、画面、情感层面上，很难说是感受经典之魅力。四个片段，没有一个是关于教师有意识地引导学生关注语言表达方面的（《语文课程标准》在第一学段就对古诗教学提出"……感受语言的优美"的学习要求），这怎么能是"挥洒着经典的魅力"呢？本人认为：不能引领学生品读、品味、体评、品悟语言表达（包括表达上的特点、作用、效果等），尤其是本诗表达上的独特之处、作者"别有用心"之处，是古诗教学乃至语文教学的残缺处和致命伤。

缺失二，针对诗中那些学生自己发现不了、意识不到、体味不出的片段，无论是让学生用一个词语、短语"说说感觉、谈谈感受"，还是让学生体会诗中所表达的愁情、冷意，学生似乎一读便知，甚至都用不着"反复读"就能发现、体会到。四个片段，似乎不是教学本诗的关键所在，没有必要用那么多的时间绕来绕去。比这些教学更重要的是学生在读诗过程中自己发现不了、意识不到、体会不出的，或者虽然发现、意识、体会到了，但不够、不深、不对的内容（当前，不少教师似乎专门教学生自己就能发现、理解、体会到的，并且在那里绕来绕去，就是不教学生自己发现不了、意识不到、体会不深的）。

从诗的思想内容看，如诗中写到"对愁眠"，到底诗人在"眠"还是未"眠"？明明是"一夜未眠"，为什么说是"对愁眠"？这似乎有些"自相矛盾"，这是学生意识不到的内容。如果让学生从诗中找出根据、说明理由，就可能会加深学生对诗人愁绪的体味、体悟，还可能引发学生更深层次的思考：他为什么有那么浓重的愁绪、愁情？再如，为什么是"霜满天"，而不是"霜满地"？只有弄清这一个个深层次的问题，学生才会真正走近作者，才能在诵读中与诗人进行"心灵对话"。

在语言表达上，诗人是怎样把那"幽幽愁绪"写出来的？他采用了什么写法？这样写有什么好处（如前所述）？这些也是学生自己发现不了、意识不到的地方。如果教师在这些方面着力引导，哪怕是一字之妙，学生是否会对

"经典的魅力"体味得更多一些?"生命成长"会更丰腴一些?

由此,本人认为:教师的责任、教学的智慧,应更多地体现为引导学生去关注那些他们发现不了、意识不到的内容,让学生茅塞顿开、眼前一亮、豁然开朗。

缺失三,学生自主的学习、发现、探究与生成。从四个片段的教学效果来看,大都是学生说出一点简单的感觉、感受,要么一个词语,要么三言两语,接着就是教师大段的、诗意的激情解读、描述和渲染,基本上看不到学生对自己感觉、感受的深层思考与体味。如片段二,让学生谈谈感受,想象画面:

师:诗人在这个晚上看到了一些什么?我们按照诗的顺序,一件一件地说。

生:我觉得第一件事是月落乌啼。

师:看到了月落,把这个词语画下来。因为愁眠,他看着月亮缓缓地从东边升起,又看着月亮缓缓地往西边下沉,从地面完全消失的时候,天地之间一片朦胧,一片幽暗。再看,就在一片朦胧与幽暗之间,诗人在江边还看到了什么?

这样的教学使学生对诗的感觉、感受只是浮在诗的表层、字面上。是否应该让学生在此基础上进行更深层的思考,给学生一定的时间和空间去沉思默想,甚至绞尽脑汁?可是教师没有这样做,而是尽情"挥洒""抒发",让学生当听众。这不能不使本人感到,这样的教学着实满足了教学者自己激情、诗意、浪漫的"文化的情怀",可学生并没有什么收获,没有得到应有的发展。学生似乎在教师"月朦胧,鸟朦胧,夜色更朦胧"的描述、渲染中云里雾里,真有点"朦胧"了。

对此,我们不禁要问:为什么不给学生一定的时间和空间,让学生更多地挥洒文化的情怀?是不是怕学生挥洒不好,影响了公开课表演的效果,或者是怕学生挤占了教师激情、诗意挥洒的时间?

总之,由于上述几方面的缺失,在《枫桥夜泊》一诗教学的四个片段中,本人没有看到古诗这一文学体裁应有的语文教学方式;没有看到学生在教师的引领下有什么新收获,哪怕只是诗的一字之妙;更没有看到学生在学习过程中的深层次思考和自主发现与生成。这样的教学怎么能使学生享受到《枫桥夜泊》这一经典名诗所特有的艺术魅力呢？这就很难说是站在"学生生命成长的高度"。因为，生命成长不仅仅是指精神、情感层面的，还应包括生活、学习的基本知识、技能。

二、再说"偏颇"

偏颇一，过分地强调"感觉"是否符合语文学习、认识事物的基本规律？本文作者把体现"感觉、感受"的片段作为教学的精彩之处，教师也强调"语文说到底是一种感性的存在"。

心理学的基本常识告诉我们：感觉是最简单的心理过程，是形成各种复杂心理过程的基础，是认识事物的开端。无论是感觉，还是感受，都应属于感性认识，而感性认识是认识过程中的低级阶段。要想认识事物的全体、本质和内部联系，必须使感性认识上升为理性认识，而理性认识才是感性认识的飞跃与升华。

由此，本人认为，语文学习是形象思维（直觉思维）与抽象思维（逻辑思维）、感性与理性的统一体。学习语文，进行阅读教学只有感觉、感受是不够的。感觉、感受只是认识的萌芽，需要理性的思维之水来浇灌。学习语文，有感觉很重要，但是比感觉更重要的是理性的思考、感觉的升华。如果学习只是跟着感觉走，学习就失去了意义。

基于上述认识，我们来看有关片段。在片段一中，教师让学生用一个词语表达读诗后的感觉，学生的回答只是"幻""神秘""朦胧"等词语，比较空泛、简单、肤浅。在片段二中，教师又让学生说感受，想象画面，学生的回答仍然是"月落乌啼""水边的枫树"等短语，还是比较空泛、简单、肤浅。片段三中，教师让学生写感言，当学生真要有感而发的时候，教师又说"其实有没有写完，写多写少都不重要，重要的是当你提笔的瞬间，你突然有了感觉"。只有感觉，不能、不会把自己的感受、感觉表达出来，这样的语文学习还有意义吗？

可见，教师过分强调了"有感觉"。这种认识，这种教学理念、行为，很容易使学生对诗的理解、体会停留在认识的初级阶段。如果再满足于这个阶段，就会导致语文学习空泛、简单与肤浅。（当学生对诗有感悟、要感言的时候，实际是在感觉的基础上有了理性的思考，这里的"感觉"已经不是心理

学意义上的感觉了。如果再称之为"感觉",就让人莫名其妙了)

另外,需要提及的是"说说感觉""谈谈感受""表表感悟"等,不是纯粹的"语文的方式"。语文的方式,一般是指具有语文学习或教学特点的方式,如,圈点标画、品评词句、厘清脉络、入情入境地读等。而说说感受、感觉等,不仅用于学语文,也用于听报告、看电影等。所以,我对"教师……用语文的方式挥洒着经典的魅力"之说,难以苟同。

偏颇二,过度地渲染、煽情是否符合阅读教学的基本特点和规律?四个片段的教学过程基本是教师先提出某一要求,学生用一个词语或只言片语说说自己的感觉、感受,紧接着就是教师一次次大段大段地渲染、煽情。我们知道,情感是隐含在字里行间的,阅读的情趣和功力就是读者能在字里行间体会、体味、体悟、揣摩作者所要表达或抒发的情感,直至被感染。这是阅读的魅力所在,阅读教学的目的之一就是要培养学生的这种情趣和功力。教师的责任和智慧就是要想方设法,千方百计地训练、培养学生的这种情趣和功力。如果不是这样,而只是脱离、游离语言文字,单纯或主要依靠外在手段、外力的催化,那么,这样的情感即使是被催得"泪流满面",又有多少价值?阅读教学还有什么意义呢?

所以,本人认为,教师一次次大段大段地渲染、煽情,可能会增添一些公开课即兴的舞台效果,但是在实际的教学中会弊多利少。这种依靠外力催化、人为强化的催泪式教学,至少有以下弊端:

一是容易削弱学生自己对诗的体味、揣摩与体悟。如果在学诗中,学生的情感真的发生了变化,那也是脱离了语言文字,被教师外在的手段、外力催化出来的。

二是重意煽情,则会得"意"忘"形"、忘"言",即将阅读教学、古诗教学停留在理解内容、想象画面、体会感情层面上,不能走到语言表达的层面里,使阅读教学、古诗教学成为一种"残缺美"。

三是不利于学生进行深层次的思考和促进学生思维的发展。因为在教师诗意语言和激情的渲染中,学生的听取代了学生的思想、思考。特别是那些妙语连珠、连用排比、充满诗意的语言,还容易把小学生们说得云里雾里的。如,在片段四中,教师总结的一段煽情的语言:"放下吧!放下你的愁。钟声悠悠传来,钟声终将消失。然而,此时此刻,我们有理由相信,在这温暖的钟声，在这激励的钟声，在这唤醒的钟声中，随着钟声一起消失的，一定还有张继那一份愁眠。"且不说这段煽情的话是否合适，即便是合适的，本人实在看不出这种煽情的总结语对学生有多少启发性。假如把这一尽情挥洒、总结的机会让给学生，不是更有意义和价值吗？

四是掩盖了学生在学习过程中生成的问题、矛盾，教学顺顺当当，"诗意"浓浓。这也不利于学生思想、思维向纵深发展。

教师不把主要精力、智慧花在如何促进学生透过语言文字进行深层次的思考上，不把着力点用在让学生品味语言文字的滋味和感受语言文字的力量、魅力上，不会有意识地引发矛盾、解决问题，而是绞尽脑汁地编制一些充满激情、诗意的语言，然后在课堂上尽情挥洒、抒发，这不是本末倒置、得不偿失吗？

渲染、煽情作为一种教学手段、方式，对于阅读教学而言只能是一种辅助。如在学生体会情感有一定困难的时候，在需要教师推进学生情感波澜的时候，适当、适度地运用一下未尝不可，但是不宜把它当作阅读教学的主要手段、方式，不可依靠连续不断的煽情串联起整个教学过程，不然就会改变阅读教学的特性，违背阅读教学的基本原则、规律。

也许有的人会说，这样的教学是一种风格，是个性化教学的体现。本人需要强调的是，教学风格一定要有"格"，这个"格"，就是教学的基本原则、规律，不离大谱。如果没有了"格"的界限，只有"风"，则容易随心所欲、天马行空，这就难以称得上"风格"了；个性是建立在共性这一基础之上的，个性是共性的升华，脱离了共性的个性，不是什么个性化，只能是一种"个别化""个人化"。再者，无论怎样的教学"风格""个性化"，都必须能够促进学生的发展，使学生学有所得、所获、所悟，而不应是教师个人在课堂上的尽情挥洒、抒发、表演。

偏颇三，教师过于强势，是否有利于学生语文素养的培养与发展？四个片段大约有5000字，其中教师说的话就占了一半以上。教师说的话大都是大段大段的渲染煽情，学生说的只是只言片语。而且教师一个人说的话，比30多人次的发言还多。教学中，大都是教师先提出一个要求，也不留给学生思考、喘息的时间，在学生三言两语之后，紧接着就是教师的激情独白，不难看出教师是多么强势。

本文作者在文章的开篇写道："教师站在学生生命成长的高度，用语文的方式挥洒着经典的魅力，抒发着文化的情怀。"这是作者对教师教学本课的赞誉和高度概括，一定也是作者对教师教学本课主要特点的总体"感觉"。"教师……挥洒着经典的魅力，抒发着文化的情怀"，而不是学生"挥洒、抒发"。如果这种总体"感觉"是正确的，那么，为什么学生的表现没有给本文作者留下这么强烈的印象呢？这恰恰说明教师在课堂上是多么强势。

这就使人糊涂了。课堂主要是学生展示的舞台，还是教师挥洒、表演的舞台？从四个片段来看，这似乎是舞台剧，教师像剧中的主人公，用诗意的语言串联起整个教学环节、流程，一幕一幕地尽情抒发、挥洒；而学生只是这一剧情中的配角，为主人公的表演需要，填词、补白。这样的教学有什么意义和价值呢？

所以，本人认为，如果教师在课堂上太强势了，那学生肯定是弱势，如果教师给你留下的感觉强烈，那学生肯定没有给你留下什么印象。这样的课无论多么"好看"，多么有舞台效果，教师多么有才华，都是低效或无效，甚至是失败的。因为教学主要不是看教师在课堂上的挥洒、抒发与表演，而是看在教师的引领下学生思想、思维层面上的生成、变化与发展，例如，学生是如何从不懂到懂，从不会到会，从肤浅到深刻，从错误到正确的，等等。

还有一些教师隐性强势，这也是值得讨论的。即教师常常把自己对诗的感悟强加给学生，而不是让学生自己去体悟与生成，如"师：哪里是霜满天啊？分明是冷满天啊"等，也不给学生生成的机会。不仅如此，教师还把自己的主观臆断强加给诗人。如，在片段四中，教师提出："你就是钟声，你会对张继说些什么？"让学生毫无根据地想象钟发出的声音：或安慰，如"张继啊，张继，你听到我这美妙的钟声，也许可以将那烦恼丢到九霄云外去了吧"；或劝慰，如"张继啊，张继，睡吧，睡吧，好好睡吧"等。这种牵强附会的现代版解读，如果张继在天有灵，如果真能"穿越时空"与教师对话，真不知他会作何感想（估计非气晕了不可）。"钟声"作为一种意象，到底在诗中有什么含义？在表达上起怎样的作用？有什么效果？本人认为：一是"钟声"作为一种意象，同"月落""乌啼""渔火"一样在表达着诗人的愁绪，实在不是"钟声"对张继说什么，恰恰相反，是诗人在让钟声"说话"：夜更静谧、深沉、凝重，"我"更加难以入眠，可谓愁上加愁；二是"钟声"

在诗中的作用是衬托，它的出现使夜晚更加静谧、深沉，并加重了诗人的愁情等；三是"钟声"与其他意象一起共同营造诗的意境，而且起着更为特别的作用。试想：如果没有了"钟声"，这首诗一定会失去一半的美。本人感到，教师把这一主观臆断强加给诗人，不仅破坏了诗的美，而且糊弄了学生（如果在误解诗人的情况下，教学方法越新潮、越花哨、越玄妙，学生被糊弄的程度越深）。

另外，片段三中，引导学生将"霜满天"理解成"诗人的一种遐想"，也是值得商榷的。须知，在产生霜的时段（大约凌晨三至五点钟），那些落在地面或高处的物体上的雾气便结成了霜，没有下落的还在空中升腾、缭绕。老百姓有"下霜"之说，农历有"霜降"之说。所以，诗人看到的那个时段，应该是地上、树上、房上满是霜，空中白茫茫、雾蒙蒙，分不清是雾是霜。诗人说成"霜满天"，与"月落""乌啼""渔火"等意象一样是写实而非遐想。再说，张继写诗一向"不事雕琢"，本诗是其代表作，应不会例外。

（此文写于2011年3月25日）

敢问："惊世的美丽"在何处

——读王崧舟老师《在思维的断裂处邀你共舞——〈与象共舞〉课堂教学实录》引发的疑惑、忧虑与思考

新近拜读了《小学语文教师》2010年第11期刊登的王崧舟老师《在思维的断裂处邀你共舞——〈与象共舞〉课堂教学实录》一文，本人产生了一些疑惑、忧虑和思考，对这一被誉为"惊世的美丽"的"同课异构"教学，实在难以苟同。本人本着以文会友、和而不同的态度，提出自己的意见，与王崧舟老师商榷。

一问："思维的断裂处"是客观存在，还是人为所致

文章的题目是《在思维的断裂处邀你共舞——〈与象共舞〉课堂教学实录》，本人认真拜读了长达12页的实录，实在没有找到什么"思维的断裂处"，思忖半天，不知作者所说的"思维的断裂处"到底指的是什么（原文中没有做应有的说明）。根据两节课的实录，第一节是与"读"共舞，教学目标指向理解与感悟；第二节是与"写"共舞，教学目标指向运用与表达。再参看"编者按"，思维的断裂处大概是指"阅读本位"与"写作本位"之间所谓"思维的断裂"。如果这是教师的命题（我想是这个意思，不然实在找不到所谓的"断裂处"），那就需要认真思考这个命题的真伪性。

一是从文章本身的客观存在来看。我们知道，一篇文章是内容与形式的统一体，就像人的手一样根本不存在什么断裂处。既然文章本身不存在断裂处，为什么要人为制造出一个呢？

二是从阅读的角度来看。具有一定阅读能力的人（非纯消遣性阅读），读一篇文质兼美的文章，被某一内容感染，会很自然地想到"这个词用得好""这句话写得好""这种写法很特别"等。这是读者思维的自然流程，无断裂可言。

三是从阅读教学的实际来看。小学阅读教学的基本任务，一是理解课文的思想内容，体会思想感情；二是推敲语言，品评词句，领会表达；三是渗透、学习或运用阅读方法（从两节课的实录来看，没有感到第三个任务的实施）。我们就前两个教学任务来讲，理解、感悟、体会课文的思想内容、情感，必然离不开品评词句、推敲语言，不然就会理解、感悟、体会得很肤浅，很空泛；品评词句，推敲语言，领会表达自然离不开思想内容、情感，不然就没有了依据，成了无源之水。教学中，无论是从理解、感悟思想内容的角度入手，还是从领会语言表达的角度入手，都是不可能将思想内容与语言形式剥离开的，这是一个阅读教学的基本常识。再者，实录一，侧重于对课文思想内容的理解与感悟；实录二，侧重于对语言形式的理解与运用。这种人为制造"断裂"的单一指向的异构教学，是否符合阅读教学的基本规律、特点，也是值得商榷的。

1963年教育部制定、颁布的大纲指出："在语文教学中，教学生理解文章的思想内容和掌握文章的语言文字，是不可分割的。文章是用来记叙事实，阐明道理，抒发感情，讲述知识的。事实，道理，感情，知识是内容，而记叙，阐明，抒发，讲述都必须凭借语言文字。读一篇文章，理解它的思想内容和理解它的语言文字是紧紧联系在一起的；写一篇文章，正确地反映客观事物和准确地运用语言文字也是分不开的。"

这是对语文教学基本常识、规律的科学论述，今天来看仍不过时，仍在提醒着我们不要违反语文教学的基本常识、规律。

由此，我们可以这样认为："思维的断裂处"是不存在的，是人为制造出来的。原本没有"断裂处"，人为地制造出一个"断裂处"，然后再师生"共舞"，这实在是令人费解。更为可怕的是，如果这一命题成立，将会对那些对语文教学还缺乏足够认识的青年教师产生误导，即把一篇课文的教学误当成"两张皮"，人为、机械地把思想内容与语言形式分离开来。如果是这样，那将改变阅读教学的规律、特质。

另外，需要说明的是，因为原文中没有对"思维的断裂处"做应有的说明，如果本人上述的判断、认识不是教师表达的意思，"断裂处"另有它意，那就是本人的愚钝和文章题目表述得过于玄妙了。

二问：略读课文这样教是否符合教材的编排特点，体现编者的意图

本人到全国各地听一些观摩课、优质课，包括一些"新潮名师"的公开课，感觉普遍存在一个问题，即教学中无视语文课程标准制定的年段目标，无视教材的编排特点，无视编者的意图，把教材中的导语、提示语、课后思考练习题等这些提示教学目标要求、重点、学习方法等文本要件当成"聋子的耳朵"，不屑一顾，教学随心所欲，我行我素。这实在是当下语文教学不正常、不健康的表现。教师所教学的《与象共舞》两节"全新"的"异构课"，给了本人同样的感受。

一是略读课文教学的基本要求、方法问题。人教版的小学语文教材把课文划分为"精读课文"和"略读课文"，这是教材的一个编排特点，编者意图显而易见。叶圣陶先生在《略读指导举隅·前言》里说得很明白："就教学而言，精读是主体，略读只是补充；但是就效果而言，精读是准备，略读才是应用。"就教法而言"提纲挈领，期其自得"。这就告诉我们，教学略读课文要求教师更加放手，重要的是要让学生运用在精读课文中获得的知识与方法，自己把课文读懂。按照这样的要求来看两节课的实录，基本上还是在教师掌控、牵引下的理解、体会和感悟，没有看到教师引导学生运用什么知识和方法去自读自悟，自悟自得，也不是学生自己把课文读懂的。实录中，无论是词语的学习，还是主要内容的把握；无论是替换角色的朗读，还是课文主题的感悟；无论是选择带"睹"的词语填写句子，还是对"拥"字的赏析等，都是如此。本人认为，教师这种无视课型特点的教学设计，取代了学生应该自主、合作、探究的学习时机，剥夺了学生自主学习的权利，从学生发展的角度看，不是在提高学生的阅读能力，而是在削弱学生的阅读能力。这种与教学精读课文没有多少区别（精读课文的教学也需要适当放手），没有体

现、尊重教材编排特点和编者意图的教学，使我们担忧。原本属于学生的用武之地，又被教师剥夺了，学生什么时候才能有学习的自主权，什么时候才能施展自己的才能呢？我们很期待"明师"对略读课文教学的示范和引领，但是教师给了我们一个非略读课文教学的范例。

教师到底应该怎样教学略读课文，是一个需要认真思考、深入研讨的问题，本文不能展开具体的讨论，单就"实录一"中关于利用中心句把握课文主要内容的教学谈一点意见。实录中，教师先让学生画出第一、二段的第一句，再让学生发现这两句中"藏着一个诀窍"，即"中心句"，然后教师告诉学生："……这一句就是这一段的中心句，而这一段的中心句，正好概括了这一段的段落大意。这就是你们刚才发现的诀窍。用这个诀窍再去看一看下面的三个自然段，看你能不能很快地概括下一段的段落大意。"

这是一种几乎从零点起步的教学。这样的教学，把学生看作"一无所知"，不符合学生认知水平，更不符合略读课文的教学方式，没有让学生运用在精读课文中学到的知识、方法去自觉自主地获取新知。实际上，总起句的名称、特点及其作用在人教版语文教材三年级上册《秋天的雨》中已经有所接触，对于五年级下学期的学生来说不是新的知识点，完全可以放手让学生自己发现，自觉自主地运用总起句的知识去把握课文的主要内容，根本不需要教师在那里花费那么多时间。当教师说"藏着一个诀窍"的时候，"师环视，见举手的学生不多"。为什么举手的不多？本人认为，不是学生不知道两个句子是总起句，而是教师把浅显的知识故弄玄虚地称为"藏着一个诀窍"，一下子把学生说蒙了。

二是本课教学目标、重点及学习方法的问题。从教材导语和连接提示语提出的教学任务、重点及阅读方法来看，教学本课的任务主要是：一要抓住主要内容，了解泰国的独特风情与文化，感受人与动物和谐相处的美好，这是理解感悟课文思想内容；二要与《威尼斯小艇》一课进行比较阅读，这是学习本课的方法、过程；三要在比较中领悟两篇课文在写法上的异同，这是领悟课文的表达方法。这三个方面是教学本课的主要任务，是教材的规定，教师的责任就是想方设法落实这些任务、重点。

如果用教材的规定性和制约性来审视教师的两个教学实录，不难发现，两个实录只是落实了第一个任务，而且是在教师的掌控、牵引下完成的。第二个任务根本没有理会，第三个任务基本上没有完成、落实。教师为什么对教材的这些任务、要求不予理睬，是教材要求得不合适，还是难以完成、落实？如果不是有意而为之，就实在想不出其他理由了。

就本人来看，第一个任务不是难点，学生可以独立完成。教师教学本课的关键是落实比较阅读，让学生在与《威尼斯小艇》一课的比较中，发现写法上的异同。如两课都抓住了事物的特点来写，都抓住了人与物的密切关系来写，都把人的活动和景物、风情结合起来进行描写等。这样教学，不仅仅是让学生发现写法上的异同，丰富知识，更重要的是运用、训练了比较阅读的方法，培养了学生发现、探究的能力。教师的职责不仅在于教，更在于教学生学。

三是年段特点的问题。当下，阅读教学普遍存在着年段特点不明显的问题。如，高年级的阅读教学与中年级的阅读教学没有明显的区别，不考虑学生是在什么起点上进行学习，不顾及相互联系、螺旋上升的教学目标体系。高年级的阅读教学更多应从整篇的层面上去理解把握、体会感悟。本课要求"联系上一篇课文，比较一下两篇课文在写法上的异同"，就是提示学生站在整篇的层面上思考问题。然而，两个实录几乎全是在词句上大做文章，如：找出课文中的五个成语，再带入相关的句子；找出带"睹"字的成语，再填入相关的句子；找出总起句，赏析"拥"字，等等。这样的教学没有体现高年级阅读教学的年段特点，更像中年级的阅读教学。这种教学实际上不是提高了学生的阅读能力，而是贻误了学生阅读能力的发展。

平心而论，如果不顾及略读课文教学的特殊性，不顾及本课教学的目标要求，不顾及年段特点，教师的设计与教学的确有不少精彩之处。如，实录一中，为了让学生入情入境、设身处地地体会与象共舞、人象合一，把描写人与大象舞蹈之句段中的"观众""人群"等词语换成"我们"。实录二中，一个"拥"字的赏析，虽然不是高年级的教学着力点，虽然有些绕圈费时，但的确是让学生品出了"拥"字表达的好处；对课题内涵的深层次解读的确反映出教师对课文的解读和把握的力度、深度，的确表现了教师教学设计的精巧和功力。但是，问题的关键不在这里，而在于这篇略读课文这样教学是否合适（其他的教学设计虽然很用心，但难以苟同。如，让学生体会语言节奏的朗读超出小学生的认知水平和朗读要求；让学生仿照课题说说"与……

共舞"的拓展，偏离了本单元感受异国、异域风情的主题和训练重点等）。试想，干正确的事与正确地干事，哪一个是首要的、最重要的？干正确的事是目标、方向问题；正确地干事是方法、手段问题。如果目标、方向错了，正确的方法、手段，不但无益，反而有害。其方法和手段越先进、越新潮、越巧妙，就会离真理越远。南辕北辙的故事，不正说明了这个道理吗？

也许有人会说，新课改不是倡导"用教材教，而不是教教材"吗？请注意，无论是"教教材"还是"用教材教"，其根本是"教材"，不是随便哪一篇文章。教材有一定的规定性、制约性。我们知道，编者依据语文课程标准编排教材，教材中的导语、提示语、思考练习等文本要件是语文课程标准目标要求的具体化，体现了编者的意图。我们的教学工作首先应该把课文、编者的意图弄明白，然后想方设法，开动脑筋去完成、落实这些教学目标要求，这也是一个教师的基本责任。试问：如果不按教材的相关任务、要求教学，那按什么教学？如果可以随心所欲、我行我素地教，教材还有存在、使用的价值吗？教学还有多少实际意义呢？

也许遵循教材、尊重编者意图的教学，对名师而言无足轻重，不是一个多么了不起的问题。他们注重的是自己的教学特色、风格，让教材为展现演绎自己的教学特色、风格服务。然而，实际的情形是，名师的教学特色、风格对于那些青年教师来说，只是在"欣赏"或惊叹，难以学到手。而这种随心所欲、我行我素、不按照教材的规定性和制约性教学的不恰当的做法，却直接影响着他们。不少盲目崇拜名师的青年教师还误认为这是"超越教材"的"创新"行为。

实事求是地说，随心所欲、我行我素的教学比按照教材的要求教学相对容易一些。因为前者不需要掌握教学目标体系，不需要顾及年段的特点，不需要把握编者的意图，想怎样教就怎样教。而按照教材的规定性、制约性教学，既需要解读课文，又需要把握编者意图，还要了解目标体系，以学定教等，相对就难一些了。就此而言，对大多数青年教师来说，在这些方面确有困惑，实有疑难，的确需要一批有责任感的"明师"给予正确的引领，我们真诚期待着这样的"明师"。我们不需要什么"惊世的美丽"，我们真正急需的是本质、本真且尊重教材，能更好地体现年段特点、编者意图，落实教学目标的常态教学的示范和引领。

三问：巧妙的设计，成就了什么，美丽了谁

当下，一些名师，尤其是一些新潮名师，特别在意彰显自己的教学风格，特别注重教学的巧妙设计，追求观摩课的舞台效果、轰动效应，为此，无视教材的规定性、制约性，不管学生学习的起点、年段性，让教材为彰显、成就自己的风格服务，让学生为演绎、证明自己的一个个教学设计之巧妙、精彩服务。为此，教师在课堂上表现得特别强势、抢眼。本人细读了这两个教学实录后，这种感觉就比较明显。

以实录二"一串带'睹'字的成语"一节的教学为例。这一环节的教学可以分为五步：第一步，课件出示"熟视无睹"，引导学生读词，理解它的意思；第二步，让学生说一说带"睹"字的成语，学生说出了"惨不忍睹"等五六个相关的成语；第三步，出示四个与课文相关的"熟视无睹""有目共睹"等成语和课文中的"松弛""按摩"等四个词语，教师提问"……这两组词语有什么联系吗？"，然后又出示了教师编写的四个句子，如"在泰国，大象对人群已经……，所以，你遇到大象，神经完全可以松弛下来"，让学生把两组词语填到这四个句子里；第四步，让学生朗读这四个句子；第五步，解密，告诉学生："孩子们有没有发现，刚才你们所填所读的这四句话，如果把它们合在一块儿，正是我们这篇课文的主要内容，是吗？"学生点头。

这一教学环节的落脚点是让学生了解课文的主要内容，这应该是教师的主要目的。据本人所知，人教版语文教材在三年级上册第二单元就提出了"想想、说说课文写了一件什么事"的要求，由此开始到五年级下册，都要进行了解或把握课文主要内容的训练。这一阅读基本功的训练，编者已经有意识地安排了20多次，而且在人教版语文教材四年级下册第八单元专门提出了学习抓住课文主要内容的方法等。应该说，这项阅读基本功对于五年级的学生来讲，应该不是教学的重点、难点，学生完全可以比较自主地把握课文的主要内容。从这个意义上讲，这种看似很巧妙的设计，本人认为有以下不妥：

一是无视学生的基础、学习的起点，低估了学生的能力，没有为学生自主把握课文主要内容提供时机，而用教师的巧妙设计取代、占用了学生自主发展、能力提升的时间和空间。

二是烦琐费时，舍近求远。把握课文的主要内容，就五年级学生的基础

和这篇课文，完全可以一步到位，如借助各段的总起句把握主要内容。然而，教师舍近求远，让学生先找出带"睹"字的成语，再选出合适的词填写到句子里，最后再让学生发现这四个句子合起来就是课文主要内容。教师领着学生绕了一个没有多少实际意义的大圈，才回到正题上，实在是烦琐费时。虽然一步到位的教学不够巧妙，但是可以实实在在地训练学生的阅读基本功。

三是引鱼上钩，故弄玄虚。本人认为，从教学的实际效果来看，这样的设计对于五年级的学生而言，没有多少学习、训练的价值。从技术层面来看，实际是教师设计了一个个"圈套"，用"引鱼上钩"的方式来衬托、证明了自己设计的巧妙，让人感到很好看、很精彩，甚至会引发全场的"笑声、掌声"。这样的教学设计，着实满足了教师追求的观摩课的舞台效果和轰动效应。然而，静心反思：学生自悟自得了多少？学生习得了或运用了什么阅读方法？练就了怎样的阅读基本功？本人认为，教学设计以实用为好，不必刻意追求它的巧妙，太刻意了就容易失去本真的东西。行走在有意与无意之间是教学设计的理想境界。

更让本人不解的是，为了即兴的舞台效果或取悦台下的观摩教师，赢得"全场的笑声、掌声"，教师用故弄玄虚、调侃学生的行为来衬托、证明自己的"聪慧"、引导的"巧妙"。实录中的第25、27、29、30页，就特别注明了此处有"笑声、掌声"，其用意显而易见。以实录二第27页的标注为例。教师板书了课题，加注了略读课文的符号"*"。

师：《与象共舞》是一篇略读课文，知道这个符号的意思吗？（批注：教师先明确地告诉学生是略读课文，再故意问符号的意思，学生就不知道老师要问什么了。这就是投饵设套，引鱼上钩）

生：不知道。（批注：学生上钩）

师：猜猜！（批注：再进行引诱）

生：我猜这是非常重要的意思。（笑声）（批注：上钩后的舞台效果出现了）

师：有道理。（批注：调侃学生，得意满满）

生：我猜这是阅读的课文。（批注：再次证明学生的无知、愚钝）

师：不好意思，王老师吐字不清楚，影响了你的听讲。告诉你们，是略读的课文，"大略"的"略"，"粗略"的"略"。（批注：终于以学生的"无

知、愚钝"证明了设计的巧妙，衬托了教师的博学与聪慧）

经过教师的精心设计，原本毫无意义的问题变得很有"意思"，终于换取了全场的"笑声"，着实满足了教师浪漫情怀和追求的舞台效果。对这种灰色"幽默"，本人实在笑不出来。

本人认为，同课异构是在把握编者意图，明确教学目标、重点的前提下，体现编者意图、落实教学目标、突出重点的教学过程和方法上的异构，即同课异构的方向、目标应该是一致的，而在路径、方法等方面独辟蹊径，各具特色、各有千秋。如果不是这样，而是随心所欲地"全新"异构，那同课异构就没有了"依据"，更没有多少教研的意义和价值。

（此文发表于《小学语文教学·人物》2011 年第 8 期）

论小学语文教学

别让"名师"的教学套牢自己

据本人了解,当今不少青年教师在备课、设计教案的时候,没有用足够的时间和精力去细读、解读、研读文本,钻研教材(有的教师宁愿把主要时间和精力花在制作课件这一教学的辅助手段上)。有的教师甚至跨过研读文本,钻研教材这一最基本、最重要的环节,走了捷径,或直接从网络上下载现成的教案,用他人的设计取代自己应做的工作;有的教师在没有弄清教材的特点、教学的目标及深入思考他人"为什么这样教"的情况下,复制套用"名师"的教学设计,被"名师"的教学设计禁锢、套牢了思想、思考,从而失去了自我。(有些新潮"名师"的教学无视语文的特性,过分煽情,得"意"忘"形",不知误导了多少对语文教学还知之甚少,且盲目追捧的青年教师)

读了《小学语文教学》2008年第9期刊登的《例谈阅读教学的主线设计》一文中关于《我的伯父鲁迅先生》一课的主线把握和教学设计,我就有一种被"名师"的教学设计套牢、误导,从而误读文本、重点错位、失去自我的感觉。我很想就我的思考与本文的作者讨论、商榷。

文章中是这样描述他对《我的伯父鲁迅先生》一课的主线把握和教学设计的:

在《我的伯父鲁迅先生》一课的教学中,笔者在借鉴名师名家教学方法的基础上，以文章第一自然段中表达作者悲痛感情的一句话"我呆呆地望着来来往往吊唁的人，想到我永远见不到伯父的面了，听不到他的声音了，也得不到他的爱抚了，泪珠就一滴一滴地掉下来"为红线，将全文串联起来引导学生理解，以达到丰富鲁迅先生的形象，感受鲁迅先生的人格魅力的教学效果。

在学习"谈《水浒传》"这件事后，笔者这样引导学生："这么好的伯父，对周晔这么关心……可是，伯父逝世了，从此以后，周晔再也得不到伯父的爱抚了。望着伯父的遗体，她怎么能不难过呢？让我们来读这一段话，我想，你们的体会一定与刚才有所不同……"（学生朗读那段话后，谈体会）

在学习"笑谈碰壁"这件事后，笔者又引导学生："鲁迅先生多么富有斗争精神……可是鲁迅先生逝世了。从此以后，周晔再也听不到他的声音了……"（学生再次朗读那段话，再谈体会）

在学习"救助车夫"这件事后，笔者再次引导学生："……从此以后，周晔再也见不到伯父的面了。想到这里，她的心情怎么能不万分悲痛呢？读了这个故事，我们回过头来再一次读这一段话，用你们的心去体会。"（学生再朗读那段话，再谈体会）

从这一设计与教学中可以得知，课文中三个或四个事例的教学都是：学习一个事例→教师激情渲染→学生回读第一段话→谈体会。对此，至少有四个问题需要讨论、商榷：

1.《我的伯父鲁迅先生》是一篇回忆性文章，是作者在鲁迅先生去世十几年后写的。事隔这么多年，当回忆起伯父鲁迅先生时，作者的情感比"悲痛"更突出的、更重要的则是一种追思、怀念、敬仰。她追思、怀念伯父鲁迅先生，更敬仰、赞扬鲁迅先生的人格魅力和高尚品质。从本文作者所设计和教学的情形来看，把情感主线着力、集中、定位在"悲痛"上，既不符合作者写这篇文章的本意，也不符合课文主体部分流露出的思想感情，似乎也不符合常理，是对课文情感把握的错位、误读。

2. 作者十几年后写这篇回忆性文章，其主要目的是什么？我们是否可以这样理解：一是写这篇文章来纪念、怀念伯父鲁迅先生，表达作者的敬仰、赞扬之情；二是让读者通过鲁迅先生亲属的描述，通过亲属的眼睛去认识鲁迅、了解鲁迅。如果把作者的情感作为主线，那么在这条主线上的"珍珠"，就是课文中"谈《水浒传》""笑谈碰壁"等事例所反映出的鲁迅先生的崇高精神、高尚品质。让学生在心目中留下一个个闪光的"珍珠",并与作者产生同样的缅怀、敬仰之情,才应该是学习这篇课文的主要目的。

教学中,我们是强化"主线",还是强化"珍珠"?是"主线"重要?还是"珍珠"重要,这似乎不言而喻。可是,本文作者的设计和教学,显然是强化了"主线"。在每学完一个小故事时,教师便激情洋溢地渲染描述周晔如何悲痛,让学生在一次次回读中体会作者的"悲痛"之情,一次次强化"悲痛"的情感。在这样的教学中,学生感受到的还是鲁迅先生的人格魅力、崇高精神和高尚品质吗?还能"丰富鲁迅先生的形象",并对鲁迅先生产生缅怀、敬仰之情吗?很显然,这是教学主攻方向的错位,即形象与情感、"珍珠"与"主线"的错位。

3. 三四个事例用同一个套路去教学,是否符合课文的特点,是否符合学生学习的需求,姑且不论,就学生所产生的情感而言,也是值得商榷的。本文作者在文章中说:学生"对文章情感的体会逐步深化""学生真实的情感流露"。且不说情感把握的错位,那逐步深化、真实流露的"悲痛情感"是依靠什么产生、深化、流露的?是靠教师主观的外力催化、人为强化,还是学生从字里行间切身体会到,被语言文字中的情感所感染?"语文教学舍弃了情感,那么就失去了语文教学的灵魂",这样说固然有一定的道理,关键是这种情感的产生来自哪里。如果脱离、游离语言文字,不是引导学生从课文的字里行间体会出,而是单纯依靠外在的手段、外力的催化,那么,这样的情感即使是被催得"泪流满面",又有多少价值?阅读教学还有什么意义呢?

4. 可以看出,教师编织了那么多生动感人的语言来煽情,让人感到教师在课堂上很强势(有些新潮"名师"特别善于煽情)。这就又使人糊涂了,课堂主要是学生展示的舞台,还是教师表演的舞台?如果教师太强势了,那学生肯定是弱势。如果教师给你留下的感觉深刻而学生没有给你留下什么印象,那么这样的课无论多么"好看",多么有舞台效果,都是失败的。因为教学主要不是看教师在课堂上的表现,而是看在教师的引领下,学生的变化、发展。

我认为本文作者的设计和教学之所以出现上述值得商榷的问题,主要原因是生搬硬套了"名师"的教学方法,被"名师"的教学方法禁锢、套牢、误导了自己的思想和思考。这种设计与教学，不是在深入钻研教材、真正把握课文特点基础上的独立思考，而是先想到一个自以为很好的套路，然后将这篇课文的教学套进去，从而误读了文本，失去了自我。

另外，本课是"笔者在借鉴名师名家教学方法的基础上"设计的。不知是哪位"名师"创造出这样的套路，不知教学哪篇课文设计了这样的套路，不知这样的套路是否符合那篇课文的特点和学生的需要，但是，假如在这样的套路下学生的情感发生了变化，那一定也是靠外力催化的，人为强化的。所以，这种脱离语言文字的催泪式教学，是需要讨论、商榷的。我认为，阅读教学比催泪更重要的是品味语言文字的滋味，感受语言文字的魅力，练就阅读基本功。

最后，我想引用列宁的一句话作结："为了能够分析和考察各个不同的情况，应该在肩膀上长着自己的脑袋。"

（此文发表于《山东教育》2010年第3期）

好看的蘑菇不能吃

一场大雨过后，森林里五颜六色、形状各异的蘑菇像雨后春笋般长出来。

兔妈妈要带领孩子们到森林里采蘑菇，她说："孩子们，现在正是采蘑菇最好的时机，你们愿意到森林里采蘑菇吗？"

天真可爱的小白兔们高兴地说："愿意！"

"那就挎上小篮子，准备出发吧！"

兔妈妈带领着孩子们来到森林边，说："你们就到森林里面去采吧，看谁采得又多又好。"可能是对蘑菇的认识有缺失，可能是从来没有见过这么多五颜六色、形状各异的蘑菇，也可能是那些好看的蘑菇长得太别致、太吸引眼球了，小白兔们一走进森林，一个个张开那豁子嘴，惊讶地说："哇——这么多好看的蘑菇！"小白兔们一边忙碌地采着，一边兴奋地赞美着，那场面可热闹了。

"这个小蘑菇多漂亮呀，多像一把小花伞！我要采下来让妈妈欣赏欣赏。"

"多么好看的蘑菇，如果采下来做成汤，一定特别好喝，特别有营养！"

"我从来没有见过这么好看的蘑菇，我要多采一些让大家品尝。"

遗憾的是，他们看也不看，理也不理那些不好看而实际能吃的蘑菇。

兔妈妈要带孩子们回家了，便招呼大家在森林边集合，她要亲自看一看孩子们的收获。不看便罢，一看兔妈妈吓了一跳。她看到大多数孩子采的都是些花花绿绿的彩蘑菇，便赶紧命令大家："你们采的蘑菇有毒，不能吃，快把那些彩蘑菇扔掉！"

"啊？"小白兔们一个个傻了眼，瞪大红红的眼睛，你看看我，我看看你。

有一只小白兔不听妈妈说的话，心想："这么好看的蘑菇，怎么会不能吃呢？是不是妈妈老了，有点糊涂了。"她被彩蘑菇那好看的颜色、别致的形状迷惑了，便偷偷地吃了几个。

意外发生了。那个偷吃彩蘑菇的小白兔，没走几步就大喊大叫起来："我肚子疼，疼死我了！"

兔妈妈很奇怪，刚才还好好的，怎么一会儿就肚子疼起来了？那个偷吃彩蘑菇的小白兔忍着疼痛，说："我吃了几个彩蘑菇……"

"啊！你不要命了。快！快去医院！再晚了就有生命危险。"兔妈妈抱起偷吃彩蘑菇的小白兔向附近的医院飞一般奔去。

幸亏吃得不多，幸亏抢救得及时，经过医生的医治，那只偷吃彩蘑菇的小白兔苏醒过来。她睁开红红的眼睛，张开豁子嘴，后悔地对妈妈和来看望她的哥哥姐姐们说："妈妈说得对，好看的蘑菇不能吃。"

（此文写于2009年10月6日）

第六章 课例点评

如果你要到达彼岸

　　我愿为你架起一座桥梁

《从现在开始》教学设计及点评

《从现在开始》教学设计

教师简介

于婷,济南市槐荫实验小学语文教师,教导主任。山东省教学能手,山东省优秀教师、特级教师。

教学目标

1. 借助汉语拼音认读"之、轮、期、第、任、惯、式、眯、郑"9个生字。读好"郑重"的读音,继续巩固"偏旁表义"的识字方法。会写"之、令、布、直、当、第、现、期、轮、路"10个字。注意"第"字的笔顺,"令、直"等字容易出错的笔画。

2. 仿照课文积累"神气极了、荡来荡去、立刻——"等词语。

3. 正确、流利、有感情地朗读课文,读出猫头鹰的神气、袋鼠的激动;能用自己的话讲故事。

4. 结合生活实际和上下文,利用换词品评等方法了解"轮流""神气"等词语的意思;通过角色体验、内心揣摩、对比品评等方法了解猫头鹰、袋鼠和小猴子当上大王后的不同做法,进而懂得要尊重别人,尊重别人的生活习惯。

重点难点

重点：正确认读"之"等9个生字，规范书写"令"等10个字；有感情地朗读课文；了解重点词句的意思；了解猫头鹰、袋鼠和小猴子当上大王后的不同做法，进而懂得要尊重别人的生活习惯，更要尊重别人。

难点：懂得要尊重别人的生活习惯，学会尊重别人的处事道理。

板书设计

<pre>
         21   从现在开始

    叫苦连天   直摇头   欢呼   尊重
</pre>

教学过程

一、结合歌曲，导入新课

1. 教师和学生演唱《小红帽》。

【设计意图：教师带领学生一边表演，一边演唱学生熟悉的歌曲，活跃课堂气氛，在轻松、和谐的氛围中走进课文。】

2. 导入。

师：刚才，我们唱了一首歌《小红帽》。知道吗？这是一个童话故事。今天，我们也来学一个有趣的童话，故事的名字叫——（生读课题"从现在开始"）。放开声音，再读一次。（再读课题）

【设计意图：联系所唱的歌曲是个童话故事这一内容，引出本课也要学习的童话，简洁明了，直奔课文的学习。】

二、初读课文，读词识字

1. 教师范读课文。要求：边听边想，这个故事中都有谁。

2. 学习本课生词。

①拼读生字词。出示：

> lún liú　　　　dì yī　　　　　xīng qī　　　　shàng rèn
> 轮 流　　　　第 一　　　　星 期　　　　上 任
> xí guàn　　　　fāng shì　　　　zhèng zhòng　　xiào mī mī
> 习 惯　　　　方 式　　　　郑 重　　　　笑 眯 眯
> wàn shòu zhī wáng　　　　　　yì lùn fēn fēn
> 万 兽 之 王　　　　　　　　议 论 纷 纷
> jiào kǔ lián tiān　　　　　　 dàng lái dàng qù
> 叫 苦 连 天　　　　　　　　荡 来 荡 去

②学习"轮流"一词。（出示）

师：大家看这个词，读起来可不容易了，谁试试？（指名读）下面，咱们这样读：请这两排的同学先读，中间两排接着读，然后是这边的同学读，明白了吗？开始——（生：郑重——郑重——郑重）。像这样，一排接着一排地读，用屏幕上的一个词来表示，是什么？（轮流）

③积累与"荡来荡去"结构相同的词语。

师：大家再来看这个词，齐读——（生：荡来荡去）。像这样的词，我相信你一定会说。（生：飞来飞去、跑来跑去、跳来跳去）

④玩爬词语楼梯的游戏，巩固读词。出示：

师：现在，我们来玩个爬词语楼梯的游戏吧！你们瞧！怎么登上去呢？我们这样读（师示范）老师是怎么读的？（声音越来越大了）咱们一起去攀登吧！（生齐读）大家爬到顶了，再怎么下来呢？谁来试试？（声音越来越小。指名读）看，这个同学词语读得准确，下楼梯时多顺利啊！

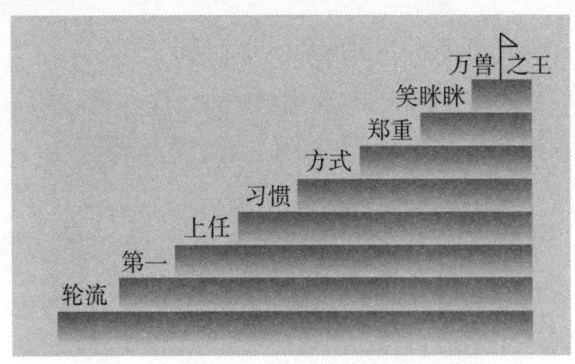

3. 学习本课生字。

①读生字。(生自由读)

出示：

之　轮　期　眯　任　惯　式　第　郑

②发现左右结构的字，读左右结构的字。

师：请同学们看看这些变红的字，从结构上看，你有什么发现吗？（生：都是左右结构）发现了，就请这一排的同学读读这些左右结构的字吧！（"开火车"读）

③认识"眯"字并了解"目"字旁的生字。

师：同学们看这个"眯"字，你有什么办法记住它？（生：它是"笑眯眯"的"眯"，你们都笑一个。我发现大家的眼睛都眯成了一条缝。因为这个字和眼睛有关，所以用的是"目"字旁）与眼睛有关的带"目"字旁的字你还知道哪些？（生：眼、睛、瞧等）同学们认识的字可真多。

④指导书写"第"字。

师：大家再看这个字——第，读"dì"，这个字的下半部分，笔画和笔顺都很容易出错。请大家现在伸出小手，和老师边说边写写吧！（师范写，生仿写一遍）

⑤玩七巧板的游戏，巩固识字。

依次出示：七巧板、带字七巧板、变兔子和狐狸图形的带字七巧板。请学生用多种形式认读。

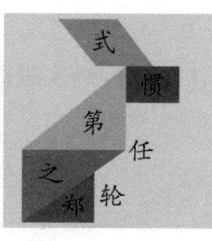

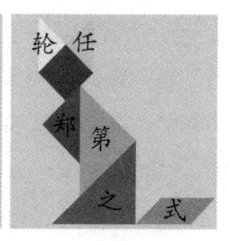

【设计意图：识字学词是低年级教学的重点。抓住本课要掌握的生字词的特点，从中寻找规律。利用多种游戏形式，提高学生的识字兴趣，并在识字读词的过程中，总结方法，形成能力。】

三、入情入境，读文感悟

1. 学生接读课文。

2. 学习第一自然段。

①渲染，引出第一自然段。师：狮子大王年纪大了，它想找一个动物接替他做万兽之王，听：——（课件播放画外音：从现在开始，你们轮流当"万兽之王"……）

②指名说三种动物名称（猫头鹰、袋鼠、小猴子），贴图片。

【设计意图：恰当运用多媒体画外音的方式，帮助学生了解课文内容，简略处理内容简单的段落。贴图这种方式，既能帮助学生厘清课文叙述顺序，又能帮助学生整体感知课文内容。】

3. 学习第二自然段。

①指名读第二自然段。

②出示第二句话，"神气"换成了"高兴"，找出来。

他想到自己成了"万兽之王"，高兴极了，立刻下令："从现在开始，你们都要跟我一样，白天休息，夜里做事！"	他想到自己成了"万兽之王"，神气极了，立刻下令："从现在开始，你们都要跟我一样，白天休息，夜里做事！"

师：同学们看看大屏幕上的这段话，里边有一个地方和刚才同学们读的不一样，你能找到吗？（生：高兴——神气）

4. 体会不同。

师：猫头鹰当上大王了，确实很高兴。为什么课文中用"神气"来形容他呢？（学生：因为他当上大王了，觉得自己很了不起，很威风；因为很得意，很骄傲等）

师（小结）：是啊，猫头鹰此时不只高兴，还又得意又骄傲呢，所以这里用"神气极了"。

5. 运用教师范读和学生朗读进行比较的方式指导朗读。

师：我们怎么把猫头鹰大王那得意骄傲的神气样子读出来呢？

①让学生自己先练练，然后指名读。

②教师范读。

③"像我这样神气极了地下命令吧。谁行?"（指名读）"真威风。还有谁能读，大家推荐一个吧。"（指名读）

6. 创设情境，了解"议论纷纷""叫苦连天"的意思。

师：听了猫头鹰大王的命令，动物们议论纷纷，叫苦连天。（板书：叫苦连天）虽然议论纷纷，可大王的命令又不得不服从，一到漆黑的夜晚，我们就得打起精神起来干活了。这样的日子整整过了一个星期啊，动物们叫苦连天，快说说吧。梅花鹿，说说你这一个星期是怎么过的？（生：白天让我睡觉，我根本睡不着啊！晚上这么困还要出去找吃的，太难受了）美丽的孔雀呢，你是怎么过的？（生：我也是，晚上可困了）晚上出去找吃的，遇到什么麻烦没有？）生：看不见路，摔倒了，羽毛都不好看了。小斑马你呢？（生：我的头都磕破了）

过渡：是啊，大家的日子过得真苦啊！那这一部分，该怎么读呢？

7. 创设情境，配乐朗读。

师：下面，我想让大家把猫头鹰当大王这一星期的情境表现出来，好不好？这样，请一位同学读猫头鹰大王的话（指一名学生）。动物们叫苦连天所说的话，我请三位同学来说。梅花鹿，请你来说（生1）。孔雀，请你（生2）。小斑马，你来说（生3）。我们全班同学都来读叙述部分。

师：（音乐）狮子大王宣布了命令后，第一个上任的是猫头鹰。他想到自己成了"万兽之王"，神气极了，立刻下令——

生（猫头鹰）：从现在开始，你们都要跟我一样，白天休息，夜里做事！

全体：大家听了议论纷纷，可是又不得不服从命令，只好天天熬夜。一个星期下来，动物们都叫苦连天。

生（梅花鹿）：白天让我睡觉，我根本睡不着啊！晚上这么困还要出去找吃的，太难受了。

生（孔雀）：我也是，晚上可困了。看不见路，摔倒了，羽毛都不好看了。

生（小斑马）：我的头都磕破了。

【设计意图：对重点段落的处理，抓住重点词句，采用品评词语、创设情境、配乐朗读等方法，使学生融入故事之中，实现与角色的交流、对话。】

8. 学习第三自然段。

①指导朗读第三自然段。师：下面，请同学们读读第三自然段，过一会儿，咱们来分角色朗读。（生读）

②抓住"直摇头"，指导学生分角色朗读。师：谁来读袋鼠大王的话？（指名）谁来读叙述部分？（指名）其他同学们呢，你们就是森林里的动物了，听了袋鼠大王的命令，你们是怎么做的？（生直摇头）（板书：直摇头）好，准备好，开始了。

③比较句子。

出示：

> 从现在开始，你们都要跟我一样，白天休息，夜里做事！
>
> 从现在开始，你们都要跳着走路！

师：我请两位同学来读读这两句话。其他同学认真听一听，他们下的命令有什么不同。（生读后，说一说）那大家再看看，他们俩的命令又有什么相同的地方吗？（生说）

④让学生用上"虽然……但是……"作小结（虽然他们俩下的命令不同，但想法是相同的，那就是都让小动物按照他们俩的生活方式过日子）。

【设计意图：在重点学习了第二自然段后，放手让学生分角色朗读第三自然段，自读自悟，培养自主学习的能力。通过将前两任大王的话放在一起比较，引导学生发现并练习总结两任大王的共同点，逐步揭示出本文的主题。】

9. 学习第四自然段。

①自由读文，画出小猴子说的话，读一读。

②将猫头鹰、袋鼠和小猴子所说的三句话进行比较。

出示：

> 从现在开始，你们都要跟我一样，白天休息，夜里做事！
>
> 从现在开始，你们都要跳着走路！
>
> 从现在开始，每个动物都照自己习惯的方式过日子。

师：同学们看看前两次猫头鹰和袋鼠下的命令，再看看这次小猴子下的

命令，有什么不同吗？（指名说）

③举例说说动物习惯的生活方式。

师：什么是照自己习惯的方式过日子啊？小松鼠，你习惯什么样的生活方式？（生：白天找食物吃，晚上睡觉）黄鹂鸟，你呢？（生：在天空中飞，不能老是跳着走路）

师（总结）：是啊，人人都有自己喜欢的生活方式和习惯，小猴子就是懂得尊重大家的生活方式和习惯，（板书：尊重）所以下了和前两任大王不同的命令。

④课件演示动物们欢呼的场景，板书"欢呼"。

⑤将"立刻"去掉，和原句比较，品评词句，理解内容，指导朗读。

出示：

师：请你读读这句话。（指名读）是啊，大伙儿立刻欢呼起来。如果把这个"立刻"去掉好不好？为什么？（生：因为动物们听了猴子的话太高兴了，觉得再也不用受苦了，终于可以照自己习惯的方式过日子了）所以，大伙儿"立刻"欢呼起来。谁能读读这句话？（指名读）我们一起读。（全班齐读）

【设计意图：将小猴子的命令和前两任大王的命令再进行比较，学生不难发现，原来小猴子和前两任大王的命令是截然不同的，进而帮助学生理解本文的主旨。】

⑥学习第五自然段，齐读狮子大王的话。

四、情境延展，深化主题

1. 教师总结：最终，小猴子因为懂得尊重别人的生活习惯和生活方式而当选为新一任的万兽之王。

2. 说话拓展。

师：第二天，大森林里又恢复了往日的平静。动物们按照自己习惯的方式过上了悠闲自在的日子。

这一天，动物们又聚在一起，聊了起来。这时，猫头鹰不好意思地对动物们说……；袋鼠真诚地对动物们说……他们会说些什么呢？课下把它写下来，下节课，我们继续交流。

出示：

猫头鹰不好意思地对动物们说：_____

袋鼠真诚地对动物们说：_____

【设计意图：让学生课下写一写，是这堂课听、说、读、写完整训练的体现。创设课文故事的延伸这一情境，使学生在写的过程中，继续领悟本文的主题，实现走进文本，与作者真正对话。】

点　评

于婷老师设计的《从现在开始》一课，曾在山东省第五批教学能手评选活动中展讲，获得了评委和听课教师们的一致好评。她的教学设计主要有以下几个特点。

一、趣中识字，渗透方法，注重激发学生的识字兴趣

语文课程标准指出：识字写字是第一学段的教学重点，要运用多种识字教学方法和形象直观的教学手段，创设丰富多彩的教学情境，提高识字教学效率。在这堂课的识字写字的教学设计中，于老师运用了登词语楼梯、生字七巧板等游戏形式，以此激发学生主动识字的兴趣。

比如，在登词语楼梯这个识字小游戏中，于老师先示范读词语，引导学生发现声音越来越响亮，然后请全班学生也这样读；第二步下楼梯，指一名学生来读词，并引导学生声音越来越小。从教学效果来看，学生读得非常投

入,精力也高度集中。于老师采用这样的游戏方法,贵在突出一个"趣"字。在学生已经掌握了本课生词的读音后,再采用这样一个有趣的游戏来巩固,是非常扎实的。其次,学生读词语时,声音由小渐大或者由大变小,这种形式在低年级小朋友眼中是非常新鲜、好玩的,他们也更能精力集中地读词语。因此,这种设计与教学具有趣味性,达到了巩固生字学习的目的,也调动起了学生学习的积极性。

再如,"眯"字的教学。于老师先让学生了解这个字的特点,然后提出问题"你还知道哪些与眼睛有关的、带'目'字旁的字?",让学生调动起自己的积累,形成一个"知识类"。在这样的设计与教学中,教师抓住一课中那些有特点的字,有所侧重地教。这样不仅有助于学生掌握汉字规律,也有助于引发学生自觉地到生活中识字。

二、品评词句,含英咀华,引导学生体会语文真味

结合上下文和生活实际理解重点词句的意思是读懂课文的基本方法,也是低年级阅读教学的主要任务。在这一课的设计中,于老师注重引导学生自主发现,感悟重点词句的内涵与表达的情感。

如,对第二自然段"神气"一词的教学,于老师运用了换词的方法,将"神气"换成"高兴",让学生体会其不同。通过揣摩猫头鹰此刻的内心,学生能感受到猫头鹰当上大王后的高兴,而更多的是得意和骄傲。第四自然段"立刻"的教学运用了"去掉这个词再和原句做比较"的方法,引导学生体会动物们听到小猴子的命令后,那种极为高兴、激动的心情。

再如,于老师在研读教材过程中发现"三位大王"所说的话,其句式基本相同,有语文学习的因素。为此,于老师将"三位大王"所说的话进行异同比较,通过比较理解内容,感悟主旨。一是比较猫头鹰和袋鼠大王的命令有什么相同和不同。通过比较,学生发现他们下的命令虽然不同,实则想法相同,那就是按照他们俩的生活方式过日子。二是再把三位大王所说的话进行比较,学生发现,原来小猴子和他俩是完全不同的。

这样的设计与教学,符合低年级阅读教学的要求、特点,而且教学方法多样、巧妙。于老师采用换词、去掉关键词和比较句子等方法,为学生的理解找到了突破口,既让学生理解了课文内容,感悟了语言内涵,同时还让低

年级的学生初步领悟到词句在表达上的作用，更重要的是渗透了阅读的方法，让学生掌握了阅读的方法和读懂课文的途径。

三、创设情境，体验角色，力求实现与文本的深层对话

为了引导学生读懂课文，在本课的设计中，于老师设计了四种与文本对话的情境。

第一是将课文第一段中狮子大王说的话制作成录音，课上播放，用以导入课文的学习。"师：狮子大王年纪大了，它想找一个动物接替他做万兽之王，听：——"这里不是采用常规的学生或老师朗读的方式，而是采用播放录音和学生听故事的方式，带领学生走进故事的情境之中，平添了几分情趣。

第二是在学习第二自然段时，为了让学生体会"白天休息，夜里做事"的感受，创设了"请动物们说说这一星期是怎么过的"这一情境。设计中，于老师引导学生把自己想象成森林中的动物，利用了三个动物形象——梅花鹿、孔雀、斑马，引领学生走进角色内心，感受动物们的"叫苦连天"，也为感悟课文主旨埋下了伏笔。

第三是为了帮助学生理解"尊重别人的生活习惯"，于老师再次创设情境，请"动物们说说你们习惯的生活方式是怎样的"。在交流过程中，老师选择了松鼠和黄鹂鸟，让学生在情境中畅所欲言，真正感受到了大家各自都有自己喜欢的生活方式，明白小猴子是尊重大家的，进而理解了"尊重"的内涵。

第四是学完课文后，创设了"落选的猫头鹰和袋鼠有话要对动物们说"的情境，让学生展开想象，让学生对"要尊重别人的生活方式"的认识与理解走向深入。

创设情境，扮演角色，走进角色，让学生在情境中与文本对话，这是低年级阅读教学的有效方式，符合低年级学生学习的特点。于老师把握住这一低年级教学的规律，努力创设一个个情境，让学生扮演角色，设身处地地体验，为学生搭建起与文本对话的桥梁，能够使学生在一个个情境中深入理解、真切体会和自主建构。

四、朗读指导，方法多样，着力体会角色情感

指导朗读是各学段阅读教学的重要任务，低年级的朗读教学比理解课文

内容还重要，需要不惜时间着力指导。于老师认识到这一教学的真谛，在设计中，用足够的时间和方法进行了有效指导。

第一是学习课文之始的教师范读。教师在学习课文之始，先进行课文的范读，并要求学生边听边想：这个故事中都有谁？教师范读应该是最好的朗读指导的方式，教师声情并茂的朗读，能够给学生很好的示范。学生能够从中真实、直观地感受到这篇课文应该怎样读，读到什么程度，其教学的指导、示范作用是其他方法无法取代的。

第二是重点语句的比较朗读。在学习课文的第二自然段时，于老师采用了师生对比朗读的方式，通过范读、学生练读、展示指导效果的指名读，有效引导学生读好猫头鹰当上大王后的神情、语气。

第三是创设情境的配乐朗读。在整个第二自然段学习之后，于老师创设了朗读课文句段与想象（说角色的感受）相结合的情境配乐朗读：由教师描述第一自然段的大意，带入情境，再由一名学生扮演猫头鹰，读猫头鹰下的命令，然后由全班学生读叙述的部分，最后让各个角色顺着"叫苦连天"说出一个星期白天睡觉，夜里干活的感受。这种读与说的情境朗读，学生充当角色，置身于故事的情境中，其教学效果是显而易见的。

另外，于老师在指导朗读过程中，不是平均用力，而是有侧重地指导。如，第二自然段重点指导读好"神气极了"，不是平面推行，而是有层次、有过程地指导。教师范读——学生练读——指名展示读（或齐读），不是空泛说教，而是有方法地进行指导。于老师抓住了课文中的关键词句引领学生，从品味语言到体会情感，实现了用恰当的语气语调朗读。

于老师长期从事低年级的语文教学，真正把握住了低年级语文教学的规律和特点，积累了丰富的教学经验。无论是解读教材、把握编者意图方面，还是设计教学方法、策略方面，都值得我们学习和借鉴。特别是本课教学设计中，那些识字、理解课文、指导朗读等方面的方法和策略，颇具教学智慧，可直接复制到你的教学中。

《笋芽儿》教学设计及点评

《笋芽儿》教学设计

教师简介

聂志婷,济南市营市东街小学语文教师、教导处副主任,槐荫区名教师、优秀教师、教学能手。

教学目标

1. 借助汉语拼音正确认读"笋""唤"等14个生字,会写"冈"等9个字,能在田字格中写好带"口字旁"的字和词语。

2. 正确、流利、有感情地朗读课文,能按提示语读好春雨姑娘、雷公公、笋芽儿等不同角色的话。

3. 通过抓重点词句、联系上下文、想象画面等阅读方法了解笋芽儿的生长过程,体会笋芽儿对春光的向往和奋发向上的精神。

重点难点

重点:正确认读生字词,写好带"口字旁"的字词;通过学习课文,了解笋芽儿的生长过程。

难点：读出不同角色的语气，体会笋芽儿对春光的向往和奋发向上的精神。

板书设计

教学过程

一、激发情感，导入新课

1. 春天，冰雪融化，柳枝发芽，到处是一片生机勃勃的景象！今天，我们就来学习一个发生在春天的故事。故事主要讲的谁呢？我们先来写写它的名字。我们先写笋芽儿的"笋"。"笋"先写竹字头，伸出你的小手来，和老师一起写一写。学生练写"笋"，指名读"笋"。

2. 跟老师一起写"芽"，齐读。

3. 板书"儿"字，补全课题。指名读：笋芽儿。

4. 引导学生发现"笋芽"和"笋芽儿"的不同。

师：加上这个"儿"和不加这个"儿"，听起来有什么不同？

小结：对。加上"儿"这个字，就让我们感觉笋芽儿非常可爱，听起来也特别亲切。

5. （出示沉睡的笋芽儿图）看，这就是小小的、嫩嫩的笋芽儿，它是竹子的嫩芽（贴图）。此时的小笋芽儿还在地下沉睡呢！下面，我们就来读一读笋芽儿的故事。

【设计意图："笋芽"一词的后面加上儿化韵，不仅突出了笋芽儿的活泼可爱，更充分表达了作者对笋芽儿的喜爱之情。抓住这一特点，开课时通过板书课题，引导发现，达到以下三个目的：认读"笋"字，书写"笋芽"一词，落实写字教学的目标；通过比较"笋芽"和"笋芽儿"这两个词，引导学生初步了解儿化韵的表达特点和作用；借助图片，了解笋芽儿，引入课文的学习，为学课文奠定情感基调。】

二、初读课文，快乐识字

（一）初读课文

学生接读课文。其他同学边听边想：眼前出现了一个怎样的笋芽儿？

（二）快乐识字

1. 借助拼音读准词语。出示：

huàn	qī	niǔ	zuān
呼唤	漆黑	扭动	钻出
láo	biàn	fǔ	zī rùn
唠叨	辫子	爱抚	滋润
gāng	háo	róu	hōng
山冈	自豪	揉了揉	轰隆隆

2. "小老师"领读。

3. 强化易错难读的词语。（去掉拼音）"开火车"读。出示：

漆黑　唠叨　爱抚　滋润　山冈

4. 感受象声词的有趣。轰隆隆：指导学生用粗重的声音读。沙沙沙：指导学生用轻柔的声音读。

5. 男生读雷声，女生读雨声。

6. 认读生字。出示：

唤　揉　漆　轰　扭　钻　唠
辫　抚　滋　润　冈　豪

7. 生字归类。出示：

唤　揉　扭　漆　唠　抚　滋　润

引导学生按偏旁把生字分类，自主发现这些字的偏旁与字的意思有关。齐读生字，读字卡，巩固生字。

【设计意图：识字教学是低年级语文教学的重要内容。本课的字词，先借助拼音、字卡等读准生字的字音，然后通过"轰隆隆""沙沙沙"这两个象声词，引导学生初步感受象声词的作用。最后通过给生字分类，引导学生自主发现偏旁表意的特点，并学会运用这种特点自主识字。】

三、细读体会，趣中学文

（一）学习第一自然段

1. 想象春雨景象，指导朗读春雨的声音。

渲染：春姑娘来到了人间，吹红了桃花，染绿了山冈，还下起了淅淅沥沥的小雨（出示春雨的无声动画）。同学们，让我们用心地听一听春雨的声音吧！你听到了吗？（指导学生读好"沙沙沙，沙沙沙"）

2. 春雨姑娘在呼唤沉睡的笋芽儿呢！请同学们读读课文的第一自然段，用横线画出春雨姑娘呼唤笋芽儿的话。（生读，画句子）学生汇报所画的句子。

3. 引导学生根据"低声呼唤"这一提示语读好春雨呼唤笋芽儿的这句话。

4. 师生配乐合作朗读第一自然段。

师：（描述渲染）春姑娘来到了人间，吹红了桃花，染绿了山冈，还下起了淅淅沥沥的小雨——

生：（全班女生）沙沙沙，沙沙沙。

师：春雨姑娘……低声呼唤着沉睡的笋芽儿——

生：（全班男生）笋芽儿……

【设计意图：语文课堂上要"读"占鳌头，要书声琅琅，要指导学生学会朗读，这是语文课的"独当之任"。本环节通过"低声呼唤"这个词，引导学生了解词语意思，学习按照提示语读好角色语言的方法。】

（二）学习第二自然段

推荐一名学生读第二自然段，其他同学做动作（略处理）。

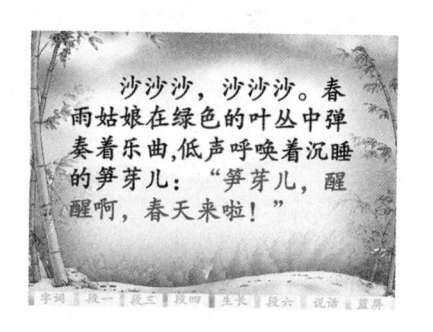

(三) 学习第三自然段

1. 想象雷公公的话。笋芽儿醒来了（贴醒来的笋芽儿图），听！谁来了？（课件播放雷声音效）轰隆隆！轰隆隆！雷公公又会对笋芽儿说什么呢？想一想，和同位讨论讨论。

2. 引导学生合理想象雷公公说的话。（笋芽儿，春天到了，别再睡觉了……）

3. 指导学生按照"粗重"这一提示语说好这句话。

前面，春雨姑娘是在低声呼唤笋芽儿；这儿，雷公公是怎样呼唤的呢？（学生找到"粗重"）请同学们用粗重的嗓音来呼唤笋芽儿。（齐读第三自然段）

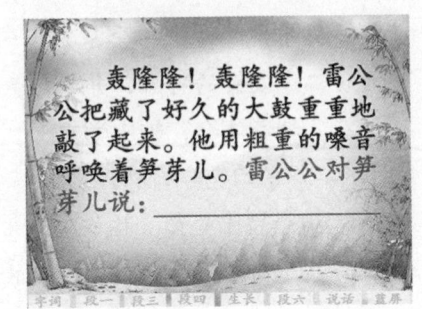

4. 质疑：读了这段话之后，你还有什么不明白的问题吗？梳理问题，重点解决："为什么雷公公把藏了好久的大鼓重重地敲了起来？"

5. 小结：冬天一般是不打雷的，经过了一个漫长的冬天，到了第二年春天，我们才能听到雷声，所以春天的雷声特别响。中国有句俗话叫"春雷一声震天响"，就让这震天响的春雷响起来吧！我们再来读一读。（生齐读）

【设计意图：本环节设疑解疑的设计，旨在激发学生学文的兴趣，让学生了解与课文相关的知识。引导学生想象雷公公会说什么，补白课文内容，再次借助提示语朗读角色语言，进一步落实根据提示语进行朗读的目标。】

(四) 学习第四自然段

指名朗读第四自然段（略处理）。

(五) 学习第五自然段

1. 创设情境，感受角色的内心。看到笋芽儿一个劲地向上钻，妈妈忙给笋芽儿穿上了一件又一件衣服。同学们，现在你们就是小笋芽儿，我就是疼爱你们的竹子妈妈：

①孩子们，现在你们离地面还很远呢，你们这样不停地钻呀钻呀，多累呀！好孩子，别再钻了！（生回答：我不怕……）

②孩子们，外面还很冷呢，出去会把你们冻坏的。地下多暖和呀，你们还是待在这里吧！（生回答：我不怕……）

③笋芽儿是这样想的，也是这样做的，所以笋芽儿——（生接读：扭动着身子，一个劲儿地向上钻）

【设计意图：情境创设不仅能激发学生的学习兴趣，还能激发学生的想象，发展学生的语言。此环节创设交际的情境，采用母子对话的形式，引导学生体会"笋芽儿"这一角色的内心、笋芽儿奋发向上的精神和对美好春光的向往。】

2. 体会"钻"字用词的准确。出示句子：

> 笋芽儿终于钻出了地面。

师：在这里，如果把"钻"换成"长"，你觉得好不好？（通过做动作体会"钻"的好处）。

小结：从一个"钻"字，我们就体会出笋芽儿是费了好大劲儿，好不容易才钻出地面来的。（指导学生读好这句话）

3. 梳理笋芽儿的生长过程。伴随课件的演示，师生共同小结笋芽儿钻出地面的过程。

师：同学们，往这儿看！在春雨姑娘的呼唤下，笋芽儿醒来了！她揉了揉眼睛，伸了伸懒腰，看了看四周，在雷公公的呼唤下，笋芽儿扭动着身子一个劲儿地向上钻。

①四名学生上台表演，每个学生表演一组动作。

②采访台上的学生，体会笋芽儿经过不断努力终于钻出了地面及其高兴的心情。

【设计意图：通过演笋芽儿的一系列动作，让学生亲身体验笋芽儿向上钻的感受，并进一步体会角色内心和笋芽儿奋发向上的精神及对春光的向往。通过比较"钻"和"长"，了解"钻"的意思，初步了解"钻"的表达作用，进一步体会笋芽儿的精神，再次落实文意兼得的教学理念。】

（六）学习第六自然段

1. 小笋芽儿，你们终于钻出地面来了（贴笋芽儿钻出地面的图），你看到了什么？（播放一棵棵竹笋钻出地面的录像）

2. 体会心情，指导朗读第六自然段，引导学生主动按提示语读好笋芽儿的话。

3. 春雨姑娘爱抚着她，滋润着她；太阳公公照射着她，温暖着她，笋芽儿脱下一件件衣服，长成了（贴竹子图）一株健壮的竹子。她站在山冈上，又会怎样说呢？

4. 出示前面笋芽被唤醒、钻出地面时不同心情的句子：

> 笋芽儿撒娇地说："是谁在叫我呀？"
> 她高兴地说："多美好的春光啊，我要快快长大！"
> 笋芽儿站在山冈上，_____地说："我长大啦！"

师：此时，笋芽儿又会怎样说呢？（指导读好"自豪"的语气）

5. 小结：笋芽儿在生长的过程中，她的心情是在不断变化的，语气也是不同的。

【设计意图：这一环节通过补充"提示语"进一步落实，根据提示语读好角色语言，体会角色内心。】

四、拓展延伸，学以致用

1. 看到笋芽儿长大了，春雨姑娘、雷公公、竹妈妈又会怎样说，说些什么呢？（出示填空）学生练习说话。

> 看到笋芽儿长成了一株健壮的竹子，
> 春雨姑娘_____地说："_____。"
> 雷公公_____地说："_____。"
> 竹妈妈_____地说："_____。"

预设答案：春雨姑娘温柔地说："小笋芽儿，你终于长大了，春天因你而更加美丽！"雷公公大声地说："笋芽儿，你终于看到美好的春光啦，你真勇敢、坚强！"竹妈妈亲切地说："孩子，你长成一株健壮的竹子啦，妈妈为你骄傲！"

2. 根据填写补充的内容，师生合作，进行配乐组合朗读。

师：看到笋芽儿长大了，春雨姑娘温柔地说——（生：小笋芽儿，你终于长大了，春天因你而更加美丽）

师：雷公公大声地说——（生：笋芽儿，你终于看到美好的春光啦，你真勇敢、坚强）

师：竹妈妈亲切地说——（生：孩子，你长成一株健壮的竹子啦，妈妈为你骄傲）

【设计意图：此处教学是练习补充"提示语"，想象角色说的话，巩固运用"按照提示语读（说）好角色对话"这一训练重点，体现学语文、用语文的宗旨。】

3. 总结：同学们，这节课，我们认识了奋发向上的可爱的小笋芽儿，大家喜欢它吗？课下，请同学们把笋芽儿的故事讲给爸爸妈妈听。

点　评

聂志婷老师所设计并执教的《笋芽儿》一课，曾获中国当代语文教学专业委员会举行的"与名师同台——全国语文优质课评比"一等奖，得到与会专家、老师的充分肯定和高度评价。其特点主要有以下几个方面。

一、浓浓的语文味道

语文课程是一门"学习语言文字运用"的课程，这是语文学科的特质、核心。我们在把握教材、设计教学和实施教学时，就要体现这一特质。那么，聂老师在她的教学设计中对此是如何体现的？为什么能让我们感到有浓浓的语文味道？

1. 在课题的教学中。聂老师让学生认读"笋"字，书写"笋芽"一词，然后让学生先读准"笋芽"这个词，再加上"儿"进行对比读。通过比较这两个词，引导学生发现带上"儿"这个字，不仅突出了笋芽儿的活泼可爱，更充分表达了作者对笋芽儿的喜爱之情，读起来也有亲切感，从而了解儿化韵的表达特点和作用。

2. 在字词的教学中。聂老师主要抓了两个方面的内容，一是在借助汉语拼音正确认读生字之后，引导学生按偏旁把生字分"唤、唠""揉、扭、抚""漆、滋、润"三类，继而引导学生发现汉字偏旁表意的特点，并以提手旁的字为例，做动作让学生理解偏旁表意的特点并懂得这些字的偏旁与字的意思有关，以进一步强化对"形声字"的认识，学会运用汉字的这一特点去自主识字。二是聂老师抓住"轰隆隆""沙沙沙"这两个象声词，让学生感受象声词的特点，指导学生用粗重的声音读"轰隆隆"，用轻柔的声音读"沙沙沙"。这样的设计，使学生进一步认识到什么是象声词，怎样读好象声词，从而了解到象声词的特点。

3. 在课文的教学中。课文描写笋芽儿钻出地面，多处运用了动词，聂老师让学生找到"醒——揉——伸——扭——钻"，了解笋芽儿生长的过程，并采用朗读、表演等方式，让学生切身体会笋芽儿经过不断努力，终于钻出了地面及其高兴的心情。特别是"钻"字的教学，通过换词（"长"）比较的方法，引导学生进一步体会笋芽儿钻出地面的不易及勇敢向上的精神、感悟"钻"的用法。

由此可以看出，聂老师很善于发现课文中隐含着的"语文因素"。这样的设计和教学，不仅能使学生掌握知识，理解课文的内容，体会作者表达的情感，同时也使学生懂得语言文字的一些规律、特点，体会语言文字运用的精妙之处。

二、强烈的训练意识

在语文学习中，知识的获得、方法的运用、能力的形成等是需要训练的，不会自然而然"生成"。"语言这东西，不是随便可以学好的，非下一番苦功不可。"（毛泽东语）教学中，我们要有这种认知和自觉。聂老师深悟此道，在她的设计中体现出强烈的训练意识。

1. 在字词教学中，对"漆黑、爱抚、滋润、唠叨、山冈"这些比较难读的词语，聂老师有意识地进行了强化性的训练。当学生读错时，出示音节，让学生利用拼音正音，发挥汉语拼音认读、正音的作用。

2. 注重朗读指导、训练。如在第一自然段的教学中，先进行师生比较读，引导学生发现聂老师是根据"低声呼唤"这个提示语来读好春雨姑娘呼唤笋芽儿的句子，再指导学生根据"低声呼唤"练习朗读，并通过"低声呼唤"这个词，让学生领悟按照提示语读好角色语句的方法。运用这种方法读好其他带有提示语的句段。

3. 启发想象，练习说话。在"拓展延伸"环节中，聂老师创设情境，有意识地启发学生展开想象，练习说话。提出问题：看到笋芽儿长大了，春雨姑娘、雷公公、竹妈妈又会怎样说，说些什么呢？学生可通过对本课的学习和理解，展开合理而丰富的想象。春雨姑娘温柔地说："小笋芽儿，你终于长大了，春天因你而更加美丽！"雷公公大声地说："笋芽儿，你终于看到美好的春光啦，你真勇敢、坚强！"竹妈妈亲切地说："孩子，你长成一株健壮的竹子啦，妈妈为你骄傲！"这样的设计、教学，是想象力和语言表述能力的训练，是对"提示语"这种表达方式的运用与强化，也是对本课内涵、情感的深入体会和提升。

三、鲜明的年段特点

低年级要上出低年级的年段特点，中年级要上出中年级的年段特点。这不是个难以理解和把握的问题，但是在实际的教学中，不少教师并没有做到。如低年级的识字、写字，朗读课文、结合上下文和生活实际了解词句的意思等，是教学的重点，体现年段特点。可是不少教师则像中年级那样偏重于对课文内容的理解。那么，就一篇课文来说，低年级应该教什么、怎样教才能体现年段特点呢？让我们从聂老师的教学中寻找答案。

从教学内容来看，聂老师主要确立了五个方面的教学内容：一是识字，借助汉语拼音正确认读生字；二是学词，包括生字组成的词、熟字组成的新词，以及课文中有特点的词语，在本课中聂老师着重让学生学习"轰隆隆""沙沙沙"等象声词；三是朗读课文，本课主要是引导学生借助提示语读好角色语言；四是运用抓关键字、词的方法，认识笋芽儿的可爱及其奋发向上的精神；五是启发想象，练习说话。另外，写字也应是本课的教学重点，聂老师安排在第二课时完成。

上述这些教学内容，符合本课的特点和年段要求。特别是在学习课文时，聂老师把着力点放在依据提示语指导朗读、抓关键词（如"儿""钻"）体会角色的内心上（没有像中高年级那样提出一个个问题，更多地理解课文内容），所下的功夫、花的时间，就非常符合低年级的教学特点、要求。

从教学方法来看，低年级的教学方法、手段要力求直观、活泼、有趣、多样且好操作；从教学设计的角度讲，与中高年级比，更需要动一番脑筋。

聂老师所设计的这一课能给我们提供一些经验。

1. 添加、换词比较的方法。"笋芽"加上这个"儿"和不加这个"儿"听起来有什么不同;"钻"换成"长",哪个好。通过这样的比较,学生就非常直观地理解了词意及表达作用。

2. 描述渲染的方法。如在教学第一自然段时,聂老师采用描述渲染的方式将学生带入课文描述的情境之中:"春姑娘来到了人间,吹红了桃花……同学们,让我们用心地听一听春雨的声音吧!"这种方式,形象、真切,让学生身临其境,仿佛走进了故事描述的情境之中。

3. 创设情境,师生组合朗读的方法。在指导朗读第一自然段时,聂老师描述情境,渲染气氛,让女生模拟春雨的声音,让男生朗读春雨姑娘的呼唤。这种朗读方式,充满童趣,仿佛情境再现。

4. 扮演角色的方法。在学习第五自然段时,为了体会笋芽儿内心,感受笋芽儿"钻"的精神,聂老师扮演笋芽儿的妈妈来劝说笋芽儿。"孩子们,现在你们离地面还很远呢!你们这样不停地钻呀钻呀,多累呀!好孩子,别再钻了!"(生回答:我不怕……)这种方式富有童趣,使学生置身其中,真正体验到角色的内心与成长。

5. 图片展示法。为了让学生了解笋芽儿的生长过程,聂老师用了四幅图片,形象直观地展示出笋芽儿的生长过程。这种方式非常符合低年级学生的心理特点。

总之,聂老师所设计并执教的这一课,凸显"学习语言文字的运用",注重语文能力的训练,所选取的教学内容和采用的教学方法特别符合低年级学生学习的特点。如果在教学一篇课文时,能像聂老师这样把握好这五个方面,其教学效果不言而喻。上出"语文味道"体现的是语文教师把握教材的功力,有无"训练意识"考量的是教师对语文教学本质的认知,而"年段特点"则反映的是一位语文教师对学段目标和学情的把握能力及教学设计的智慧。

《画家和牧童》教学设计及点评

《画家和牧童》教学设计

教师简介

袁齐泽,济南市纬三路小学语文教师、教导处副主任,济南市青年技术创新能手、市中区语文首席教师。

教学目标

1. 借助汉语拼音正确认读本课生字词,读准"翘、拱、蝇"的字音。写好"抹"等左右结构的字,注意其左窄右宽的规律。发现"购买"这一类词语的构词规律,进行同类词语的拓展积累。

2. 正确、流利、有感情地朗读课文。读出人们对戴嵩画技高超的赞赏和戴嵩的虚心。

3. 认识关联词语"一……就……",体会其表达的作用。

4. 通过想象情境、比较句子、抓关键词句等方法,感受戴嵩高超的画技和他虚心的品质,体会小牧童敢向大画家提出意见的勇气,从中感悟做人的道理(谦虚、向晚辈请教、敢于提出意见等)。

重点难点

重点：正确认读生字词，规范书写左窄右宽的字；了解"购买"这类词语的特点；朗读课文，感受戴嵩虚心的品质。

难点：通过抓住描写戴嵩神态、语言、动作等的关键词句，感受戴嵩虚心的品质。

板书设计

```
        21  画家和牧童
         著名    不知名
         虚心    了不起
```

教学过程

一、导入课题，初读课文

1. 这节课，我们一起来学习一篇新的课文，齐读课题。课前，大家已经预习了课文，画家是谁？（出示词语卡片：戴嵩。读词）小牧童叫什么？哦，原来是个不知名的小孩儿。（板书：不知名）

2. 在这大画家和不知名的牧童之间会发生什么事呢？请同学们轻轻地打开课本95页，听老师先把课文读一读。

二、学习生字、理解词语

（一）生字教学

1. 认读生字，用游戏巩固。

①课文中的生字你都认识了吗？自己借助拼音读读。（课件出示）

②请看老师这里的卡片（出示生字卡片），不出声在心里读读。

pī	jià	gòu	ǎi	mò	mǒ
批	价	购	蔼	墨	抹
qiào	gǒng	qū	yíng	cán	kuì
翘	拱	驱	蝇	惭	愧

③这一课的生字都认识了吗？我们来挑战一下。（读三张字卡：翘、蝇、拱）下面我们就用这三个字来玩个猜字游戏，好不好？（猜字游戏：一生站在黑板前猜字，老师手持卡片"翘"，面向全班。生：是不是"批"？全班：不是"批"。生：是不是"翘"？全班：就是"翘"。然后，再请另外一位学生继续猜另外两个字）

【设计意图："翘、蝇、拱"为难读的生字，通过猜字游戏加以巩固、检查，有利于知识的掌握和学习兴趣的激发。】

2. 发现规律，指导书写。

①再来看看这些字，从结构上看有一类字特别多，你发现了吗？（课件出示）

（学生发现左右结构的字特别多）小结：对，这篇课文中的生字，左右结构的字特别多。

②仔细观察字帖，这类字在书写上应该注意什么呢？（左窄右宽）小结：左窄右宽的字偏旁要写得窄一点，给右边的部件让位。

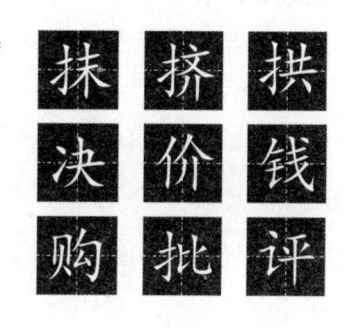

③下面，我们就把这些左窄右宽的字写得更好。这些字中有一个字最容易写错，你说是哪个？（学生发现"抹"字最容易写错）

教师在田字格里范写、指导：左边写得窄一点儿；右边，伸出手来一起书写：第一笔长横，第二笔短横。（学生书写）

【设计意图：结合本课左右结构的生字居多的特点，运用已知这类字左窄右宽的写字规律，找到最易出错的"抹"字，从而确立指导书写的重点。这是对旧知复习巩固并加以提升的过程。】

（二）词语教学

1. 在这一课中，有些词语很有特点。（课件出示：购买）这个词谁来读读？在字典中"购"就是买的意思。看，这个词中两个字的意思是一样的。像这样的词，我们就可以借助其中的一个字来推想整个词语的意思。那你说"购买"是什么意思？（生：买）

小结：同学们真了不起，学会了一种理解词语的好办法呢！

2. 课文中就有不少这样的词语。（课件出示）

你能从这些词中把它们找出来吗？（生读词，汇报，师随机将"驱赶、夸赞、惭愧、称赞"变红）

3. 具有这样特点的词语还有不少呢，你知道吗？（生回答：美丽、喜悦等）

4. 下面咱们就来把大家刚才找到的词语读好，来玩登楼梯的游戏好吗？（读词时，声音先由低到高，然后再由高到低）（课件出示）

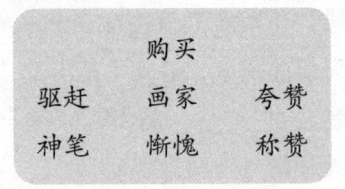

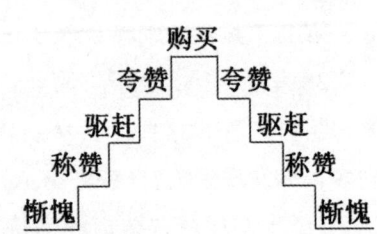

【设计意图：以"购买"为例，让学生了解汉语言中一类词语的构词特点和学习理解这类词语的方法，再通过游戏加以运用。这是一类知识的学习与运用，体现学习语言文字规律的教学理念。】

三、学习课文

（一）体会戴嵩的著名

1. 大画家和这不知名的小牧童之间到底发生了什么事？先请六位同学接读课文，其他同学用心听，看看他们是不是把生字读准了，难读句子读通顺了。

2. 我们先来学习课文的第一自然段。（课件出示第一自然段）

> 唐朝有一位著名的画家叫戴嵩。他的画一挂出来，就有许多人观赏。看画的人没有不点头称赞的，有钱的人还争着花大价钱购买。

①这段话是围绕"著名"这个词来写的。（把课件中的"著名"标红）自己读读课文，看看从哪些地方能看出他的著名。（生读书，汇报）（师根据学生汇报标红：一……就……，没有不点头称赞的，争着花大价钱购买）

②怎么才能读出他的著名呢？（生练习朗读，师指名朗读，适时指导）

③再看到这段话，你能联系这段话，用上"一……就……"说句话，来说明他的著名吗？（生联系第一自然段练习说话：戴嵩的画一挂出来，就有许多人点头称赞等）

小结：刚才同学们所说不正说明戴嵩是位著名的画家吗？（板书：著名）

【设计意图：在教学中应时刻关注"训练"。联系第一自然段，用"一……就……"这一关联词语练习说话，不仅可以帮助学生理解课文内容，更重要的是提高学生运用语言文字的能力。】

（二）范读过渡

那就让我们一起看看他亲笔作画时的情景吧！

（音乐中，师配乐范读"传说有一次……纷纷夸赞"）

【设计意图：对于课文第二自然段的描写，采用教师配乐范读的方式略处理，目的是改变一种教学方式，为后文的学习做好铺垫，留足时间。】

（三）"反复"中体会戴嵩画技

1. 体会"反复"的作用。人们都夸了什么？谁找到了？（生汇报）（课件出示）

> "画得太像了，这真是绝妙之作！"一位商人称赞道。
> "画活了，只有神笔才能画出这样的画！"一位教书先生赞扬道。

师：都来看看，你有什么发现？（生发现比课文中原文少了内容）同学们，这样写行不行？（生表达观点并说明理由，目标定位于理解"反复"的用法，更加突出强调画之好）

小结：这样反复地说同一句话，就让我们读出戴嵩画得太好了！

2. 读好反复，感受画技。我们就来读好这两段话。看屏幕，你发现了什么？

（课件出示原文中的句子，第二遍"画得太像了""画活了"字体变大）

师：为什么这样？通过你的朗读告诉大家。（练读、指名读、指导朗读，体会赞扬的语气越来越强烈）

3. 创设情境，组合朗读。如果你也在场，你会怎么夸他？你能这样夸夸他吗？

（课件出示）

他一会儿浓墨涂抹，一会儿轻笔细描，很快就画成了。围观的人看了，纷纷夸赞。

"画得太像了，画得太像了，这真是绝妙之作！"

"画活了，画活了，只有神笔才能画出这样的画！"

"_____，_____，_____。"

（生仿照课文，练习说话：画得太好了，画得太好了，真不愧为大师之作等）

让我们通过朗读再现当时的情景吧！（音乐中，师生组合朗读，即老师渲染，全班读前两句，三四位学生说三种或四种夸赞的句子）

【设计意图：此环节采用比较句子、变换字号、创设情境组合朗读等教学策略，引导学生体会"反复"这一手法的好处。】

（四）体会牧童的勇敢

1. 就在人们纷纷夸赞的时候，有一个声音像炸雷一样响了起来。（课件播放牧童所说的话）到底哪里画错了呢？你们自己读一读，等一会儿告诉我。（学生自读课文）

（课件出示）

"画错啦，画错啦！"一个牧童挤进来喊着。这声音好像炸雷一样，大家一下子都呆住了。这时，戴嵩把牧童叫到面前，和蔼地说："小兄弟，我很愿意听到你的批评，请你说说什么地方画错啦？"牧童指着画上的牛，说："这牛尾巴画错了。两牛相斗的时候，全身的力气都用在角上，尾巴是夹在后腿中间的。您画的牛尾巴是翘起来的，那是牛用尾巴驱赶牛蝇的样子。您没见过两牛相斗的情形吧？"

2. 读懂了吗？你能不能按这样的说法来讲一讲哪里画错了。

（课件出示）

两牛相斗的时候，尾巴_____；
牛用尾巴驱赶牛蝇的时候，尾巴_____。

416

（生结合提示练习说话）

3. 这小牧童，当众指出了著名画家的错误。此时，你们觉得他是个怎样的小牧童呢？（师板书：了不起）

【设计意图：这一段，不是教学的重点，学生能了解基本内容即可。教师以补充句子的方式帮助学生梳理内容。】

（五）感悟戴嵩的虚心

1. 面对小牧童当众指错，戴嵩是这样做的。（课件出示）

> 这时，戴嵩把牧童叫到面前，和蔼地说：“小兄弟，我很愿意听到你的批评，请你说说什么地方画错啦？"
>
> 戴嵩听了，感到非常惭愧。他连连拱手，说：“多谢你的指教。"

我在读这两段话的时候，发现了"和蔼"这个词。（课件"和蔼"变红）那透过这和蔼的态度，你看到了一位怎样的画家？自己读一读，想一想。（生汇报）（师板书：虚心）

小结：看，透过"和蔼"这个描写态度的词语，我们就读出了画家的谦虚。

【设计意图：以"和蔼"为例，引导学生体会画家的虚心，目的是教给学生运用联系上下文、抓住关键词理解的方法。】

2. 请你再来读读这两段话，看看从哪些词语，也能读出他的谦虚呢？自己读读，画下来，小组里交流交流，一会儿选一位代表汇报。汇报时，可以按照这样的句式说：我从……这个词语中，体会出戴嵩的虚心。因为……

3. 学生汇报。（汇报时，可从"我愿意""请""小兄弟""连连拱手""惭愧"这几个词语中体会戴嵩的谦虚。汇报的过程中教师要适时予以指导。课件随学生汇报"我愿意""请""小兄弟""连连拱手""惭愧"变红）

小结：大家看，我们刚才正是通过对戴嵩的态度、语言、动作、心情以及他对小牧童的称呼，看到了这是位——谦虚的画家。

【设计意图：引导学生运用联系上下文、抓重点词句的方法理解内容，从而学会这种阅读方法。】

四、总结，提升

同学们，这节课我们看到了画家的著名不仅仅在于他画技的高超，更在于他那虚心的态度。而小牧童呢，他的勇敢也给我们留下了深刻的印象。

最后，让我们带着对画家戴嵩和小牧童的敬佩之情再来读读课题。（齐读）

点　评

袁齐泽老师设计并执教的《画家和牧童》一课，曾获山东省小学语文优质课评比一等奖。她的设计在恰当选取教学内容和运用巧妙的教学方法策略等方面给了我们许多启示。

一、如何根据教学目标选取恰当的教学内容

从解读教材入手，确定明确的教学目标。这是教学设计的起步阶段。接下来就是根据教学目标来选取教学内容了。教材的内容比较多，需要依据编者意图、教材特点和学情来选取。袁老师从教材内容到教学内容的选取，充分体现了她的教学功底、经验和智慧。

1. 在识字写字教学内容的选取方面。本课要求认读的生字有 13 个，这些生字，大部分是学生自己就能借助拼音学会的，不是个个"生"，无需个个教。袁老师依据音形义有所侧重的原则，在这些生字中选取了"翘、拱、蝇"三个在读音方面容易出错的字作为重点。本课要求正确书写的字有 12 个，有 9 个是左右结构的字，袁老师确定以写好"左窄右宽"的字作为教学的重点，将教学目标定位在了进一步提升学生对左右结构的字的思考，提升对这一类字的书写质量上。

2. 在词语教学内容的选取方面。本课不乏有特点的词语，是对"浓墨涂抹"和"轻笔细描"的理解，还是对"夸赞、称赞、赞扬"近义词的区分？袁老师选取了"购买、驱赶、夸赞、惭愧、称赞"（即两个意思相近或相同的字构成的词语）这类词语来教学。因为这类词语，它们具有借助其中一个字来推想出整个词语意思的特点，而这一特点是学生不了解的。

3. 在课文教学内容的选取方面。课文内容有四个方面：一是写戴嵩的"著名"；二是写戴嵩作画时人们的称赞；三是牧童发现了画的错误，提出意

见;四是戴嵩虚心向牧童请教。根据"感受戴嵩高超的画技和他虚心的品质"这一教学目标,袁老师把教学的重点确定为一、二、四这三个方面,并选取其中的关键词句进行研读和体会,简略处理牧童发现了画的错误,提出意见部分。

4. 在指导朗读的教学内容选取方面。袁老师把重点确定为"读出人们对戴嵩画技高超的赞赏和戴嵩的虚心"。

从袁老师所选取、确定的教学内容中,我们可以受到以下启发。

首先是教学内容源自教材内容,但教材内容又不完全等同于教学内容,需要依据教学目标进行恰当的取舍,避免泛泛而教。要达到这样的要求,能够取得恰当,舍得合适,就需要教师对教材进行全面、深入的解读。也就是说,教材中"有什么"不难发现,教学时"教什么"才是对教师功力的考量。

其次是所选取、确定的教学内容要突出重点、难点,体现知识的类、特点,力求教在点子上,即学生的疑难处、教材的关键处,并能够让学生凭借这一个个"点",掌握语文的规律和学习的方法,即能够凭借课文学语文,学规律,学方法。

最后是所选取的教学内容应是学生理解不深、意识不到的。凡是学生知道的、自己能够学会的内容可大胆舍弃。防止会的也教,不会的也教。

二、如何根据教学内容设计教学方法

当教学内容确定之后,就需要根据这些内容设计合适的教学方法了。袁老师在整个教学过程中,运用了多种体现低年级学段特点的教学方法。

1. 在游戏中识字。为了增强识字的趣味性,体现学段特点,学好本课生字,袁老师采用了猜字、登楼梯等游戏方式,这些活动新颖有趣,既能帮助学生学好本课生字,更能增强学生识字的兴趣。

2. 在"发现"中学词。在教学"购买"这类词语时,袁老师采用的是"发现法"。她先引导学生借助"购"这个字的意思推想出"购买"这个词的意思,从而了解这类词语的特点和掌握理解这类词语的方法,即借助其中的一个字来推想整个词语的意思。然后,再出示一组词语,让学生运用这一特点、方法去发现,找出同类的词语。这种引导学生自主发现的教学,学到的不仅仅是知识,更是方法。

3. 在感悟与运用中理解课文。例如，通过抓关键词、联系上下文的方法感受戴嵩虚心的品质是本课教学的重点，这对于低年级的学生而言是个难点，需要教师的有效指导。教学中，袁老师先以"和蔼"为例，引导学生联系上下文感受人物品质，领悟方法。然后让学生仿照这个例子，用上"我从……这个词语中，体会出戴嵩的虚心。因为……"这样的表述方式，放手让学生将习得的方法加以运用，从描写戴嵩的动作、语言、心情以及人物称呼中体会人物品质。

再如，让学生联系课文内容，运用"一……就……"这一关联词语说句子，进一步体会画家的著名。在领会到"反复"这一手法的好处之后，让学生仿说句子等，都是在引导学生在悟法和运用中学习课文，进而学习语文。

这种从"悟"到"用"，从"扶"到"放"的教学，有利于学生掌握学习方法，提高自主阅读的能力。

4. 在多种方式中指导朗读。在感受到"反复"这一手法的好处后，借助字体逐渐变大的这一手段读好夸赞的语句；在呈现"纷纷夸赞"的情境时，进行创设情境、师生合作的组合式朗读；在体会戴嵩的虚心时，让学生分角色，读小牧童与戴嵩的对话。这些指导朗读的方式，种类多样而形式活泼，能够引导学生走进文本，真切体会到人物的内心和情感。

以上这些教学方法，体现了袁老师的教学思想、设计理念，从中能够让我们进一步明确和把握教学设计的基本要领。

"教材无非是个例子"，这是叶圣陶先生对教材、课文作用的定位，一语道破语文教学的真谛。由此，我们应认识到，教学一篇课文，即便是一句话、一个词，不仅要让学生理解和掌握，更重要的是借助它们，培养学生语言文字运用的能力，即凭借课文学语文，用语文。

"语文课程是一门学习语言文字运用的综合性、实践性课程。"这是语文课程标准对语文教学本质的定位。故此，语文教学应该从学习语言的角度，通过听、说、读、写、思等综合性、实践性的有效训练，让学生掌握语言运用的规律，习得语言运用的方法，形成语言运用的能力。

"教是为了不教"，这是叶圣陶先生对语文教学目的的阐释与定位。怎样教，袁老师为我们提供的经验是"教关键，教规律"，教方法，并且要由教到练，由扶到放，让学生经历一个由不懂到懂、不会到会的发展变化过程。

《猫》教学设计及点评

《猫》教学设计

教师简介

王煦,济南市经五路小学语文教师、教导处主任。山东省优秀教师、山东省教学能手、特级教师。

教学目标

1. 借助汉语拼音认识 7 个生字,会写 13 个字,正确读写"古怪、任凭、屏息凝视、变化多端、跌倒、枝折花落"等词语。
2. 继续练习默读课文,读出作者对猫的喜爱之情,背诵自己喜欢的部分。
3. 借助重点句子了解课文主要内容,弄清课文结构。
4. 通过抓重点词句、边读边想象画面等方法,理解大猫的性格古怪、小猫的淘气可爱,体会老舍先生对猫的喜爱之情,感受其对生活的热爱。
5. 初步尝试比较阅读的方法,领会不同作家在写猫时表达上的异同。
6. 激起热爱生活的情趣和课外观察动物的兴趣。

重点难点

重点:在阅读中体会"猫的性格实在有些古怪",了解作者是怎样写出猫的性格特点的。

难点：初步尝试比较阅读的方法，领会不同作家在写猫时表达上的异同。

板书设计

```
                    15  猫
                      老舍
                老实   贪玩   尽职
        古怪   温柔可亲   一声不出   淘气
勇猛胆小
                        爱
```

教学过程

一、游戏导入

同学们，看过"幸运52"这个节目吗？那现在，咱们就来玩玩节目里那个"搭档猜词"的游戏好吗？

共猜两组：（1）常见动物（大象、熊猫、蛇、袋鼠）

（2）动物成语（惊弓之鸟、闻鸡起舞、井底之蛙、对牛弹琴）

【设计意图：将学生带入轻松愉悦的课堂学习情境之中。猜谜游戏，形式活泼，有互动性和挑战性，也能为本课的学习稍做铺垫。】

二、借助课题导入新课

1. 这节课咱们就来学习写动物的课文，请大家看我写课题。（板书：15 猫）齐读课题。

2. 我们都知道，"猫"这个字是形声字，表意的是哪一部分呀——（生：反犬旁），表音的呢——（生：苗）。古人为什么用"苗"来表音呢？你来学学小猫的叫声。

3. 到了宋代，有个叫陆佃的人，对这个字有了这样一种说法（课件出示），他说，"鼠善害苗，而猫捕鼠，去苗之害，故猫字从苗"。听了这段资料，再看看"猫"这个字，你想说什么呀？（生：猫很了不起，能保护庄稼……）正像大家体会到的，这种说法就寄托了古人对猫的喜爱之情。你看，汉字多有趣呀！

> "鼠善害苗，而猫捕鼠，去苗之害，故猫字从苗。"
> ——［宋］陆佃

【设计意图：开课伊始，从"猫"字入手，引用宋代陆佃对"猫"字的解释，为学生开启一扇对汉字文化追根溯源、了解探究的窗口，让学生在阅读和思考中感知汉字的奇妙和魅力。借助陆佃的这一解释，让学生了解到人对猫的喜爱之情自古有之，也为本课的情感体验奠定基础。】

三、整体感知

1. 有很多作家写下了一篇篇有关猫的文章，预习时你发现了吗，这一课中都有哪些作家写的猫呀？（有老舍、周而复、夏丏尊写的猫）让我们先来认识老舍笔下的猫。（板书：老舍）

> ◆猫的性格实在有些古怪。
> ◆小猫满月的时候更可爱，腿脚还不稳，可是已经学会淘气。

2. 请四位同学来接读课文，其他同学注意一边听一边想，文中有两个能概括课文内容的句子，看你能发现吗。（教师注意正音，指导读好多音字"屏"和"折"）汇报交流。

3. 说说为什么找这两个句子呀？

（一至三自然段都是写猫的性格古怪，第四自然段写的是小猫的淘气）

教师随机引导学生再运用这两个句子总结课文的主要内容，弄清课文的结构。

（板书：古怪淘气）

【设计意图：为了让学生把握课文主要内容，了解课文的结构，采用先找出能概括课文主要内容的两个句子，然后再借助这两个句子引导学生把握课文主要内容，弄清课文结构，以此达成对课文内容整体感知的教学目标，即厘清课文叙述脉络，渗透课文结构特点。】

四、理解"古怪"

1. 认识"古怪"。

提出：自读第一自然段，看从哪儿能体会出猫的性格古怪。学生汇报交流，教师随机板书：老实、贪玩、尽职。（指导写好生字"贪"）

小结：你看，这只猫既老实，又——贪玩，既贪玩，又——尽职，真是性格古怪呀！

2. 学习"贪玩"。

（1）通过朗读展现猫的性格古怪。先读读猫的贪玩。（出示句子）谁能读出猫的贪玩？（指导读出猫的贪玩）

◆说它贪玩，的确是，要不怎么会一天一夜不回家？
◆说它贪玩，的确是呀，要不怎么会一天一夜不回家呢？

（2）面对如此贪玩的猫，老舍先生是什么态度呢？看看课文，画出有关语句。（交流出示句子："说它贪玩吧，的确是呀，要不怎么会一天一夜不回家呢？"）引导发现语气词。

（3）去掉语气词，比较着读一读，看体会出什么。（学生体会不到，教师通过范读引导学生体会老舍先生对猫深深的喜爱之情）

师：谁能带着喜爱之情来读一读？（指导朗读：就像老舍先生面对面和我们说话一样）

师：（音乐渐起）第二天，这只贪玩的猫终于回来了，老舍先生爱怜地把它抱在怀里。一位邻居进来了，老舍先生对邻居说——（生读：说它贪玩吧……）你多爱这只猫呀！一位朋友来家做客了，老舍先生对他说——（生读：说它贪玩吧……）他还写下了这句话，想对所有的读者说，一起来——（齐读：说它贪玩吧……）

【设计意图：在《猫》一课中，字里行间无不流露着老舍先生对猫的喜爱之情。这种发自内心的爱渗透于每一个字眼。老舍先生爱猫的尽职、温柔可亲和小猫的天真可爱，这些都是显而易见的，但对如此贪玩的猫也心生爱怜，这种情感是藏于文字背后的，这种明贬实褒是学生不易体会到的。所以在教学"猫的贪玩"这一部分时，以"吧、呀、呢"三个语气词为切入点，通过去词比较，在反复品读和老师的范读中，体会老舍先生对猫的爱同对儿女的爱。他喜爱、宽容猫的贪玩，随即以优美的音乐为背景，创设情境，反复朗读，升华情感。此设计的目的还在于感受老舍先生平实无雕琢的语言风格，近似于面对面地与我们话家常，思想与情感自然地从心底流淌出来。】

3. 学习"尽职"。

（1）让老舍先生如此喜爱的猫，不仅贪玩，还尽职呢，谁想读？其他同学边听边想象画面。

> 可是，它听到老鼠的一点响动，又是多么尽职。它屏息凝视，一连就是几个钟头，非把老鼠等出来不可！

（2）（课件变红"屏息凝视"）猫发现了老鼠的一点响动，现在开始屏息凝视，什么样子？都来做做！（通过与学生对话理解"屏息凝视"的意思）

都理解"屏息凝视"了，那我们一起来感受一下：一个小时过去了，它——屏息凝视；两个小时过去了，它——屏息凝视。猫就是这样一连等了几个钟头，你体会出什么？（生：尽职）

是哪个词让你们体会出了猫的尽职呀？（生：非……不可……）那谁能读出猫的决心？（指导朗读）

【设计意图：对"屏息凝视"的学习，通过模拟动作和创设情境来落实。重点词语对理解课文可以起到关键作用，让学生在情境中体会猫的"既贪玩，又尽职"的古怪性格。】

4. 再次理解"古怪"。

请大家看黑板，我们再看看老舍先生家的猫——老实、贪玩、贪玩、尽职。你发现了什么？（生：性格是相反的、对立的）正像我们发现的，老舍先生写出了猫这种对立的、矛盾的性格，体现它的古怪，表达喜爱之情！

5. 自主学习第二、三自然段。

（1）文中第二、三自然段，还写出了猫这种对立、矛盾的古怪性格，请大家默读，找一找。

> 它要是高兴，能比谁都温柔可亲：用身子蹭你的腿，把脖子伸出来让你给它抓痒，或是在你写作的时候，跳上桌来，在稿纸上踩印几朵小梅花。

（2）汇报交流。适时指导用关联词语"既……又……"。（既贪玩，又尽职；既勇猛，又胆小等）

板书：温柔可亲　一声不出　勇猛　胆小

小结：刚才，大家通过读书思考，看到了这么多的矛盾性格集中在这一只猫的身上，实在是性格古怪。多有意思的猫呀！

（3）你看，这也是一幅幅有趣的画面，让我们走进其中的一幅看看吧！（出示第一句，"小梅花"改为"小脚印"）自己读一读。（学生汇报发现的错误）（教师变红"小梅花"）

"小脚印""小梅花"，有什么区别吗？（教师引导学生谈自己的看法）

一朵"小梅花"让你品出了爱猫之情！那我们就体会着读读吧。老舍先生正在伏案写作呢，猫跳上桌来，你们接着读——（生：在稿纸上踩印几朵小梅花）；猫跳上桌来，你们再来读——（生：在稿纸上踩印几朵小梅花）

（4）老舍先生是多么喜欢这只猫啊！而猫呢，用身子蹭他的腿，把脖子伸出来让老舍先生给它抓痒，可见，你想说——

是呀，人爱猫、猫亲人，多么和谐的生活画面呀！这可都是猫高兴的时候，不高兴时呢？一起说——（生：一声不出）真是性格古怪，多可爱的猫啊！

【设计意图：此段的学习，注重学生的自主阅读感悟与教师的重点点拨相结合，继续抓住矛盾点感受猫的古怪性格。教师将"……踩印几朵小梅花"，改成"踩印几个小脚印"，引导学生发现区别，然后通过对比讨论，让学生感受老舍先生心底的爱猫之情。教师随机抓住"蹭"字，让学生体会猫的温柔可亲，感受人与动物和谐相处的美好画面。这两个点的设计能巩固训练中年级抓重点词语理解课文内容、感受表达作用的阅读方法。】

五、学习写"小猫"的段落

1. 刚才，我们感受到老舍喜爱猫的古怪，再来看看他笔下的小猫，想不想看看刚满月的小猫呀！一起看！（放图片）

你们在说什么？（说说小猫的可爱之处）

老舍先生的小猫是怎样的"更"可爱呢！自己读读，相信你们一定能读出小猫的更可爱！

2. （渐起音乐，出老舍故居图）创设情境，指名朗读，感受小猫的更可爱。

3. 小结：这节课，在老舍先生文章的字里行间，我们感受到他对猫的喜爱，对生活的热爱，而猫也为他的生活增添了无穷的情趣。

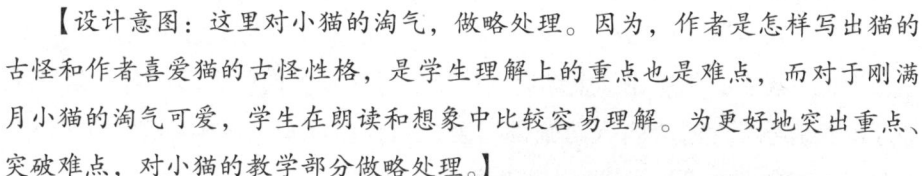

【设计意图：这里对小猫的淘气，做略处理。因为，作者是怎样写出猫的古怪和作者喜爱猫的古怪性格，是学生理解上的重点也是难点，而对于刚满月小猫的淘气可爱，学生在朗读和想象中比较容易理解。为更好地突出重点、突破难点，对小猫的教学部分做略处理。】

六、比较阅读

1. 其他作家是怎样写猫的呢？请默读阅读链接中的两个片断，看他们写猫与老舍写猫有什么相同和不同，讨论后填写表格。

2. 先来说说相同之处。三位作家都有同样的爱猫之情。（点课件）

让我们来比较一下……

	老舍笔下的猫	周而复笔下的猫	夏丏尊笔下的猫
不同	性格……	样子……	人对猫的态度……
相同	喜爱之情		

引导学生继续交流比较不同之处。（随机出：性格、样子、人对猫的态度）

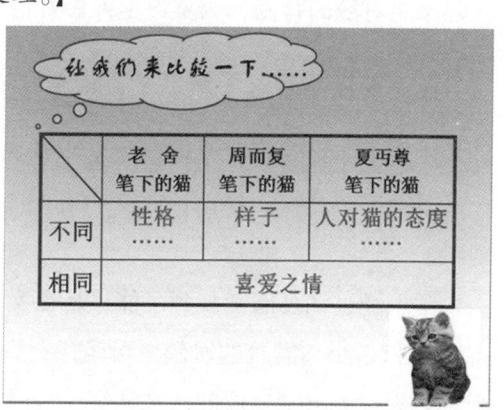

3. 师生共同小结：大家发现了吗？我们在运用一种比较的阅读方法。通过比较，我们知道：老舍先生通过写猫的性格，表达——对猫的喜爱之情；周而复通过写猫的样子，表达——对猫的喜爱之情；而夏丏尊是通过写人对猫的态度，同样表达了——对猫的喜爱之情。

其实，他们写猫还有不同呢！（出省略号）相信同学们在比较中一定会有更多的收获！

点 评

王煦老师设计的《猫》一课，曾在全国第六届青年教师阅读教学竞赛活动中荣获优质课一等奖，得到了与会专家的充分肯定和教师代表的广泛好评。这一课的设计与教学主要有以下几个特点。

一、解析"猫"字，引出课题，导入新课

一开课，王老师借助"猫"左形右声的构字特点，提出：古人为什么用"苗"表音呢？然后提供了宋代陆佃所说的"鼠善害苗，而猫捕鼠，去苗之害，故猫字从苗"，并对这一资料加以运用，借助于汉字构字规律，引出课题，渗透了汉字文化，让学生体会到汉字的趣味性。同时，通过对"猫"字的注解，引导学生感受古人对猫的喜爱之情，以此来引发学生学习的兴趣，唤起学生对猫的喜爱，为学习本课做好情趣铺垫。

二、整体感知，了解全文，理解叙述脉络

进入中年级，应有意识引导学生从整体上把握课文内容。为此，王老师让学生通读全文后，提出：课文中有两个能概括课文内容的句子，看你能发现吗？

学生经过认真阅读找到了能概括课文内容的两句话："猫的性格实在有些古怪"和"小猫满月的时候更可爱……"然后教师引导学生借助于这两个中心句，进行了三个方面的语文训练。

1. 划分段落，让学生明白哪几个自然段是围绕第一句话写的，哪几个自然段是围绕第二句话写的，从而明确课文可分为两大部分。

2. 厘清叙述脉络。即让学生明确课文先写了猫的性格古怪,再写小猫的淘气可爱。

3. 概括主要内容。让学生把这两句话联系起来,说说课文主要讲了什么,培养学生借助于中心句概括主要内容的能力。

这一环节的教学,教师抓住课文中的两个中心句及中心句的特点,作为整体感知的切入点,既使学生了解了课文的内容,又厘清了课文叙述脉络。并利用中心句的特点,进行了划分段落、概括课文内容等语文能力的训练,是文意兼得的突出体现。

三、品评词句,感悟"古怪",体味情感

这是本课教学的重点环节,主要分为以下几步进行:

1. 在学生了解了猫既老实又贪玩,既贪玩又尽职的"古怪"性格之后,抓住重点句子,体会老舍先生对猫的情感态度。

"说他贪玩吧,的确是呀,要不怎么一天一夜不回家呢?"这句话里有三个语气词,王老师有意识地引导学生去发现,然后抓住这三个语气词大做文章:一是带上这个语气词去读和去掉这个语气词去读,有什么不同;二是从这三个语气词里读出什么;三是创设情境,体会语气、情感去朗读。以此来体会老舍先生对猫的情感、态度和老舍先生明贬实褒、平实的语言特色。这样设计与教学,使学生通过对一个个重点词、句、段的理解、感悟、品味,真正体味到语言文字的丰富营养,真正感悟到语言的魅力。

2. 通过模拟动作,创设情境,理解"屏息凝视""非……不可",体会猫的"既贪玩,又尽职"的古怪性格。

3. 引导学生从老实、贪玩、尽职这三个方面感悟猫的性格古怪,使学生真正读懂了"古怪"的含义。在此基础上,老师让学生自读自悟,去发现其他的相对、相反的性格。学生通过自读发现猫的古怪性格还表现在既勇猛又胆小,既温柔可亲又一声不出等,进一步感悟了猫的古怪性格。

4. 将"……踩印几朵小梅花"改成"踩印几个小脚印",让学生讨论两者的区别;抓住"蹭"字让学生体会猫的温柔可亲,并以此来想象、体会"人爱猫,猫亲人"的和谐画面。

5. 通过配乐朗读来感受小猫的淘气、可爱,体会老舍先生对小猫的喜爱

之情。为此，老师有意识地将"满月的小猫更可爱"改成"满月的小猫也可爱"，让学生品评其味。学生在"更"与"也"的用词比较中，体会到了"更"是进一层的喜爱，喜爱的程度提高了、发展了。在此基础上，老师出示老舍先生生活过的院落画面，想象老舍先生和小猫生活的情景，指导学生在音乐、情景中读出更可爱、更喜爱的情感。

以上是王老师引导学生对课文内容的理解，对作者情感的体会，是在整体感知基础上的重点研读。在这里，王老师以品评重点词句为突破口，运用了换词比较、对比朗读、模拟动作想象画面、创设情境等方法，着力让学生理解猫的古怪性格和小猫的淘气可爱，用心体会老舍先生对猫的喜爱和"人爱猫，猫亲人"的和谐画面，同时让学生还品味到了老舍先生遣词造句的风格、特色，收到了文意兼得的教学效果。

四、总结全文，转入比较阅读，领会表达方法，落实语言训练重点

在本课的设计与教学中，王老师引导学生在对全文的主要内容和思想情感进行总结、提升之后，随即转入了本课又一个训练重点：比较阅读，学习作者的不同表达方法。

首先，王老师引导学生将老舍先生所写的《猫》与周而复、夏丏尊两位作者笔下的猫（片段）进行比较阅读，找出三位作家表达的异同之处。学生通过初步比较阅读，发现了相同之处：三位作家都表达出了对猫的喜爱之情。不同之处是：老舍先生主要通过写猫的性格（古怪、淘气）来表达对猫的喜爱之情；周而复通过写猫的样子来表达对猫的喜爱之情；夏丏尊则是通过写猫对人的态度来表达对猫的喜爱之情。

这一环节的主要目的是凸显、落实本单元的训练重点，让学生学习尝试运用比较的方法，进行阅读。这是本课的又一个教学重点。在第一课时，还仅仅是初步运用，是为第二课时更深入地进行比较阅读，发现新的相同与不同做一个初步练习和铺垫，可以看作是重点落实的前奏。

从王老师所设计的这一课中，我们可以明确，中高年级精读课文的教学应特别注意以下几点：

注重整体把握课文。学习一篇新课文，应该有一个初读初识的过程，通过初读读熟，知道课文讲的是什么，了解课文的主要内容，进而思考课文是怎样写的。这样先对课文有一个大体轮廓的了解，有利于深层次的理解、感悟、体会。有的课文，还可以在了解课文内容的基础上，梳理叙述脉络，循着脉络、线索去理解、研究。

理解、体会课文思想内容要到位，并力求深刻。我们知道课文中的词、句、段有着丰富的内涵，教师要努力引导学生去发现、挖掘，从中读出内涵、思想、情感，达到对全文思想内容、情感的理解、体会。其基本的教学方法是"抓点带面"，即抓住关键的词、句进行深入的研读，力求点上着力，点上突破。

从体会课文的思想内涵来说，《猫》一课的思想内涵，可分为三个层面：一是抒发了作者对猫的喜爱之情，二是描绘了人与动物和谐相处的画面，三是表达了老舍先生对生活的热爱。教学中，让学生逐层体会到，才可以看作是感悟、体会到位，达到了一定的深度。

处理好理解、感悟课文内容与领会、学习作者表达的关系。我们主张，在阅读教学中不能只是理解课文内容，体会情感，还要有意识地体味、领会语言表达，即作者是怎样写的，这样写好在哪里，力求文意兼得。从王老师的设计中，可以看出，她特别注重借助于重点词、句、段，悟其意，品其味。例如，从"吧、呀、呢"三个语气词中体会其表达情感的作用；在教学"小猫满月的时候更可爱……"的设计中，把"更可爱"换成"也可爱"，问行不行，有什么区别。学生通过比较、品读，知道了"也可爱"是说大猫与小猫可爱的程度没有区别，而"更可爱"则是说小猫比大猫可爱的程度深，作者的感情发生了变化。这样，学生通过一个"更"字，读出了作者思想感情的发展变化，品出了"更"字在文中的递进、过渡作用。

最后，需要说明的是，在2006年王煦老师参加全国第六届青年教师阅读教学竞赛活动的优质课评比时，大多数的参评课偏重于理解内容、体会情感。而我们在当时就提出了阅读教学要力求"文意兼得"的理念，并通过《猫》一课很好地体现落实了这一理念。这也就是《猫》一课能够得到与会专家充分肯定的主要原因。

《鲸》教学设计及点评

《鲸》教学设计

教师简介

李涛,济南市清河实验小学语文教师、教导处主任。济南市青年技术创新能手,天桥区名师。

教学目标

1. 借助汉语拼音认识3个生字,会写10个字。正确读写"上腭、哺乳、判断、胎生"等词语。指导学生书写"肺",了解月字旁的演变。

2. 根据科普作品的文体特点能够正确、流利地朗读课文。重点读好使用数字、作比较、打比方等说明方法的句子。

3. 填写课文结构图,厘清课文叙述脉络,把握课文主要内容。

4. 通过抓住重点词语,联系学生已有的生活经验和初步掌握的说明方法,了解鲸的外形特点、进化过程、种类和生活习性等方面的知识。

5. 通过抓住关键词语,联系上下文体会作者准确的用词、形象的表达,进一步学习列数字、举例子、作比较、打比方、分类别、作假设等说明方法及其作用。

6. 进一步增强热爱科学及探索大自然奥秘的兴趣。

重点难点

重点：了解鲸的外形特点、进化过程、种类和生活习性等方面的知识，学习作者用多种方法说明事物特点的表达方法。

难点：体会文章用词的准确以及说明方法的优点。

板书设计

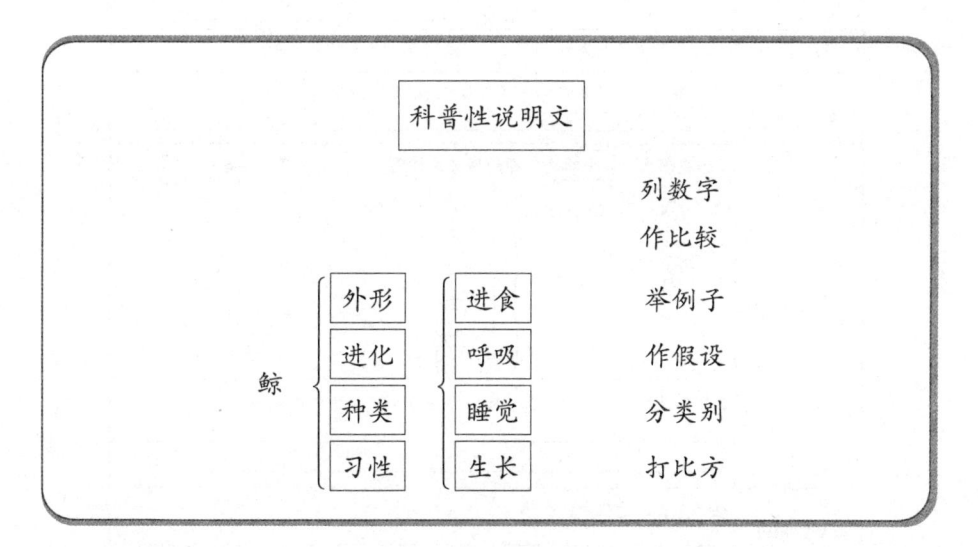

```
            科普性说明文

                            列数字
                            作比较
        ┌ 外形 ┐ ┌ 进食 ┐    举例子
    鲸 ─┤ 进化 │ │ 呼吸 │    作假设
        │ 种类 │ │ 睡觉 │    分类别
        └ 习性 ┘ └ 生长 ┘    打比方
```

教学过程

一、导入

在课前或第一课时，由学生按照"自主学习单"的学习内容、要求、方法自主学习，填写"自主学习单"，然后在小组内进行合作学习。交流、修改、完善"自主学习单"上的内容，为在全班交流汇报做好准备。同学们，前面大家已经对《鲸》这篇课文进行了自主学习，并且填写了自主学习单。（课件出示自主学习单）

相信大家对课文已经有了很多收获。这节课我们将继续学习。《鲸》这篇课文是什么文体？（板书：科普性说明文）

9 鲸

四年级___班 姓名:_____

读一读	哺乳动物　上腭　肚子　胎生　滤出　判断　肺部 在字音上，我想提醒大家_____字，在读的时候注意_____。 在字音上，我想提醒大家_____字，在读的时候注意_____。
写一写	腭　肚　胎　肺
朗读提示	我把这篇课文大声读了（　　）遍，努力做到正确、流利。
温习旧知	我记得以前在《太阳》一课中学习到的说明方法有:
课文思考	1.读完课文，我来填写下面的课文结构图。（分别用两个字概括） 鲸 {　　　　　} 2.我知道第一自然段写出了鲸的哪些特点，运用了哪些说明方法。
我的疑问	在读课文的过程中，我产生了这些疑问。

二、汇报自主学习成果

（一）汇报字音、字形的学习收获

1. 汇报交流一下自主学习的成果。（课件出示词语）

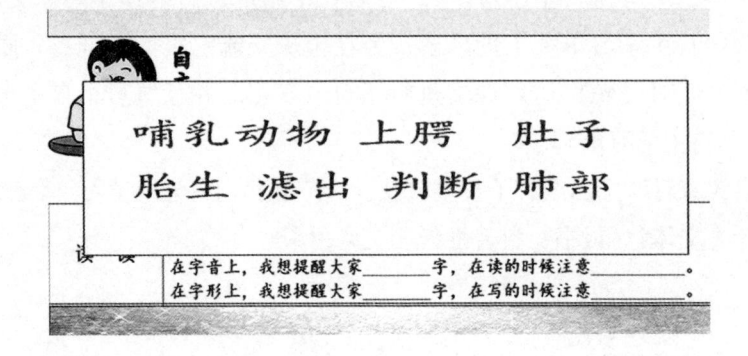

哺乳动物　上腭　肚子
胎生　滤出　判断　肺部

在字音上，我想提醒大家_____字，在读的时候注意_____。
在字形上，我想提醒大家_____字，在写的时候注意_____。

这些字在字音和字形方面需要注意什么呢？哪个同学上来当小老师，给大家汇报一下你的学习成果？

2. 学生汇报。

方案一：学生只找出来一个字音（字形）的。（师：在字音（字形）上还有一个字需要注意）

方案二：学生找出来多个。（师：非常了不起，一个人就发现了这么多需要注意的地方）

3. 齐读生词。

【设计意图：学生汇报展示自主学习字词的成果，明确本课易错的字音和字形，落实词语的教学目标。】

（二）关注"肺"

1. 提醒"肺"字的关键笔画。刚才小老师说到了这个"肺"字，右半部的最后一笔是一竖。为什么会这样呢？（课件出示"肺"的金文、篆书、隶书）观看演变过程，强化"竖"的这一笔画。

2. 学习"肺"的字形，指导书写。

（1）我们一起在田字格里书写这个字。伸出你的右手食指，和老师一起写。

（2）请大家拿起笔，在自主学习单的田字格里写这个字。

（三）关注"肉月旁"

1. 课件出示肉月旁的生字，月字旁变红。

我们已经知道，凡是带有月字旁的字，绝大多数都和什么有关？（生：身体）其实，它还有一个名字，知道叫什么吗？（出示"肉月旁"）为什么和身体有关的字是月字旁，而且还叫肉月旁呢？

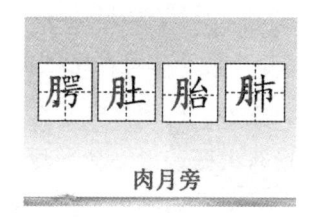

2. 请看大屏幕，答案就在其中。（课件出示"肉"和"月"的字体演变图）

引导学生发现字形的相似。这也是叫它肉月旁的一个重要原因。

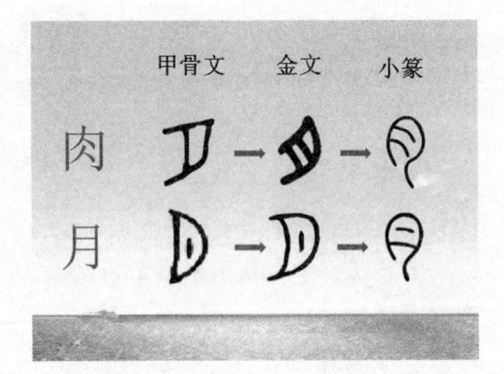

【设计意图：通过了解"肺"的演变过程，知道"肺"字的最后一笔是竖，加强对字形的记忆和书写的练习，突破易错点。本课生字中有四个是"肉月旁"，让学生观察"肉"和"月"的演变，进一步了解"肉月旁"的由来，引导发现肉月旁的结构特点，丰富学生的汉字知识。】

（四）利用结构图，厘清课文层次

1. 在自主学习的时候，我们还填写了关于课文内容的结构图。谁愿意展示一下？（投影展示一名学生的课文结构图）

1.读完课文，我来填写下面的课文结构图（分别用两个字概括）

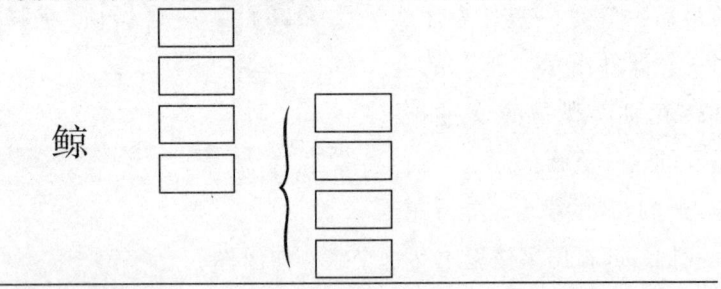

2. 学生交流补充，老师用红笔及时修改。

3. 完善黑板上的结构图，概括主要内容。

4. 同学们，按照结构图来看，整篇课文可以分几段？重点写什么？（引导学生发现结构图可以厘清课文层次，明晰课文重点，概括主要内容）

【设计意图：通过借助课文结构图，概括鲸鱼的几个方面的知识，练习概括能力，感受说明文条理清晰的表达特点，体会课文结构图的好处，学会借助课文结构图概括主要内容的方法。】

三、研读第一段，明确说明方法及其作用

（一）汇报交流鲸的外形及说明方法

1. 让我们先来聚焦鲸的外形。谁愿意把你自主学习"课文思考"第二部分的成果给大家汇报一下。（课件出示第一自然段）

2. 汇报学习成果。

方案一：学生介绍不全。（师追问：还有什么说明方法?）

方案二：只说了说明方法，没说例句。（师追问：哪里是列数字?）

方案三：学生说错了。（比如说成打比方，师追问：有打比方吗？生：没有。师：明确是哪种说明方法）

3. 小结：我们共同找出了这段话的说明方法，分别是：列数字、作比较、举例子。

【设计意图：学生汇报学习成果，相互补充，教师进行纠正和明确，为后面的提升做准备。】

（二）认识学习"作假设"

1. 在这一段中，还有大家不熟悉的一种说明方法。（课件变红相应的句子）

2. 想不想看看这句话描述的场景？（课件出示人坐在鲸嘴中的图）引导学生感受这是一种假想，并非真实场景。

3. 从哪个词语看出来？（课件点红"要是"）这种说明方法就叫作假设。看，一个作假设，就给了我们这么多想象的空间。

（四）体会"列数字"的好处

1. 我们再来看列数字。快速找一找，里面列了哪些数字呢？从这些数字中，你感受到什么了？（生：鲸的大和重）

2. 你能不能借助数字读出鲸的大？谁来试一试？（指读）

预设一：读得不好。她读得够大吗？够重吗？谁能再来试一试？

预设二：读得比较好。她已经读出了鲸的大和重。能不能像她一样一齐读出来？

3. 你觉得列数字好不好？好在哪里？（生：列举数字具体、准确地写出了鲸的大和重）

4. 体会用词的准确。

明明是准确的数字，可是课文却在数字前加上了"约""近""十几"这样的词，这不是又模糊了吗？（课件出示，点红"约""近""十几"）

5. 把这些模糊的字去掉行不行？哪一个更接近于事实？（引导学生体会作者用词的严谨，这也是科普性说明文的一个特点）

（三）体会"作比较"的好处

1. 我们再来看作比较。课文拿谁和谁作比较？（象和鲸，鲸的舌头和大肥猪）

2. 把鲸和象放到一起，是一种什么样的效果呢？（课件出示象和鲸比较的动态图，体会鲸体型的庞大）

3. 作比较有什么好处？（通过比较，更能突出事物的特点，这就是作比较的好处）

> 不少人看到过象，都说象是很大的动物。其实还有比象大得多的动物，那就是鲸。

4. 能不能把这种对比的效果读出来？自己体会着读一读。（指名读）

5. 小结：看，选择合适的对象进行比较，更能突出事物的特点。

6. 总结：同学们，通过这一段的学习，我们知道作者运用了这些说明方法（一起说：列数字、作比较、举例子、作假设），还体会到了说明方法的好处。

【设计意图：通过抓住重点词和图画演示，感受鲸的特点，了解说明方法的好处；通过指导朗读，读出鲸的特点。】

四、关注二至七段，迁移、体会其他的说明方法及其作用

1. 这篇课文不只用了这几种说明方法，还有其他的说明方法，你发现了吗？默读第二至第七自然段，快速找一找。

2. 找到打比方的句子，体会优点。

（1）课件出示并点红鲸呼吸的句子。

（2）大家都来读读这句话，课文是怎么打比方的？有什么好处呢？

（3）课件对比喷泉和鲸喷水的图片。

> 鲸跟牛羊一样用肺呼吸，这也说明它不属于鱼类。鲸的鼻孔长在脑袋顶上，呼气的时候浮出海面，从鼻孔喷出来的气形成一股水柱，就像花园里的喷泉一样，等肺里吸足了气，再潜入水中。鲸隔一定的时间必须呼吸一次。不同种类的鲸，喷出的气形成的水柱也不一样：须鲸的水柱是垂直的，又细又高；齿鲸的水柱是倾斜的，又粗又矮。有经验的人根据水柱的形状，就可以判断鲸的种类和大小。

那打比方有什么好处？（生：用见过的去比喻没见过的，就好像见到一样，这就是打比方的好处）

3. 看录像感受鲸喷水的场景。

（1）谈看视频体会。（生：壮观、有趣、好玩）

（2）能读出这种壮观、好玩来吗？（指导朗读）

4. 认识"分类别"。其实，课文还有一种说明方法。（课件出示）

知道这种方法叫什么吗？（生：分类别）这又是我们新学习的一种说明方法。

【设计意图：通过自读课文，寻找其他的说明方法，借助图示和视频手段，重点体会打比方的好处，并通过朗读感受鲸呼吸的特点。】

五、全文总结

1. 过渡：作者为了写鲸，用了这么多说明方法。其实，这些方法在文中随处可见。(课件呈现全文，把使用"说明方法"的句子变红，引导学生感受说明方法之多)说明文善于运用多种说明方法，这也是说明文的突出特点。

2. 谁能用这样的句式来表达你的思考和收获？(课件出示)

3. 总结：《鲸》这篇课文，就是通过多种说明方法，让我们了解到了鲸的许多特点，并体会到了说明方法的好处。

4. 课件展示视频。

科学无止境，探索无止境。在我们自主学习过程中，有很多同学提出了很多有趣的问题，比如说，(课件中屏幕缓缓出现所提问题)怎样的环境变化迫使鲸走进海洋？须鲸和齿鲸喷出的水柱为什么不一样？鲸睡觉的方法为什么如此特别？就让我们带着这些问题走出课堂，自己去寻找答案吧！相信你们会有更多的收获。

点　评

李涛老师设计、执教的《鲸》一课，在2014年山东省小学语文优质课评比中获得一等奖。本课的设计、教学，特点鲜明，并有所突破，主要体现在以下三个方面。

一、按照文体特点设计，体现出浓浓的说明文教学特色

在小学阅读教学中有两个突出的问题，一直没有得到很好的解决。一是教学的年段性，如低年级与中年级、中年级与高年级的教学方法区别不大；二是教材的文体性，不管什么文体，几乎一个教法。在这一课中，李老师为

我们破解第二个问题提供了思路、方法。

《鲸》是一篇科普性说明文。这类文体的主要功能和目的是宣传普及科学知识、传扬科学精神、阐述科学道理，激发读者获取科学知识、探索科学奥妙的兴趣。科普性说明文与一般记叙文最大的不同在于它融知识性、通俗性、趣味性、严谨性于一体，在表达方式上以说明为主。李老师设计、执教的这一课准确地把握住科普性说明文的文体特点，从文体结构、遣词造句、说明方法等多个角度进行了解读与把握，并将这些文体特点渗透贯穿于教学全过程。一是借助课文结构图，指导学生把握说明文的段与段之间多是并列关系；二是通过对"约""近""十几"等关键词语的学习，领会说明文用词的严谨性、准确性；三是重点学习列数字、举例子、作比较、打比方、分类别、作假设等说明方法及其作用，把握说明文最为突出的文体特点。这些鲜明的教学重点，文体意识非常强烈，能够使学生在这样的学习中，既了解到鲸的外形特点、进化过程、种类和生活习性等方面的知识，又学习了说明文在结构、语言、表达等方面的文体特点，强化了学生对本课文体特征的领悟。

二、运用"自主学习单"引领学习，体现出以学为本的教学理念

当今的语文教学有两种基本模式，一种是以教为主。教师教什么，学生学什么。另一种是以学为本。这种教学模式本着以学为主、先学后教、会的不教的原则，凡是学生能够自己学会的由学生自己完成，教师只教学生不会的、意识不到的、理解不够的。本课教学，李老师采取了第二种模式，这种模式少有人尝试。李老师在《鲸》一课的教学中进行了大胆而有效的实践。

运用"自主学习单"，帮助学生找到一条自主学习的途径。在"自主学习单"中，李老师分别设计了自读生字词，注意字形、字音的问题；设计了填写课文结构图的学习内容；设计了对重点段落说明方法认识的学习内容，以及引导学生提出疑问的学习内容等。这些自主学习的内容，都是学生自己就能够学会的，无需教师教。

在自主学习的基础上，进入课堂教学时，李老师采用的是让学生汇报交流自主学习成果的方式进行教学。其做法是让学生按照"自主学习单"的内容和顺序，一一汇报，逐项落实并及时、有效地点拨和指导。这种以学为主、先学后教的教学能够充分调动学生学习的积极性，极大地发挥学生自主学习

的潜力。特别是当把课堂还给学生，让学生登台汇报时，学生的综合素养、自信心都会得到极大的发展和提升。

三、顺学而教，因势利导，体现出教师的指导力度和效果

以学为本，以生为本的教学并非不需要教师的教，并非削弱了教师的指导作用。实际上，当学生自己把一些基本的学习内容、任务完成后，教师的教与导更难了，对教师的要求更高了，即"水涨船高"。在这样的课堂上，更考量一位教师的教学功力和智慧。那么，在什么情况下，怎样顺学而教、因势利导呢？让我们到李老师的教学中去寻找答案。

1. 从教或导的时机来看。就本课教学，李老师主要从三个方面发挥了他的指导功力和效果。一是在学生理解不够全面到位的地方。如，李老师让学生汇报交流第一段写鲸的外形及说明方法时，学生只发现了列数字、作比较、举例子的说明方法。李老师则进一步引导："在这一段中，还有大家不熟悉的一种说明方法（作假设），你发现了吗？"以此拓宽学生的认知。二是在学生不懂不会、意识不到的地方。如，课文中有些说明方法，作假设、分类别等，是学生的未知领域。特别是每个说明方法的表达作用，大都是学生意识不到的，这都需要教师的点拨、指导。这恰恰是李老师最着力的地方，也是最能体现李老师教学功力和智慧的地方。三是在提升拓展的地方。如，在全文总结并进一步领悟说明文的特点时，李老师用课件将课文全文呈现出来，把运用"说明方法"的句子变红，让学生进一步直观感受说明文是怎样善于运用多种说明方法的，借以强化对说明文特点的认知。

2. 从教与导的方法来看。李老师采用了一些新颖、形象、活泼的教学方式。一是图示法。如在学习"肺"字，强化"竖"的笔画和了解带有月字旁的字和身体有关的教学中，李老师采用的方法是用课件出示"肺""月"的演变过程。二是对比法。在引导学生深入领会各种说明方法的作用时，李老师采用的是图片对比的方式，如：象和鲸比较的动态图，喷泉、鲸鱼呼吸时呼出水柱的对比图。三是视频演示法。在学习"打比方"这种说明方法的优点时，李老师先让学生观看鲸呼吸时的视频，然后再让学生谈观赏感受。四是朗读体会法。如让学生认识列数字这种说明方法的作用时，李老师让学生用朗读的方式读出鲸的大和重。五是激疑法。在总结全文后，李老师没有就

此结束教学，而是让学生带着新的疑问走出课堂，引发学生的新思考、新探索。

可以说，这些教学方法手段新颖活泼、扎实有效、促进生成，能丰富学生对"鲸"这种海洋生物的认知，激发其探究的兴趣，提升学生对说明文的特点及说明方法的好处等多方面的认识，在学生自主学习的基础上，实现学习成果、教学效果的最大化。

总之，李涛老师依照"科普性说明文"的文体特点，围绕清晰的教学目标，采用"自主学习单"的方式，遵照学情，有的放矢地进行了扎扎实实的语文训练和有效指导。

最后，以语文课程标准中指出的"语文教学应激发学生的学习兴趣，培养学生自主学习的意识和习惯""教师应加强对学生阅读的指导、引领和点拨"等教学理念来对照李老师的教学设计，我最直接的感受是，李老师在用他的教学思想、经验、方法积极体现着，践行着，落实着课标理念。

《七律·长征》教学设计及点评

《七律·长征》教学设计

教师简介

王艳凤，济南市行知小学校长。全国优秀教师、山东省教学能手、齐鲁名师。

教学目标

1. 借助汉语拼音认读"薄、丸、岷"三个生字，会写"丸、崖、岷"三个字。

2. 有感情地朗读课文，读出诗中英勇豪迈的气概和胜利后无比喜悦的心情。背诵课文。

3. 联系上下文，结合自己的积累，推想诗句中有关词语的意思。

4. 借助注释和背景资料，联系上下文，理解诗句意思，体会红军在毛泽东和中国共产党的领导下战胜艰难险阻的大无畏精神、英勇豪迈的气概和胜利后无比喜悦的心情，领略毛泽东作为诗人的豪情和一代伟人的大胸怀、高昂气质。

5. 了解对仗、比喻等修辞手法对表达情感的作用和效果。

6. 拓展学习《忆秦娥·娄山关》《清平乐·六盘山》，进一步领略毛泽东作为诗人的豪情和一代伟人的的博大胸怀、高昂气质。

重点难点

重点：有感情地朗读课文，读出诗中英勇豪迈的气概和胜利后无比喜悦的心情。借助注释和背景资料，联系上下文，理解诗句意思，体会红军在毛泽东和中国共产党的领导下战胜艰难险阻的大无畏精神、英勇豪迈的气概和胜利后无比喜悦的心情。

难点：把诗中的感情读充分，读饱满；领略毛泽东作为诗人的豪情和一代伟人的博大胸怀、高昂气质。

板书设计

```
        25  七律·长征
              毛泽东
   难                      闲
   险    不怕困难           暖
          积极乐观
   寒                       喜
```

教学过程

一、导入新课，理解课题

1. 同学们，今天我们来学习第 25 课《七律·长征》。诗的作者是我们中华人民共和国的第一任领袖毛泽东。你对毛泽东主席有哪些了解？（学生在课前搜集有关资料的前提下，进行汇报交流）

课前，老师也查阅了一些关于毛泽东的资料，我把它们归纳为这样几句话。（展示）

> 毛泽东是中华人民共和国的缔造者，是一位伟大的思想家、政治家、军事家，他还是一位杰出的诗人。

【设计意图：课前，教师已经让学生搜集了一些有关毛泽东主席的资料，为学习本组"走近毛泽东"做相关知识的铺垫。但是，学生所搜集的资料一般比较繁杂，也缺少必要的筛选。为此，教师在学生汇报交流的基础上，以简短的句式进行归纳，有利于学生比较清晰地认识、了解毛泽东。】

2. 这一单元我们学习的课文都是介绍毛泽东的，让我们随着课文的学习一起走近毛泽东、了解毛泽东。今天，我们先来学习毛泽东写的《七律·长征》，一起了解作为诗人的毛泽东，去感受他伟人的胸怀。（板书课题，齐读课题）

3. 学习两个知识点。

（1）我们先来看"七律"这个知识点。谁知道什么是七律？（七律是一种古代诗体，是七言律诗的简称，全诗共八行四句，每行七个字）你们看，这是白居易的一首七言律诗。数一数这诗一共几行？每行是不是七个字？

钱塘湖春行

[唐] 白居易

孤山寺北贾亭西，水面初平云脚低。
几处早莺争暖树，谁家新燕啄春泥。
乱花渐欲迷人眼，浅草才能没马蹄。
最爱湖东行不足，绿杨阴里白沙堤。

注意：七言律诗还有一个重要特征，就是三至六行讲究对仗。其实，关于对仗，我们并不陌生，也就是低年级我们学过的对对子。像花对草、桃对李、和风对细雨、寒冷对温暖等，在律诗中这种写法就叫对仗。在这首诗中也有这样类似的词语。你发现了吗？（师范读三至六行）有几处，和谁对仗？（生："早莺"对……，"乱花"对……）毛泽东写的这首《长征》就是按这种七律诗的格式和要求来写的。

【设计意图：七律是个语文知识，到底讲不讲，讲到什么程度，教师在备课时曾犹豫过，但是想到这一知识点是学生第一次接触到，初步了解它会对学习本课有直接的帮助，而且学生是能够接受的。为此，教师在设计中把七律这个知识点单独提出来，再结合白居易的诗，让学生初步了解一些七律的特点：一是七律的基本句式，二是三至六行讲究对仗的特征。这能够为本课的学习提供帮助和做好铺垫。】

(2)我们再来看"长征"这个知识点。(出示)

资料袋：1934年10月，中央主力红军为了摆脱国民党军队的"围剿"，被迫实行战略大转移，退出根据地进行长征。其间经过11个省，翻越18座大山，跨过24条大河，走过荒无人烟的草地，行程约二万五千里，于1935年10月到达陕北，与陕北红军胜利会师。

这是课本"资料袋"中对长征的介绍，自己读一读这段话，看能不能按"长征的原因……经过……结果"这样的要求给大家介绍一下长征。注意：长征是中国历史上的一次伟大壮举，在中国历史上产生了重要影响，它还堪称"世界历史上的伟大奇迹"。能不能有感情地介绍？(学生分别按教师的要求介绍)

【设计意图：课本中的资料袋是很好的学习资源，教学中怎样用好它，什么时候用是需要认真思考的。本设计是结合学习课题，在学习诗的内容之前运用，不是简单地读一读，而是让学生认真阅读，再按照长征的"起因……经过……结果"的顺序介绍长征。这样设计，既可以运用上这段资料帮助学生学习本课，又可以训练学生理解、把握资料要点和运用资料的能力。】

二、初读全诗，学习字词

1. 学习字词。我们看一下这课的词语和生字：①自己先小声读读词语；②指名读词语、齐读词语；③默读生字；④用卡片检查"丸、礴、岷"。

2. 在本课要写的生字中"崖"这个字书写时要特别注意，看老师写这个字。先写"山"字头，下面是个"厂"，"厂"下面的两个"土"，书写的时候要特别注意它的笔顺和结构。跟老师一起来写，短横、竖、长横……(生书写)

【设计意图：到了高年级，写字指导仍然不能放松。为此，本设计对比较难写、容易写错的字，给予了特别的关注。】

3. 这两行诗会读吗？

五岭逶迤腾细浪，
乌蒙磅礴走泥丸。

在这两行诗中，"逶迤"和"磅礴"这两个词，我们平时不太常见，诗句下面也没有注释，怎样理解这两个词语的意思呢？让我们结合上下文，自己读读，大胆地猜想一下好吗？

（1）逶迤："逶迤"是用来形容五岭的，而五岭是指五座连绵不断的群山。

现在你能推想一下"逶迤"的意思吗？（生推想：形容山连绵不断的样子，形容山弯曲起伏的样子等）咱们推想的意思对不对啊？让我们一起来看看字典中的解释吧！（展示）

逶迤：形容山弯弯曲曲连绵不断的样子。

是不是和我们推想的一样啊？

小结：你看，大家在没有查字典，也没有注释的情况下，自己就把词语的意思理解了。到了高年级，我们就要学会联系上下文推想词语的意思。

（2）运用这种方法再推想一下"磅礴"的意思。提示：乌蒙山是一座平均海拔3000多米的山，相当于3个泰山的高度。"磅礴"的意思是——（生推想：形容山高大险峻，形容山高大雄伟等）通过刚才的学习，我们解决了这首诗中两处难懂的地方，下面就进入整首诗的学习。

【设计意图："推想词语的意思"是高年级词语教学的要求，它与中年级"理解词语的意思"区别在于不是依靠查字典、词典，而是让学生联系上下文和积累，大胆地猜想词语的意思，这是一种阅读理解能力的培养。为了达到这样的要求，体现高年级词语教学的年段特点，本设计着力引导学生联系上下文推想"逶迤"和"磅礴"的意思，目的就是落实年段要求，渗透、运用"推想"的方法，培养学生理解词语的能力。在实际的教学中考虑到这种词语教学还有一定的难度，因此教师做了一定的铺垫、搭桥，如介绍"五岭、乌蒙"的地理知识，将字典中的意思打出来验证等。这样既能引导学生学语文、用语文，也能增强学生学习的自信心。】

三、感受豪情，体味语言

1. 同学们，这首诗用了仅仅56个字就概述了红军历时一年多、行程二万五千里的艰难历程。在这首诗中有一个"难"字，自己读读这首诗，看看你从哪些地方体会出长征的"难"。（万水千山、五岭逶迤、乌蒙磅礴……）

你看，红军长征要翻越连绵起伏的五岭群山、高大险峻的乌蒙山，还要在金沙江上、大渡桥边和国民党反动派作战，随时都有牺牲的危险。我们深切地体会出长征真是困难重重。除了读出困难重重外，还能看出什么？（难、

险、苦）

小结：刚才，我们对同一处诗句读出了三层意思（难、险、苦）。能用四个字的词语把这三层意思合起来说说吗？（千难万险、困难重重、千辛万苦等）漫漫长征路，真可谓是困难重重，充满了难、苦、险，这就是长征的真实状况。

【设计意图：本设计对诗句的理解、体会，主要分三个层次：一是理解长征的难、苦、险；二是体会红军不怕难、苦、险的大无畏的英雄主义气概和革命乐观主义精神；三是进一步感受诗人毛泽东面对困苦、艰险的态度和壮志豪情。本环节是落实第一个层次的任务，以诗中"难"字为突破口，让学生透过字面体会红军面临的难、苦、险三个层面的意思。这就既能使学生理解诗句，学会从不同角度理解诗句，也能为进入第二个层次的教学做好铺垫。设计中还要求学生用四字词语来说说红军面对的难、苦、险，目的也是凭借教材进一步练习学语文、用语文。】

2. 可就是这样难的长征，诗人，在红军战士却是"不怕难"，这也正是诗人在这首诗中要表达的中心。

（1）再读全诗，用心体会一下红军战士的不怕难、不怕苦、不怕险。我们先来看"万水千山只等闲"这一句。"等闲"，红军战士把什么看成是平平常常的小事？本来是跨越万水千山，可在诗人眼里却是平平常常的小事。（指导朗读）

（2）读一读第三、四行诗，能不能按下面这种句式说说后面两句，体会一下思想感情？

> 本来是……可在红军战士眼里却是……

（学生可能会说：本来是翻越连绵起伏的五岭群山，可在红军战士的眼里却是细小的波浪；本来是要跨越高大险峻的乌蒙山，可在红军战士的眼里却是细小的泥丸等）

注意，诗人在这里运用了比喻：把（　　）比作（　　）。从中你体会到什么？（藐视困难、不怕困难的决心等）

小结：在这两行诗中既有比喻，又有对仗，可见毛泽东高超的艺术水平。再朗读体会。

【设计意图：进入学习的第二个层次，怎样引导学生体会红军不怕难、苦、险的大无畏的英雄主义气概和革命乐观主义精神？本设计采用了让学生用上"本来是……可在红军战士眼里却是……"这样的句式进行表述。这种引导的方式，可以帮助学生把对诗句的理解体会，有感情地表达出来，既能够检验学生的理解程度，又能够训练学生的表达能力，可谓一举多得。】

3. 本来是要翻越荒芜人烟的雪山，红军战士却充满了喜悦，你知道这是为什么吗？你从中体会到什么？（胜利在望，喜悦，革命乐观主义精神）体会朗读：怎样才能读出这种喜悦的乐观主义精神。

　　金沙水拍云崖暖，

　　大渡桥横铁索寒。

4. 这也是要求对仗的诗句，读读这两行诗，说说对仗的词语。这两行对仗的诗描述了两次不同的战役，这两次战役不同在哪里？（地点不同，感受不同，一个暖，一个寒）同样都是写战役，一个用暖，一个用寒，表达了作者的不同感受，这是为什么呢？

5. 先看看金沙江战役，红军几乎不费一枪一炮就夺取了战役的胜利。诗人的心中充满了高兴激动，所以作者用——（"暖"字）表达欢快轻松的心情。"铁索寒"的"寒"是什么意思？请同学们看录像，能不能根据录像推测"寒"的意思？（战斗的惨烈、对牺牲的战友的缅怀等）

6. 体会朗读：一暖一寒、一喜一悲应该怎么读？自己读出来。

【设计意图：在这首诗中有两句对仗的诗句。这既是知识点，也是诗人诗词艺术成就的集中体现。在这一环节中，教师着力引导学生体会对仗的作用，体会表达的效果，目的是进一步体会红军战士不怕困难、不畏艰险的精神和革命乐观主义态度，感受诗句的艺术魅力。】

四、总结全诗，升华情感

1. 学到这里，我们一起梳理一下。长征充满了——（难、险、苦），再读读这首诗，看到的却恰恰是与之相反的情感，你发现了吗？诗中有三个字最能体现这种相反的态度和情感（闲、暖、喜）。从这三个字中，你体会到怎样的精神？（不怕困难、不畏艰辛、革命乐观主义）。这就是诗人眼中的长征，这就是伟人面对千难万险的态度和豪情。

【设计意图：从让学生读出诗中的"难、苦、险"到抓住诗中"闲、暖、

450

喜"三个字,体会红军战士不怕困难、藐视困难、乐观主义的精神,这就使学生达到第二个层次的体会与把握。这一层层推进的教学过程,既能让学生理解整首诗的思想内涵,也为进一步感受诗人毛泽东的豪迈情怀做好铺垫。】

2. 小结:通过学习这首诗,我们感受到的是——(红军战士不怕困难、不怕牺牲的精神,感受到的是革命乐观主义态度)。哪位同学能带着这种感受,体会着诗人的风采、伟人的胸怀,到台前朗读这首诗?

3. 美国记者斯诺曾这样评价中国的万里长征:一支大军和他的辎重在地球上最险峻的地带完成了这样艰难的跋涉,这简直就是个奇迹。我国著名作曲家彦克把这首诗谱上乐曲,下面就让我们一起欣赏这首气势磅礴的诗(听歌曲)。听着这首歌曲,你眼前仿佛出现了什么?(在一望无际的草地上,一支衣着褴褛的红军战士……;一支红军队伍正艰难地翻越高高的雪山……;在铁索桥上,红军战士正冒着枪林弹雨,攀着铁链向对岸艰难地前进……)

4. 欣赏《七律·长征》原作。这就是毛泽东主席的手写稿《七律·长征》。我们一起欣赏一下,谈谈你的感受。(挥洒自如、大气磅礴、充满豪情等)

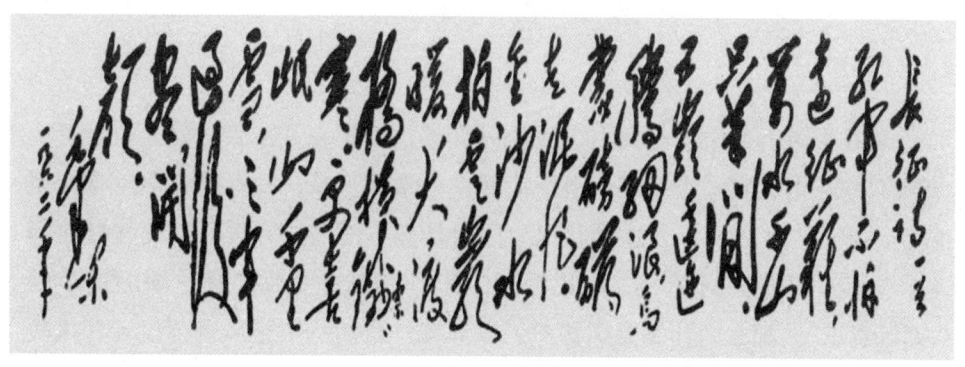

【设计意图:在总结全诗的过程中,先让学生归纳出诗中内含的情感、态度、精神,然后借助美国记者斯诺对长征的评价,欣赏《七律·长征》歌曲和毛泽东的手写稿,目的是让学生想象红军在长征途中一个个震撼人心、惊心动魄的画面,也是让学生从多个角度再次深入地感受毛泽东作为诗人的风采和伟人的情怀。】

五、拓展延伸,促进发展

关于长征的诗词,毛泽东主席还写了许多,看一下这几首。课下可以读一读,进一步感受毛泽东作为诗人的风采和伟人的情怀。注意:发现不理解的词语，可以结合前后文大胆推想。

忆秦娥·娄山关
毛泽东

西风烈，长空雁叫霜晨月。

霜晨月，马蹄声碎，喇叭声咽。

雄关漫道真如铁，而今迈步从头越。

从头越，苍山如海，残阳如血。

（1935年2月作）

清平乐·六盘山
毛泽东

天高云淡，望断南飞雁。不到长城非好汉，屈指行程二万。

六盘山上高峰，红旗漫卷西风。今日长缨在手，何时缚住苍龙？

（1935年10月作）

点　评

我在平时听课中，看到不少教学只管教过、教完，不管教好、教会，或者说只是在走教案、走过场，泛泛而教。一堂课下来，没有感到学生有什么收获、提升、发展。出现这种状况，原因是多方面的，有教师解读教材的问题，有教学经验的问题等。在我看来，其中一个重要原因就是缺乏教学的"训练意识"。那么，什么是训练？怎样训练？我们从王艳凤老师设计、执教的《七律·长征》中寻找答案，会得到许多启发。

一、训练要有重点

即训练什么。一篇课文需要教的可能有很多，但是我们不能面面俱到，需要依据教学目标进行选择、取舍。例如：在字词教学方面，王老师在七八个需要学习的词语中选取"逶迤"和"磅礴"两个词作为重点；在理解诗句意思方面，王老师以"五岭逶迤腾细浪，乌蒙磅礴走泥丸"作为教学的重点，让学生着重体会诗句的内涵和比喻的作用；在"金沙水拍云崖暖，大渡桥横铁索寒"这两句中把"暖、寒"作为理解的重点和突破口。对整首诗的理解，则着力在六个字上："难、险、苦"和"闲、暖、喜"。

这样的选择与确定，抓点带面，力求点上着力、点上突破、点上开花，能收到事半功倍的作用和实实在在的教学效果。需要强调的是，王老师这些"点"的确定，一定是经过了全面、深入的解读教材，体现的是一位语文教师对教材钻研的深度。

二、训练要有方法

不少教师知道教学需要训练，但缺少一定的教学方法策略。就让我们一起到王老师的教学设计中去寻找。

1. 知识迁移法。在七律这个古体诗知识点的教学设计中，王老师先让学生说说对这一知识点的认知（事前，学生查找了有关资料），然后再让学生借助这一认知，读白居易的一首七言律诗《钱塘湖春行》，进一步了解这一诗体的特点，并对什么是"对仗"进行了详细解读。这种训练，让学生运用已知探究未知，不仅能使学生获得实实在在的知识，提高运用知识的能力，也为学习本课奠定了基础。

2. 巧用资料法。在"长征"这个知识点的设计中，王老师让学生借助课本"资料袋"，用"长征的原因……经过……结果"这样的句式给大家介绍一下长征，并进一步提出：长征是中国历史上的一次伟大壮举，在中国历史上产生了重要影响，堪称"世界历史上的伟大奇迹"，请带上感情来介绍。这样设计，既可以运用课文资料，帮助学生学好本课，又可以训练学生理解、把握资料要点和运用、表述资料的能力。

3. 推想词语法。在理解"逶迤"和"磅礴"这两个词时，王老师没有采用一般的查字典、词典的方法，而是有意识地让学生联系上下文进行大胆的猜想。

教学"逶迤"时，教师提示："逶迤"是用来形容五岭的，而五岭是指五座连绵不断的群山。现在，你能推想一下"逶迤"的意思吗？然后出示词典中的解释，以验证、鼓励学生推想。教学"磅礴"一词时，王老师让学生运用这种方法再次进行推想，以达到学会运用这种方法推想词语意思的目的。这样设计，符合高年级理解词语的要求，有助于提升学生理解词语的能力。

4. 提炼概括法。在学习诗的前四句时，王老师以"难"为例和突破口，让学生再各用一个字提炼，提出：除了读出困难重重外，还能看出什么？用一个字进行概括。（险、苦）。这样设计是在有意识地训练学生提炼、概括的能力。

5. 范式引领法。在学习诗的第三、四句时，王老师提出：能不能用这种句式"本来是……可在红军战士眼里却是……"说一说，体会一下思想感情和红军不怕困难的大无畏精神。这种设计，即教师给学生一个表述的范式，让学生知道怎样说，既能达到理解诗意、体会诗情的目的，还能训练学生有条理地表述的能力。

6. 资料推进法。为了进一步感受诗中红军不怕困难的精神、体会诗词所抒发的革命豪情，王老师提供了美国记者斯诺评价中国万里长征的一段资料。这样的设计也是一种训练，推进了学生认识的提升、情感的发展。

7. 拓展延伸法。结束本课的教学后，王老师没有将教学终止在本课的学习上，而是为学生出示了毛泽东主席的另外两首诗——《忆秦娥·娄山关》《清平乐·六盘山》，以进一步感受毛泽东的诗人风采和伟人情怀。这种训练，把本课学习到的方法、收获和体会进一步运用到其他诗的学习之中，有助于对伟人毛泽东的深刻理解，有助于学生阅读古诗词能力的提高，是知识、方法和能力的学习、运用。

三、训练要有过程

所谓过程，是指为落实某一教学的点，一步一个台阶地引领学生理解、认识或提升、发展情感，让学生经历一个从不懂到懂，从不会到会，从模糊不清到豁然开朗的过程。在这个过程中，教师可以先扶后放、先教后练，可以铺路搭桥、让学生自悟自得等。从王老师的教学设计中，可以找到这样的范例。

例如，在引导学生分别用一个字提炼概括出长征的"难、险、苦"之后，王老师又要求学生分别用四字词语把这三层意思合起来说说（千难万险、困难重重、千辛万苦等）。这既能使学生深入理解诗句，加深对长征难、苦、险真实状况的感受，还能使学生学会从不同角度理解诗句。同时这也是凭借教材学语文、用语文的训练。

再如，从对整首诗的教学设计来看，主要分五个层次：一是理解诗的字面意思，着重理解"五岭、乌蒙、逶迤、磅礴"等词语的意思；二是体会诗中内含的"难、苦、险"和"闲、暖、喜"；三是进一步体会红军战士和诗人不怕困难、藐视困难、乐观主义的精神，达到对整首诗思想内涵和情感的理解体会；四是借助有关资料、毛泽东的手书等感受毛泽东的豪迈情怀；五是拓展延伸，引导学生再读毛泽东的另外两首词，感受毛泽东这位伟人豪迈、博大的胸怀，体现本单元的主题——走近毛泽东，感受伟人的风采与情怀。即将这首诗的终极目标定位在：感受毛泽东诗人的风采和伟人的情怀，不仅仅是理解诗意、体会诗情上。这种设计，可以说既是一个环节层层推进，理解不断加深，情感步步升华的过程，也是一个凭借教材进行能力训练，促进发展的过程。

总之，从王艳凤老师设计的《七律·长征》，可以感受到她强烈的训练意识，可以体会到她为确定一个个恰当的训练点在钻研教材方面的扎实功力，可以看到她为训练采用的那些精巧的方法策略中所表现出的教学智慧。王老师曾十多次应邀在全国、省、市等研讨会和交流会上执教观摩课、示范课，受到专家们的充分认可和广大教师的一致好评，并先后获得"全国优秀教师""齐鲁名师""省教学能手"等称号。她为什么会获得这样的成绩和荣誉？或许可以从《七律·长征》一课中所体现出的教学理念、教学功底中找到答案。

最后，再借助王老师的设计，进一步明确一下"什么是训练"。我们知道，掌握知识、学习方法，提升语文能力（理解能力、概括能力、想象能力、朗读能力、表达能力等），是需要训练的，不然教学就没有多少意义。我们知道，教是为了不教，这里的"教"就是训练。因此，我们应该明确：所谓训练，就是凭借课文（教材），包括一段话、一个词句，甚至一个标点，力求达到两个目的：一是读懂，即理解内容，体会感情，领会表达；二是学会，即掌握方法，形成能力。这种语文教学的双重目的性，就是我们所说的"训练"。

《威尼斯的小艇》教学设计及点评

《威尼斯的小艇》教学设计

教师简介

李雅,济南市经八路小学校长。山东省富民兴鲁劳动奖章获得者、济南市青年学术技术带头人、济南市教学能手。

教学目标

1. 借助汉语拼音认识6个生字,会写10个字。正确读写"小艇、船艄、船舱、保姆、祷告、停泊、威尼斯、纵横交叉、操纵自如、手忙脚乱"等词语。

2. 朗读课文,读出作者对威尼斯独特风情的喜爱、赞美之情;背诵课文第四至第六自然段,积累自己喜欢的语句。

3. 运用概括小标题的方式,厘清课文脉络,把握课文主要内容。

4. 通过运用抓关键词句、联系上下文、想象等方法,了解小艇的特点和威尼斯独特的风情,体会作者的赞美之情。

5. 领会作者是怎样写出小艇的特点的。(运用比喻、关联词、侧面描写、动静结合,以及把人的活动同事物、风情结合起来描写的方法)

6. 感受异国风情，激发对世界多样文化的研究兴趣。

重点难点

重点：了解小艇的特点和它与人们生活的密切关系；学习作者的表达方法。

难点：学习作者的表达方法。把人的活动同事物、风情结合起来描写的方法。

板书设计

```
                26  威尼斯的小艇

    小艇的样子                      比喻
    船夫的驾驶技术        独特      关联词语
    与人们的关系                    动静结合
                                   人的活动与景物结合
```

教学过程

一、动画导入

1.（课件：高楼林立、马路纵横交错、汽车飞驰的城市立体图；原图不变，把马路变成河道，把汽车变成小艇）

同学们，看，这里高楼林立，这里街道纵横交错，这里马路上驰骋着一辆辆飞驰而过的汽车，这就是我们生活的城市。请大家仔细看，这纵横交错

的马路变成了一条条河道，这飞驰的汽车变成了一艘艘小艇，这样的城市你见过吗？你觉得这样的城市怎样？（预计）

生：安静。

师：你抓住了它的一个特点，还有更重要的。

生：独特、与众不同……

2. 世界著名的水城威尼斯就是这样的。谁把这座水城介绍给大家？（课件出示1节）

> 威尼斯是世界闻名的水上城市，河道纵横交叉，小艇成了主要的交通工具，相当于大街上的汽车。

3. 今天就让我们跟随美国作家马可·吐温去意大利的威尼斯看看那里的小艇。请同学们看我板书：26　威尼斯的小艇（指导"艇"字的笔顺）

4. 齐读课题。

【设计意图：以动画的方式导入，让学生直观感受从一般城市街道上汽车奔驰的情形，到威尼斯河道即为街道、小艇即为汽车的变化，以此激发学生的好奇心，同时也为把握威尼斯的独特风情进行铺垫。】

二、学习生字词

1. 课前，大家已经预习课文了，生词掌握得怎样呢？（展示）

> 　　　　　　shāo　　　　huá
> 小艇　　船艄　　哗笑　　船舱　　祷告　　雇定

2. 请同学们自己放开声音读一读。

3. 这里面有两个词语不好读，借助拼音读一读。

4. 在这些词语中还有个多音字，谁找到了。在这里读 huá。

5. 其他词语，相信大家也一定能读准，谁想领读？

6. 如果让大家把这些词语分成两类，你说怎样分？（课件出示分类：第一竖行是写小艇的，第二竖行是写人的活动的）

7. 这也正是本课的一个特点，一些词语既直接描写了小艇，又写了人们的活动。

【设计意图：认读词语的同时，让学生把这些词语分成两类。利用这些词语暗示了课文的主要内容和写法上的一个特点，即把景物与人的活动结合起来进行描写，为学生感受威尼斯独特的风情及领会写法上的特点做铺垫。】

三、整体感知

1. 接下来，我请6位同学来接读课文，其他同学结合课前的预习，再进一步思考——你读懂了哪些课文内容？（引导学生畅所欲言，把自己所读懂的内容充分表达出来，了解学生的学习起点）

方案一：学生说到小艇的样子。

师：你还读懂了什么？（把其他的内容说全。教师相应板书）

（小艇的样子、船夫的驾驶技术、与人们的关系）

方案二：如果学生说不出小艇与人们的关系。

师：当夜晚小艇停歇的时候，威尼斯是这样的迷人与静寂，你读懂白天的威尼斯是怎样的吗？（人们离不开小艇）

2. 梳理归纳。

师：刚才同学们所谈到的内容，如果让我们归纳一下，讲了几方面的内容？让我们一起把感悟到的内容记下来。（培养学生记笔记的习惯）

3. 大家看，同学们通过预习自己读懂了这么多。如果连起来就是课文的主要内容。谁能连起来讲一讲？可以试着用上恰当的关联词语。

师：这篇课文……

【设计意图：引导学生用关联词语把课文内容串联起来，从而把握课文的主要内容。同时预设多种引导方案，以学定教，提高教学的效率。】

4. 教师提升小结。

师：同学们，听了大家刚才的交流，我们初步感受到这就是威尼斯，这就是威尼斯（　　　　　）的异域风情。（迷人，美丽，独特）

师：谁能结合着自己的理解把这里补充上。

【设计意图：提升学生的感知能力，选择一两个恰当的词语补充，使学生对威尼斯的独特风情有初步且较全面的认知。】

5. 那这独特的风情，作者是怎样写出来的呢？你认为，哪一处写得好，你最感兴趣？哪一处你最想细细品读？（小艇的样子）

师：你最想细细品读的又是哪里？（船夫的驾驶技术）

大家都找到了课文的精妙之处。我们就先来看对小艇样子的描写好在哪里。

【设计意图：从了解课文的内容直接转移到领会语言表达方面。落实本组本课的教学要求，即"揣摩作者是怎样写出景物、风情的特点的"。】

四、重点探究

1. 学习小艇的样子。

（1）（课件出示第二自然段）

> 威尼斯的小艇有二三十英尺长，又窄又深，有点像独木舟。船头和船艄向上翘起，像挂在天边的新月，行动轻快灵活，仿佛田沟里的水蛇。

请一位同学读一读这段描写。它确实很有特色，看看谁能发现。

（2）引导学生层层发现本段描写的精妙之处。

发现一：三个比喻

生：用了比喻句。

师：大家一下子就读出了，但这比喻与我们平时的比喻还不一样。谁发现了？（用了三个比喻）（课件点红：像、像、仿佛）

师：是的，他一下子写出了小艇的三个特点，谁来具体给大家说说？

生：长、窄、深、两头翘、行动灵活。

师：到底有多窄，作者说它像独木舟。你们见过独木舟吗？独木舟是船的雏形。一根原木从中间挖空，就成了一只小船。一根木头能有多宽？

师：到底有多灵活？一提到水蛇，我们就一下子感受到小艇有怎样的特点。

师：这小艇就是这般灵活。现在想象到了吧？

体会着读读，感受小艇的与众不同。

小结：作者正是借助这些事物来做形象比喻才写出了小艇的特点。

发现二：三个比喻的不同角度

①再来品读这段描写。将这三个比喻前后比较着读读，你能发现它们有什么不同吗？像、像、仿佛。

师：你发现了字面的不同。

②师：前两个像独木船，像新月。后一个说是像水蛇。（师做动作）

生：前两个写形态，后一个写动态。

③去掉一个比喻行吗？为什么？

师：对，同样是比喻（板书），但角度又不尽相同。这才真正写出了威尼斯小艇的与众不同。

发现三：比喻句中的情感

①当年，作者马可·吐温来到美丽的威尼斯水城，对小艇进行了这样细致全面的描写，你能体会到作者当时的内心对小艇充满了怎样的情感吗？（喜爱、赞美、欣赏之情）

②此时，你对小艇有了怎样的情感？那就让我们带着这份情感来读一读吧。（先让学生自己练读，然后找一个学生来读）

③教师渲染：当作者来到威尼斯，看到随处可见的可爱独特的小艇时，他情不自禁地赞叹着（生读……）。看着作者的描写，我们也仿佛来到了威尼斯，也不禁赞叹着，全体读——（过渡：这就是威尼斯，这就是威尼斯独特的风情）

【设计意图：以形象的比喻为突破口，体会表达效果，感受小艇的独特之处，感悟作者对小艇的喜爱之情。】

2. 学习驾驶技术。

（1）经过品读，我们真正感受到了作者对小艇样子描写的精妙之处。刚才大家还说到对船夫的驾驶技术这段也同样感兴趣。这一段描写又好在哪儿呢？相信大家通过自己的细细品读，一定能发现它的妙处。（展示段落）大家看，这段文字写船夫。

> 船夫的驾驶技术特别好。行船的速度极快，来往船只很多，他操纵自如，毫不手忙脚乱。不管怎么拥挤，他总能左拐右拐地挤过去。遇到极窄的地方，他总能平稳地穿过，而且速度非常快，还能作急转弯。

（2）船夫的驾驶技术到底特别好在哪儿呢？请大家默读课文这段描写，拿出一支笔来，用"～～～"画出写当时行船环境的有关词语，用"———"画出船夫的应对。（课件变红第一句：船夫的驾驶技术特别好）

师：让我们来交流，行船环境你画了哪些词语？（行船环境：船只很多，

拥挤，极窄）

师：船夫的应对，你画了哪些？（船夫的应对：操纵自如，挤过去，急转弯）

师：这是大家画出的一些主要的词语（出示）：

船只很多	操纵自如	毫不手忙脚乱
拥挤	左拐右拐	挤过去
极窄	平稳穿过	急转弯

师：看着这些词语，谁给大家说说船夫的驾驶技术特别好在哪里？这一好好在……，第二好好在……，第三好又好在……

师：是啊，作者正是抓住了这三种情况，让我们充分感受到了船夫的驾驶技术特别好。

（3）再来看当时的行船环境，你发现了什么？（行船的环境是越来越复杂）

师：再来看看船夫的应对，你想说点什么？你想赞叹点什么？（真是技术高超、操纵自如等）让我们一起合作来读读，充分感受那特别好的驾驶技术吧。

师：红色部分老师读，其他内容大家来读（应对的句子）。准备好了吗，我们先来小声试试。放开声音我们再合作一次。

（4）学习关联词。

师：请你再看这段描写。这么一系列多变复杂的情况及船夫高超的技术，作者用了一些特殊的词语，写得条理清晰，你能发现吗？（点红所有的关联词）（板书关联词语）用这样一连串关联词语，是为了强调什么呢？（凸显情况复杂、表现驾驶技术特别好、表达作者的敬佩赞叹）

师：这一连串看似普普通通的词语背后，你能读出作者一份怎样的情感？

（5）练习背诵。相信船夫这样高超的驾驶技术已经深深地印在大家的心中了。那就让我们一起感受这文字背后的情感来夸夸船夫吧。

这次看看能不能不看课文，挑战一下自己。

【设计意图：以关联词语为突破口，通过领会层层递进的关系，体会船夫高超的驾驶技术。不仅引导学生认识到关联词语的作用，还能使学生领会到

所表达的情感。】

五、学习小艇与人们的关系

1. 对于小艇与人们的关系这部分内容，我想考查一下大家是不是真的读懂了。请同学们默读第五、六自然段，根据自己的理解试着完成这个练习。

2. 学生根据课文中的内容回答。（展示）

> （威尼斯的小艇和人们的关系密不可分）
> 在威尼斯人人离不开小艇
> 在威尼斯……离不开小艇
> 在威尼斯……离不开小艇
> 在威尼斯……离不开小艇
> （事事、处处、时时、天天、个个）

是啊，这正是迷人的威尼斯，这正是威尼斯独特的风情。

【设计意图：采用练习的方式，引导学生自读自悟，并用恰当的叠词概括小艇与人们的关系。使学生将理解与练习结合起来，这是"学语文，用语文"理念的落实。】

3. （课件出示第六段，配乐）教师范读。此时此刻，你有什么感受吗？（威尼斯的夜晚很宁静）

4. 同样是那一座威尼斯水城，为什么刚刚还是那样喧闹与忙碌，一下子就让人感觉如此宁静？（大大小小的船都停泊在码头上）

师：可见，小艇在威尼斯是太重要了，作者正是通过这富有节奏的动静结合的描写，写出了小艇在这座水城的重要性。

5. 大家看黑板，作者正是通过这些方法，写出了水城威尼斯独特的风情。另外，这一课还有一种写法：将人的活动与景物结合起来进行描写。请找出有关的段落读一读，体会一下。

【设计意图：以教师配乐诵读的方式，引导学生在想象中欣赏威尼斯夜晚的寂静美，同时体会动静结合的表达效果及作用，更深入地感悟小艇与威尼斯人的密切关系。】

六、拓展阅读

同学们，除了马可·吐温，法国作家乔治·桑也写下了一篇关于威尼斯之夜的文章。运用今天的学习方法，比较着读读这两篇文章，特别注意它们在表达上有哪些相同之处和不同之处。课下认真思考，填写手中的表格。（课件出示表格）

	《威尼斯的小艇》马克·吐温	《威尼斯之夜》乔治·桑
不同		
相同		

点　评

李雅老师设计的《威尼斯的小艇》一课，曾于2010年在上海举行的"首届华东六省一市小学语文教学观摩活动"中获得一等奖。这篇课文的设计与教学特点体现在以下几个方面。

一、深入解读教材，确立恰当的教学目标，着力体现编者意图

本课是五年级下册第八组中的一篇课文，本组教学重点：一是要抓住主要内容，了解不同地域的民族风情特点，增长见识；二是要揣摩作者是怎样写出景物、风情特点的，学习作者的一些写作方法；三是要注意积累课文中的优美语言。

根据单元教学要求，李老师以"运用概括小标题的方式，厘清课文脉络，把握课文主要内容。通过运用抓关键词句、联系上下文、想象等方法，了解小艇的特点和威尼斯独特的风情，领会作者是怎样写出小艇的特点的。即运用比喻、关联词、侧面描写、动静结合，以及把人的活动同事物、风情结合起来描写的表达方法"作为本课教学的重点，其中把"揣摩作者是怎样写出景物、风情特点的"作为重中之重。这样的教学目标符合本单元的要求，体现了课文的特点、年段特点和编者意图。

目标决定一切。有了明确的教学目标，教学就有了方向。李老师注重围绕目标设计教学过程，确定恰当的教学方法、策略，使本课的设计和教学方向明确、重点突出，有利于提高教学的效率。由此，我们体会到：钻研教材，把握编者意图，认真完成教材的"规定动作"，将教学目标落到实处，应该是

教师的首要责任。

二、围绕教学目标，向着目标出发、着力、落脚

本篇课文教学的重中之重是"揣摩作者是怎样写出景物、风情特点的，学习作者的一些写作方法"。为了凸显、落实这一教学的着力点，李老师在引导学生把握了课文主要内容之后，把教学的引领方向指向了作者是怎样描写威尼斯风情特点的。例如，教学小艇的样子，李老师着力引导学生把握小艇的特点，体会三个比喻的好处；教学船夫驾驶技术的高超，着力引导学生领会一组关联词语在表达上的作用；教学小艇与人们的密切关系时，着力引导学生体会动静结合的表达效果。

这样的教学设计，是通过对语言文字的品读，去领会表达的作用、效果，不仅让学生知道课文"写了什么"，更要去揣摩"作者怎样写的"，以及"为什么这样写，这样写的好处在哪里"。这就能够有效地落实本单元的教学要求，体现阅读教学的年段性。这种教学思考对当下仍有部分教师满足、偏重于理解内容、体会情感的阅读教学而言是一种突破，尤其是在如何引导学生领会语言表达的教学方法、策略方面，相对于那些开始关注领会语言表达却没有恰当教学方法、策略的教学来说，似乎又领先了一步。

三、教法巧妙，训练到位，目标落实

李老师所设计的教学方法、策略非常巧妙。例如：在学习词语时，李老师在学生认读词语之后，让学生把这些词语分成两类，利用这些词语暗示了课文写的主要内容和在写法上的一个特点，即把景物与人的活动结合起来进行描写，为学生感受威尼斯独特的风情及领会写法上的特点做了铺垫。

在把握课文主要内容时，李老师先让学生说说读懂了什么，再让学生用关联词语把初步了解到的课文内容串联起来，进一步把握课文的主要内容，这也是教师在有意识地引导学生学语文、用语文。

在三个比喻教学的设计中，李老师层层深入地引导学生领会三个比喻句表达的作用和效果：一是从"长、窄、深、翘、灵活"多个方面描写小艇特点，而且缺一不可；二是从形态、动态两个角度来描写小艇特点；三是表达了作者的赞美之情。这样的教学，能使学生非常清楚地领会到此处比喻句的

作用和效果，真正品味到语言的魅力，可谓一举多得、文意兼得。

在理解威尼斯小艇和人们的关系时，李老师让学生自读课文，然后用"威尼斯……离不开小艇；在威尼斯……离不开小艇"这样的句式，体会其密不可分的关系。

凡此种种教学方法，都设计得非常巧妙，激发起学生学习的兴趣，体现了阅读能力的训练，从根本上引发学生对课文的理解、体会、感悟。

四、入情入境，切实体会作者表达的情感

本课教学一个比较重要的落脚点是"丰富对异域风情的感受，体会作者表达的情感"。怎样丰富感受，体会作者的情感？李老师主要运用了引导学生入情入境、切实体验的教学方式。例如，李老师运用动画的方式进入本课的学习，先出示一般城市街道上汽车奔驰的情形，然后再将画面中的街道、汽车改变成河道、小艇，让学生身临其境，这样既能激发学生的好奇心、关注度，也为把握威尼斯的独特风情做了很好的铺垫和导入。

再如，对课文最后一个自然段威尼斯夜景的学习，李老师采用的教学方式是声情并茂地朗读，让学生在教师的配乐朗读中想象、欣赏威尼斯夜晚的寂静美。这是一种入境入情的体验式学习，在此基础上领会动静结合的表达方法及其作用和效果，更深一层地体会小艇与威尼斯人的密切关系。

总之，李雅老师这一课的教学设计，注重钻研解读教材，把握、落实编者意图，确立了全面、明确且恰当的教学目标，然后围绕教学目标选择教学重点，思考、设计教学的方法和策略。这样的教学思想和把握教材的思考过程，能够确保教学的质量和效率，能够有效地促进学生理解的深入、情感的提升、认识的发展。

钻研教材是上好一堂课的基础；把握编者意图，确立恰当的教学目标是上好一堂课的关键。我们应该向李雅老师学习，增强这样的意识，练就这样的教学功底和功力。

《匆匆》教学设计及点评

《匆匆》教学设计

教师简介

梁丽,济南市阳光 100 小学语文教师、教导处主任。全国优秀教师、山东省教学能手、特级教师。

教学目标

1. 正确书写"挪、蒸"两个字;正确读写"挪移、蒸融、伶伶俐俐"等词语,尤其要读准"蒸、融、伶"等字的读音;了解叠词的表达作用。

2. 有感情地朗读课文,读出作者的伤感、惋惜、无奈和自省的情感以及要珍惜时间、有所作为的奋发之情;背诵课文。

3. 围绕作者一次次的发问,用抓关键词句、联系生活实际、理解含义深刻的句子、仿写句子等方法,感悟作者对时间流逝和虚度时光的惋惜、无奈,受到情感熏陶,懂得珍惜时间,树立不虚度年华并有所作为的信念。

4. 领会作者运用发问、排比、比喻、拟人等表达感悟、感情的方法,体会其表达的效果,并尝试加以运用。

重点难点

重点：理解含义深刻的句子，感悟文章所蕴含的道理，体会作者对时间流逝、虚度时光的惋惜、无奈之情和珍惜时间、不虚度年华的信念；学习作者表达感情、感悟的方法。

难点：学习作者表达感悟、感情的方法，领悟发问、排比、比喻、拟人等表达方法及效果。

板书设计

> 2 匆 匆
> 伤感 惋惜 无奈 感叹
> 短暂 飞逝 不知不觉
> 惜时 有为

教学过程

一、导入新课——借春景，奠定情感基调

1. 欣赏春景，交流愉悦的心情。（课件展示春景图片）

渲染、引导：杨柳依依，春意正浓，桃花绽放，莺歌燕舞，一派生机。看到这春天的景色，你想说点什么？（同桌交流，指名表达感受：春天的景色多美呀！我多么想走进春天去欣赏这美丽的景色……）

2. 板书课题，齐读课题。

我们都在赞美春天，沉醉于这春的美景之中。然而，著名作家朱自清先生看到这些，却别有一番滋味在心头：燕子去了，有再来的时候；杨柳枯了，有再青的时候……他，在思索什么呢？今天我们就一起走进朱自清的内心世

界。(齐读课题)

【设计意图：置身于明媚春光，人们大多是赞赏，是喜悦。而朱自清先生面对大好春色，却发出了对时光一去不复返的感叹。正是基于对作者这种思想感情的把握，开课伊始，即从"情感"上做文章：先通过课件让学生欣赏春天的美景，表达自己的喜爱和赞美之情，然后通过语言渲染和范读，自然过渡到朱自清先生在春天里的独特心境，从而揭示课题。这样导入新课，目的是使学生既了解作者写作本文时所处的自然环境，又初步感悟作者的内心，为学习全文奠定情感基调。】

二、整体感知——解思绪，厘清文章脉络

1. 自由读文，探心境。

学生自由读全文，体会作者这独特的心境。

2. 关注叠词，悟表达。

①出示课文中的叠词：

> 匆匆　　默默
> 头涔涔　　泪潸潸　　赤裸裸
> 轻轻悄悄　　伶伶俐俐

读一读，你发现了什么？(叠词较多)

②以"伶俐"和"伶伶俐俐"为例，对比体会叠词的作用：一是起强调作用，二是使句子读起来朗朗上口。

3. 借助问句，理脉络。

①关注问句：除了叠词很多，课文还有一个很大的特点。看看课文，你能不能发现？(指名交流，课件展示文中的12个问句)

> 但是，聪明的，你告诉我，我们的日子为什么一去不复返呢？
> 是有人偷了他们罢：那是谁？
> 又藏在何处呢？
> 是他们自己逃走了罢：现在又到了哪里呢？
> 去的尽管去了，来的尽管来着；去来的中间，又怎样地匆匆呢？
> 在逃去如飞的日子里，在千门万户的世界里我能做些什么呢？

> 在八千多日的匆匆里，除徘徊外，又剩些什么呢？
>
> 过去的日子如轻烟，被微风吹散了，如薄雾，被初阳蒸融了；我留着些什么痕迹呢？
>
> 我何曾留着像游丝样的痕迹呢？
>
> 我赤裸裸来到这世界，转眼间也将赤裸裸地回去罢？
>
> 但不能平的，为什么偏要白白走这一遭啊？
>
> 你聪明的，告诉我，我们的日子为什么一去不复返呢？

②读出滋味：刚才我们说作者别有一番滋味在心头，是什么滋味呢？先从这些问句中感受一下吧！（自读句子、同桌交流。教师板书：伤感、惋惜）

③指导朗读：那我们该怎么读呢？这些问句中，有三个最为重要。出示：

> 但是，聪明的，你告诉我，我们的日子为什么一去不复返呢？
>
> 去的尽管去了，来的尽管来着；去来的中间，又怎样地匆匆呢？
>
> 在逃去如飞的日子里，在千门万户的世界里的我能做些什么呢？

你能读出这伤感和惋惜吗？（指名读）

④师生共同小结：第一自然段扣着第一个问句；第二、三自然段扣着第二个问句，探索时间的特点；后面自然段扣着第三个问句，作者就是用这三个主要问题巧妙地串起了全文。

【设计意图：在整体感知环节，主要抓住课文在遣词造句方面的两个特点进行设计。一是叠词的教学，先从词语特点入手，对比理解词义，再朗读体会叠词的表达效果；二是问句的教学，先让学生自己发现问句多这一特点，然后自读感悟，读出其中蕴含的情感，最后总结写法。这一环节的教学，目的有四：一是落实词语的认读，二是发现文章表达上的两个特点，三是初步领悟作者表达的思想感情，四是厘清文章的脉络。教师的作用主要发挥在学生认识不到的地方，如体味叠词的表达效果、找到文章的脉络等。这样设计，既能落实知识基础，又能培养学习能力，更能引导学生关注语言文字。这符合课标关于第三学段的目标要求。】

三、重点感悟——知心境，领会表达方法

（一）学习第一自然段

1. 课件出示朱自清伫立窗前的动画。

教师渲染：窗外繁花似锦，流水潺潺，而朱自清先生站在窗前，眼望美景，却陷入了沉思。自己读一读第一自然段，看能不能读出作者的思索和感悟。

2. 推荐一名学生读本段，其他学生边听边体会作者的心境。（课件展示动画，配乐读）

【设计意图：课文第一自然段托物起兴，一组富有诗意的排比句以去而复返、失而复得的燕子、杨柳、桃花来反衬匆匆飘逝、无迹无痕的"光阴"，作者发出了对时光流逝的一连串追问，为全文奠定了情感基调。这样的表达方式适合有感情地朗读，读中感悟情感。所以，此处教学通过音乐、图片等创设情境，营造学习氛围；以读代讲，为学习下文奠定基调，也为理解作者对时间的感悟打下基础。】

（二）学习第二、三自然段

1. 巧抓比喻，妙入主题。

①过渡："去的尽管去了，来的尽管来着，去来的中间又怎样地匆匆呢？"请同学们默读第二自然段，感受一下。（学生默读）

②抓关键句，感悟时间的特点：时间是无形的，那作者又是怎样使无形的时间真切地跃然纸上的呢？（学生初步谈感悟）

A. 抓住"八千多日子""针尖上一滴水"和"大海"，感悟时间的短暂。

作者写这篇文章时正值24岁，恰好是八千多日子。在作者眼中，这八千多日子却宛如针尖上的一滴水，你体会出什么？（学生读句子，交流，教师板书：短暂）

抓住"针尖上一滴水"和"大海"，进行第二层比较，进一步感悟时间短暂。

小结：这八千多日子相对于这历史的海洋，就像针尖上的一滴水，微不足道啊!

B. 聚焦"溜"字,学生谈体会,感悟时间的飞逝。(板书:飞逝)

小结:这就是时间,它如此短暂;这就是时间,飞逝而过啊!

③联系自身实际,再悟作者的心情:作者24岁,度过了八千多日子。同学们,你们正是十一二岁的年龄,大约度过了……(学生思考)四千多日子已经从我们手中溜去,没有声音,也没有影子。而作者此时更是头涔涔而泪潸潸了。(课件出示:"我不禁头涔涔而泪潸潸了。")让我们一齐读——(学生齐读)

【设计意图:课标对于第三学段明确提出"体会作者的思想感情,初步领悟文章的基本表达方法"这一教学目标。因此,抓住课文中的关键语句,体会作者的情感,领悟其表达上的精妙也就成为本课教学的重点之一。就本文而言,时间看不见、摸不着,更是难以用语言形容,而作者却化无形为有形,用具体形象的文字写出时间的流逝,并表达出自己复杂的情感。因此,这一部分教学,即以比喻句为突破口,通过抓关键词句、联系实际、有感情朗读等方法,抓住"针尖上一滴水""大海""时间的流""溜"等深入研读,使学生了解时间短暂易逝的特点。对文章内涵的感悟层层深入,使学生在感悟作者心境的同时,体会到关键词句的表达作用和效果。】

2. 紧扣文眼,熔铸情境。

①过渡:在第二自然段中,作者用"比喻"让我们感到时光的短暂和飞逝,那第三自然段,作者又是怎样写出时光匆匆的呢?(学生默读)出示:

> 太阳他有脚啊,轻轻悄悄地挪移了。

老师读这一部分时,关注到了一个字,哪个字?猜一猜。("脚"字)太阳是时间的象征,光阴的象征。太阳怎么会有脚呢?让我们到文章的字里行间寻找时间的脚步吧!

②抓住排比,寻找时间足迹。出示:

> 于是——洗手的时候,日子从水盆里过去;吃饭的时候,日子从饭碗里过去;默默时,便从凝然的双眼前过去。

指导:这是朱自清眼中的24年啊,想想我们自己的生活,是不是也有相同的感受呢？比如，看电视的时候，日子从——

生1：看电视的时候，日子从五彩缤纷的屏幕前过去。

生2：玩耍时，日子从嬉笑声中过去。

生3：玩电脑时，日子从键盘的嗒嗒声中悄悄地溜走了。

……

组合朗读：师生合作，进行读课文和说自己的日子是怎样过去的组合朗读。

师：（朗读渲染）太阳他有脚啊，轻轻悄悄地挪移了；我也茫茫然跟着旋转。于是——

生：（读课文原句）洗手的时候，日子……

生：（读课文原句）吃饭的时候，日子……

生1：（说自己的句子）看电视的时候，日子从五彩缤纷的屏幕前过去。

生2：（说自己的句子）玩耍时，日子从嬉笑声中过去。

生3：（说自己的句子）玩电脑时，日子从键盘的嗒嗒声中悄悄地溜走了。

全班：（读课文原句）默默时，……从我脚边飞去了。

小结：时光就这样不知不觉飞逝而去。（板书：不知不觉）生活中的点点滴滴都让我们真切地感受到了时间的脚步。

③探究动词，体会无奈的心情。展示：

> 太阳他有脚啊，轻轻悄悄地挪移了；我也茫茫然跟着旋转。于是——洗手的时候，日子从水盆里过去；吃饭的时候，日子从饭碗里过去；默默时，便从凝然的双眼前过去。我觉察他去的匆匆了，伸出手遮挽时，他又从遮挽着的手边过去，天黑时，我躺在床上，他便伶伶俐俐地从我身上跨过，从我脚边飞去了。等我睁开眼和太阳再见，这算又溜走了一日。我掩着面叹息。但是新来的日子的影儿又开始在叹息里闪过了。

从"挪移、过去、跨过、飞去、溜走、闪过"这些词语中，你发现了什么？（时间过得越来越快）面对这一去不复返的时间，能说说你现在的心情吗？（学生交流）

小结：是啊，时间他有脚啊！这就是时间，脚步匆匆，这就是光阴，脚步匆匆。这时间想抓抓不住，想留留不下，想追追不上，只能眼睁睁地看着他匆匆过去了。是多么无奈啊！（板书：无奈）

④回扣问句，读出无奈心情。课文学到这儿，如果我们再来读第一个问句，又该怎么读呢？（课件出示第一个问句）

仅仅是伤感吗？仅仅是惋惜吗？更多的是无奈啊！我们一齐读。（学生齐读）

【设计意图：在第二自然段紧扣比喻这一修辞手法进行教学的基础上，第三自然段的教学抓住拟人和排比的写法，继续通过抓关键词，从"脚"字入手进行教学。这样教学，从语言文字入手，力求达到三个目的：一是引导学生进一步感受时间流逝的特点——不知不觉，并感悟作者蕴含于其中的无奈；二是领会排比和拟人的表达效果，并尝试练笔，落实语言文字运用；三是实现学习方法的迁移运用，继续培养抓关键词语、联系实际理解等阅读能力。】

四、感悟提升——悟内涵，迁移学习能力

1. 书写感言，表达自己的感悟。

①面对飞逝的时间，除了叹息，除了无奈，我们该怎么做呢？请写出此时你最想说的一句话。（学生在"阅读感言"卡片上写感悟）

②交流感言，提炼主题。

刚才我看到同学们都写出了自己的感受，就请这几位同学起立，把你对时间的感悟读出来吧！（课件播放音乐，学生配乐交流感言）

预设：

师：时间如此短暂，我们应该——

生1：珍惜时间吧！让有限的生命活出无限的价值，把握现在、用功读书，长大后才有能力报效祖国。

师：除了叹息外，我们更应该——

生2：及时当勉励，岁月不待人！我们应该珍惜青春年少时的每一分每一秒，用知识充实自己，让青春无悔！

师：除了无奈，我们更要——

生3：光阴似箭，日月如梭！三千多个日子已经从我手中溜去，无声无息。我要珍惜今后的分分秒秒，和时间赛跑，让生活精彩而有意义。

同学们说了这么多，其实就是一个意思，那就是？（珍惜时间）

正像你们说的这样，我们要珍惜时间，有所作为！（板书：惜时有为）

2. 品读问句，探寻作者的感悟。

①对读问句。这就是我们对时光的感悟啊！作者的感悟也是如此。展示：

> 在逃去如飞的日子里，在千门万户的世界里的我能做些什么呢？
> 在八千多日的匆匆里，除徘徊外，又剩些什么呢？
> 我留着些什么痕迹呢？
> 我何曾留着像游丝样的痕迹呢？
> 我赤裸裸来到这世界，转眼间也将赤裸裸的回去罢？
> 但不能平的，为什么偏要白白走这一遭啊？

师生对读：（指导读好每一个问句）

师：面对时间，他发出了这样的感叹，他一问自己——

生1读第一个问句：在逃去如飞的日子里，在千门万户的世界里的我能做些什么呢？

师：是啊，只有徘徊罢了，只有匆匆罢了，他二问自己——

生2读第二个问句：在八千多日的匆匆里，除徘徊外，又剩些什么呢？

师：过去的日子如轻烟，被微风吹散了，如薄雾，被初阳蒸融了，他三问自己——

生3读第三个问句：我留着些什么痕迹呢？

师：我到底有没有留下什么痕迹呢？他四问自己——

学生齐读第四个问句：我何曾留着像游丝样的痕迹呢？

师：难道连游丝样的痕迹都没有留下，就要匆匆离开这世界吗？他五问自己——

学生齐读第五个问句：我赤裸裸来到这世界，转眼间也将赤裸裸的回去罢？

师：不甘心啊，他六问自己——

学生齐读第六个问句：但不能平的，为什么偏要白白走这一遭啊？

②这就是作者对时间深深的感悟。那么，他为什么要用这一连串的问句

来表达这感悟呢？（存疑）

"在逃去如飞的日子里，在千门万户的世界里的作者都做了些什么呢？"展示：（学生默读，引导思考）

1922 年	《雪朝》	（诗集）
1923 年	《毁灭》	（长诗）
1924 年	《踪迹》	（诗与散文）
1928 年	《背影》	（散文集）
1934 年	《欧游杂记》	（散文集）
1936 年	《你我》	（散文集）
1943 年	《伦敦杂记》	（散文集）
1945 年	《国文教学》	（论文集）
1946 年	《经典常谈》	（论文集）
1947 年	《诗言志辨》	（诗论）
1947 年	《新诗杂话》	（诗论）
1948 年	《标准与尺度》	（杂文集）
1948 年	《语文拾零》	（论文集）
1948 年	《论雅俗共赏》	（杂文集）

小结：朱自清先生用他的成就回答了"能做些什么呢？"这一问题，履行了他"珍惜时间，有所作为"的感悟。

引导：那现在你知道了吗？当初，作者为什么要用这一连串的问句来表达对时间的感悟呢？

小结：他正是用一连串的追问不断地反省自己、警醒自己，要珍惜时间，有所作为！这与其说是在问，不如说是作者发自内心的感叹啊！（板书：感叹）

【设计意图：这是教学的情感升华、总结提升环节，引导学生在交流感言、师生对读问句、借助资料补充等学习过程中，感悟作者对珍惜时间、力求有所作为的迫切愿望，升华情感，并体会问句的表达效果，认识作者的写作目的——提醒自己珍惜时间，有所作为。其中，问句的对读再次回扣整体感知时梳理问句的环节，使学生所存之疑豁然开朗。引导学生通过写感言的

形式表达自己对珍惜时间的感叹,读写结合,实现表达能力的迁移;以读代讲,通过师生合作朗读的形式感悟作者的内心世界。】

五、拓展延伸——授学法,引发深入思考

引导:《匆匆》这篇散文最早发表于1922年4月11日的《时事新报》。出示:

当时,像朱自清这样的进步青年处于迷茫时期,在这种情况下,他写下了《匆匆》。那这篇散文除了勉励自己以外,还有什么用意呢?近百年来,《匆匆》作为文学经典,一直为一代又一代人所阅读、所喜爱。除了这些,还有什么其他原因呢?请同学们课下继续思考,继续理解,走向深入。

【设计意图:一课时的教学虽已结束,但学生的学习并未结束。在拓展延伸环节中,再一次点燃学生思考、学习的火花。通过出示作者写作本文时的背景及近百年来人们对《匆匆》一文的反复品读,设计存疑,引导学生思考这篇散文的社会价值,使其理解继续走向深入,同时激发学生的阅读兴趣,给本课教学画上一串意味深长的省略号。这样的设计,开课以问题始,结课以问题终,能够使全课教学结构严谨、浑然一体。】

点 评

梁丽老师设计、执教的《匆匆》一课,曾在2008年参加的山东省小学语文优质课评比活动中荣获一等奖。下面借助这节课的设计与教学,围绕着"教什么、怎么教"这两个教学的基本问题,也是关键问题作一阐述。

一、教什么——教有目标，学有方向

在平时听课时，常常遇到这样的情况：学生会的也教，不会的也教，甚至有的专教学生会的，就是不教学生不会的。再就是，一篇课文的字词认了，课文读了，问题问了，学生答了。可是回头一想，学生通过你的课获得了什么，学会了什么呢？感到茫然。凡此种种，都是"教什么"不清楚造成的。

教什么，也就是指一篇课文教学目标和重点难点的确定。它源自教师对教材的钻研、解读与教学内容的选择与确定。梁老师《匆匆》一课的教学设计为我们提供了很好的范例。

先来看看本课所处的单元。这一组的人文专题是"生活的启示"，单元导语中提到了两个学习要点：一是学习本组课文，要抓住重点句段、联系生活实际，领悟文章蕴含的道理；二是在把握主要内容基础上，体会作者表达感悟的不同方法。同时，本课的课后题、交流平台也都提出了相关学习要求。这是教学本组课文总的教学方向、目标，本组课文的教学要朝着这个方向、目标出发、着力。

再来看看教材。《匆匆》一文用发问、比喻、拟人等写法，描述了时间流逝的踪迹，表达了作者对时间的思索，抒发了要珍惜时间、奋发有为的激情。课后题是确立教什么的主要依据，本课在课后主要提出了有感情地朗读课文、把握课文主要内容、体会含义深刻的句子和仿写句子等要求。

依据上述对单元导语、课文特点、课后题等的解读与思考，梁老师确立了明确且恰当的教学目标。即：

1. 有感情地朗读课文，读出作者的伤感、惋惜、无奈和自省的情感，以及要珍惜时间、有所作为的奋发之情；背诵课文。

2. 围绕着作者一次次的发问，用抓关键词句、联系生活实际、理解含义深刻的句子、仿写句子等方法，感悟作者对时间流逝和虚度时光的惋惜、无奈，受到情感熏陶，懂得珍惜时间，树立不虚度年华并有所作为的信念。

3. 领会作者运用发问、排比、比喻、拟人等表达感悟、感情的方法，体会其表达的效果，并尝试加以运用。

这样的目标，"教什么"非常清楚，符合教材的特点，体现了编者的意图，更能看出梁老师钻研解读教材的功力。由此，我们可以明白：弄清"教什么"要经历这样一个过程：钻研解读教材（包括单元导语、课文、课后题等）——确立教学目标——明确教学重点、难点——根据目标选取教学内容——依据教学目标和重点、难点设计教学过程、方法、策略。在这个弄清"教什么"的过程中，还要注意以下方面。

教材内容与教学内容还不完全是一回事。教学内容来自教材内容，但是教材内容的方方面面，需要根据所确定的目标和学情进行恰当的选择。即哪些内容是学生已知或自己就能学会，哪些内容是学生自己不会、不懂的或理解不够的，即未知、难知，需要教师引导、着力的。例如，全文用一次次发问的写法串联起来，这是学生能看出来的，但是这种写法的作用和表达的效果是学生理解不透的；文中运用了比喻、拟人、排比等修辞手法，对这些修辞手法，学生比较熟悉，但这些修辞手法在本文中起到怎样的表达作用和表达效果，作者如何运用这些修辞手法表达出自己的感慨是学生不关注也难感悟到的；作者将"时间"这个看不见、摸不着的东西化无形为有形，形象地描述出时光匆匆，也是学生不关注、意识不到的。这应该就是这节课要教的重点、难点之一。

由此，可以看出梁老师对教材内容是经过了认真、深入的研究，对学情进行了周密的思考，选取了恰当的教学内容，确定了明确的重点、难点。

二、怎样教——方法多样，灵活恰当

在平时听课中，还常常遇到这样的情形：教学方法很新颖、新潮，但用不对地方。更多的是缺乏一定的教学方法、策略，似乎只会"提问"，别无他法。梁老师所设计、执教的《匆匆》一课，能够为我们提供一些灵活多样、富有实效、值得学习借鉴的教学方法、策略。

1. 反差导入法。在进入课文学习之前，梁老师出示了一组春景图片，让学生欣赏春景，交流愉悦的心情。教师渲染：杨柳依依，春意正浓，桃花绽放，莺歌燕舞，一派生机。看到这春天的景色，你想说点什么？一般说来，学生会表达对春景的赞美、喜悦之情。接着，梁老师进一步引导：我们都在赞美春天，沉醉于这春的美景之中。然而，著名作家朱自清先生看到这些，却别有一番滋味在心头：燕子去了，有再来的时候；杨柳枯了，有再青的时候……他，在思索什么呢？感慨什么呢？今天，我们就一起走进朱自清的内

心世界。

这样的导入，使学生对春景的感受与作者独特的感慨形成反差，能够更加激发起学生对课文内涵、作者内心的关注和思考，也为学习全文奠定了情感基调。

2. 借助问句，梳理脉络法。梁老师抓住本文在写法上的一个突出特点，即用一个个问句串联起全文，以此引导学生厘清课文的脉络。她先提出：除了叠词很多，课文还有一个很大的特点。看看课文，你能不能发现？（课件出示文中的12个问句）然后引导学生找到其中的三个主要问句，使学生在读出其所蕴含着的伤感和惋惜之情后，弄清了课文三个部分，帮助学生初步厘清了文章的脉络。

这种教学方法，首先需要教师把握课文的特点，然后依据课文的特点梳理脉络，体现了教师对教材的解读和教学的智慧。

3. 品读感悟法。在引导学生体会含义深刻的句子，感悟课文内涵时，梁老师采用了抓关键词句进行品读的方法。如，抓住"针尖上一滴水"和"大海"，并进行对比，感悟时间的短暂；聚焦"溜"字、"脚"字，感悟时间的飞逝。

这样的教法，一方面帮助学生理解了句子的意思，体会到作者复杂的心境；另一方面还能让学生领会比喻、拟人这种写法的作用和效果。即：时间看不见、摸不着，更是难以用语言形容的，而作者却化无形为有形，用具体形象的文字写出时间的流逝，让学生领悟其表达上的精妙，落实了"学习作者表达感悟、感情的方法"这一目标要求。

4. 联系生活实际法。为更好地感悟课文内涵，体会作者心境，梁老师运用了联系学生生活实际的方法。为深入感悟时光的短暂、飞逝，老师让学生联系自己的生活，提出：作者24岁，度过了八千多个日子。同学们，你们正是十一二岁的年龄，大约度过了……四千多日子已经从我们手中溜去，没有声音，也没有影子。这是朱自清眼中的24年啊，想想我们自己的生活，是不是也有相同的感受呢？比如，看电视的时候，日子从五彩缤纷的屏幕前过去；玩电脑时，日子从键盘的嗒嗒声中悄悄地溜去了……

这种教法，使学生身临其境，切身体验，能真正走进作者内心，体会到作者伤感、惋惜的心境，并落实了通过"仿写句子"感悟内涵的目标要求。

5. 情境渲染体验法。本文的情感、心境是复杂的，有无奈、叹息、惋惜，有感慨、珍惜、自省。这对小学生而言，体会起来有一定的难度。为突破这一难点，梁老师采用了语言渲染和创设情境的方法。如，让学生在"阅读感言"卡片上写感悟。老师提出：面对飞逝的时间，除了叹息，除了无奈，我们该怎么做呢？请写出此时你最想说的一句话。之后将教师的渲染、课文的句子和学生联系生活实际仿写的句子组合起来，进行师生对读等。

这样的设计使学生身临其境，切身体会到作者复杂的心境，感悟到作者所表达的思想情感。

6. 借助资料引申法。为总结全文，提升学生的认识，梁老师采用了补充资料的方法。出示朱自清自1922年到1948年辛勤笔耕的资料，让学生直观地感受到，朱自清先生用他的成就回答了"能做些什么呢"这一问题，履行了他"珍惜时间，有所作为"的感悟。他实现了自己的诺言，没有白白走这一遭！并引导学生进一步体会作者为什么要用这一连串的问句来表达对时间的感悟——不断地反省自己、警醒自己，要珍惜时间，有所作为。

这种设计，让学生真正而直观地认识到作者的写作目的——提醒自己珍惜时间，有所作为，并对作者为什么用一个个问句的写法所产生的疑问豁然开朗。这也是在有意识地落实"学习作者表达感悟方法"的目标要求。

7. 延伸激疑法。《匆匆》这篇散文最早发表于1922年，距今已有90多年。近百年来，《匆匆》作为文学经典，为什么一直为一代又一代人所阅读、所喜爱？除了勉励自己以外，还有什么用意呢？还有什么原因呢？请同学们课下继续思考。

一课的教学虽已结束，但学生的思考并未结束。在这里，延伸激疑，再一次点燃学生思考、学习的火花，目的是引导学生思考这篇散文的社会价值，使理解继续走向深入。这种教法，给本课教学画上的不是句号，而是一串意味深长的省略号。

以上，我们列举了七个方面的教学方法、策略，这些足以看出梁丽老师教学方法的多样、巧妙。不同的教学内容采用的是不同的教学手段，恰到好处。由此可以明确：

第一，"怎样教"是由"教什么"决定的。教学目标决定教学内容，教学内容决定教学方法，目标决定一切教学行为，这是解决"做正确的事"的方向问题。而"怎样教",用什么方法、策略教则是解决"正确地做事"的问题。"用正确的方法做正确的事"是我们的教学追求,若不然,目标模糊,方向不明,"怎样教"就没有多少意义了。

第二,教学方法策略力求多样,努力做到"实、活、新"。这就需要像梁丽老师那样,发挥教学智慧,不断地创新、积累,以丰富自己的教学经验。这里需要进一步说明的是,不少教师总是喜欢追求方法的"新",特别是上公开课的时候。而运用什么方法教学,首先要考虑的是这个方法是否"实",是否能有教学的实效。如教师的范读,此法不新,但很有指导作用和效果。我们的经验是,不管是老法还是新法,用在这个地方能产生实实在在的教学效果,就是好方法。

第三,如果一个重点的教学内容有多手准备和两三个预设,那就更能呈现出教学的精彩,梁丽老师的教学在一些重点环节就有这样的设计。

最后,需要说明的是,我多次听梁丽老师执教的课,她的教学总是在力求教好、教会,达标到位。例如,朗读指导,一开始学生仅仅读出问句的语气,梁老师舍得花时间,停下来,不走过场,通过引导、范读等,指导学生真正读好作者内心的惋惜和伤感之情;一开始,学生不会找关键词句,梁老师的引领下,能抓住"脚""溜走""飞过""闪过"等词,体会到词句的内涵等。这充分说明梁丽老师对每一个教学内容所应该达到的目标有一个标准,即对"教到什么程度"心中有数。

《闻官军收河南河北》教学设计及点评

《闻官军收河南河北》教学设计

教师简介

刘锐,济南市汇泉小学语文教师。济南市优秀班主任、区教学能手。

教学目标

1. 进一步明确七言律诗的特点。
2. 正确、流利、有感情地朗读古诗,读出诗人无比喜悦、激动的心情。
3. 通过"结合注释""联系背景"的方法,理解诗句的意思;体会诗人喜悦、思乡、爱国的思想感情。
4. 借助"名人点评"的新方法,进一步理解、品味古诗;感受本诗朴实、直白的语言风格,领悟虚实结合等表达方法。
5. 进一步感受古诗这一传统文化的艺术魅力,增强诵读古诗的兴趣。

重点难点

1. 通过"结合注释""联系背景"的方法理解诗句的意思,体会诗人的思想感情。

2. 借助"名人点评"的新方法，进一步理解、品味古诗的艺术魅力，领悟虚实结合的表达方法。

板书设计

```
            闻官军收河南河北
              【唐】杜甫
         喜悦  思乡  爱国
                ┌ 结合注释
           方法 ┤ 联系背景
                └ 借助点评
```

教学过程

课前或用第一课时，由学生按照"自主学习单"的内容、要求、方法自主学习，填写"自主学习单"，然后在小组内进行合作学习，交流、修改、完善"自主学习单"上的内容，为在全班交流汇报做好准备。

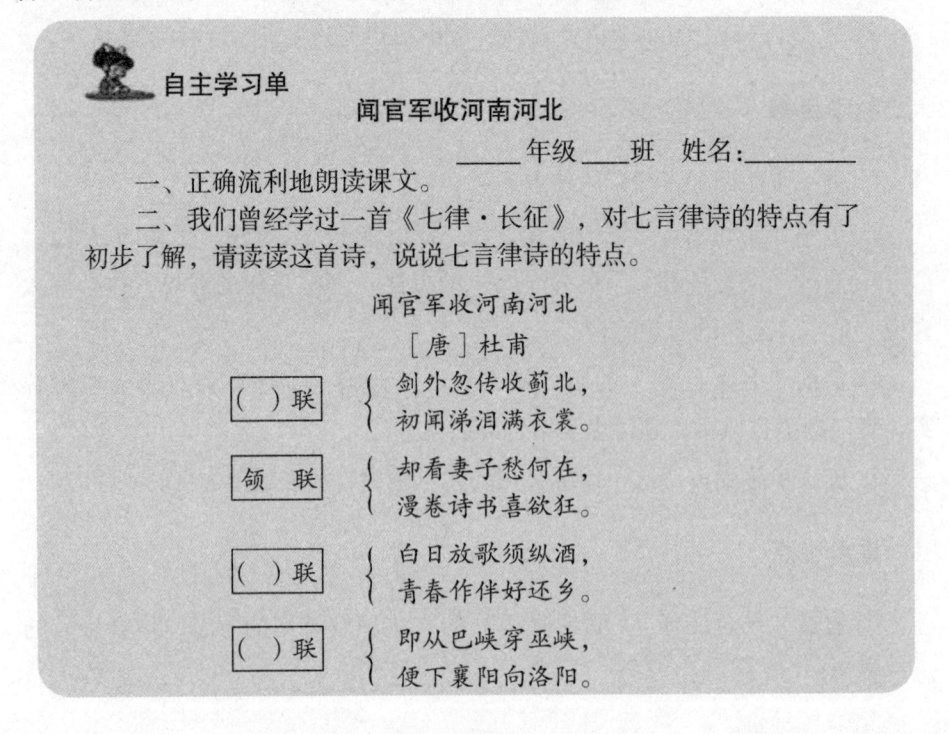

自主学习单

闻官军收河南河北

_____年级 _____班 姓名：_____

一、正确流利地朗读课文。

二、我们曾经学过一首《七律·长征》，对七言律诗的特点有了初步了解，请读读这首诗，说说七言律诗的特点。

闻官军收河南河北
[唐] 杜甫

( )联 { 剑外忽传收蓟北，
         初闻涕泪满衣裳。

颔 联 { 却看妻子愁何在，
         漫卷诗书喜欲狂。

( )联 { 白日放歌须纵酒，
         青春作伴好还乡。

( )联 { 即从巴峡穿巫峡，
         便下襄阳向洛阳。

三、结合文下注释，说说每句诗的意思。

词语	今义	古义
妻子	男子的配偶	妻子和儿女
青春	青年时期	春天的景物
衣裳	衣服	上衣为"衣"，下衣为"裳"
涕泪	鼻涕、眼泪	眼泪

> 古诗文中有些词语古今的意思可不一样哦！

四、背景资料

> 唐玄宗时期，"安史之乱"爆发，叛军烧杀抢掠，无恶不作，百姓流离失所，妻离子散。杜甫不得不背井离乡，过着贫困交加、居无定所的逃难生活。最为悲惨的是，他最小的儿子也被活活饿死了。经过长达八年的战争，官军终于收复了河南河北，结束了战乱。喜讯传来，杜甫百感交集，创作了这首诗。

这首诗是在_____情况下写的，表达了诗人_____的思想感情。

【设计意图：对于六年级学生来说，把握诗意、想象古诗描述的情境、体会古诗的情感是最基本的要求。他们已经有这方面的学习基础、经验，所以，关于本诗的基本内容和诗人的思想感情，学生利用已有经验比较容易学会。设计自主学习环节，就是要充分发挥学生自主学习的能力，凡是自己能够学会的由学生自己学会。同时，也便于教师了解学生的学习现状，明确学生已知、未知、难知的领域，并以此作为教学的起点，从而进一步明确本课的教学目标及重难点。】

一、汇报、交流自主学习收获

师：同学们，课前，大家按照"自主学习单"对唐代大诗人杜甫的七言律诗《闻官军收河南河北》进行了自主学习。这节课，我们就先来交流、汇报一下自主学习的收获。

1. 理解题目。

师：谁来给大家讲一讲你对题目的理解。（生：杜甫听说唐王朝的军队收复了河南河北地区）

师：你解释得非常准确，就请你领着大家放开声音读一读题目吧。（一生

领读题目，全班齐读）

2. 交流七言律诗的特点。

课件出示"自主学习单"第二项学习内容，并请"小老师"上台讲解、汇报。

方案一："小老师"汇报全面准确。

生：七言律诗共八句，每句七个字；两句为一联，共四联，分别是"首联""颔联""颈联""尾联"；讲究押韵，这首诗押 ang 韵，每联最后一个字是韵脚，对仗工整。这是我汇报的内容，大家还有补充吗？

师：你讲得很全面、准确，自主学习很有收获，掌声送给他。

方案二：汇报不够全面准确。请其他同学补充完善。

老师点拨提升：刚才你提到了对仗，这句和哪句对仗？

师：却看妻子愁何在。（生：漫卷诗书喜欲狂）看来你真正了解了什么是对仗。自主学习很有成效。

3. 汇报诗句意思。（课件出示"自主学习单"第三项学习内容：结合文下注释，说说每句诗的意思）

师：通过自主学习，大家结合文下注释，尝试了解了诗句的意思。学古诗，"结合注释"是一个非常重要的方法。（板书：结合注释）

师：这首诗的意思真的读懂了吗？我请一位"小老师"，给大家讲一讲前四句的意思。（指名一生上台）你想怎么给大家讲呢？其他同学仔细听，如果有不同的观点，一会儿再来补充、交流。

师：你的表现不错，思路清晰，对诗句的理解准确到位。掌声鼓励！

师：后四句，谁来讲？（指名上台）这四句，比前四句有难度，你可以讲得慢一点，其他同学一定要仔细听，等一会儿再来交流评价。（适时点拨纠正"穿""下""向"等字的意思）

【设计意图：了解七言律诗的特点，理解诗句的意思，学生借助已有的知识和注释基本上能够自己学会。这一环节采用的是学生汇报的方式。】

理解"想象"。师：诗的最后两句，写的是诗人回乡的路线。（课件：出示路线图）

师：杜甫要回到家乡洛阳，首先要来到巴峡，从这儿乘船出发，经重庆沿长江而下，穿过巫峡，来到洞庭湖边，经汉口顺流而下到达襄阳，在此处改为陆路，北上直奔洛阳。这就是杜甫在脑海中描绘的一条回乡的路线。这条路有1000多公里，在古代要用半个多月甚至更长的时间才能走完。

师：这两句说的是杜甫真的回到故乡了吗？（生：没有）这又是什么呢？（生：这是诗人的想象）

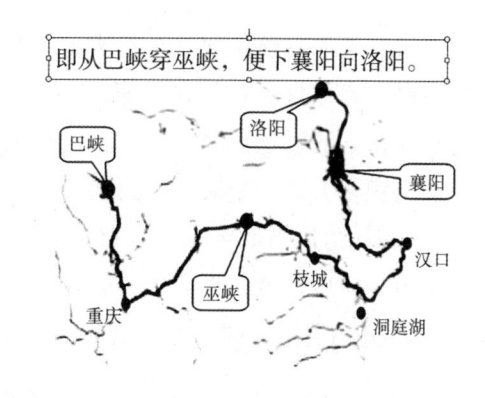

小结：他身未动，可心早已飞回了故乡——洛阳。老师范读："即从巴峡穿巫峡，便下襄阳向洛阳。"（读出想象的味道）

4. 联系背景资料，体会思想感情。（课件出示"自主学习单"第四项学习内容：背景资料）

（1）师："自主学习单"上有一段背景资料。谁能结合资料跟大家汇报、交流杜甫是在什么情况下写的这首诗？表达了怎样的思想感情？

预设：

生1：这首诗是在安史之乱刚刚结束时写的，我感受到了收复失地后诗人的高兴、喜悦。师：这种喜悦贯穿了整首诗，体会得非常好。（板书：喜悦）其他同学，谁还有补充？

生2：我感受到诗人对家乡的思念。师：这种思乡之情触动了你。（板书：思乡）

生3：我感受到诗人的爱国之情。师：你有更深入的理解，非常好。（板书：爱国）

小结：我们结合资料、联系时代背景，体会到了诗人的思想感情。学古诗，"联系背景"也是重要的学习方法。（板书：联系背景）

（2）师：体会情感，自读全诗。下面就请大家带着喜悦的心情，体会着作者思乡、爱国之情再来读读这首诗。

5. 齐读全诗。

【设计意图：让学生联系时代背景体会诗人的思想感情是对这首诗第二个层次的学习，采用的是让学生自己联系、自己汇报的方式，体现了自主学习。同时，也为后面重点、难点的学习做了铺垫。】

二、借助名家点评，深入理解、品味古诗

师：通过自主学习，大家运用结合注释、联系背景的方法理解了诗意，体会了诗人的思想感情，看来同学们有很强的自主学习能力。其实，学习古诗，有很多方法。今天，我们就来学习一种新方法。看黑板（板书：借助点评），我们可以借助名家对这首诗的点评，进一步理解、品味这首诗。不过，这可有一定的难度，你们敢不敢挑战一下自己？有信心吗？

1. 介绍名家点评。课件出示：

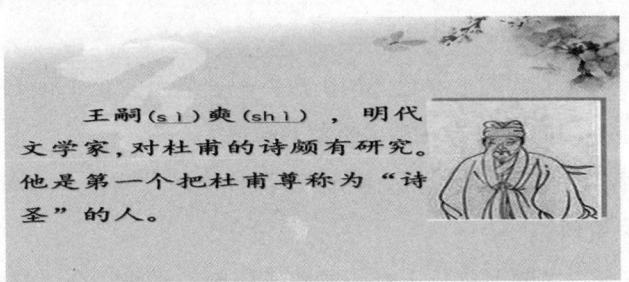

王嗣（sì）奭（shì），明代文学家，对杜甫的诗颇有研究。他是第一个把杜甫尊称为"诗圣"的人。

师：对这首诗，他作出了这样的点评。（课件出示点评）

此诗句句有喜跃意，绝无妆点，愈朴愈真，他人决不能道。

——［明］王嗣（sì）奭（shì）

我们就借助这个点评，来进一步理解、品味这首诗。

【设计意图：借助名家的点评，来理解、品味古诗是学生没有接触过的新方法。从学习兴趣入手，引入名家点评，可以帮助学生深层次地理解古诗的内容，领会诗人在表达上的独到之处，提高品读古诗的能力。】

2. 体会"句句有喜跃意"。

师：我们先来看"句句有喜跃意"这一观点，你有同感吗？先在小组里面交流交流，看看每一句诗喜在何处。可以画画关键词，体会体会这是一种怎样的喜。

（1）先看第一句"剑外忽传收蓟北"，这句话喜在何处？

生1：从"收蓟北"感受到喜。师："收蓟北"这是喜讯，还从哪儿感受到喜？

生2：从"忽传"感受到惊喜。师：喜讯忽然而至，我们可以说这是——喜从天降。（课件第一句旁边出示"喜从天降"）

小结方法：我们抓住了"忽传"这个关键词，就感受到了这从天而降的喜。同学们，能不能运用这种抓关键词的方法，说说二、三两句喜在何处？

（2）第二句"初闻涕泪满衣裳"。

生：我从"涕泪"和"满衣裳"感受到喜。杜甫高兴得眼泪都洒满衣服了，从这一句诗可以看出他很高兴。

师：字面上写的是眼泪，你却感受到了这眼泪背后的喜，这是一种怎样的喜？

生：人在非常高兴的情况下会哭。师：杜甫高兴得老泪纵横，这就是——喜极而泣（课件第二句旁边出示"喜极而泣"），相机指导朗读。

（3）第三句"却看妻子愁何在"。

生：我从"愁何在"，体会到妻子没有了忧愁，很高兴。师：愁容不再，满心欢喜，我们可以说这是——喜上眉梢。（课件第三句旁边出示"喜上眉梢"）

（4）第四句"漫卷诗书喜欲狂"。

师：能不能直接用一个带喜的四字词来概括。

方案一：直接说出对应的四字词语。

生：欣喜若狂。师：你太理解杜甫了，这就是一种——欣喜若狂。请你体会着这种欣喜若狂，读一读这句。（全班齐读）

方案二：没有直接说出合适的词语。

生：我从"喜欲狂"感受到喜。杜甫高兴得要发狂了。师：高兴得要发狂，可以用一个什么词来形容——欣喜若狂。（全班齐读）

（课件第四句旁边出示"欣喜若狂"）

（5）第五句"白日放歌须纵酒"。

师：读一读这一句，这是一种怎样的喜？

生：我从"放歌""纵酒"感受到诗人非常高兴，喜欲狂。师：他"放歌""纵酒"，喜到什么程度？

生：近乎发狂。师：已经激动得无法控制自己的情绪了，能用一个带喜的词来形容吗？这就叫——喜不自胜。（课件第五句旁边出示"喜不自胜"）

最后三句，这次难度又提高了，因为没有现成的词语可以直接概括，我们可以自己创造带喜的词。试一试好吗?

(6) 第六句"青春作伴好还乡"。

师:这是一种怎样的喜呢?(杜甫最期盼的是什么)

生:回家、回乡之喜。师:这就是一种还乡之喜,我们可以概括为——喜欲还乡!(课件第六句旁边出示"喜欲还乡")

(7) 最后两句"即从巴峡穿巫峡,便下襄阳向洛阳"。师:感受到喜了吗?怎样的喜?

生:诗人迫切回乡、归心似箭的喜悦。师:这是一种归心似箭的喜。杜甫的心早已踏上了归途,我们可以说——喜绘归途。(课件第七八句旁边出示"喜绘归途")

闻官军收河南河北

[唐] 杜甫

剑外忽传收蓟北,	喜从天降
初闻涕泪满衣裳。	喜极而泣
却看妻子愁何在,	喜上眉梢
漫卷诗书喜欲狂。	欣喜若狂
白日放歌须纵酒,	喜不自胜
青春作伴好还乡。	喜欲还乡
即从巴峡穿巫峡,	
便下襄阳向洛阳。	喜绘归途

小结:我们一起品出了这句句中的喜,这一个个的喜,它们在诗人心中涌起,跃然纸上,生动地呈现在我们眼前,这真是句句有喜跃意啊!(课件出示所有带"喜"的四字词语)

3. 体会"喜欲狂"的原因。师:杜甫闻官军收河南河北,为什么会喜极而泣、欣喜若狂、喜不自胜还要喜绘归途呢?就让我们一起来了解一下安史之乱期间,杜甫写下的诗句。(课件出示句子,师朗诵)

"国破山河在,城春草木深。"(这就是国破之悲啊)

"入门闻号啕,幼子饿已卒。"(这就是丧子之痛啊)

这就是战乱带给杜甫的悲痛！杜甫闻官军收河南河北，同学们，你能理解，为什么他如此地"狂喜"吗？预设：

生1：战乱结束、国家统一，他为此而高兴。师：他为国家的安定统一而感到欣慰。

生2：他为百姓不用再遭受苦难而感到高兴。师：这不是一家之喜，更是百姓之喜，天下之喜。

生3：从此不用再失去亲人，他可以回家乡了，他感到高兴。师：他怎能不欣喜若狂。这就是大悲之后的狂喜。

4. 朗读。老师渲染并范读。八年的灾难、八年的苦痛，留给杜甫的是刻骨铭心的记忆。而今，官军收复了河南河北，他百感交集，写下了这千古名篇——《闻官军收河南河北》（师配乐范读全诗）。谁能像老师这样，体会这大悲之后的狂喜，再来读一读。（指名朗读）

【设计意图：在此环节中，老师引导学生采用"抓关键词"和用四字词语概括的方法，体会句句有"喜"。杜甫有关诗句的引入，是为学生体会这是大悲之后的狂喜做铺垫，将诗人这种内涵丰富的喜内化为切身感受，让学生对本诗内涵的理解有所深化和提升。】

5. 体会"绝无妆点，愈朴愈真"。小结过渡：刚才我们抓住了关键词，体会到了这句句有喜跃意。这首诗，还有一个过人之处，就是——"绝无妆点，愈朴愈真"。（课件出示：绝无妆点，愈朴愈真）

（1）师：（课件中地名变红）看，这些变红的是什么词？（课件出示：地方名）地名就是一个平常而普通的符号。杜甫把地名融入诗中，并注入了真挚的感情。

（2）师：再看这首诗，还有哪些词写的也是平平常常、普普通通的事物？预设：

生1：写了"妻""子"。师：这就是——身边人。（课件出示：身边人）

生2：诗书、衣裳、青春、涕泪、喝酒、唱歌、还乡、漫卷。师：这就是——普通物、平常事。（课件出示：普通物　平常事）

6. 体会"点评"的精妙。课件出示：

闻官军收河南河北

[唐] 杜甫

剑外忽传收蓟北，　　　　地方名
初闻涕泪满衣裳。
却看妻子愁何在，　　　　身边人
漫卷诗书喜欲狂。
白日放歌须纵酒，　　　　普通物
青春作伴好还乡。
即从巴峡穿巫峡，　　　　平常事
便下襄阳向洛阳。

小结：就是这些平平常常、普普通通的事物，却充分表达了杜甫的"真情"。这就是"绝无妆点，愈朴愈真"。

师：我们再来看看这句点评。现在，你对这首诗的理解是不是更加深入了？

【设计意图：老师对平常而普通事物的"发现"，实际是为了给学生提供参考和借鉴的方向，为学生的发现和感悟打好基础，使学生易于突破感悟、理解上的难点。】

7. 感悟"虚实结合"的写法。

师：这首诗还有一个特点，是王嗣奭这位著名的文学家都没有发现的，你发现了吗？（先小组讨论，再全班交流）

预设：

生1：这首诗既写了现实，也写了想象，是一种"虚实结合"的写法。师：你品出了前人没有发现的精妙，你也有评论家的潜质。掌声送给他。

生2：诗中很多词语一气呵成，作者感情曲折变化。师：体会得非常好！大家都有自己独到的见解，真不简单！

【设计意图：让学生自己去发现这首诗的其他特点，进一步深化学生的体会、感悟，体现课堂生成和学生的发展。】

三、总结延伸

这节课，我们学习并运用了这些方法品读了这首诗（板书：方法），体会了诗人喜悦、思乡、爱国的思想感情。杜甫的诗被称为"诗史"，流传至今的有 1400 多首。古往今来，许多文学大家都对杜诗极为推崇。课下，请大家继续品读杜甫的其他作品，用心感受杜诗的魅力！

【设计意图：这是对课堂教学的延伸，为学生进一步感受古诗的艺术魅力，提高阅读兴趣，提出更高要求和期待。】

点 评

刘锐老师设计、执教的《闻官军收河南河北》一课，曾在 2014 年山东省小学语文优质课评比中获得一等奖。这节课教学设计的主要特点体现在教学理念、古诗词教学方法策略等方面的创新上。

一、新的教学理念的成功实践

这里所说的新的教学理念，主要是指"以学为主，以生为本"的教学理念。

所谓"以学为主"，即以学定教，先学后教，顺学而教，会的不教。凡学生能自己或通过合作学会的、自己能做到的，尽量由学生自己完成，教师只教学生不会的；所谓"以生为本"，即学生是学习的主人，体现师生互动，生生互动，能者为师，人人为师。为了践行这样的教学理念，刘老师在教学本课时，主要采取了如下措施：

1. 运用"自主学习单"，先学后教。"自主学习单"上的学习内容主要包括说说七言律诗的特点、解说诗句的意思、体会诗人的思想情感。这些学习内容，学生借助资料、注释、时代背景完全能够自己学会，无需教师的教。

从"自主学习单"的作用来看，它是学生自主学习的路线图，学生可以根据上面的学习内容、学习要求和提供的学习方法自主完成。使用"自主学习单"无疑能够有效地提高学生自主学习的能力，同时也为本课的学习提高了教学的起点，是一种"水涨船高"的教学新效益。

2. 把讲台让给学生，让学生登台汇报自主学习的收获。如，对七言律诗特点的汇报，学生完全可以调动已有知识和资料做好充分的准备，在讲台上侃侃而谈。

这样的教学方式，充分发挥学生自主学习的潜能，极大地调动学生学习的主动性、积极性。特别是将所填写好的学习成果转化成汇报的内容，再充满自信地讲述出来，这既能促进学生的深入思考，又锻炼了学生的语言表达能力，体现的是语文学习的综合性、实践性，是在引导学生学语文、用语文。

由此可以看出，把讲台让给学生，学生会表现得非常精彩；把机会让给学生，学生会还你一个个惊喜。这样的课堂，提高了教学的起点，充分展现的是学生自主学习的能力和语文的综合素养，提升的是课堂教学的效率和质量。

二、古诗词教学方法策略的新探索

就一般的古诗词教学而言，大部分教师引导学生理解了诗句的意思，了解了诗的时代背景，体会到诗人的思想情感就完成任务了。刘老师则不然，她没有将引领的脚步停留在这样的层面上，而是在这一基础上继续引领学生攀登新高峰。

1. 借助背景资料和杜甫的有关诗句，体会诗人为什么在闻官军收河南河北之后这么喜悦，这么激动？并体会其蕴含的强烈的爱国、思乡等复杂心情。

2. 借助名家点评，为古诗学习和教学提供了新思路。刘老师借用明代文学家王嗣奭对这首诗的点评——"此诗句句有喜跃意，绝无妆点，愈朴愈真，他人决不能道"，引领学生更深入地体会诗人的情怀和诗的艺术特色。一是借助"句句有喜跃意"的名家点评，进一步体会"初闻""涕泪""妻子""漫卷""放歌""纵酒"等诗句所蕴含的喜悦和诗人的爱国情怀；二是借助"绝无妆点，愈朴愈真"名家点评，领悟诗人在表达上的特色，即运用地方名、身边人、普通物、平常事等直白、平常、普通的词语表达深刻的思想内涵和诗人的情怀。

这一新的学习方法的引入，激发了学生的学习兴趣，提供了古诗学习的新途径、新思路，令学生眼前一亮，为之一振；同时也充分彰显了教师的教学智慧。

3. 渗透学习古诗的方法，不断积累运用学习方法、经验。本课的教学，不仅引领学生理解了诗意，体会到诗情，领悟到诗的艺术特色，更为称道的是，刘老师还在学习过程中，不断地指导学生提炼运用学习古诗词的方法。主要有结合注释联系背景、借助名人点评等，特别是借助名人点评这一学习方法的引入，为学生指出了一条新的学习途径，为今后学生学习古诗词提供了新经验。

三、课堂教学结构、教学过程的新建构

从本课课堂教学的结构和教学过程来看，主要分为三个部分：一是在课前或用第一课时，由学生自主学习，完成"自主学习单"；二是课上或第二课时，由学生汇报自主学习的收获，这两个部分、环节，是以学为主，以学生为主体的学习、汇报、交流；第三部分是课上教师的点拨、引领与提升，本课主要是借助"名人点评"进一步领悟诗的内涵和艺术特色，这是以教为主的环节。从时空来看，这三个环节构成的课堂教学结构，更多的是以学为主，以生为本，学生学得自主、扎实、深入，教师教得精彩、到位、有效，是高层次的引领和提升，是高效率的教学与学习。

由此，我们认为，这种新构建的课堂教学是一种新探索，对当下以教师的教为主的课堂教学，教学方式主要是"教师问，学生答"或"教师讲，学生听"的教学，无疑是一种新的挑战，新的突破。

总之，刘锐老师设计、执教的《闻官军收河南河北》一课，秉承着"以生为本"和"以学为主"的教学理念，把学生摆到了主体位置，把学生看作是学习的主人，遵循的是"以学定教、先学后教、顺学而导、会的不教"的教学原则，使这些新的教学理念、原则在她的课堂上真正"落地"，效果显著；创新了古诗词教学的新方法，为学生提供了学习古诗词的新途径，引领学生从更高的层次体味到了古诗词的魅力，使古诗词教学充满了新的生机与活力。

《蜣螂滚球》习作教学设计及点评

《蜣螂滚球》习作教学设计

教师简介

张琪,济南市燕柳小学语文教师。区语文教学能手。连续四年任国家远程研修、山东省教师远程研修指导教师。

教学目标

1. 观看"金蝉脱壳"的视频,学习法布尔《蝉》一文中的相关片段,明确作者写好昆虫活动的基本方法。(仔细观察;按照一定的顺序;运用准确、恰当的词语)

2. 观看视频《蜣螂滚球》,仔细观察蜣螂滚球的过程;选择自己喜欢的一个片段,运用学到的方法写蜣螂滚球的过程,做到按照一定的顺序(先……接着……最后……);注意用词的准确、恰当。

3. 喜欢观察,产生对昆虫世界探索的兴趣。

重点难点

阅读《蝉》一文,学习作者用"先……接着……最后……"及"腾、翻、挂、伸"等词语条理准确、恰当表达的方法。观看《蜣螂滚球》，选择自己喜欢的一个片段，运用学到的表达方法进行仿写，并能对同伴的片段进行点评、修改。

板书设计

```
              蜣螂滚球
           ——习作指导
        金蝉脱壳  蜣螂滚球
             细观察
             按顺序
             写具体
```

教学过程

一、观看金蝉脱壳，阅读片段，领会表达

1. 激趣导入。

师：同学们，请看大屏幕。这是什么？（出示图片）

师：蝉是它的学名，它还有一个俗名，叫"知了"。你们见过吗？谁能介绍一下。

（1）（介绍它的样子）——你真善于观察——蝉的旧皮是金黄透明的，壳是褐色的。

（2）（介绍自己是怎样抓过它的）——哦，你抓过蝉，有意思吧？

（3）（介绍它是怎样叫的）——知道的真不少！其实只有雄蝉才可以鸣叫，雄蝉腹部有一个可以振动发声的盖子，通过鸣叫吸引雌蝉。

（4）（介绍蝉脱下的壳）——蝉的脱壳意味着它结束了漫长的地下生活，终于能够站在枝头唱歌了。

师：今天，老师带来了一段蝉的短片。想看吗？注意仔细看。

2. 观看短片，概括内容。

（1）播放金蝉脱壳的短片，学生观看。

师：注意看，蝉的幼虫在干什么——（爬到树上），现在它的背部——（背部的旧皮裂开）身体裂开，什么滋味呀？它一点一点地向外拱，先出来的是——（头）接着是——（吸管和前腿），这时身子是——（倒着的），最后——（努力把身子翻上来）。

（2）用词语概括短片内容。脱壳结束了，这个过程可以用一个词概括。

预设一：蝉脱壳

师：不错，概括了这个过程。还有其他的词语吗？

预设二：金蝉脱壳

师：这个词语好。请你大声再说一遍——金蝉脱壳（板书：金蝉脱壳）。这个字在这里读"qiào"（板书拼音），大家一起读一读。

【设计意图：激趣导入，从学生熟悉的蝉入手，唤起学生生活的记忆。通过观看《金蝉脱壳》的短片，学生能够更加直观形象地感受其脱壳过程，为学习法布尔《蝉》一文中蝉脱壳的内容做好铺垫。】

3. 片段对比，领会写法。

师：《昆虫记》的作者法布尔写过一篇文章叫《蝉》，其中这三个自然段写的就是金蝉脱壳的过程。

> 我喜欢观察蝉脱壳。幼虫蜕皮是从背上开始的。外面的一层旧皮从背上裂开，露出淡绿色的蝉来。先出来的是头，接着是吸管和前腿，最后是后腿和折叠着的翅膀，只留下腹部还在那旧皮里。
>
> 蝉脱壳的时候，可以说是表演一种奇怪的体操。它腾起身子，往后翻下来，头向下倒挂着，原来折叠着的翅膀打开了，竭力伸直。接着，尽力把身体翻上去，用前爪钩住那层旧皮，使它从那层旧皮里完全蜕出来。那些旧皮就只剩个空壳，成了蝉蜕。整个过程大约要半个小时。

> 刚蜕皮的蝉，用前爪把自己挂在蜕下来的空壳上，在微风里颤动，样子很柔弱，颜色还是绿的，直到变成棕色，就跟平常的蝉一样了。

师：请同学们自己读一读这三个自然段，思考法布尔是怎样把金蝉脱壳的过程写出来的。拿起笔，可以画一画相关的词句。（学生默读、圈画）交流之前，我们再来读一读。谁愿意读给大家听？

（1）抓住蝉脱壳时的顺序。

预设1：能找到。

师：你是怎么发现的？（用到了表示顺序的词语）都有哪些词语？（板书：先……接着……最后……）

师：这位同学发现了表现顺序的关联词，很好。发现了在写蝉脱壳时是按照一定的顺序写。（板书：按顺序）

预设2：找不到。（PPT出示关联词）

师：这些词语写出了什么？（写出了蝉脱壳时的顺序）再来读读这些词语。（板书：先……接着……最后）

师：法布尔就是按照这样的顺序写出了蝉脱壳的过程。（板书：按顺序）

（2）抓住蝉脱壳时的动作。

预设1：学生：抓住动作写。（板书：动作）

师：这个发现很棒！我们一起来看一看。法布尔用到了哪些描写动作的词语呢？（学生说出三四个有关写动作的词语。然后出示：裂、露、腾、翻、挂、打开、伸、翻、钩、蜕、挂）

师：数一数，有多少个？（11个）在这三个自然段中就用到了11个表示动作的词，法布尔就是这样用准确的表示动作的词把蝉脱壳的过程写具体的。（板书：写具体）

预设2：学生没有发现抓住动作描写的手法。

师：能不能找出写动作的词语？这句话中用了哪些表示动作的词语？其他部分呢？数一数，有多少个？（课件变红写动作的词语。学生数，数到一半，老师打断）老师数过，一共有11个呢！在这几个自然段中，法布尔用到

了 11 个表示动作的词，就准确把蝉脱壳的过程写具体了。（板书：写具体动作）

（3）看颜色的变化。

师：蝉在脱壳的过程中有变化吗？（颜色的变化，从绿色到棕色）还有什么变化？（翅膀的变化）也就是样子的变化。（板书：颜色）

（4）学习拟人的修辞手法。

师：（学生读拟人句）拟人手法的运用是《昆虫记》的一大特点。我们也可以借鉴这种方法。

过渡：交流到这里，我有疑问了。法布尔为什么能够按照一定的顺序抓住蝉的动作、样子和颜色，把蝉脱壳的过程写得那么具体呀？

预设1：观察得细致。

预设2：他观察的时间长。

师：有多长？——（半个小时）仅仅是半个小时吗？——（不是），那是多久？——（很多个半小时）法布尔为了观察昆虫，曾经特意买了一块荒地，在这里对昆虫进行了长达30年的细致观察。（板书：细致观察）可见仔细观察是习作的基础。

总结：同学们看，我们通过学习法布尔的《蝉》，知道了写好昆虫活动的方法，先要——细观察，还要——按顺序，还得抓住动作、颜色、样子等——写具体。

【设计意图：2011版课标提出：要重视写作教学与阅读教学、口语交际教学之间的联系，善于将读与写、说与写有机结合，相互促进。仿写能减缓学生习作的坡度，帮助他们在阅读与习作之间搭起一座桥梁。阅读《蝉》的片段，帮助学生领会作者通过仔细的观察，按照一定的顺序，运用准确的词语将金蝉脱壳的片段写具体。这是对本课习作方法的提炼和总结，并为《蜣螂滚球》的片段仿写做好准备。】

二、观看短片《蜣螂滚球》，仿写片段

1. 激趣过渡，简单介绍蜣螂。

师：咱们也用这种方法写一个有趣的昆虫吧。你看，这是谁？

师：蜣螂，还有一个俗名——屎壳郎。我们要看的就是蜣螂滚球。（板书题目，重点指导"蜣"字的写法）看到这一视频，你有什么问题吗？

预设1：蜣螂滚的球是什么？

师：蜣螂是自然界中的"清道夫"，它能把动物的粪便滚成球形，这个圆球是它的食物，并且它会在圆球的中间挖洞，做成产房，繁衍后代。

预设2：蜣螂为什么滚球？

师：运回家，是食物也是产房。

2. 观看第一遍短片，厘清顺序。

师：看，它来了——（播放《蜣螂滚球》的短片）

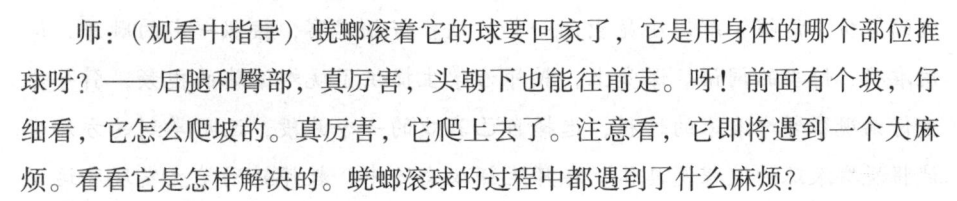

师：（观看中指导）蜣螂滚着它的球要回家了，它是用身体的哪个部位推球呀？——后腿和臀部，真厉害，头朝下也能往前走。呀！前面有个坡，仔细看，它怎么爬坡的。真厉害，它爬上去了。注意看，它即将遇到一个大麻烦。看看它是怎样解决的。蜣螂滚球的过程中都遇到了什么麻烦？

生：艰难爬坡、树枝挡道。

师：你最喜欢哪一个情节？我们就把最喜欢的情节写下来吧。

3. 观看第二遍短片，进行片段仿写。

师：请同学们再看一遍。这一遍我们要——细观察——按顺序，注意它的——动作、样子。（播放视频短片，观看中指导）注意蜣螂滚球时的动作。

师：看蜣螂的身体是怎样配合的。

师：刨土时的动作。一边往上顶，一边转。

师：看清楚了吗？看谁写的片段又快又好。时间5分钟。注意格式，第一行居中写题目，正文开头空两格。（学生写，教师巡视，提示学生注意书写姿势）

4. 小组评价，推荐交流。

师：好，时间到。我们在小组内读一读，然后按黑板上的这三个标准推荐一篇最好的，并说一说推荐理由。（小组交流，教师指导学生从哪些方面进行评价）

师：好，我们请一个小组上台展示。你们推荐谁的？好，请你来读，你们三位同学说一说推荐的理由。

同学评议：哪里写得好，哪个词语用得好，哪里还需要修改，怎样改等。

5. 师生合作，展示习作成果。

师：刚才，我看到很多同学写得都很有意思，下面我们合作着读一读。

师：（音乐起）瞧，一只蜣螂滚着大圆球向我们走来了，它要做什么呀？哦，是要回家呀。突然——（生1读写好的片段）好不容易爬上来了，刚想喘口气，没想到还有一个坡呢。（生2读写好的片段）好险，多亏了蜣螂的坚持，终于翻过了大坡。没想到又遇到了更大的麻烦——（生3读写好的片段）经历了千难万险，蜣螂克服了种种困难，终于回家了！

师：高兴吗？祝贺祝贺它吧！把掌声送给它。

【设计意图：本环节的教学体现本课的学以致用，根据对法布尔《蝉》一文的分析，能够了解写小昆虫的一些方法：仔细观察，按照一定的顺序，运用准确、恰当的词语。课堂上，教师为学生提供了蜣螂滚球的视频，引导学生仔细观察蜣螂滚球的过程，选择自己喜欢的一个片段，运用学到的方法尝试将蜣螂滚球的过程写具体。在师生评议交流中，教师鼓励学生发现和运用较为准确的词语，按照顺序把蝉的活动写生动、写具体。这个环节的教学充分落实本课的重点，努力突破难点，让教学目标落到实处。】

三、拓展，深入认识蜣螂

1. 认识蜣螂精神。通过本节课的学习，你对蜣螂又有了什么新的认识？在我们看来其貌不扬，甚至脏兮兮的蜣螂身上有一股勇气和力量，还有坚持不懈的精神。

2. 再次介绍蜣螂。（幻灯片展示蜣螂的相关内容，教师进行讲解）在非洲，人们特别崇拜蜣螂。这是南非世界杯上的蜣螂造型，这是古埃及建筑上的蜣螂，人们的首饰上也有蜣螂的造型。法布尔在《昆虫记》中这样评价蜣螂。（播放评价录音）从前，埃及人想象这个圆球是地球的模型，蜣螂的动作与天上星球的运转相合。他们认为这种甲虫是很神圣的，所以叫它"神圣的甲虫"。

3. 课下，请同学们结合自己对蜣螂新的感悟，把两个片段连成一篇习作。注意：不仅要写好两个片段，还要把自己对蜣螂的新认识、新感悟写进去。

【设计意图：大自然中，看似微不足道的昆虫，其实也能带给我们很多启示。通过本课的学习，要求学生不仅要写出蜣螂滚球的片段，更要对蜣螂小小身体中大大的能量有所了解，对人们对蜣螂的崇拜有所了解。在这样的了

解中，学习它面对困难的勇气和坚持不懈的精神，使本次习作的主题有所升华。】

点　评

张琪老师所设计、执教的三年级《仿写：蜣螂滚球》一课，曾在2013年获得中国当代语文教学研究专业委员会——全国小学作文教学观摩会优质课评比一等奖。

课上得很扎实、很精彩，得到与会专家和老师们的一致好评，在如何指导学生读写结合、练习仿写方面，给了我们很多启示。

一、借助例文，读中悟写

仿写是学习写作的必由之路。小学生通过阅读、品评相关的文章，从中获得一些写作方法、经验，这有助于学生习作能力的提高。张老师为写好蜣螂这种小昆虫，选取了法布尔写"蝉脱壳"的文章作为本次习作的例文，让学生阅读、品评，从中发现一些写好小昆虫的方法、经验。她的做法是：先让学生观看金蝉脱壳的视频，以引发学生学习的情趣，然后出示法布尔《蝉》一文中描写蝉脱壳的段落，以此为例文进行分析，让学生从中获得一些写好小昆虫的方法。例文的运用是本次习作的关键和基础，张老师在引导学生读中悟法、读中学写方面着实动了一番脑筋。

第一是指向明确。学习例文与学习一般的课文有所不同，张老师把学习的着力点直指作者的表达方法，让学生了解表达的顺序、了解作者是如何把蝉脱壳写具体的，特别是如何运用表示动作的词、运用拟人的手法写蝉在脱壳过程中的变化。通过这样一篇例文的学习，不仅能确立本次习作的目标要求，还能够习得写好本次习作的表达方法。

第二是分层推进。第一层让学生发现表述顺序的关联词，"先……接着……最后……"，习得"有顺序的表达"这一基本方法；第二层让学生发现法布尔用到了哪些描写动作的词语（裂、露、腾、翻、挂、打开、伸、翻、钩、蜕、挂），习得"用恰当的动词写小昆虫变化的过程"这一表达方法；第三层看蝉在脱壳的过程中颜色、样子的变化，习得细致观察的方法；第四层学习拟人的手法，习得表达手法。最后又进一步学习、了解法布尔把蝉脱壳过程写具体的经验，即细致和长期观察。

这样的引导，由浅入深，由表及里，带领学生在知其然的同时知其所以然，使学生从例文的内容、写法等多个方面受到启发，为写好"蜣螂滚球"做好了思路铺垫和写法准备。

第三是自主发现。如何引导学生习得作者的表达方法？张老师巧妙引导，尽量让学生自主发现。为此，她在教学设计中，对重点环节采用了多种预设。当遇到这种情形时，她采用一种引导方法；当遇到另外一种情形时，她采用另外一种方法。这种设计，意在因势利导，着力于学生自主感悟力和理解力的提高。

二、提供材料，学以致用

在明确了习作目标，习得了习作方法之后，张老师为学生提供了一个让学生感到既熟悉又陌生的习作材料"蜣螂滚球"。这个习作材料，能够极大地引发学生的学习兴趣。其教学过程、方法主要有：

播放"蜣螂滚球"的视频，提供习作材料。张老师两次播放视频，第一次侧重看内容、看情节，引导学生仔细观察蜣螂用哪些部位滚球，在滚球中遇到了什么事情，概括出"艰难爬坡"和"树枝挡路"两个情节，初步搭建起了习作的框架；第二次是先让学生思考"怎样才能写好片段"，把在品评《蝉》一文中习得的经验和表达方法，迁移运用到本次习作之中，让学生带着体会、感悟，有目的、有针对性地观看了第二遍视频，为动笔习作做足准备。

选取感兴趣的情节，试写练笔。为了迁移、落实习得的写作经验和表达方法，张老师让学生选取最喜欢的一个情节进行当堂练笔。这是通过重点指导，为写好整篇习作做准备。

通过交流品评和欣赏佳作，强化本次习作目标要求，感受习作成功的喜悦。在学生写好各自选取的片段后，张老师先让学生按照本次习作的目标要求推荐写得好的片段，然后又让学生从内容到用词、写法等多个方面对推荐的片段进行品评、评价，以强化本次习作的目标要求。不仅如此，张老师还通过师生合作，配乐朗读的方式，让学生在老师的描述与渲染中朗读自己的习作，在朗读与欣赏中感受习作的乐趣，体验成功的喜悦。

三、拓展延伸，提升认识

在蜣螂滚球的过程中，我们感受到它的那种坚持不懈的精神。对此，张老师没有将本次习作的目的落脚在只是写"蜣螂滚球"的过程上，而是运用、介绍有关材料，有意识地引导学生把对蜣螂的情感因素融入习作之中。这就使本次习作的内容有了"魂"，提高、丰富了本次习作的层次和内涵。

总之，张琪老师设计、执教的《蜣螂滚球》一课，是读写结合，指导仿写这一习作教学的成功尝试，值得我们学习借鉴。概括起来：首先是例文的充分运用。张老师借助例文，着力引导学生从例文中提取信息，既获取了写好小昆虫的方法、经验，又明确了本次习作的目标要求。其引导的过程指向明确，层层推进，使学生的获得感逐步提升。其次是提供的习作材料（"蜣螂滚球"）新颖有趣。借助视频，能给学生直观的感受，极大地引发学生的习作情趣。试想：如果让学生写蝴蝶、蜻蜓、小狗、小猫等，他们会产生这样浓厚的兴趣吗？最后是当堂练笔、佳作共赏的教学方式。为将本次习作目标落实到位，张老师指导学生当堂练笔：选取一个情节试写，然后通过推荐、品评、共赏等方式，进一步强化目标落实，提升学生认识，让学生感受习作乐趣。

《我想变》习作教学设计及点评

《我想变》习作教学设计

教师简介

王军,济南市明珠小学校长,济南市优秀教师。先后荣获中国当代语文教学研究专业委员会举办的全国语文教学技能大赛一等奖,济南市小学语文优质课评比一等奖等。

教学目标

1. 了解神话故事的基本结构和特点。
2. 以"我会变"为载体,编写故事,做到故事完整、内容具体;大胆想象,有点波澜,有点神秘色彩。
3. 体验为他人着想和充满童真童趣的想象乐趣。

重点难点

重点:把故事写完整、内容写具体;能大胆想象,力求有点波澜、有点神秘色彩。

难点:力求所编写的故事有点波澜、有点神秘色彩。

板书设计

> **我想变**
> ——习作指导
> 变成任何人或物
> 想象　大胆
> 一波三折
> 故事　完整
>
> 我想变成　1. 树　2. 小鸟　3. 外星人　4. 孙悟空　5. 房子　6. 云

教学过程

一、以神话故事激发兴趣，了解故事体裁的特点

（一）听故事，激发学习兴趣

师：同学们，喜欢听神话故事吗？今天我们就来听一个神话故事。（出示故事）请看大屏幕，故事的题目是，一起读——（精卫填海）

老师讲故事：

> **精卫填海**
>
> 　　传说很久很久以前，大海经常泛滥（làn），淹没了许多田地与村庄。
> 　　有一次，炎帝的小女儿到海上游玩，不幸被淹死了。后来，她变成了一只美丽的小鸟，名叫精卫。
> 　　精卫天天从西山衔（xián）来小石子和小树枝，投进大海里。
> 　　大海说："小鸟儿，你就是干上一百年，也不会填平我。"精卫说："哪怕干上一万年，我也要把你填平！"大海愤怒地问："你为什么要这样做？"精卫坚定地回答："为了不让你再夺去别人的生命。"说完，精卫张开翅膀，又向西山飞去。
> 　　后来，精卫的子子孙孙都非常勇敢，不管风浪多大，仍旧日日夜夜地填海。

（二）谈感受，梳理故事特点

1. 理出"想象"的特点。

师：故事讲完了，同学们，在现实生活里可能发生这种事吗——（不可能）但是这个故事中却发生了，这全靠作者的——（大胆想象、丰富的想象、离奇的想象）

小结：是啊，神话故事运用大胆的想象，让故事充满了神奇色彩。

2. 梳理"完整性"。

师：同学们，你们知道吗，故事还讲究完整性，有头有尾。自己读读"温馨提示"，看看这个故事开头写了什么——（大海泛滥，淹没了许多田地和村庄）

师：然后呢，写了——（指名提问）

师：结尾呢，让我们一起读——（齐读文章最后一段）

小结：就像这样，按照事情的发展顺序，有头有尾，具体说就是发生、经过和结果，这就是故事的完整性。

过渡语：今天，我们就插上想象的翅膀，一起编一个神奇、有趣的故事。

【设计意图：以故事导入，激发学习兴趣；以神话故事为例，梳理出故事这一体裁的基本特点，为后面学生自己编故事做好铺垫。】

二、审题，明确习作要求

（一）出示习作要求

同学们，我们一起看看这次习作的要求。谁能给大家读一读？请一位同学读要求：

> 神话、传说中的人物真神奇。比如孙悟空，他会七十二变。如果你也会变，你想变成什么呢？这次习作，就给你一次"变"的机会，请你展开想象的翅膀，编一个故事。在故事里，你可以变成任何人、任何物。写好以后，读给爸爸、妈妈听，根据他们的意见认真改一改。

读后回答：读了这个要求，你明白了什么？

（二）梳理习作要求

1. 写什么的问题：在故事里，你可以变成任何人、任何物（板书：变成任何人或物)。总结：这就是这次习作让我们写的内容。

2. 这次习作，不是一般的记叙文，而是让我们写想象作文。(板书：想象)。想象的时候一定要大胆、丰富。

3. 习作体裁是故事：这次习作的体裁是故事(板书：故事)。刚才我们提到过了，故事要注意什么？(完整)对，故事要完整，有故事的发生、经过和结果。(板书：故事完整)

4. 补充：还有别的要求吗？(写完了要读给爸爸、妈妈听，再修改)

(三) 总结

通过审题，我们知道了，这次习作的内容就是写变成任何人、任何物。在写的时候注意，通过想象，运用拟人的手法编一个完整的故事。

过渡：如果你想变，想变成什么呢？

【设计意图：让学生明确本次习作的要求，力求教有方向，学有目标。】

三、大胆想象，发散思维

(一) 填写卡片

同学们手中都有一张小卡片。现在把你的想法填到手中的小卡片上。(学生填写小卡片，教师巡视)

(二) 互相交流，发散思维

谁能给大家读读你的想法。(学生在交流过程中，能说到两种甚至两种以上的类型，老师就不用再引导了。前两个学生说的若都集中在动物上，老师说：大家都喜欢变成动物，有没有想变成其他的？学生说到了植物。老师说：真好，他想变成植物，思路打开了。还有吗？人物、事物都行)

1. 让学生把好的想法写到黑板上去。要求：把你想变的写到黑板的横线上，注意把字写规范。

2. 回顾：我们一起来看看黑板，这些同学想变成……(板书：我想变成)

预设1

学生中没有想变成"云"的,老师就要在黑板上的六个空中留出一个来。

师:同学们,从刚才的交流中,我感受到大家的想法都很奇特,想象大胆。我们一起来看看黑板,这个同学想变成"树",这个同学想变成"小鸟"……

总结:看,同学们的这些想法就可以作为这次习作的题目。老师也有一个想法,你猜,老师想变成什么?(学生猜两三个)

师:都不对,老师想变成——云。(板书到最后一个横线上:云)

师:下面,我们就一起编一个故事,故事的题目就是《我想变成云》。

预设2

生:学生中有想变成"云"的人,老师让这个学生写到黑板上。

师:同学们,从刚才的交流中,我感受到大家的想法都很奇特。

回顾:我们一起来看看黑板,这个同学想变成"树",这个同学想变成"小鸟",这个同学想变成"云"……

总结:看,同学们的这些想法就可以作为这次习作的题目。

在这些想法中,有一个和老师的完全一样,你知道是什么吗?(学生猜一两个)猜对了,老师想变成——云。

师:下面,我们一起编一个故事,故事的题目就是"我想变成云"。

【这个环节是为后面的学习做铺垫的,意在启发想象,打开学生的思路,开始进入想象的世界。】

3. 过渡:老师为什么想变成云呢?这还缘于我看到的这样的一幅画面。出示:

四、渲染故事的发生

配乐,教师渲染:在很久很久以前,有个村庄遭遇了百年不遇的大旱灾,一连好几个月没下一滴雨了。干旱的土地裂开了一道道口子，像密密麻麻的蜘蛛网。小鸟无精打采地站在枝头。干渴的花儿垂头丧气，花瓣一片片地凋落下来。小鱼说："快救救我们吧，我们快渴死了。"

过渡：正是看到这样的情景，我才想变成"云"来帮助他们。你们想吗？

五、想象编故事的经过、结尾

（一）打开思路，想方法

1. 同学们，今天我们可以有变的能力。闭上眼睛，我们现在正在慢慢地变，身体越来越轻，慢慢上升。啊，现在我们都变成云了！什么感觉？（身体很轻，自由）

多神奇呀，云朵们，我们不要忘了小树的渴望和小鸟的哀鸣呀！我们这些云朵们该如何拯救这干渴的大地呢？

2. 稍等一会儿，大家脑中都有了想法。现在以小组为单位，合作想一个办法，看哪个小组想的办法神奇、大胆。（小组合作，教师巡视）

3. 全班交流。把学生想的办法简要地写到黑板上。

（二）片段引领，学方法

1. 出示片段。

> 我跑到雷公公那里，请求他敲响大鼓。鼓声响起，天上的云都聚集在一起，下了一场大雨。

师：同学们，大家齐心协力，大胆想象，想出这么多办法。其实，办法还有很多很多。这是另一个班的同学想出的办法，他想的是求助雷公公，而且还把这个过程写成了片段呢！大家想不想看看？

问：你们觉得这个片段写得怎么样？（生：写得太简单了或想象得很大胆）

（预设1：学生说好。把好说透。小结：这个片段，想象很大胆，也比较神奇，还运用了拟人的手法。但是，在这段话中，有很多问题没有告诉我们）

（预设2：学生说不好。把不好说透。小结：其实这个小片段写得很通顺，想象大胆，还运用了拟人的手法呢！像同学们说的那样，太简单了。其实，这段话中，还有很多问题没有告诉我们呢）

2. 第一层次（说清楚）。

（1）刚才同学们一起发表了自己的意见。其实这段话中，有很多问题没告诉我们。有哪些问题没有告诉我们呢？（学生思考）

（预设1：学生说，请求雷公公时说的什么没告诉我们。师：对啊，到雷公公那里说了什么？不知道。还可以提什么问题？继续）

（预设2：学生不会提。师问：我怎么到雷公公那里的，说了吗？生答：没有。师说：对呀，像这样，还可以提什么问题？）

学生提问题。（怎么去的？说了什么？雷公公说了什么？怎么敲的大鼓？鼓声是什么动静的？云朵听见了怎么想的？聚集在一起下了一场什么样的雨？）

（2）同学们，大家看，有这么多问题（点击问号）没有告诉我们。如果把这些问题都一一解决了，这段话就很清楚了。

> 我跑到雷公公那里，请求他敲响大鼓。鼓声响起，天上的云都聚集在一起，下了一场大雨。

（3）现在，我们就试着解决一两个问题。

语言：

我们先解决这个问题：我们到雷公公那里请求他，会说什么呀？

生：雷公公，你快去帮帮这个村庄吧！他们都快死了。

师：雷公公会说什么？说："好的，我帮这个忙。"

动作：

接下来，雷公公又是怎么做的呢？（点击问号闪一闪）

师：同学们，你们知道吗？这面大鼓，可是雷公公的镇宅之宝，足有三万多斤重，它现在还放在宝库里呢！怎么把它搬出来？

（学生想办法，教师指导把过程说清楚）

师：雷公公挥动着鼓槌，开始敲鼓了。听，什么声音？（生：咚咚咚）

师：不响，谁能再响些？（生：咚咚咚）响彻天际。

（4）同学们，刚才我们解决了这两个问题（点击两个问号）。谁能把我们解决的这两个问题放到这一过程中，完整地说一说。

（5）先自己练习，再指名读。

总结：你看，就像这样，如果我们把这些问题一一都解决了（点击问号，都消失),这个故事的经过就更清楚了。

【设计意图:通过讨论,发散学生思维,力求想出各种办法帮助大地上的生灵,使故事尽量神奇;利用一篇写得比较概括、不够具体的短文,教给学生围绕内容不断提问题、解决问题,指导学生把所想出的办法说具体,使其明确写具体的要求,掌握说具体的方法。】

3. 第二层次(说有趣——一波三折)。

(1)过渡:故事的经过清楚了。有的故事读过很快就能忘记,而有的故事的确给人留下深刻印象。怎样才能更吸引大家呢?让我们看一段动画。

(2)看动画:孙悟空三借芭蕉扇。(播放动画)

(3)看后回答:这段动画看了以后,对我们编故事有什么启发?(借芭蕉扇很多次)三借芭蕉扇,这是《西游记》中很经典的一个小故事,像这样的还有——三打白骨精。

(4)总结:故事的经过不那么顺利,一波三折,会更加有趣,给人留下深刻印象。

(5)师:"我"到雷公公那里请求他的帮助,怎么能让他变得曲折,更加有趣呢?(点击"有趣")小组合作编故事。

(我来到雷公公那里,苦苦哀求道:"雷公公,你快救救那个小村庄吧!村庄好久没下雨,小动物们都快死了!"雷公公慢吞吞地说:"慌什么!我刚吃完午饭,按照养生学来说,现在我该午睡了。"说着,他躺在床上闭上了眼睛。我差点急哭了,使劲摇着雷公公喊道:"雷公公,你可不能见死不救啊!帮帮忙吧!"雷公公的午觉就这样让我搅黄了。他气急败坏,说:"你这个固执的家伙,吵吵嚷嚷的,我都没法睡觉了!既然你这么想帮他们,你先给我办件事。事情成功了,我再去帮助那个村庄,怎么样?"我高兴地点点头,说:"你让给你办什么事呢?"雷公公说:"你去天山采朵雪莲花来,我要用天山雪莲给我女儿治病。"

我毫不犹豫地赶往天山,可是刚到半山腰,便上气不接下气,严重缺氧,浑身冻得直发抖,实在走不动了,倒在了路上。不知过了多久,我被什么东西碰醒,睁眼一看,一只漂亮的雪豹在我眼前,嘴里叼着一朵雪莲花。太好了。我拿着雪莲飞到了雷公公那里。

雷公公被感动了,他挥动鼓槌,使劲地敲着大鼓——咚咚咚!鼓声响彻

天空。好多好多云从四面八方赶过来，聚集在一起，下了一场大雨）

（6）指名讲故事。师：谁愿意给大家讲一讲你们组编的故事？

【设计意图：通过看孙悟空三借芭蕉扇这一小故事启发学生：故事有曲折，会提高它的趣味性。通过大胆想象，进一步完善自己创编的故事，使其一波三折，富有趣味。】

（三）补充故事结尾

过渡：太了不起了！一波两折，一波三折，也很厉害了，故事这不就有趣多了。在大家的帮助下，这雨终于下起来了。

1. 你看到了什么——（小树发芽了、小花笑了、大地湿润了）

2. 哗哗哗，大雨继续下着，你还听到了——（小鸟又唱起了动听的歌，小树说：谢谢你）

（四）完整地讲故事。

同学们，刚才我们就是按照事情的发展顺序编的故事。现在，我们就按照发生、经过、结尾完整地讲一讲这个故事好吗？

（师讲开头，指名刚才讲过程的学生再讲一遍经过。最后，指名学生说结尾）

六、思路延伸，激发灵感

过渡：在同学们的努力下，我想变成云的愿望终于实现了，合作编的故事完整，而且运用拟人、想象的手法，充满神奇色彩。

【设计意图：这里的教学，目的是让学生把编好的故事进行完整的讲述，在讲述中，进一步感受故事的完整性、曲折性和趣味性，以及会编故事的成就感。】

（一）以学生习作为例，让内容变得更具童真童趣

1. 我在其他班讲这一课的时候，你们知道这个班的同学想变成什么吗？让我们一起来看。（出示课件：我想变成"另一个我"；我想变成"一块馋肉"；我想变成"一头猪"等）

2. 了解各种奇特、富有童趣的题目。这个同学呢？想变成什么——（另一个我）对，一个我在课堂上上课、写作业，另一个我在尽情地玩。学习、玩耍两不误，多有意思的想法呀。

这个呢？一起说——（馋肉）听过狐狸和乌鸦的故事吧？狐狸骗乌鸦嘴

里的肉,这个同学就想变成那块肉,而且是一块变了质的肉,让狐狸吃了就闹肚子,以后再也不去骗人做坏事了。

这个呢?大声说——(猪)对,开始呀,老师也挺奇怪,读了文章才知道,原来这个同学的妈妈给他报了很多辅导班,周末时间全安排满了,一点玩的时间都没有,他就特别羡慕猪吃了睡、睡了吃的生活。他写这个内容,渴望妈妈还给他自由、时间。

(二)小结

这些想法是不是很好玩呀?对呀,除了变成那些对他人有帮助的事物之外,其实还可以通过这个"变",写出那些埋藏在心底的小小心愿。回去后把自己的想法写下来,然后读给爸爸、妈妈听。

【设计意图:通过展示其他班的习作题目和范文,进一步指导学生打开另外一条思路:不仅可以写如何去帮助别人的故事,还可以写自己内心的想法,把自己的心愿和现实相关联,意在拓宽学生习作的思路。】

点 评

王军老师设计、执教的四年级《我想变》一课,曾在 2012 年山东省青年教师小学语文教学研究会第十次年会上作为优质课进行展示,得到与会专家和教师们的一致好评。课上得很精彩,很成功,其特点主要有以下几点。

一、铺垫过渡,导入新课

王老师一开课并没有急于引入习作题目,而是与学生共同欣赏《精卫填海》这篇神话故事,让学生在引人入胜的神话故事中感受古人丰富的想象,进一步明确神话故事想象丰富的特点,以及故事的完整性,帮助学生了解编写故事的基本要素,为后面编写想象作文的教学做好了过渡和铺垫。

二、指导审题,明确要求

指导学生审好习作题目,明确要求,是写好作文的第一步。首先,王老师出示习作要求,然后指导学生明确习作要求,并梳理出要点:一是明确文体——想象作文；二是明确内容——可以写任何人、任何物；三是明确体裁——是一个故事。这样一梳理，本次习作的文体、内容、体裁，学生们就非常清楚了。这样的设计，目标明确，指导到位。

三、铺路搭桥，拓宽思路

指导习作的关键是开拓学生的思路，即"打开学生的话匣子"。学生在作文时，并非无话可说，并非头脑空空。关键是你能否诱发学生习作的欲望，打开学生的思路，激活他们的生活、知识积累，为学生打通走向习作成功的路径。王老师所设计、执教的这节课就特别注重诱发学生的情感，打开学生的思路，激活学生的积累，不断地为学生走向习作成功铺路搭桥，而且教学方法多样巧妙，充分体现出王老师的教学智慧。

1. 在"写什么"上，激趣指导。在审题结束后，王老师用小卡片的方式让学生思考"你想变成什么"，并把答案写下来。从感受神话故事的神奇到想象自己想变成什么，渐入主题。学生带着强烈的好奇心展开想象，会迸发出很多奇妙的想法。王老师还要求学生把有趣的思路、想法进行板书，告诉学生"这些想法也可以作为习作的题目"。在这里，让学生运用"小卡片"的方式填写自己想变成什么，就是在为学生展开想象，开拓思路，以及如何为习作命题等巧妙铺路搭桥，也是落实"大胆想象"这一教学目标的开始。

2. 在"写具体"上，巧妙指导。"写不具体"，可以说是小学生习作存在的最突出而又最普遍的问题。尤其是处于作文起步阶段的学生，他们头脑中可能会有一个事情或故事的大概过程和结局，但具体的内容、情节还比较模糊。王老师了解学生的这一状况，有意识地运用一个只有大概过程的"向雷公公借雨"的片段，进行具有针对性的指导，让学生通过这个片段指导，真正明白如何把故事内容写清楚、写具体、写细致。

值得称道的是，在借助片段指导如何写具体的时候，王老师采用的是让学生"发现问题，提出问题"这一巧妙的教学、思考方式，"这一片段有很多问题没告诉我们"，让学生去发现。学生们很快提出了很多问题，如，"我"是如何请求雷公公下雨的、当时说了什么，雷公公又是怎么回答的、怎样做的等。然后再让学生借助一个个问题展开想象"回答问题"。把一个个问题具体化，也就是把人物的神态、语言、动作等填补出来。这样的设计，使学生的想象立刻呈现立体化，学生的语言表达、习作热情也得以激活；同时还能为学生找到一个如何写具体的方法、路径。

3. 在"更有趣"上，着力指导。故事写清楚、写具体的问题解决了，王老师又提高了习作要求，精心设计了如何让故事变得更有趣，更吸引人的环节。这一环节巧用《孙悟空三借芭蕉扇》的动画视频，让学生体会到故事情节"一波三折"的魅力。通过视频的引导和启发，学生在原有的故事情节的基础上继续展开想象，积极构思如何让故事情节变得有波折、有趣味。

4. 在"有童真，有童趣"上，发散指导。就整堂课的设计来看，王老师先是通过"我想变成云"这一话题，教给学生如何写一个完整的故事，如何写得一波三折，学生跟着老师的引导，故事也编得越来越精彩。看似马上要结束的课堂，王老师突然话锋一转："你想知道其他小朋友想变成什么吗？"随机展示了几个学生的题目"我想变成'一头猪'""我想变成'另一个我'""我想变成'一块馊肉'"……这些让人匪夷所思甚至忍俊不禁的题目再次打开了学生的思路，使学生们进一步明白，除了可以写变成那些能帮助别人的事物，还可以借此习作，大胆地写出内心深处的真实想法，即写得更富有童真、童趣。

这样的教学设计，给我们一个重要的启示：小学生的习作不仅要求写得"有意义"，还应该积极倡导写得"有意思"。在以往的教学中，似乎过分强调"有意义"，比较忽视"有意思"；而"有意思"应该更加符合小学生的心理，更能激发他们习作的兴趣，更能点燃小学生的习作激情，更能激活小学生对知识、生活的积累，更能让小学生品尝到成功的喜悦。而且，当你批阅着这样的习作时，我想，你一定会不由自主地同习作中的主人公一起，一次又一次笑得泪眼模糊，或哭得淋漓痛快。

总之，王军老师设计、执教的这节课，是以《我想变成云》为范例，旨在引导学生去写好自己的故事。教学中，她把着力点用在指导学生"怎样写"上。其教学的方法、策略可以概括为三个方面：一是注重铺路搭桥，一次次的铺垫为学生写好本次习作提供了方法，打开了思路，指明了方向。如，欣赏《精卫填海》的故事是为学生了解故事基本特点，编写自己的故事做铺垫；观看《孙悟空三打白骨精》的视频是为学习"一波三折"的写法做铺垫。二是注重层层推进，不断地提出新目标，挑战自我，一步一个台阶地引领学生的发展。三是注重发散思维的指导，一次次打开学生的思路，拓宽学生的想象，特别是"更有趣""有童真，有童趣"的指导，能够真正激活学生的发散思维，让故事编得一波三折，充满童趣。

相信，这样的精心设计，这样巧妙、扎实的指导，一定会激发起学生习作的兴趣、欲望，在《我想变成云》的范例引导下，写好自己的故事——一个情节完整、想象丰富、一波三折、富有童真童趣的故事。

悟语存真

用最简练、最直白的语言记录
语文教学研究中的所感、所思、所悟

一

语文教师应该具备三个基本特质：一是能写一手好字，二是能朗读好课文，三是能写出比较好的散文（记叙文）。有了这三个基本特质，你的学生遇见你，将是他的福气。

二

课堂的功能，不仅仅是来学习的、听讲的，还是学生互动交流、展示才能的地方。或者说是师生对话，共同展示才能的地方。

三

比新的理念更重要的是实践操作，比实践操作更重要的是钻研教材，比钻研教材更重要的是独立思考，比独立思考更重要的是宁静的心。

四

传统教学方式是以"假设学生不知道"的误区认知为出发点，好像学生什么也不会，什么也不懂，需要教师的"教"。

五

只有自主学习，才是真正的有效学习，更是为学生终身发展奠基的学习。为此，我们要力求，第一，以学为本。变课堂为学本课堂，即以学定教，先学后教，顺学而教，会的不教。凡学生能自己或合作学会的、自己能做到的，尽量由学生自己完成，教师只教学生不会的。第二，以生为本。变课堂为生本课堂，即学生是学习的主人，体现师生互动，生生互动，能者为师，人人为师。

六

把讲台让给学生，学生会表现得非常精彩；把机会让给学生，学生会还你一个个惊喜；把课堂让给学生，学生会绽放出炫目的思维的火花、思想的光芒。课堂将变成师生共同展示才能的舞台。

七

教学中的"三教三不教"：教体现知识或学法规律的、教学生发现不了或学不会的、教学生容易混淆的；不教学生已知已会的、不教学生自己就能学会的、不教学生能通过合作学习解决的。这也是教学内容的"二分法"。

八

把"教学"二字理解为一个概念——教给学生如何学，比理解为两个概念——教与学，即我教你学更能体现教学本质；把"学习"二字理解为两个概念——学与习，即学而时习，学而必练，学而必用，比理解为一个概念——学习知识，更能促进学生的发展。

九

当不小心被什么东西绊倒了，有的人爬起来，拍拍身上的土，走了；有的人则爬起来，拍拍身上的土之后，回过头来看看是被什么东西绊倒的。结果，前者再走到这里时，又一次被绊倒了，这次摔得更惨。教学也是如此，当在某个环节中失误了，一定想想是什么原因，只有找到失误的原因，才能避免下次的失误。人们常常是在失误中、在发现失误的原因中逐步成熟。

十

凡是同我研究教材、备课的青年教师，大都被我"研究"哭过。可爱的你知道这是为什么吗？这是你过去应该流出的汗水，但是你没有让它流出。所以，在今天化作了泪水。

十一

我认为教学可分六个水平：一是用思想教学；二是用智慧教学；三是用功底教学；四是用教材教学；五是用连自己也没有读懂的教材教学；六是用解读错了的教材教学。可以说谁都是从"用连自己也没有读懂的教材教学"甚至是"解读错了的教材教学"开始的。问题是我们不能天天如此，月月如此，年年如此，应该不断上水平、上层次。为此，我们强调：钻研吃透教材是有效教学的"根"，根深则蒂固，根深则叶茂。

十二

明确教什么永远是首要的、最重要的。从学生的角度讲，主要是教学生不懂的、发现不了的、意识不到的、理解不深的、容易出错的；从课文的角度讲，主要是教关键之处、疑难之处、特别之处、用心之处等；从编者的角度讲，首先要教好编者规定的地方、要求的地方、提示的地方。

十三

激活学生思维、情感的三个小妙招：一是虚火，即激情，激趣。如用声情并茂的语言描述或渲染，以激活学生的情感。二是点活，即装糊涂。如学习某一段话时，教师提出"谁知道在这段话中老师最关注的是哪一个词语？"，以激发学生学习的兴趣。三是搅和，即故弄玄虚。如在学习《落花生》一课时，教师提出"有的人认为这篇课文是写物。你同意吗？"，以引发学生的思辨。

十四

语文教师的课堂语言可分为三种类型：一是交代型，如在布置学习任务、提出学习要求时。运用这种语言，要说得清楚明白，一字一板。二是描述型，如在叙述事情、讲故事时。运用这种语言，要说得具有画面感，真切投入。三是渲染型，如在激发情感、触动心灵时。运用这种语言，要说得激情澎湃，感染力强烈些。如果教学时运用好这三种语言，你的课堂就会像有了磁性，紧紧地吸引住学生。

十五

备课应包括两个层面：一是钻研教材，吃透教材；二是设计教学，撰写教案。两者既有联系，又有区别。钻研吃透教材主要是深入思考、集体研讨的阶段，是设计教学、撰写教案的前提、基础，钻研、研讨得越深入、全面，则教案写得越实用，越便于操作；而设计教学、撰写教案则是钻研教材、吃透教材的发展、结晶。两者缺一不可，不可取代。

十六

备课应经历两个阶段：一是独立思考，二是集体研讨。备课首先是个体性劳动、创造性劳动，这种个体的、创造性劳动应是整个备课过程中的主体，它是集体研讨的重要基础。如果没有独立的、深入的个体创造性的劳动，集体研讨也难以深度发展。因此，独立思考决定着集体研讨的质量、深度，即"水涨船高"。而集体研讨是独立思考的发展，它常常起着"锦上添花"的作用。所以，我们认为，备课是独立思考和集体研讨的结晶，它重在独立思考，贵在集体研讨，两者相互促进，相互作用，也是不可取代的。

十七

备课还体现两种境界：一是把备课当作研究教材，二是把备课当作研究学问。两种境界所反映出的教学水平和效果是不一样的，学生的收获也是不一样的。后者会使学生由百思不解到豁然开朗，由茫然不知到茅塞顿开，由知之甚少到博学多识，由思路狭窄到触类旁通。

十八

有人问智者，天堂与地狱有什么区别？智者把他领进一间房子，只见一群人围坐在一口大锅旁，每人拿一把汤勺，可勺柄太长，盛起汤也送不到嘴里，一个个眼睁睁地看着锅里的珍馐饿肚子。智者又把他领进另一间屋子，同样的锅，人们拿着同样的汤勺却吃得津津有味，原来他们是在用长长的汤勺相互喂着吃。智者说："刚才那里是地狱，这里是天堂。"

如果你选择了"地狱"，任凭你再怎么努力也无效，像地狱里的人那样自己顾自己，那么谁也不会发展；如果你选择了"天堂"，只要你稍微付出一点，就会得到回报，像在"天堂"里的人那样你帮我，我帮你，大家都能得到好处。合作学习是学生学习的天堂，我们要把学生带入这个天堂。